AÇÃO RESCISÓRIA NO PROCESSO DO TRABALHO

MANOEL ANTONIO TEIXEIRA FILHO

Advogado — Juiz aposentado do TRT da 9ª Região — Professor na Faculdade de Direito de Curitiba — Membro do Instituto Latino-Americano de Derecho del Trabajo y de la Seguridad Social — da Société Internationale de Droit du Travail et de la Sécurité Sociale — do Instituto dos Advogados do Paraná — da Academia Nacional de Direito do Trabalho — da Academia Paranaense de Letras Jurídicas — do Instituto dos Advogados de São Paulo.

AÇÃO RESCISÓRIA NO PROCESSO DO TRABALHO

4ª Edição

EDITORA
LTr®
SÃO PAULO

Dados Internacionais de Catalogação na Publicação (CIP)
(Câmara Brasileira do Livro, SP, Brasil)

Teixeira Filho, Manoel Antonio, 1946-

Ação rescisória no processo do trabalho / Manoel Antonio Teixeira Filho. — 4. ed. — São Paulo : LTr, 2005.

Bibliografia.

ISBN 85-361-0633-6

1. Ação rescisória 2. Ação rescisória — Brasil 3. Direito processual do trabalho I. Título.

04-7144 CDU-347.922:331(81)

Índices para catálogo sistemático:

1. Brasil : Ação rescisória : Processo trabalhista 347.922:331(81)
2. Brasil : Processo trabalhista 347.922:331(81)

(Cód. 3058.4)

EDITORA LTDA.

Rua Apa, 165 — CEP 01201-904 — Fone (11) 3826-2788 — Fax (11) 3826-9180
São Paulo, SP — Brasil — www.ltr.com.br

Março, 2005

"É sem dúvida de mister consagrar a autoridade da coisa julgada, mas não é menos essencial consagrar o império da verdade e da justiça, quando se patenteia tal que não se pode dele duvidar".

Pimenta Bueno

Apontamentos, 3ª ed., p. 256

ÍNDICE SISTEMÁTICO DA MATÉRIA

Capítulo XX

ACÓRDÃO RESCINDENTE. NATUREZA JURÍDICA. EFEITOS

Capítulo XXI

RECURSOS INTERPONÍVEIS

Capítulo XXII

RESCISÃO DE RESCISÓRIA

Capítulo XXIII

AÇÃO RESCISÓRIA E RECURSO EXTRAORDINÁRIO

Capítulo XXIV

EXECUÇÃO DA DECISÃO RESCINDENDA E SUA SUSPENSÃO

Capítulo XXV

RESCISÓRIA DE ACÓRDÃO QUE NÃO ADMITE RECURSO

Capítulo XXVI

HONORÁRIOS DE ADVOGADO

Capítulo VI

ACÓRDÃO RESCISÓRIO

PREÂMBULO À 1ª EDIÇÃO

I

Quando um pronunciamento jurisdicional já não é passível de impugnação pela via dos recursos — em virtude da exaustão do prazo correspondente —, diz-se que passou ou transitou em julgado. O art. 467, do estatuto processual vigente, inspirando-se no art. 6º, § 3º, do Código Civil, enuncia o conceito de coisa julgada material como sendo "a eficácia, que torna imutável e indiscutível a sentença, não mais sujeita a recurso ordinário ou extraordinário".

A eficácia da sentença não se manifesta, pois, ato-contínuo à sua publicação, mas, somente, com o advento do fenômeno da *res iudicata*. Essa particularidade autoriza-nos a afirmar que a sentença suscetível de recurso nada mais é do que simples situação jurídica; os atributos de imutabilidade e de indiscutibilidade apenas surgem com a constituição da coisa julgada. Deve ser destacada, entretanto, uma classe de provimentos da jurisdição que se caracteriza pela irrecorribilidade ontológica, ou seja, por trazer em si a nota singular da não submissão às vias recursais, e que foi instituída pelo art. 2º, § 4º, da Lei n. 5.584, de 26 de junho de 1970. Tais sentenças, em rigor, não passam em julgado, porquanto, já no nascedouro, são irrecorríveis — o que é coisa diversa. Como as demais, porém, são rescindíveis, desde que hajam ingressado na investigação do mérito da causa.

Em salutar tradição, os nossos textos constitucionais têm garantido o respeito à coisa julgada; o atual se ocupa do assunto no art. 5º, XXXVI.

O fundamento político da *res iudicata* reside na preocupação legislativa de evitar-se que a possibilidade de as decisões judiciais serem objeto de sucessivos reexames pudesse acarretar graves perturbações na estabilidade das relações sociais; sob esse aspecto, a coisa julgada representa um veto sensato à perenização dos conflitos intersubjetivos de interesses.

Levando em conta, todavia, o fato de a sentença, como obra humana, revelar-se, em determinados casos, imperfeita ou contrária à lei — cujas conseqüências ainda mais se agravariam com o trânsito em julgado —, o nosso sistema jurídico concebeu a ação rescisória como instrumento específico para desconstituir a coisa julgada, enquanto qualidade (e não efeito) da sentença não mais sujeita a recurso. A própria Constituição Federal, que ordena o acatamento à *res iudicata* (art. 5º, XXXVI), prevê a ação rescisória (art. 102, I, *j*), como antítese àquela garantia.

A existência, no ordenamento jurídico de nosso país, do princípio da obediência à coisa julgada, de um lado, e da ação rescisória, de outro, traduz a síntese feliz, a solução harmoniosa encontrada pelo legislador, com o objetivo de conciliar a preocupação em impedir que a possibilidade de intermináveis reapreciações das causas judiciais pudesse converter-se em fator de desestabilização das relações sociais, com a necessidade de evitar-se que sentenças eventualmente contrastantes com a norma legal pudessem colocar em risco a respeitabilidade dos pronunciamentos da jurisdição.

Pondo à frente, no entanto, o fato de que a preeminência — no plano dos princípios — é da coisa julgada, o legislador fez-se compreensivelmente cauteloso ao enumerar as causas que autorizam o exercício dessa ação, cortando rente, com essa providência, a viabilidade de o ataque à coisa julgada ser produto de mero capricho ou de arbitrariedade do autor.

Se compararmos o atual Código de Processo Civil com o de 1939, veremos que o primeiro ampliou, de maneira considerável, o elenco das causas de rescindibilidade dos julgados, embora tenha limitado o uso dessa ação às sentenças e aos acórdãos de mérito. É razoável intuir que esse aumento das causas autorizadoras de rescisão corresponda à natural contrapartida à expressiva quantidade de presunções semeadas pelo legislador no texto do Código vigente. Debaixo desse ponto de vista, podemos concluir que a possibilidade de as decisões judiciais serem, nos dias atuais, alvo de ataque mais amplo, pela via rescisória, está intimamente ligada ao fato hipotético de poderem ser derivantes de meras presunções tiradas pelo julgador.

II

O processo do trabalho, durante muitos anos, resistiu ao emprego da rescisória. O art. 836, da CLT, em sua redação primitiva, inibia o uso dessa ação ao dispor ser "vedado aos órgãos da Justiça do Trabalho conhecer de questões já decididas...". Com a finalidade de eliminar as dúvidas surgidas em decorrência das interpr)etações — muitas vezes antagônicas — que se vinham extraindo dessa norma legal, o Supremo Tribunal Federal deu a lume a Súmula n. 338 para declarar não ser admissível, no âmbito da Justiça do Trabalho, a ação rescisória —

entendimento que foi perfilhado pelo Tribunal Superior do Trabalho, mediante o Prejulgado n. 10, baixado com fundamento no art. 902, da CLT, mais tarde revogado (não sem grande atraso) pela Lei n. 7.033, de 5 de outubro de 1982.

Por suposto, a orientação jurisprudencial compendiada pelas mencionadas Súmulas procurava impedir a reinstauração de conflitos de interesses já sepultados pela coisa julgada material, e, com isso, preservar a harmonia das relações entre trabalhadores e empregadores. Demais disso, o grande argumento dessa corrente de jurisprudência era, sem dúvida, o art. 836, da CLT, que, conforme vimos, figurava como obstáculo intransponível ao exercício de pretensões tendentes a desconstituir a *res iudicata*.

Algum tempo depois, contudo, a doutrina conscientiza-se de que, em alguns casos, a garantia da coisa julgada acabava se transformando em pretexto para tornar perpétuas determinadas falhas do julgador — não raro, agressoras de normas legais, aí incluída a própria Constituição Federal. A contar desse momento de lucidez, deita-se por terra o dogmatismo irrefletido e altera-se o rumo das opiniões até então predominantes, cujo movimento renovador culmina com a revogação do Prejulgado n. 10, pelo de n. 16, a teor do qual a ação rescisória passa a ser admitida no processo do trabalho; mais tarde, esse Prejulgado converte-se na Súmula n. 144, por força da Lei n. 7.033/82.

Consagrando, em definitivo, a nova linha de pensamento a respeito do assunto, o Dec.-lei n. 229, de 28 de fevereiro de 1967, altera a redação do art. 836, da CLT, para — mantendo o princípio nele inscrito, da proibição de reexame das questões já decididas — abrir uma ressalva em favor da ação rescisória. O Prejulgado n. 49, do TST (convolado para a Súmula n. 169), editado posteriormente ao Dec.-lei n. 229/67, comete erro inescusável ao declarar que a rescisória seria cabível nas hipóteses dos arts. 798 a 800 do Código de Processo Civil de 1939; essa anomalia veio a ser extirpada pela Súmula n. 194 do TST, ao fazer adequada vinculação ao diploma processual civil de 1973. A orientação contida nessa Súmula é reart. 836, da CLT, a expressão literal que ora apresenta.

III

Em um único momento (art. 836), a CLT se refere à ação rescisória; essa precariedade normativa torna absolutamente indispensável que se tome por empréstimo ao processo civil toda a disciplina da matéria, dispensando-se, tão-só, a exigência do depósito pecuniário de que tratam os arts. 488, II, e 494, daquele estatuto forâneo (TST, Súmula n. 169).

Tudo sugere, entretanto, que, de lege ferenda, o processo do trabalho institua uma disciplina própria para a ação rescisória, a fim de amoldá-la às suas peculiaridades. Com o propósito de contribuir para essa futura elaboração legislativa, desejamos deixar, desde logo, registradas algumas sugestões; o novo texto deveria, *e.g.*: a) declarar, expressamente, não autorizarem o uso, da rescisória a sentença injusta, a má apreciação da prova e a errônea interpretação do contrato (como estava no art. 800, *caput*, do CPC de 1939); b) dizer da admissibilidade da rescisória de acórdão proferido em outra ação rescisória (art. 799 do CPC de 1939), para evitar as dúvidas que a omissão do atual digesto processual civil fez surgir; c) reduzir para seis meses o prazo de ajuizamento dessa ação, na medida em que o de dois anos, previsto no art. 495, do CPC, é algo longo para um processo que tem feito da exaltação do princípio da celeridade até mesmo um recurso de retórica; d) prever a realização de depósito prévio, em dinheiro, pelo autor (como impõe o art. 488, II, do CPC vigente), a reverter em benefício do adversário, caso a ação venha a ser declarada inadmissível ou improcedente, como providência destinada a evitar o manejo abusivo da rescisória, conforme se tem constatado, muitas vezes, no plano da realidade prática.

Curitiba, julho de 1990.

O autor

PREÂMBULO À 4ª EDIÇÃO

Com o objetivo de manter o livro atualizado, adotamos as seguintes providências, com vistas a esta 4ª edição: 1) adaptamos o texto às alterações legislativas ocorridas após a 3ª edição, assim como às novas Súmulas do TST ou à nova redação dada a algumas Súmulas desse Tribunal; 2) Transcrevemos ou fizemos referência às diversas Orientações Jurisprudenciais, principalmente, da SDI-II, do TST, sobre o tema; 3) introduzimos: 3.1. na Primeira Parte: 3.1.1. um tópico sobre a "Relativização da Coisa Julgada Material", esse movimento doutrinário recente, que vem ganhando adeptos e prestígio a cada momento, e que constitui um dos mais importantes acontecimentos da atualidade, no mundo jurídico; 3.1.2. um capítulo sobre a "Antecipação dos Efeitos da Tutela Rescisória", quando requerida com o objetivo de suspender a execução da decisão rescindenda, no qual analisamos a possibilidade, ou não, dessa antecipação; 3.1.3. um capítulo sobre a "Restituição de Quantias Pagas por Força da Decisão Rescindida", em que, com fundamento no parágrafo único do art. 836, da CLT, procuramos traçar o procedimento a ser observado por aquele que pretender obter a restituição dos valores que teve de pagar, em decorrência da execução da decisão posteriormente rescindida; 3.2. na Segunda Parte: 3.2.1. um tópico sobre revelia, em que procuramos separar a revelia do seu efeito e dizer que este é inadmissível em sede de ação rescisória; 3.2.2. um capítulo sobre o "Acórdão Rescisório", demonstrando os requisitos legais para a sua validade formal e as conseqüências do desatendimento a esses requisitos.

Queremos crer que, com as mencionadas providências, dotamos o livro de elementos capazes de atender às necessidade e às exigências de nossos ilustres leitores.

Curitiba, fevereiro de 2005.

O autor

Primeira Parte

GENERALIDADES

Capítulo I

ESCORÇO HISTÓRICO

Direito romano

A notável influência exercida pelo direito romano na civilização do Ocidente justifica a atenção especial que a ele costumam dedicar os estudiosos, sempre que se ocupam em investigar as origens remotas dos institutos jurídicos dos tempos modernos.

Não é diferente o que se passa em sede de ação rescisória, nada obstante se saiba que aquele direito antigo não realizou uma adequada sistematização das nulidades dos atos jurídicos de direito privado e de direito público, apesar de havê-los separado.

No período das *legis actiones*, Roma não conhecia qualquer ação ou mesmo recurso dirigido à sentença nula, proferida pelo *iudex privatus*. É bem verdade que o réu poderia opor-se a essa espécie de sentença, solicitando a sua revogação, lastreando-se, para isso, na existência de vícios; caso o *vindex* do réu não fosse admitido, este corria o risco de ser condenado em dobro (*duplum*). Tratava-se da *revocatio in duplum*. O autor, contudo, ficava desapercebido de qualquer meio para obter um decreto judicial de nulidade da sentença.

Na fase das fórmulas, permitia-se ao réu defender-se contra a *actio iudicati* (dispensando-o do *vindex*), além de conceder-lhe — assim como ao autor — um remédio destinado a extrair uma declaração extrajudicial quanto à nulidade da sentença. Convém destacar que o conceito romano de nulidade não coincidia com o consagrado na atualidade, segundo o qual esta se traduz na propriedade de uma sentença existente; em Roma, a nulidade correspondia, em rigor, à inexistência da sentença. Por esse motivo, pode-se afirmar que, no período formulário, a ação rescisória assumia contornos declaratórios, na medida em que afirmava (= reconhecia) a existência do julgado.

O réu, todavia, não estava obrigado a fazer uso dessa ação: poderia conseguir o reconhecimento da nulidade do decreto judicial na oportunidade em que se defendesse, na execução.

Só ensejavam a nulidade da sentença, no direito romano, os *errores in procedendo*, pois os *errores in iudicando* não podiam constituir objeto de impugnação. Isto significa que a má apreciação da prova, pelo juiz, não impedia o trânsito em julgado da sentença.

A partir de certa fase do desenvolvimento do direito estabelecido em Roma, o Pretor podia ordenar o desfazimento de ato realizado mediante violência, fazendo com que tudo retornasse ao *status quo ante*. Era a *restitutio in integrum*. Sendo o ato derivante de dolo, o remédio cabível residia na *in integrum restitutio ob dolum*; caso o ato acarretasse diminuição do patrimônio do devedor (e prejuízo aos credores), utilizava-se a *in integrum restitutio ob fraudem* para combater a *fraus creditorum*, a despeito de tolerar-se, também, o emprego da *interdictum fraudatorium* e da ação pauliana.

Já no Império, registra-se a presença da apelação, à qual se colava o efeito de submeter ao conhecimento do Imperador a matéria apreciada pela sentença. Como o Imperador, com o decorrer do tempo, viu-se impossibilitado de julgar as apelações que lhe eram encaminhadas, delegou esse poder a seus prepostos (funcionários graduados), firmando-se a *appellatio* como meio ordinário de impugnação à sentença emitida em processo contaminado por *errores in iudicando*.

Embora tenha sido introduzida a apelação no processo da *cognitia extraordinaria*, não cessou o uso da restitutio *in integrum* e da *supplicatio*; esta figurava como recurso especial ao Imperador, visando ao reexame da sentença, que se alegasse eivada por erro de direito, ou se afirmasse ser injusta.

Não era admissível a *appellatio* das sentenças tiradas pelo Prefeito do Pretório, em que pese à possibilidade de serem contrastadas pela *supplicatio*, que, uma vez aceita, implicava a *retractatio*, consistente na instauração de novo juízo para o rejulgamento da causa.

Inicialmente, a rescindibilidade das sentenças estava a cargo de terceiro, que agia como pacificador; mais tarde, o Príncipe, *ex iusta causa*, passou a conceder a rescisão, até que esse poder acabou sendo estendido aos Prefeitos dos Pretórios, ao Pretor, ao presidente, ao procurador de *Júlio César* e aos demais magistrados, embora estes somente pudessem desfazer as decisões por eles próprios proferidas, nunca por superiores hierárquicos. Demais, semda restituição. Por outro lado, a restitutio não era possível contra delito que o recorrente houvesse cometido. Indicam-se como outras características da restituição romana: a) não podia ser usada contra decisão proferida em decorrência de juramento efetuado pelos litigantes; b) a exigência de lesão não era absoluta, bastando, para o cabimento desse remédio, a probabilidade de dano; c) não poderia fundamentá-la o caso fortuito; d) só era concedida quando inexistisse outro meio jurídico apto a reparar o dano ou a prevenir a sua ocorrência; e) encontravam-se ativamente legitimados o lesado e os seus sucessores universais; passivamente, o interessado no ato lesivo e seus herdeiros; f) o pedido de restituição provocava a suspensão da execução; g) o efeito era o de fazer com que as coisas regressassem ao status quo ante, vale dizer, que voltassem a ser o que eram antes da prática do ato impugnado; h) as justas causas para a restituição eram: menoridade, violência, dolo, fraude, erro, *capitis deminutio* do devedor, embora ínfima etc. Com Adriano, permitiu-se a restitutionis contra sentença definitiva calcada em falsos testemunhos. Posteriormente, fundou a restituição, também, o fato de o julgamento haver sido realizado com base em documentos falsos.

Como afirmamos em linhas anteriores, o gênio romano não possuía um perfeito sistema respeitante às nulidades dos atos jurídicos de direito privado e de direito público, conquanto se perceba uma razoável harmonia nesse sistema. Observa *Pontes de Miranda* que o *irritum fieri, ad irritum revocari*, e rescindere não se confundem com o *nullum* esse, pois o rescindere e o *revocare* (*voluntatem, donationem, libertatem*) se referiam à desconstituibilidade, "com certa diferença pelos efeitos *in rem* e *ex tunc*, por parte daquele (*Ludwig Mitteis*, "Romisches Privatrecht bis auf die Zeit Diokletianos", 239), e *ex nunc* ou simplesmente pessoais, por parte desse"(1), concluindo que, vez e outra, revocare toma o lugar de rescindire por mera imprecisão de linguagem(2).

O nulo, segundo o conceito que lhe empresta a doutrina científica moderna, não existia em Roma.

De outra parte, importa assinalar que o processo germânico se caracterizava pela consagração do princípio da força formal da sentença, conforme o qual, antes de ser emitida, contra ela deveria a parte deduzir toda espécie de impugnação possível, porquanto a sentença era irrecorrível (ou inatacável), equiparando-se, assim, neste aspecto, à própria lei. Aliás, essa comparação era apropriada, vez que tanto a lei como a sentença, em última análise, provinham do povo.

Em Roma, ao contrário, verifica-se uma concentração de poderes nas mãos do Imperador. Além disso, o direito romano não admitia que os vícios e defeitos da sentença fossem sanados — fato que era permitido pelo processo germânico.

A querela por denegação de justiça estava na *Lex Visigothorum* (*Rescesvindo*, em 654), que continha, também, o processo contra o juiz inquinado de suspeito e a ação a ser utilizada para combater sentença injusta, tendo havido corrupção ou erro. Referida ação, na hipóte-

---

(1) "Tratado da Ação Rescisória", 5ª ed., Rio de Janeiro: Forense, 1976, p. 92.
(2) *Idem, ibidem*.

se de julgamento injusto por ignorância, ou por má apreciação dos fatos da causa, era empregada para atacar nulidades. Indaga *Pontes de Miranda* se a nulidade, aí, era no sentido de sentença nulla (= inexistente), ou de sentença eivada e impugnável, comentando que *W. Seelmann* ("Der Rechtszug", 91) aludiu à presença desse *non valere* nos textos bávaros e burgúndios, para dizer que, no direito germânico, inexistia a sentença injusta(3), concluindo que "A verdade está em que da antítese germânica da força formal da sentença, com a tese romana de inexistência, surgiu o conceito de nulidade = impugnabilidade, em vez de não-nulidade e não-existência"(4).

Uma particularidade significativa colocava, a propósito, em realce o sistema germânico de processo; é que o órgão proferidor da sentença não era o mesmo que a impunha. Com efeito, como, segundo a óptica desse sistema, faltava às decisões o elemento mandamental, a solução era fazer com que a obrigatoriedade dos julgados viesse por obra de terceiro. Percebe-se, desse modo, que as decisões proferidas no processo germânico, da época, correspondiam a pouco mais do que um parecer; esse mais se situava nas pessoas que respondiam às consultas formuladas pelos interessados, a respeito de certas questões jurídicas, e na conversão desses pareceres em julgamentos obrigatórios: "Os 'achadores' de decisão eram os iguais das partes, pois que as partes eram, como eles, membros da assembléia judiciária"(5).

O que se passava, nesse período prisco, é que o autor não pedia e sim "propunha" a decisão que desejava obter, embora fosse manifesto o seu interesse quanto ao resultado do julgamento, interesse que, por certo, não ficava diluído pela circunstância de ser membro da assembléia. Cabia aos "achadores" acolher ou rejeitar a proposta de decisão.

Conquanto a opinião doutrinária predominante seja no sentido de que a ação rescisória proveio da *querella nullitatis* romana, *Pontes de Miranda* adverte, com acerto, quanto ao equívoco desse pensamento. Para o notável jurista, a rescisória é decorrente da concepção romana da sentença mais a concepção de *sententia nulla*, perante o juiz privado, recompostas pelos glosadores e canonistas do século XIII, mais a correção realizada pelo princípio germânico da força formal da sentença(6).

A ação rescisória também não deriva da *querella nullitatis* dos textos italianos da época (século XII). Essa *querella* está ligada ao desenvolvimento da atividade comercial nas cidades italianas e é produto da

(3) Ob. cit., p. 27.
(4) *Idem, ibidem.*
(5) *Pontes de Miranda*, ob. cit., p. 28.
(6) *Idem, ibidem.*

"tendência de todo o processo estatutário a tornar célere a solução das controvérsias, para a segurança do direito no interesse do comércio"[7]. O instituto em exame apresenta, em muitos de seus aspectos, similitude com a apelação, pois tanto esta quanto aquele eram interpostos a juiz superior ao que proferiu a sentença; além disso, a exaustão do prazo para o oferecimento da querella fazia da sentença coisa absoluta e definitivamente julgada[8].

Para sintetizarmos o quanto até esta parte expendemos: o processo medieval europeu, no que respeita à sanação dos vícios existentes nas sentenças, se sustentava em dois princípios: um, de origem romana, conforme o qual os erros procedimentais (*errores in procedendo*) acarretavam a nulidade (= inexistência) da decisão, ao passo que os erros de julgamento (*errores in iudicando*) deveriam ser corrigidos por meio de recurso; outro, transmitido pelo direito germânico, que afirmava somente ser corrigível pela via recursal a injustiça do julgado, oriunda de *error in procedendo* ou *error in iudicando*.

Direito reinícola português

Informa *Pontes de Miranda* que até o início do século XIII (1217) havia certa possibilidade de serem reabertas as causas, prática que Afonso II procurou anatematizar, impedindo a formação de demandas sobre demandas, limitando, porém, dita possibilidade aos casos de erros e desde que isso fosse autorizado pelo rei[9].

Posteriormente, Lei de D. Dinis, de 24 de abril de 1302, vinha para permitir que o interessado pedisse diretamente a revogação da sentença (para eliminar erro), hipótese em que era necessária a autorização do monarca; essa autorização não era exigida, contudo, quando a sentença fosse nenhuma. Referindo-se a essa lei, disse *Pontes de Miranda*: "Provavelmente os efeitos eram *ex tunc*, o que torna o revogar da Lei de D. Diniz sinônimo perfeito de rescindir"[10], acrescentando que os casos normais de rescindibilidade eram os da falsa prova e todos os demais de sentença nula, que fazia lembrar equivocadamente, o *nulla* do direito romano[11]. Em situações excepcionais, o rei poderia examinar o feito em sua integralidade, ou determinar que outrem o fizesse, e, se se convencesse da existência de erro, providenciar a necessária correção. O texto dessa lei, entretanto, não é muito

(7) *Piero Calamandrei*, "La Cassazione Civile", Roma: Fratelli Bocca, 1920, vol. 1, p. 139.
(8) *Calamandrei*, ob. cit., p. 140.
(9) Ob. cit., p. 98.
(10) *Idem, ibidem.*
(11) Ob. cit., p. 99.

claro quanto a isso. Não se pode afirmar, com certeza, se o exame quanto à existência de erro era realizado pelo próprio rei, ou se ele remetia a causa aos juízes, a fim de que apenas desconstituíssem o julgado (*rescindens*) ou realizassem novo julgamento (*rescissorium*): "Fosse como fosse, o direito lusitano já se havia livrado, em 1217, pelo menos, do conceito romano de 'nulla = inexistente. E o 'nula' não era o 'inexistente', nem o 'nulla'"[12].

a) Ordenações Afonsinas

Essas Ordenações reinóis, absorvendo as lições que vinham do direito romano, separavam as sentenças em "nenhumas" e em "algumas" (Livro III, Título 78), ou seja, em sentenças inexistentes e existentes, afetadas ou não pela nulidade. Mesmo que os vocábulos "nula" e "nenhuma" houvessem perdido o sentido de inexistente, a ambigüidade persistiu em virtude da própria diversidade das fontes: nula, com o senso de invalidade, e rescindível. Hoje sabemos que não há invalidade nas sentenças meramente rescindíveis.

Vê-se nas Ordenações Afonsinas (Livro III, Título 108, § 3º) a incorporação da Lei de D. Dinis, de 24 de abril de 1302, acima referida: "aquelles, que contra ellas vierem, e pedirem Juiz, ou perante algum Juiz vierem per aquellas revogar, que peitem a ElRey quinhentos Soldos, e o dano, e perda as partes, e nom seerem mais ouvidos, e as sentenças serem firmes: salvo se as sentenças forem dadas per falsas testemunhas, ou per falsos Estormentos, ou per falsas Cartas, ou per outra maneira que a Sentença seja nenhuma. E se alguma das partes tever voguado, ou Procurador, e esse Procurador, ou Voguado veer perante o Sobre-Juiz; ou perante os Ouvidores, pera querer revoguar as Sentenças, que assy forem confirmadas, que peite a sobredita pena, e a parte nam: salvo vendo ElRey primeiramente todo o feito, ou a mandar ver, e achar, que há em elle tal erro, que se deva de correger, entam mande que se corregua".

A intenção de D. Afonso II, de evitar a reabertura das demandas, está patenteada no Livro III, Título 108, das Ordenações em estudo: "ElRey Dom Affonso e Segundo de Famosa Memoria em seu tempo fez Ley em esta forma, que se segue: 1. Cobiçando Nós poer cima as demandas, e nam cheguar demanda a demandas, e que per esto ajam as demandas fim qual devem, Estabelecemos que se algum trover a nosso Juizo aquelle, que houve desmandado, depois da sentença dos nossos Juizes, querendo-lhe Nós fazer mercê, que lhe conheçam d'êrro alguun, se o hy houver, e depois for vencido, e achado, que a sentença, que gainhou a outra parte contra elle, he boa, e qual devia, por

(12) Ob. cit., p. 100.

esto, porque constrange o seu adversario como nom devia, se o vencedor for Cavaleiro, ou Clériguo Prelado da Igreja, o vencido seja penado em dez maravedis d'ouro; e se for piam, ou Cleriguo nom Prelado, seja penado em cinquo maravedis d'ouro".

Pela importância histórica, merecem ser reproduzidas as disposições constantes dos parágrafos 6 e 7 (Livro III, Título 108), das Ordenações Afonsinas. Estava no parágrafo 6: "As quaes Leys vistas per Nós, adendo e declarando em ellas Dizemos que geralmente em todo caso, sem fazendo defferença entre as pessoas, assy vencedores, como condenados, depois que os feitos forem desembarguados per Sentença dos nossos Juizes da Supricaçam, nam sejam já mais revistos em nenhum caso; salvo se os condenados em ellas alleguarem, e affirmarem, que foram dadas per falsas provas, a saber, testemunhas falsas, ou escripturas, declarando, e especificando logo a especie de falsidade, segundo mais compridamente he contheudo nas Ordenações sobre ello feitas, a saber, no Título Da Fee, que se deve dar aos Estormentos publicos, e no Título Das Provas, que se devem fazer por Escripturas publicas, a qual falsidade nunqua fosse aleguada até esse tempo em esses feitos, ou se foi aleguada, nom foi recebida; ou disserem que as ditas Sentenças foram dadas por juízes subornados e peitados para ello: ou Nós per graça especial mandarmos rever as ditas Sentenças, e processos, donde sahiram, a qual revista será feita nos ditos casos per nosso mandado especial, e d'outra guiza nom".

Estatuía o § 7: "Pero que no caso, honde os ditos condenados nom aleguarem falsidade de testemunhas, ou Escripturas, ou soborna-çam de juízes, mas somente pedirem, que per graça especial e mercê lhe sejam os ditos feitos com as Sentenças revistas, em tal caso nom lhe seja outorguada sua petiçam, salvo paguando primeiramente trinta escudos d'ouro do nosso cunho para a nossa Chancelaria, e de hy per cima, secundo a calidade do feito for, e dos Juizes que esses feitos desembarguarem; e quando achado for, que esses condenados em todo foram aggravados. Nós lhe mandaremos tornar os ditos escudos, que assy houverem paguado, e bem assy parte delles se em parte forem achados aggravados, e d'outra guiza nam lhe seram mais tornados".

Figuram, pois, no texto das Ordenações Afonsinas, como pressupostos da ação rescisória: a) falsa prova, pouco importando se a falsidade houvesse sido alegada, ou não ("salvo se os condenados em ellas aleguarem, e affirmarem, que foram dadas per falsas provas, a saber, testemunhas falsas ou Escripturas, declarando, e especificando logo a especie da falsidade, segundo mais compridamente he contheudo nas Ordenações sobre ello feitas"); b) peita e suborno dos juízes (Livro III, Título 108, § 1); d) ausência de citação da parte; e) contra sentença anteriormente proferida; f) "per alguun preço, que o Juiz recebeo pera a dar"; g) falso acinte à pessoa ausente; h) "se eram muitos Juizes deleguados e alguuns delles derão Sentença sem outros" (Título 78); i) violação do direito expresso ("E aquela Sentença he chamada per Direito alguuma, que pero nom seja dada expressamente contra Direito, de dada contra direito da parte", conforme constava do referido Título 78, § 2). Lembra *Pontes de Miranda* que as questões pertinentes à falsa prova, à peita e ao suborno de juízes estavam afetas à revista, denominação com que a ação era, algumas vezes, identificada nos textos do período[13].

Como registro histórico, convém salientar que as Ordenações Afonsinas vigoraram de 1446 a 1514.

b) Ordenações Manuelinas

Essas Ordenações sobrevieram às Afonsinas, ficando a viger até 1603.

Em tema de rescisória, as modificações introduzidas pelas Ordenações Manuelinas foram de pequena monta. Em essência, abandonou-se a alusão à revogação, constante do texto anterior. Entende *Pontes de Miranda* que o desaparecimento da referência à revogação prendeu-se ao fato de desejar-se enfatizar que não se cuidava da retirada da *vox*, existente na sentença, mas de rescisão (*rescisio*), argumentando que a moderna terminologia justifica o que ocorreu: "em vez dos conceitos de declaração de inexistência, de decretação de nulidade, ou de revogação, — o mais próprio, por traduzir melhor o que acontece, que é o de rescisão"[14], para arrematar: "Quem rescinde, corta, cinde, o que existe e vale e não poderia ser revogado"[15].

c) Ordenações Filipinas

Essas ordenações reinícolas, após declararem que a sentença que fosse por direito nenhuma jamais passaria em julgado, esclareciam que, a qualquer tempo, a parte poderia opor-se a ela, pois dita sentença, sendo destituída de efeitos jurídicos, dispensava o uso da apelação (Livro III, Título LXXV).

No texto das Ordenações Filipinas colhe-se, ainda, esta lição: "E he per Direito a sentença nenhuma, quando he dada sem a parte ser primeiro citada, ou he contra sentença já dada, ou foi dada por peita, ou preço, que o Juiz houve, ou per falsa prova, ou se eram muitos Juizes delagados, e alguns deram sentença sem os outros, ou se foi dada per Juiz incompetente em parte, ou em todo, ou quando foi dada

---

(13) Ob. cit., p. 101.
(14) Ob. cit., p. 102.
(15) Ob. cit., p. 102.

contra Direito expresso, assy como se o Juiz julgasse diretamente que o menor de quatorze annos podia fazer testamento, ou podia ser testemunha, ou outra cousa semelhante, que seja contra nossas Ordenações, ou contra Direito expresso. 1) E posto que de tal sentença seja appellado, não será por isso feita per Direito valiosa, ainda que a appellação pareça acto approvativo della, pelo qual parece o appellante approvar a tal nullidade; porque pois a sentença de princípio foi nenhuma, já per nenhum acto seguinte pode ser confirmada, salvo per Nós de certa sciencia, porque o Rei he Lei animada sobre a terra, e pode fazer Lei e revogal-a, quando vir que convem fazer-se assy. 2) Porém, se o Juiz julgasse contra o direito da parte, e não contra Direito expresso, não será a sentença per Direito nenhuma, mas he valiosa; e por tanto he necessario, que a parte appelle della ao tempo limitado para appellar, porque não appellando, ficará a sentença firme, como se fosse bem julgado. E pode-se, por exemplo, se fosse contenda sobre hum testamento, dizendo-se huma parte, que o testador era menor de quatorze annos ao tempo que o fez, e da outra parte se dissesse, que era maior; e postoque pelas inquirições se provasse que era menor da dita idade ao dito tempo, o Juiz julgou o testamento per bom e valioso, não havendo respeito, como he per Direito determinado, que o testamento feito pelo menor de quatorze annos he nenhuma; mas havendo respeito como se não provara ser menor, sendo porém provado o contrário pelas inquirições. Porém nos feitos crimes, em que a Justiça ha lugar, sempre os Juizes appellarão por parte da Justiça, postoque as partes não appellem" (*ibidem*).

A fase da legislação brasileira

a) O Regulamento n. 737, de 1850

Em 1850, o Governo do Império dá a lume o Código Comercial e um Código de Processo Comercial — este, o conhecido Regulamento n. 737 (de 25 de novembro). A contar daí, as causas comerciais passaram a ser regidas pelo novo Código, ao passo que as civis permaneceram disciplinadas pelas Ordenações Filipinas. Mais tarde, já proclamada a República, o Governo Provisório, visando a dar cobro a essa anômala dualidade de processos, determinou, pelo Decreto n. 763, de 19 de setembro de 1890, a aplicação do mencionado Regulamento às causas de natureza civil.

Na parte que interessa ao objetivo deste Capítulo, o Regulamento n. 737 incorporou a expressão "direito expresso", encontradiça no direito anterior, embora não tenha efetuado nenhuma referência à coisa julgada, como seria desejável que o fizesse, pois isto representaria um avanço legislativo acerca da matéria. O art. 680 ocupou-se em fornecer os elementos definidores da sentença "nula", tendo o art. 681 indicado os meios eficazes para conseguir-se a "anulação" do julgado: 1. apelação; 2. revista; 3. embargos à execução; e 4. ação rescisória — desde que a sentença não houvesse sido proferida em grau de revista. Em rigor, o Regulamento em estudo encambulhou assuntos — ou quando menos, caracterizou-se, no particular, por uma dubitatividade tumultuante —, pois não precisou se se tratava, no caso, de sentença nula, anulável, ou rescindível.

A despeito de a moderna doutrina processual, em sua maioria, dispensar tratamento encomiástico ao Regulamento n. 737, *Pontes de Miranda*, após sentenciar que os povos dificilmente se libertam do princípio de certas frases feitas, e que uma dessas frases foi "a obra-prima do Regulamento n. 737", considera esse texto legal "defeituoso, mal concebido, fácil, por superficial, e eivado de graves fugidas às mais sérias dificuldades científicas"[16].

A nota cáustica, que assinala a crítica de *Pontes de Miranda*, a faz injusta. Até podemos admitir que o Regulamento n. 737 não tenha sido a obra-prima, o monumento processual de que tantos falam, em que pese seja de reconhecer-se o quilate dos juristas que o elaboraram (*José Clemente, Nabuco de Araújo, Carvalho Moreira, Caetano Alberto, Barão de Mauá*).

Pondo-se à frente, porém, a época em que esse texto foi produzido, não se pode deixar de atribuir-lhe o mérito de haver representado um expressivo avanço do direito processual em virtude de sua preocupação em simplificar os atos procedimentais e de reduzir certos prazos. A particularidade de haver-se mantido fiel a certas diretrizes das Ordenações Afonsinas não justifica a diatribe formulada por *Pontes de Miranda*; além disso, a linguagem desse Regulamento atendia aos rigores científicos daquele momento e não fica gravemente comprometida diante das exigências atuais.

O seu valor histórico, de qualquer modo, é irrecusável.

b) O Decreto n. 763, de 1890

Como vimos, o Decreto n. 763/1890, do Governo Provisório, ordenou a aplicação do Regulamento n. 737 às causas civis, restabelecendo, com isso, a antiga unidade processual. A contar daí, operou-se uma cisão na doutrina e na própria jurisprudência do período, sustentando uma das correntes que a ação rescisória continuou a ser regida pelas Ordenações Filipinas, articulada com o Regulamento n. 737,

(16) Ob. cit., p. 107.

mesmo quando o Distrito Federal organizou a sua justiça e os Estados-Membros não previram o regime dessa ação; outra, que o Decreto n. 763 revogou, nesses aspectos, as mencionadas Ordenações reinícolas. Esta última era a opinião da Corte de Apelação do Distrito Federal e representou, segundo *Pontes de Miranda*, "a verdadeira interpretação dos textos constitucionais em matéria relativa no Estado Federal"(17).

c) A legislação antecedente ao CPC de 1939

O direito português, do século XII em diante, apresenta a preocupação de prestigiar, de fortalecer as sentenças, evitando o desfazimento delas; compreende-se, por isso, o fato de a ação de nulidade vir a ser, em Portugal, gradualmente restringida. Lei de 1832, aliás, limitou o uso dessa ação aos casos de suborno, peita, peculato ou concussão dos juízes, conquanto Lei de 19 de dezembro de 1843 tenha ampliado o raio de incidência da ação de nulidade. Dispunha o art. 17 dessa norma legal que a ação de nulidade e rescisória seria cabível (além dos casos especificados no art. 5º do Decreto de 18 de maio de 1832): a) quando se houvesse proferido o julgamento com base em um ou mais documentos, posteriormente declarados falsos, e cuja falsidade não tivesse sido pronunciada na causa em que foi emitida a sentença rescindenda; b) quando sobreviessem um ou mais documentos novos, que eliminassem a prova em que se lastreou o julgamento anterior, "sem que sejam coadjuvados por prova testemunhal e que a parte interessada não pudesse ter ao tempo em que se proferiu a sentença rescindenda"; c) quando o réu, condenado à revelia, provasse falta ou nulidade da citação, em se tratando daquelas sentenças que eram executadas sem prévia citação do executado, não cabendo, entretanto, esta ação e sim o meio previsto no art. 617 do Nov. Ref. Jud., se já feita a citação para a execução; d) quando o executado provasse falta ou nulidade de citação para a execução que se findou à sua revelia a fim de se anular essa mesma execução.

Nota-se, pois, que a legislação processual da época vetava (ou, pelo menos, não admitia expressamente) o manejo da ação de nulidade da sentença que tivesse por objeto: 1. nulidades processuais; 2. ofensa à literal disposição de lei; 3. incompetência do juízo; 4. ofensa à coisa julgada. Permitia, contudo, a referida Lei, que tais matérias fossem alegadas em grau de recurso de revista, em prazo nunca excedente a dez dias.

Um tal sistema não foi profundamente alterado pela reforma de 1926.

---

(17) Ob. cit., p. 108.

O CPC português de 1939 conservou o recurso de revista e trouxe, para o lugar da ação de nulidade da sentença, o recurso de revisão, que era interponível no prazo de trinta dias.

No Brasil, conforme atestam os registros históricos, não se desenvolveu, com a intensidade ocorrida em Portugal, o espírito de prestigiamento e de conservação dos pronunciamentos jurisdicionais. Já na fase de discussão do anteprojeto de Código Civil, *Rui Barbosa* ofereceu (1913) emenda ao Senado, fixando em cinco anos o prazo para o exercício da ação rescisória. A citada emenda, após receber parecer favorável, acabou por converter-se no inc. III, § 10, do art. 178 do atual Código Civil. Hoje, esse prazo é de, apenas, dois anos, por força do art. 495 do estatuto processual civil.

Antes do advento do CPC brasileiro de 1973, a ação rescisória aqui existente possuía traço meramente declaratório, sendo importante realçar que, nessa quadra do desenvolvimento de nosso direito, a nulidade da sentença correspondia à sua inexistência, à semelhança do que se passava em Roma, no período formulário. O efeito prático dessa particularidade residia no fato de que a parte vencida pela sentença nula poderia negar-se a cumpri-la. Oportuno, neste instante, o magistério de *Lobão*, para quem os vencidos poderiam oferecer "todos os embargos de nulidade, assim como que a sentença foi dada contra parte não citada ou que foi dada contra sentença ou que foi dada por peita ou preço que o juiz houve ou por falsa prova ou por juiz incompetente em parte ou em todo, ou sobre bens de raiz sem procuração ou citação da mulher ou com falso procurador ou outros semelhantes, porque se conclui, segundo Direito, a sentença ser nula"(18).

Em suma, considerando-se nula a sentença, nas situações mencionadas, a atitude que deveria o réu vencido adotar era a de recusar-se a cumprir a obrigação que dava conteúdo à execução, opondo embargos a esta. Quanto ao autor, poderia ajuizar outra vez a ação e rebater a exceção de coisa julgada, que viesse a ser apresentada pela parte adversa. A possibilidade de o réu obter a anulação da sentença exeqüenda por ocasião de seus embargos estava prevista na legislação dos Estados-Membros; o próprio Regulamento n. 737 a continha, como demonstra o seu art. 681. Estava também no § 1º do art. 577 desse Regulamento: "São admissíveis na execução com suspensão dela, e propostos conjuntamente, nos seis dias seguintes à penhora, os embargos: § 1º de nulidade do processo e sentença com prova constante dos autos, ou oferecida incontinenti".

---

(18) "Tractado Encyclopedico, Pratico, Critico, sobre as execuções, que se procedem por sentenças", Lisboa, 1855, p. 178.

Contrariando a tradição legislativa daqueles tempos, o Código do Distrito Federal só admitia a anulação da sentença em um único caso.

d) O CPC de 1939

A Constituição Federal de 1891 atribuíra aos Estados-Membros competência para legislar sobre direito processual (arts. 34, n. 23, e 65, n. 2); daí a existência de uma multiplicidade de diplomas processuais em nosso país, no início da vida republicana, códigos que, em sua maioria, foram elaborados sob influência do Regulamento n. 737, de 1850. O Texto Constitucional de 1934, entrementes, restabeleceu a unidade processual, ao cometer à União competência exclusiva para legislar a respeito da matéria. Essa Constituição dispunha, no art. 11 das Disposições Transitórias, que incumbiria ao Governo Federal — logo que promulgada aquela Carta Suprema — nomear uma comissão, composta por três juristas, destinada a escrever um projeto de Código de Processo Civil (e comercial). Esse objetivo não pôde ser alcançado, porquanto a Constituição de 1934 foi revogada pela Carta Outorgada de 1937; é verdade que esta manteve o propósito de reunificar a legislação processual de nosso país. Dentre os diversos projetos concebidos para atender a essa finalidade, foi escolhido o elaborado por *Pedro Batista Martins*, que se converteu no primeiro Código de Processo Nacional unitário produzido pelo gênio brasileiro (Dec.-lei n. 1.608, de 18 de setembro de 1939).

À ação rescisória foi dedicado o Título III do Livro VI ("Dos processos da competência originária dos tribunais"), sendo disciplinada pelos arts. 798 a 801.

Ensejavam rescisão as sentenças proferidas: a) por juiz peitado, impedido ou incompetente *ratione materiae;* b) com ofensa à coisa julgada; c) contra literal disposição de lei, e também aquelas; d) cujo principal fundamento fosse prova declarada falsa em juízo criminal, ou "inequivocamente apurada na própria ação rescisória" (art. 798).

Permitia-se, ainda, a rescisão de sentença emitida em outra ação rescisória, quando se verificasse qualquer das hipóteses estampadas no n. I, letras *a* (juiz peitado, impedido ou incompetente em razão da matéria) e *b* (com ofensa à *res iudicata*), ou no inc. II (falsa prova), todos do art. 798 (art. 799).

Declarava-se, aí, que a injustiça da sentença e a má apreciação da prova, assim como a errônea interpretação do contrato, não autorizavam o exercício da ação rescisória (art. 800, *caput*) e esclarecia-se que os atos judiciais que não dependessem de sentença, ou em que estas fossem meramente declaratórias, poderiam ser "rescindidos" como os atos jurídicos em geral, nos termos da lei civil (parágrafo único).

Como características do procedimento pertinente à ação rescisória, no regime do CPC de 1939, podem ser indicadas as seguintes:

a) se a petição inicial se revestisse dos requisitos dos arts. 158 e 159, o relator determinaria a citação do réu, por intermédio da Secretaria do Tribunal, por qualquer das formas previstas naquele Código;

b) citado, o réu, no prazo assinado pelo relator, deveria oferecer contestação na Secretaria do Tribunal;

c) caso os fatos em que se fundasse a peça inaugural, ou a contestação, dependessem de prova testemunhal ou de exames periciais, o relator delegaria competência para dirigir a coleta das provas ao juiz de direito do termo ou comarca onde residissem as testemunhas ou onde se encontrasse a coisa, objeto do exame, devendo os autos (e não o "processo", *sic*, como estava no texto) ser devolvidos no prazo estipulado, exceto se isso não fosse possível em virtude de força maior;

d) após serem devolvidos, os autos permaneciam na Secretaria durante dez dias, para a apresentação de razões; esgotado o prazo, eram conclusos ao relator e ao revisor, respectivamente, para estudo e designação de data para julgamento, observado o disposto no art. 783 e seus parágrafos (art. 80, §§ 1º a 4º).

e) O CPC de 1973

Em 1º de janeiro de 1974 entra em vigor um novo Código de Processo Civil, instituído pela Lei n. 5.869, de 11 de janeiro de 1973. Nesse texto, a ação rescisória vem inserida no Capítulo IV, Título IX ("Do Processo nos Tribunais", do Livro I "Do Processo de Conhecimento"), sendo regulada pelos arts. 485 a 495.

De modo geral, são estes os principais traços de rescisória prevista no atual diploma processual civil:

a) somente a sentença (ou acórdão) de mérito é rescindível (art. 485);

b) a rescindibilidade será possível quando a sentença: 1. for dada por prevaricação, concussão ou corrupção do juiz; 2. for proferida por juiz impedido ou absolutamente incompetente; 3. resultar de dolo da parte vencedora em detrimento da vencida, ou de colusão entre as partes, a fim de fraudar a lei; 4. ofender a coisa julgada; 5. violar literal disposição de lei; 6. basear-se em prova, cuja falsidade tenha sido apurada em processo criminal ou seja provada na própria ação rescisória; 7. quando, depois da sentença, o autor obtiver documento novo, cuja existência ignorava, ou de que não pôde fazer uso, capaz por si só, de lhe assegurar pronunciamento favorável; 8. quando houver fundamento para invalidar confissão, desistência ou transação, em que se baseou a sentença; 9. fundada em erro de fato, decorrente de atos ou de documentos da causa (art. 485, I a IX).

Elucida o Código que haverá erro de fato quando a decisão rescindenda admitir um fato inexistente, ou considerar inexistente um fato efetivamente ocorrido (*ibidem*, § 1º), advertido, ainda, ser indispensável, num como noutro caso, que não tenha havido controvérsia nem pronunciamento judicial sobre o fato (*ibidem*, § 2º);

c) os atos judiciais, que não dependem de sentença, ou em que esta for meramente homologatória, podem ser "rescindidos" (*sic*), como os atos jurídicos em geral, nos termos da lei civil (art. 486);

d) foram legitimados para ajuizar a ação rescisória: 1. quem foi parte no processo ou o seu sucessor a título universal ou singular; 2. o terceiro, desde que possua interesse jurídico; 3. o Ministério Público, se não foi ouvido no processo, em que lhe era obrigatória a intervenção, ou quando a sentença decorrer de colusão das partes, com o objetivo de fraudar a lei (art. 487);

e) a petição inicial deverá atender aos requisitos relacionados no art. 282 do Código, cabendo ao autor: 1. cumular ao pedido de rescisão (se for o caso) o de novo julgamento da causa; 2. depositar quantia equivalente a 5% do valor da causa, a título de multa, na hipótese de a ação vir a ser, por unanimidade de votos, declarada inadmissível ou "improcedente" (art. 488, I e II), nada obstante seja inaplicável à União, ao Estado-Membro, ao Município e ao Ministério Público o estatuído no item 2, retro (*ibidem*, parágrafo único);

f) não possui eficácia para suspender a execução da sentença rescindenda (art. 489);

g) a peça inaugural será indeferida: 1. nos casos mencionados no art. 295; 2. quando não for feito o depósito de que fala o art. 488, II (art. 490);

h) caberá ao relator mandar citar o réu, fixando-lhe prazo nunca inferior a quinze dias nem superior a trinta dias para responder aos termos da ação (art. 491). Exaurido o prazo, com ou sem resposta, será observado, no que couber, o procedimento estabelecido no Livro I, Título VIII, Capítulos IV e V (*ibidem*);

i) caso os fatos alegados pelos litigantes dependam de prova, o relator delegará a competência ao juiz de direito da comarca onde deva ser produzida, fixando o prazo de quarenta e cinco a noventa dias para a devolução dos autos (art. 492);

j) finda a instrução, abrir-se-á vista, sucessivamente, ao autor e ao réu, pelo prazo de dez dias, para razões finais. Em seguida, os autos serão encaminhados ao relator, procedendo-se ao julgamento (art. 493);

l) julgando "procedente" (*sic*) a ação, o tribunal rescindirá a sentença, proferirá, se for o caso, nova decisão e ordenará a restituição do depósito; declarando inadmissível ou "improcedente" (*sic*) a rescisória, a quantia depositada reverterá a favor do réu, sem prejuízo da condenação do autor ao pagamento de honorários advocatícios e de outras despesas processuais (art. 494);

m) é de dois anos o prazo para o exercício do direito de aforar a rescisória, contado do trânsito em julgado da decisão (art. 495).

Estabelecendo-se um cotejo entre os álbuns processuais civis de 1939 e 1973, extraímos as conclusões que se seguem, acerca deste último:

a) a rescindibilidade foi restringida às sentenças (e acórdãos) de mérito;

b) a "peita" do juiz, referida no Código de 1939, cedeu lugar à prevaricação, à concussão e à corrupção, em linguagem mais adequada à técnica e à própria ciência jurídica;

c) os casos de impedimento e incompetência absoluta foram separados do de "peita" e tratados em inciso comum. A incompetência não está restrita à matéria. Comete o Código de 1973, todavia, o deslize de aludir à incompetência do juiz, quando se sabe que essa falta de pressuposto processual se liga ao juízo;

d) foram introduzidos, como casos de rescindibilidade: 1. a existência de dolo da parte vencedora, em prejuízo da vencida e a colusão entre ambas com a finalidade de fraudar a lei; 2. a obtenção de documento novo, capaz de, por si só, alterar, em favor do vencido, o resultado da prestação jurisdicional; 3. o fundamento para invalidar confissão, desistência ou transação, em que se apoiou a sentença rescindenda; 4. a existência de erro de fato, proveniente de atos ou de documentos da causa;

e) indicam-se as pessoas que se encontram legitimadas para ajuizar a ação;

f) esclarece-se que a rescisória não suspende a execução da sentença rescindenda;

g) apontam-se os casos que ensejam o indeferimento da petição inicial;

h) fixa-se prazo (embora variável) para que o réu ofereça a sua resposta;

i) explicita-se o procedimento a ser observado pelo tribunal, nas hipóteses de julgar "procedente" ou "Improcedente" a ação;

j) declara-se o prazo em que se extingue o direito de ingressar com a rescisória (2 anos).

De outra parte, percebe-se que o CPC de 1973, ao contrário do de 1939: a) não informa se admite rescisória de rescisória; b) não diz que a injustiça da sentença e a má apreciação da prova ou errônea interpretação do contrato não autorizam o exercício da ação rescisória.

Não está em nosso propósito expender, neste Capítulo, comentários acerca das inovações trazidas pelo CPC em vigor, se foram boas ou más, assim como sobre as omissões deste texto processual, em relação ao anterior. Considerações dessa ordem constituirão objeto de outros Capítulos. Por ora, empenhamo-nos em realizar uma comparação, de caráter objetivo, entre ambos os digestos processuais, no que toca à disciplina que impuseram à ação rescisória.

A ação rescisória na Justiça do Trabalho

a) Período anterior à CLT

Antes de ingressarmos no exame da legislação processual existente antes do advento da CLT, convém dedicarmos alguns escólios a respeito do surgimento da própria Justiça do Trabalho.

Os primeiros bosquejos voltados à instituição de uma Justiça especializada na solução dos conflitos de interesses entre empregados e empregadores podem ser identificados nos Conselhos Permanentes de Conciliação e Arbitragem, criados pelo Decreto Legislativo n. 1.637, de 5 de janeiro de 1907, muito embora ficassem restritos à apreciação das lides oriundas do meio rural. Em 1911 foi instituído, em São Paulo, o Patronato Agrícola, com o escopo de solver os litígios entre proprietários rurais e camponeses.

No ano de 1922, provavelmente por influência das Constituições Mexicana, de 1917, e de Weimar, de 1919, criam-se em São Paulo, no governo de Washington Luís, os Tribunais Rurais (Lei n. 1.869, de 10 de outubro, regulamentada pelo Decreto n. 3.548, de 12 de dezembro do mesmo ano), dotados de competência para apreciar controvérsias oriundas da interpretação e execução dos contratos de locação de serviços agrícolas. A sua composição era paritária, pois desses órgãos participavam, além do Juiz de Direito, que os presidia, um representante dos camponeses e outro dos proprietários rurais ("patrões"). Caracterizavam-se os Tribunais Rurais pela adoção de um procedimento sumário, no qual eram ouvidas as partes, procedia-se à coleta de provas e proferia-se a sentença, tudo no mesmo ato. Vale chamar a atenção ao fato de que a decisão cabia aos representantes classistas, intervindo o magistrado, apenas, no caso de divergência entre aqueles. O procedimento era, como se nota, semelhante ao traçado pelo art. 850, da CLT. A própria composição paritária desses órgãos e o método de coleta dos votos de seus integrantes parecem constituir o elemento genealógico das Juntas de Conciliação e Julgamento, originalmente instituídas pela CLT e, mais tarde, substituídas pelas Varas do Trabalho. Esses Tribunais não atingiram, contudo, na prática, os resultados desejados.

Em 1932, o Decreto n. 21.396, de 12 de maio, institui as Comissões Mistas de Conciliação, às quais se atribui competência para julgar os conflitos coletivos de trabalho. No mesmo ano surgem, pelo Decreto n. 22.132, de 25 de novembro, as Juntas de Conciliação e Julgamento, destinadas a dirimir os conflitos *individuais*, que haviam ficado à margem do Decreto n. 21.396/32. Eram características dessas Juntas: a) a reunião de seus membros apenas a requerimento de uma das partes; b) a competência ficava circunscrita àqueles conflitos envolvendo trabalhadores sindicalizados (e que eram muito poucos, na época); c) sua natureza era eminentemente administrativa, e não jurisdicional, bastando argumentar com a figura da avocatória, segundo a qual se facultava ao Ministro do Trabalho rever a sentença proferida pelo órgão, no prazo de 90 dias, a pedido do interessado, sempre que este demonstrasse ter havido "flagrante parcialidade dos julgadores". Além disso, as Comissões mistas possuíam competência meramente conciliatória, pois a decisão definitiva incumbia, vez mais, ao Ministro do Trabalho, mediante laudo arbitral, conforme estabelecia o precitado Decreto n. 21.396/32; d) as decisões das Juntas eram cumpridas pelos juízes federais.

A 2 de maio de 1939, criava-se, por meio do Dec.-lei n. 1.237, a Justiça do Trabalho, nos moldes em que hoje se apresenta; o referido Dec.-lei foi modificado pelo Dec.-lei n. 2.851, de 10 de dezembro do mesmo ano, sendo regulamentado, dois dias depois, pelo Decreto n. 6.996. Finalmente, a 1º de maio de 1941 era instalada a Justiça do Trabalho, durante o governo de Getúlio Vargas, em solenidade realizada no estádio do Clube de Regatas Vasco da Gama, no Rio de Janeiro, para onde acorreram milhares de trabalhadores, especialmente convocados — em atitude aparatosa, aliás, muito ao gosto daqueles tempos.

Somente no texto da Constituição de 1946, porém, veio a Justiça do Trabalho a ser integrada, como órgão, ao Poder Judiciário (art. 94, V).

Retornemos ao objetivo medular deste Capítulo.

Anteriormente à CLT, a legislação processual nada dispunha acerca da ação rescisória no âmbito da Justiça do Trabalho. O que tínhamos — até certa parte desse período — era uma disciplina heterogênea e algo caótica da rescisória, derivante da competência atribuída pela Constituição de 1891 aos Estados-Membros para legislarem sobre direito processual. A Norma Constitucional de 1934 restabeleceu a unidade processual, ao outorgar à União competência privativa para legislar sobre o assunto (art. 5º, XIX, *a*), privatividade que foi preservada pelas Constituições posteriores, inclusive, a de 1988 (art. 22, I).

b) O advento da CLT

A 10 de novembro de 1943 entra em vigor a Consolidação das Leis do Trabalho, aprovada pelo Dec.-lei n. 5.452, de 1º de maio do mesmo ano (art. 911).

Esse texto, em sua redação primitiva, não fazia nenhuma referência à ação rescisória; o art. 836, em rigor, a repelia implicitamente, ao estatuir que era vedado aos órgãos da Justiça do Trabalho "conhecer de questões já decididas", excetuados os casos previstos no Título X.

A despeito disso, doutrina e jurisprudência do período hesitavam em firmar uma opinião sobre o assunto. Visando a dar cobro a essa indefinição e à própria cizânia existente, o Colendo STF edita a Súmula n. 338, para declarar não ser admissível a ação rescisória no plano da Justiça do Trabalho, entendimento que foi perfilhado pelo TST, mediante o Prejulgado n. 10, baixado com fundamento no art. 902 e parágrafos, da CLT, e mais tarde, revogado pela Lei n. 7.033, de 5 de outubro de 1982 (DOU de 6 do mesmo mês).

É razoável supor que a Súmula n. 338, do STF, e o Prejulgado n. 10, do TST, ao rechaçarem o manejo da ação rescisória na Justiça do Trabalho, colocaram à frente, como argumento, o fato de que dita ação trazia o inconveniente de reativar conflitos subjetivos de interesses, já sepultados pela autoridade da coisa julgada, provocando, com isso, grave abalo na estabilidade das relações sociais.

Sustentava, por outro lado, essa corrente de pensamento, que o art. 769, da CLT, não autorizava a incidência, no processo do trabalho, da ação rescisória disciplinada pelos arts. 798 a 801, do CPC de 1939 (então em vigor), pois o art. 836 do texto trabalhista demonstrava inexistir omissão deste a respeito da matéria. De qualquer modo, a rescisória seria inconciliável com os princípios e com os objetivos que informam o processo do trabalho.

Essas razões, entretanto, após um predomínio de, mais ou menos, duas décadas, acabariam por ser expugnadas. O Prejulgado n. 16, do TST, de junho de 1966, revogando o de n. 10, proclamou ser "cabível a ação rescisória no âmbito da Justiça do Trabalho"; esse Prejulgado converteu-se na Súmula n. 144, *ex vi* da Lei n. 7.033/82, que veio a ser cancelada pela Resolução Administrativa n. 121, de 28.10.2003, do Pleno do TST.

Consagrando, em definitivo, a nova linha de opinião, o Dec.-lei n. 229, de 28 de fevereiro de 1967, reformulou a redação do art. 836, da CLT, para, mantendo o princípio nele inscrito, ressalvar o cabimento da ação rescisória, "que será admitida, no prazo de dois anos, nos termos dos arts. 798 a 800 do CPC".

Nesse momento, a rescisória foi introduzida, pela primeira vez, na legislação processual trabalhista, particularidade que atribui ao fato uma importância de ordem histórica, independente de investigar-se quanto ao acerto ou ao desacerto da inovação.

Em todo o caso, manifestemos nossa opinião a respeito disso.

Se é certo que não se pode dizer que o processo do trabalho estava a clamar pela ação rescisória, não menos exato é que esta não é incompatível com aquele, como se chegou a afirmar, com alguma irreflexão[19].

Sem embargo, o argumento de que a rescisória, ao reacender conflitos de interesses já cobertos pela pátina da coisa julgada, traria o grave inconveniente de instabilizar as relações sociais, peca, à evidência, pelo excesso, pela perda do senso das proporções. Esse argumento teria alguma razoabilidade se o uso da rescisória viesse a ser de tal maneira intenso que pudesse, efetivamente, molestar a estabilidade social. A prática está a demonstrar, no entanto, que o manejo dessa ação tem sido moderado, motivo por que fica sem apoio na realidade do cotidiano judiciário a corrente de pensamento de que divergimos. Afinal, nosso País não é povoado por indivíduos que façam da litigiosidade permanente a sua razão de ser e o seu ideal de vida.

Nem se ponha de parte a circunstância de que, em última análise, uma sentença eivada de certos vícios, que lhe retiram a autoridade moral, pode causar à paz social males maiores do que os eventualmente provocados pelo uso adequado da ação rescisória; esta, aliás, em situações como a cogitada, contribui de maneira significativa para a estabilidade das relações sociais ao proscrever do mundo jurídico sen-

(19) Em voto proferido no TST, em 1949, o Min. *Edgard de Souza Lima* afirmou: "Existe, em verdade, incompatibilidade entre o direito processual trabalhista e o direito processual comum. O processo trabalhista obedece a princípios essenciais e diferenciais que muito o distinguem do processo comum. São princípios adequados a um contencioso em que, entre outros objetivos, o efeito da sentença transitada em julgado tem de ser definitiva. O direito do trabalho é um direito singular, um direito especial, que contém normas e princípios distintos dos que informam o direito comum. Não pode ele sofrer influências do direito geral. Ao contrário, derroga-o (*lex especialis derogat generali*)" (Ac. 3.184/49, *in* "Legislação do Trabalho", n. 175, p. 470).

tenças que abriguem agressão à lei; decorram de parcialidade do julgador; estampem ofensa à coisa julgada etc. Repugnaria à consciência jurídica e ao senso de justiça que sentenças contendo tais máculas não pudessem ser desfeitas.

A admissibilidade da ação rescisória, na Justiça do Trabalho, se justifica, acima de tudo, pela necessidade imperiosa de reabilitar-se a verdade, de fazer-se prevalecer o império da lei e, em sentido mais amplo, de preservar-se o prestígio do ordenamento jurídico, ainda que, para isso, tenham de ser ressuscitados antigos conflitos subjetivos de interesses. Nem mesmo os singulares princípios que informam o direito processual do trabalho podem sobrepor-se, *e.g.*, à necessidade de rescindir-se determinada sentença proferida em violação à norma legal ou à coisa julgada (garantias constitucionais); emitida por juiz impedido ou por juízo absolutamente incompetente; oriunda de prevaricação, concussão ou corrupção do julgador e o mais. A *res iudicata* não pode ser convertida numa espécie de refúgio inexpugnável de atos capazes de provocar sérios abalos em nossas estruturas normativas, ou na própria respeitabilidade das decisões judiciais. Como ponderou *Pimenta Bueno*, com extraordinária sensibilidade: "É sem dúvida de mister consagrar a autoridade da coisa julgada, mas não é menos essencial consagrar o império da verdade e da justiça, quando se patenteia tal que não se pode dele duvidar. Nas ciências morais poucas vezes é permitido levar as disposições humanas ao absoluto, sem que se cometam algumas e graves injustiças: convém evitá-las"[20].

Se o acolhimento da rescisória, pelo processo do trabalho, não deve ser saudado com júbilo, com euforia extrema, há de ser, quando menos, serenamente reconhecido como uma providência destinada a prover esse processo de um instituto apto a fazer com que certos valores humanos, jurídicos e institucionais não venham a ser tripudiados pela autoridade, ocasionalmente perversa, da coisa julgada material. Ainda a lição de *Pimenta Bueno*: "Sustentar indistintamente a coisa julgada, ainda mesmo quando fosse claramente reconhecido que ela era filha formal do erro, ou, o que seria ainda pior, de uma criminosa fraude ou prevaricação, seria afrontar todos os princípios da razão, e da justiça eterna, e sacrificar a verdade palpitante à sutileza das fórmulas, sacrificar o fim aos meios; seria inverter a razão do estabelecimento dos tribunais de justiça e das normas tutelares do processo"[21].

Ao tempo do Dec.-lei n. 229/67 estava em vigor o CPC de 1939, daí a razão de aquela norma legal haver feito expressa remissão aos arts. 798 a 800 deste estatuto processual.

---

(20) "Apontamentos sobre as Formalidades do Processo Civil", 3ª ed., p. 256.
(21) Ob. cit., p. 251.

Com o advento do CPC de 1973, contudo, logo se estabeleceu acirrada polêmica nos domínios da doutrina e da jurisprudência, sustentando, uns, que a despeito disso as causas de rescindibilidade dos julgados trabalhistas continuariam a ser as previstas no art. 798 do CPC de 1939, em virtude da menção integrativa feita a esse Código pelo art. 836, da CLT, com a redação que lhe dera o citado Dec.-lei n. 229/67; outros, que entrando a viger um novo diploma processual civil, não fazia sentido pensar-se que a referência do art. 836 da CLT continuaria a ser feita em relação ao código revogado.

Em torno desse tema, muitas cizânias e algumas cincadas se registraram.

Colimando a dar fim a essa disputa, o TST adota o Prejulgado n. 49 (convertido, depois, na Súmula n. 169), assim enunciado: "Nas ações rescisórias ajuizadas na Justiça do Trabalho *e que só serão admitidas nas hipóteses dos arts. 798 a 800 do Código de Processo Civil de 1939*, desnecessário o depósito a que aludem os arts. 488, II e 494, do Código de Processo Civil de 1973" (sublinhamos).

Não foi feliz, *venia concessa*, o TST ao perfilhar a corrente "integracionista" (o art. 836, da CLT, estaria a fazer menção integrativa aos arts. 798 a 800 do CPC de 1939), segundo procuramos demonstrar em outro livro[22]. Não bastasse essa orientação da mais alta Corte de Justiça Trabalhista do País implicar perigoso desvencilhar-se de certos princípios gerais de direito consagrados em nosso sistema jurídico, ela encambulhava, confusamente, normas processuais, em prejuízo da harmonia do instituto; com efeito, a predominar o entendimento esposado pelo, então, Prejulgado n. 49 teríamos três textos legais a disciplinar a ação rescisória na Justiça do Trabalho: a) o art. 836, da CLT, que admitia o seu cabimento; b) os arts. 798 a 800, do CPC de 1939, que previam as causas de rescindibilidade dos julgados; c) os arts. 488 a 494 do CPC de 1973, que regulavam o procedimento.

Eliminando a anomalia que estava a comprometer a disciplina da ação rescisória na Justiça do Trabalho, a Lei n. 7.351, de 27 de agosto de 1985 (DOU de 28 do mesmo mês), impôs nova redação ao art. 836 da CLT, que passou a ser a seguinte: "É vedado aos órgãos da Justiça do Trabalho conhecer de questões já decididas, excetuados os casos expressamente previstos neste Título *e a ação rescisória, que será admitida na forma do disposto no Capítulo IV do Título IX da Lei n. 5.869, de 11 de janeiro de 1973 — Código de Processo Civil*, dispensado o depósito referido nos arts. 488, inc. II, e 494 daquele diploma legal" (sublinhamos).

(22) "Comentários às Súmulas Processuais do TST", São Paulo: LTr, 1981, pp. 180/181.

No Capítulo IV do Título IX (Livro I) do CPC de 1973, mencionado pelo art. 836 da CLT, se situa o art. 485, que relaciona os casos de rescindibilidade dos julgados (incs. I a IX).

Ulteriormente, a Medida Provisória n. 2.180-35, de 24.8.2001 (DOU de 27 do mesmo mês), acrescenta o seguinte parágrafo único ao art. 836, da CLT: "A execução da decisão proferida em ação rescisória far-se-á nos próprios autos da ação que lhe deu origem, e será instruída com o acórdão da rescisória e a respectiva certidão de trânsito em julgado". Sobre este assunto iremos dedicar comentáro específico no Capítulo XXIX, desta Primeira Parte do livro.

Com a Lei n. 7.351/85 e com a Medida Provisória n. 2.180-35/2001, encerra-se, por ora, o ciclo histórico da ação rescisória na Justiça do Trabalho — mas não a necessidade de uma adequada regulamentação legislativa da disciplina, assim entendida a que atenda às marcantes peculiaridades do processo do trabalho. À guisa de sugestão, apontemos a redução, para um ano, do prazo para o exercício dessa ação; a elevação do depósito para algo em torno de 20% ou de 30% do valor da causa e sua exigibilidade apenas quanto ao empregador.

Capítulo II

AÇÃO RESCISÓRIA NO DIREITO COMPARADO

Comentário

A rescisória trabalhista, como vimos no Capítulo anterior, não foi plasmada com elementos extraídos desse processo especializado, que lhe pudessem atribuir uma origem genuína, própria, e conferir-lhe, em virtude disso, traços particulares e estrutura adequada à realidade em que incidiria.

A ação em exame foi introduzida no processo do trabalho mediante simples alteração literal do art. 836, da CLT, que passou a fazer remissão integrativa aos arts. 798 a 800 do estatuto processual civil de 1939 e, mais tarde, ao Capítulo IV do Título X do Código de 1973. Isto significa que, de modo geral, a disciplina da matéria (implicando casos de cabimento, pressupostos, prazo, procedimento etc.) é a estabelecida no CPC atual — fato que nos autoriza a identificar na rescisória trabalhista *de lege lata* um caráter algo postiço.

Sem renunciarmos ao ideal de que, em futuro, a rescisória trabalhista se harmonize, amplamente, com os princípios e objetivos característicos do processo a que servirá, empreendamos, agora, um estudo comparativo do tratamento que ao assunto dedicaram algumas legislações estrangeiras, ainda que saibamos não ser fácil localizar-se, nesses ordenamentos forâneos, instituto que corresponda, em todos os seus contornos, à rescisória do direito brasileiro.

a) Itália

A figura do processo civil italiano que revela maior número de pontos de similitude com a nossa rescisória é a *revocazione*; por ela se permite que a sentença (proferida em grau de recurso ou em instância única) seja impugnada quando: a) proveniente de dolo de uma das partes, em detrimento de outra; b) se tenha calcado em provas que, posteriormente, venham a ser declaradas falsas, ou que a parte vencida desconhecia terem sido declaradas falsas, antes ou depois da sentença; c) depois de prolatada, a parte obtiver documentos capazes de modificar o resultado do julgamento em seu benefício e dos quais não se pôde valer em decorrência de força maior ou de fato imputável ao adversário;

d) for produto de erro de fato, derivante de atos ou de documentos da causa; e) perpetrar ofensa à coisa julgada; f) emitida por juiz que tenha agido com dolo, assim declarado por sentença transitada em julgado.

A *revocazione* deve ser exercida, quase sempre, no prazo de trinta dias, embora este varie, segundo seja o motivo em que se funda. Pode ser ajuizada antes ou depois do trânsito em julgado da sentença, no que se distingue da rescisória praticada em nosso meio, que somente é admitida quando o ato jurisdicional tenha passado em julgado (CPC, art. 485).

Algumas notas complementares devem ser formuladas: a) no direito italiano a sentença agressiva da *res iudicata* não transita em julgado enquanto houver possibilidade de ser impugnada pela *revocazione* estribada em erro de fato; b) a violação de norma legal e a incompetência absoluta do juízo rendem ensejo à interposição do recurso de *cassazione*; c) a nulidade do procedimento pode constituir objeto do recurso de cassação.

b) Portugal

Embora as Ordenações Filipinas declarassem que a sentença, "que é por Direito nenhuma, nunca, em tempo algum, passa em coisa julgada" (L. III, Tít. LXXXV), certo é que, abandonando essa orientação legislativa, a doutrina do período passou a sustentar, tempos depois, que a sentença preservava a autoridade da coisa julgada *enquanto não fosse anulada*[23]. Essa concepção do pensamento lusitano foi perfilhada pelo Regulamento n. 737, de 1850 (art. 680), baixado pelo Governo Imperial.

Atualmente, em Portugal, justificam o uso da revisão os casos em que, no Brasil, autorizam o exercício da ação rescisória; em que pese à circunstância de a *revisão* traduzir modalidade de recurso, ela é empregada mesmo que a sentença tenha transitado em julgado.

Em linhas gerais, o processo civil português permite a interponibilidade desse recurso quando: a) ficar demonstrado, por sentença passada em julgado em processo criminal, que foi proferida por peita, suborno, corrupção ou prevaricação a sentença que se pretende impugnar; b) for alegada a falsidade de algum documento ou ato judicial em que a sentença tenha se baseado, desde que essa matéria não tenha sido discutida no processo em que a sentença foi emitida; ou quando se apresentar sentença passada em julgado que tenha declarado a falsidade de depoimentos ou afirmações de peritos que possa ter influen-

(23) *Pereira e Souza*, "Primeiras Linhas sobre o Processo Civil", Lisboa, 1963, tomo 1, pp. 272 e 274, nota 578.

ciado na sentença recorrida; c) a parte vencida obtiver documento novo, de que não dispusesse ou de que não conhecesse ao tempo da sentença e que, por si só, seja suficiente para elidir a prova em que dita sentença se fundou; d) tiver sido revogada, ou existir fundamento para revogar a confissão, desistência ou transação em que se lastreou a sentença; e) for nula, por irregularidade de mandato ou insuficiência de poderes do mandatário, a confissão, desistência ou transação prevista naquele Código, exceto se a sentença homologatória houver sido notificada pessoalmente ao mandante; f) tendo corrido à revelia a ação e a execução, ficar provado que não houve citação ou que esta é nula; g) a sentença for contrária à outra que constitua caso julgado para as partes, se o vencido mostrar que não teve conhecimento dele enquanto o processo esteve pendente.

c) França

No sistema francês, não se encontra um instituto que possa ser comparado, em sua essência, com a nossa rescisória. O que dela mais se acerca é o recurso de cassação e a *rêquete civile*, a que hoje corresponde o *recours en révision.*

Admite-se esse meio impugnativo em casos como os que vão a seguir relacionados: a) dolo pessoal de um dos litigantes; b) sentença fundada em provas declaradas falsas; c) retenção indevida de peças processuais decisivas; d) defesa insuficiente de menores ou de pessoas jurídicas administrativas; e) violação de formas prescritas (sob pena de nulidade), antes ou por ocasião do julgamento, desde que a nulidade não tenha sido ocultada pelas partes; f) falta de audiência do Ministério Público, sendo essa, exigida, contanto que o julgamento tenha sido proferido contra esse órgão; g) decisão proferida *extra* ou *ultra petita*; h) sentença que não se tenha pronunciado sobre item do pedido do autor; i) quando, no mesmo julgamento, houver disposições opostas; j) sentença agressora da coisa julgada.

d) Alemanha

A ZPO alemã trata a rescisória como ação e não como recurso, em cujo texto sob a denominação de *Wiederaufnahme des Verfahrens*, que *Prieto Castro*, ao traduzir para a língua espanhola, identificou como revisión del procedimiento.

A *Wiederaufnahme* se caracteriza, pois, como uma ação destinada à revisão da sentença passada em julgado. Daí o seu ponto de contato com a rescisória brasileira. Essa revisão pode ser solicitada tanto em ação de nulidade quanto de restituição.

Separemos, em virtude disso, as duas ações.

A de *nulidade* é cabível: a) quando o Tribunal proferidor da sentença não o fizer legalmente constituído; b) na hipótese de haver participado do julgamento membro que se encontrava, por força de lei, excluído da função judicial, salvo, se esse impedimento tenha sido alegado em recusa ou recurso não atendido; c) caso tenha participado do julgamento juiz impugnado por suspeição de parcialidade declarada fundada; d) se algum dos litigantes não tiver sido regularmente representado no processo, a menos que tenha, tácita ou expressamente, confirmado a gestão processual. Nas situações mencionadas nas letras *a* e *c*, a ação de nulidade fica afastada se esta pudesse ter sido alegada em grau de recurso.

Ensejam a de *restituição*: a) se a parte vencedora, ao prestar o juramento em que se apoiou a sentença, houver sido declarada como infratora culposa ou dolosa dos deveres inerentes ao juramento; b) se algum documento, em que se tenha fundado a sentença, for falso ou tenha sido falsificado; c) caso, no juramento sobre a verdade de um depoimento ou de um laudo pericial, a testemunha, ou o perito, for declarado infrator culposo ou doloso dos deveres provenientes do juramento; d) se a sentença foi obtida pelo representante da parte, ou pelo adversário de seu representante em decorrência de ato penalmente punível; e) na hipótese de haver participado do julgamento juiz que se tenha feito culpado, perante a parte, de um ato transgressor de seus deveres, criminalmente punível; f) se a sentença de um Tribunal ordinário, especial ou administrativo, sobre a qual a decisão se houver assentado, seja anulada por outra, transitada em julgado; g) se a parte encontrar sentença passada em julgado anterior à impugnada ou documento com espeque no qual pudesse conseguir decisão mais favorável.

As ações de nulidade e de restituição podem ser ajuizadas no prazo de um mês, que flui a partir do dia em que a parte teve conhecimento do motivo em que se baseará para obter a revisão do julgamento. Decorridos, entretanto, cinco anos da data em que a decisão passou em julgado, nenhuma dessas ações poderá ser aforada, exceto se calcada em falta de representação, quando o prazo passará a ser contado do dia em que a parte for intimada da sentença, pessoalmente ou por intermédio de representante.

e) Áustria

O processo austríaco (ZPO) prevê a *Nichtigkeitsklage* e a *Wiederaufnahmeklage*.

O princípio, a, é o da separação dos juízos *rescindens* e *rescissorium*, embora duas exceções possam ser apontadas: a) quando o motivo em que se funda o pedido de "reabertura do processo" for provado desde logo, com documento original ou cópia autêntica (ZPO, § 40); b) quando a *Wiederaufnahmeklage* estiver calcada no art. 531 do Código (ZPO): a prova, para cuja produção o juiz fixara determinado prazo (existia, para a produção, impedimento por período de tempo incerto; a assunção da prova era duvidosa; a sua coleta deveria ser feita fora da terra), sendo elementar que por meio dessa prova a parte teria possibilidade de decisão mais favorável aos seus interesses (art. 531).

De qualquer forma, mesmo nessa hipótese a cumulação dos juízos *rescindens* e *rescissorium* não é obrigatória (art. 540), sendo facultado ao Tribunal impor o exercício individualizado desses juízos.

f) Espanha

Na Ley de Enjuiciamento Civil se abriga apenas uma modalidade de revisão das sentenças. À semelhança do direito germânico, essa revisão figura, não como recurso, e, sim, como ação. É admitida quando: a) depois de proferida a sentença impugnada, forem obtidos documentos decisivos, retidos por motivo de força maior, ou em virtude de ato da parte a favor da qual ela foi proferida; b) a sentença basear-se em documentos que, na ocasião do proferimento, a parte desconhecia que tivessem sido declarados falsos, ou cuja falsidade foi reconhecida ou pronunciada posteriormente; c) a sentença apoiar-se em prova testemunhal e as testemunhas tiverem sido condenadas por depoimento falso, prestados nas declarações em que a sentença se fundou; d) se a sentença passada em julgado foi obtida de maneira injusta, ou seja, mediante conluio, violência ou outro meio fraudulento.

Caberá, porém, o recurso de cassação quando a sentença tiver sido prolatada: a) por juízo absolutamente incompetente; b) contra a coisa julgada; c) contra disposição literal de lei.

Como assinala *Niceto Alcalá-Zamora y Castillo*, a revisão, segundo vem disciplinada na Ley de Enjuiciamento Civil, não se apresenta como recurso e sim, como ação autônoma, porquanto "abre uma relação processual conclusa"(24). Esse fenômeno também caracteriza a rescisória do direito brasileiro.

g) Direito Canônico

O *Codex Iuris Canonici*, que entrou a vigor em 27 de novembro de 1983, após ser promulgado pelo Papa João Paulo II, fornece, como remédios que interessam ao nosso estudo, a querela de nulidade contra a sentença (*de querela nullitatis contra sententiam*) e a restituição *in integrum* (*de restitutione in integrum*).

---

(24) Notas ao "Derecho Procesal Civil" de *James Goldschmidt*, p. 453.

1. A querela é utilizada para impugnar sentenças viciadas de nulidade insanável ou mesmo sanável.

Será insanável a nulidade quando a sentença: a) for proferida por juiz absolutamente incompetente; b) por alguém destituído do poder de julgar no Tribunal em que a causa foi definida; c) por juiz coagido por violência grave; d) entre partes, das quais ao menos uma não tinha capacidade de estar em juízo e, ainda; e) quando o juízo foi feito sem a petição inicial necessária ou não foi instaurado contra alguma parte demandada; f) quando alguém agiu em nome de outro sem mandato legítimo; g) quando foi negado a alguma das partes o direito de defesa; h) quando a controvérsia não foi definida nem sequer parcialmente (Cân. 1620).

A querela de nulidade mencionada no Cân. 1620 poderá ser proposta: a) como exceção, sempre; b) como ação, diante do juiz que proferiu a sentença, no prazo de dez anos, desde a publicação da sentença (Cân. 1621).

Estará eivada de nulidade sanável a sentença, se: a) proferida por número não-legítimo de juízes, contra a prescrição do Cân. 1425, § 1º; b) não contiver os motivos ou as razões de decidir; c) não trouxer as assinaturas prescritas pelo direito; d) não trouxer a indicação do ano, mês, dia e lugar em que foi proferida; e) baseada em ato judicial nulo, cuja nulidade não tenha sido sanada, de acordo com o Cân. 1619; f) proferida contra uma parte legitimamente ausente, de acordo com o Cân. 1593, § 2º (Cân. 1622).

Nos casos acima relacionados, a querela de nulidade poderá ser proposta no prazo de três meses após a notícia da publicação da sentença (Cân. 1623).

Em qualquer hipótese, a querela será julgada pelo próprio juiz que proferiu a sentença impugnada; se a parte recear que o juiz tenha ânimo predisposto "e portanto o julgar suspeito, pode exigir que outro juiz o substitua, de acordo com o Cân. 1450" (Cân. 1624).

2. A restituição *in integrum* será cabível contra sentença que tenha passado em julgado, contanto que conste manifestamente da sua injustiça (Cân. 1645, § 1º). Não se considera que consta patentemente da injustiça, a não ser que: a) a sentença se baseie de tal modo em provas, que depois se descubra serem falsas e que, sem elas, a parte dispositiva da sentença não possa sustentar-se; b) tenham sido descobertos, posteriormente, documentos que provem fatos novos e exijam, de maneira indubitável, uma decisão contrária; c) a sentença tenha sido proferida por dolo de uma parte em detrimento da outra; d) tenha sido evidentemente negligenciada alguma prescrição, não processual, da

lei; e) a sentença se oponha a uma decisão anterior, passada em julgado (§ 2º, 1 a 5).

No caso das letras *a* e *c*, a *restitutio* deve ser pedida ao juiz prolator da decisão, dentro do prazo de três meses, a ser contado da data do conhecimento desses motivos (Cân. 1646, § 1º). Nos casos das letras *d* e *e*, a restituição será solicitada ao tribunal de apelação, no prazo de três meses, a contar da data da notícia da publicação da sentença (§ 2º).

O pedido de restituição *in integrum* suspende a execução da sentença ainda não iniciada (Cân. 1647, § 1º). Se, todavia, por indícios prováveis houver suspeita de que a petição foi apresentada para retardá-la, o juiz pode decretar a execução da sentença, "dando porém a devida garantia ao que pediu a restituição, de que será indenizado, caso venha a ser concedida a restituição *in integrum*" (§ 2º).

Concedida a *restitutio*, o juiz deve manifestar-se sobre o mérito da causa (Cân. 1648) — *indicium rescissorium*.

Após o exame de algumas legislações processuais forâneas, podemos concluir que a italiana (*revocazione*), a portuguesa (revisão) e a francesa (*recours en révision*) são as que possuem institutos que guardam certa proximidade com a ação rescisória brasileira, conquanto classifiquem esses remédios como recurso. Já na Espanha (*Ley de Enjuiciamento Civil*) a revisão, a despeito de constituir ação, figura como recurso extraordinário. No direito alemão (ZPO) a *Wiederaufnahme* se apresenta como ação, o mesmo acontecendo com a restitutio *in integrum* do Código Canônico: por esse motivo, podemos dizer que ambos os remédios possuem acentuada identidade com a rescisória consagrada pelo processo civil de nosso país, onde igualmente é tratada como ação; assim, também, a considera a Constituição Federal (art. 102, I, *j*).

Os efeitos de ordem prática, derivantes da classificação da rescisória, em nosso sistema, como ação e não como recurso, serão demonstrados no Capítulo subseqüente.

Capítulo III

NATUREZA JURÍDICA

Comentário

Poderia parecer a alguns críticos que estamos a ocupar-nos com questões de nonada ao dedicarmos um Capítulo ao estudo da natureza jurídica da rescisória. Dir-se-ia, por suposto, que nossa prospecção, nesse terreno, é destituída de interesse prático porquanto a própria lei classifica a rescisória como ação (CPC, Livro I, Tít. IX, Cap. IV).

Uma tal objeção, contudo, cometeria a imprudência de imaginar que as manifestações legislativas constituem mera obra do acaso, como se não fossem — como em regra o são — decorrentes das influências que a doutrina sói exercer no legislador. Além disso, sendo certo que a norma legal, no mais das vezes, é menos científica do que a doutrina, não são raros os casos em que ela perpetra faltas contra a ciência processual.

Uma investigação acerca da natureza jurídica da rescisória se justifica, pois, quando menos, como escrúpulo doutrinário tendente a verificar se a lei andou certa ao considerá-la como ação.

No passado, alguns autores de nomeada se sentiram seguros para afirmar que a rescisória traduzia modalidade de recurso de natureza especial; dentre eles, *Lopes da Costa, Cândido de Oliveira Filho, Costa Carvalho, Filadelfo Azevedo Pereira Braga*. Já em 1916, entrementes (muitos anos, portanto, antes de entrar em vigor o primeiro Código de Processo Civil unitário, do País), *Manoel Inácio Carvalho de Mendonça*, com o peso de sua autoridade, advertia não haver "cousa mais freqüente do que ouvir repetir que a rescisão dos julgados é um recurso. Nada entretanto é mais absurdo, uma vez que às *verba juris*, à técnica rigorosa, queiramos dar seu verdadeiro e legítimo sentido"(25), concluindo ser essencial que "não se vulgarize a errada equiparação da ação rescisória com o recurso, que pode caber das sentenças e julgados. Como noção, é isto um erro gravíssimo; como simples imagem, é vulgar e indigna dos cultores do direito"(26).

---

(25) "Da Ação Rescisória", 2ª ed., n. 12, pp. 328/332.

(26) *Idem, ibidem*.

O máximo que se pode transigir, no tema em exame, é que a rescisória possua "alma" de recurso (*Liebman*), embora o seu corpo seja, fundamentalmente, de ação.

Com efeito, a corrente de opinião que via nessa ação uma espécie de recurso especial fechava os olhos à particularidade de que a rescisória instaura uma nova relação processual, ao passo que a pretensão recursal, em regra, é exercida na mesma relação processual que deu origem à sentença impugnada por esse meio. Assim o é porque enquanto a rescisória tem como finalidade desconstituir a coisa julgada, o recurso só é admissível dos pronunciamentos jurisdicionais que ainda não se submeteram ao fenômeno da *res iudicata.* De outra parte, a norma processual relaciona, exaustivamente, os casos de rescindibilidade dos julgados, sendo que, no plano dos recursos, apenas em caráter excepcional a lei especifica os casos em que a decisão é atacável.

Nem se omita o fato de que no processo do trabalho há recursos que podem (em exceção à regra insculpida no art. 899, *caput*, da CLT) acarretar o sobrestamento da execução, como se dá com os agravos de petição e de instrumento (CLT, art. 897, § 1º); já a ação rescisória é desprovida de eficácia suspensiva da execução, a teor do comando inflexível que se irradia do art. 489 do CPC. O que poderá sobre-ser a decisão rescindenda é, isto sim, medida cautelar inominada obtida perante o mesmo relator da rescisória, conforme veremos em Capítulo próprio.

Do ponto de vista objetivo, é inegável que a rescisória não se apresenta como recurso, pois o art. 496 do CPC não a inclui no rol dos remédios dessa natureza, tratando-a, como dissemos, como autêntica ação (arts. 485 a 495). Logo, a rescisória deve ser elaborada com observância dos requisitos medulares previstos no art. 282, podendo ser indeferida (art. 490); exige citação da parte contrária (CPC, art. 491), em prazo variável (*ibidem*) e enseja a produção de provas (CPC, art. 492).

No que tange ao acórdão proferido em ação rescisória, a sua natureza é constitutivo-negativa, quando a acolhe, e declaratória, quando a rejeita.

Constitui impropriedade técnica, aliás, falar-se em declaração de nulidade (de sentença ou acórdão); só se declara, em nosso sistema jurídico, a inexistência, a ineficácia. O ato nulo se desconstitui. Tão errado será referir-se à declaração judicial de nulidade, quanto pensar-se em desconstituição de ato inexistente. Como ensina *Pontes de Miranda*, se forem encambulhados os dois conceitos (o de nulidade, que supõe invalidade, e o de rescisão, que nada tem com nulidade, anulação e ineficácia) não se poderá atribuir à ação rescisória o tratamento científico que se faz necessário, observando que: "A rescindibilidade concerne à sentença que vale e é eficaz; se, além de se comporem os pressupostos da pretensão à rescisão e da ação rescisória, os da nulidade ou da ineficácia se apresentaram, tem o juiz diante de si situação semelhante à que se lhe oferece a cada momento: além da rescindibilidade (*e. g.*, por vícios redibitórios da coisa), a nulidade ou a ineficácia do negócio jurídico (*e. g.*, o comprador ou o vendedor for menor de dezesseis anos ou o outro condômino não tomou parte nas declarações de vontade)"[(27)].

Em resumo, só se rescinde o ato jurídico que existe, que é eficaz. Declaram-se a inexistência e a ineficácia.

Merecem ser reproduzidas aqui, por oportunas, as palavras que *Pontes de Miranda* dirigiu, em defesa de seu pensamento, a *Luís Eulálio de Bueno Vidigal*: "Nem ao jurista, nem ao juiz, nem ao próprio povo, é dado admitir que os legisladores empreguem termos errados. O que importa é o sistema jurídico. A terminologia errada há de ser recebida como se correspondesse ao conceito, e não ao nome. A Ciência, que se introduziu no Direito e fez com que ele progredisse, não pode ser postergada, mesmo se os legisladores ignorantes dizem nula, em vez de rescindível, ou rescindível em vez de resolúvel ou resilível..."[(28)].

Embora o atual CPC cogite de rescisão (art. 485, *caput*), abandonando, assim, o *nulla* de que falava o texto anterior (art. 798), as palavras de *Pontes de Miranda* haverão de permanecer como uma espécie de advertência no sentido de que possuindo a Ciência terminologia exata, nem mesmo ao legislador será lícito desrespeitar essa exação; e à doutrina ficará reservada a tarefa de combater esses desvios, e demonstrar que o prestígio e o acatamento às normas legais não devem ir além dos limites traçados para a sua atuação como instrumento de disciplina do relacionamento social do homem. O resto pertence à Ciência.

(27) Ob. cit., pp. 112/113.
(28) Ob. cit., p. 114.

Capítulo IV

FUNDAMENTOS POLÍTICOS

Comentário

Ao discorrermos, no Capítulo I, sobre os motivos que justificaram a admissibilidade da ação rescisória no processo do trabalho, pudemos antecipar alguns comentários respeitantes aos fundamentos políticos da existência dessa ação no próprio sistema processual de nosso País.

A apreciação desses fundamentos — de natureza política — será agora aprofundada.

Para *Jorge Americano*, a rescisória se justifica pela necessidade de assegurar-se a perfeita distribuição da justiça: "Se o Estado, em nome do princípio jurídico, me obriga a submeter-me à sua decisão, impõe-se logicamente que essa decisão seja justa, que corresponda àquela necessidade social ou individual que se propôs suprir ou corrigir. Daí concluir-se, em lógica pura, pela responsabilidade do Estado quando houve erro judiciário. Todavia, desde que se tranca ou suprime essa conseqüência inevitável, força será dar remédio por outro meio. E assim, além da revisão em matéria criminal, temos a ação rescisória em matéria cível"[29].

A prevalecer o entendimento do ilustre jurista citado, porém, o ideal de justiça, por ele elevado à categoria de argumento, faria com que a busca da verdade não encontrasse limites no tempo, gerando, com isso, inevitável instabilidade nas relações sociais e jurídicas. Demais, *Jorge Americano* estabelece um perigoso nexo entre a rescisória e o erro judiciário, circunstância que coloca por terra os seus argumentos em face daqueles casos em que a rescisória é legalmente admitida, mesmo que não tenha havido erro do julgador.

O que estamos a discordar, em *Jorge Americano* — fique claro —, não é o fato de ele haver apontado o ideal de justiça como o fundamento da rescisória, e sim o de haver insinuado que esse anseio supremo possa provocar, até mesmo, perturbações no relacionamento jurídico dos integrantes do complexo social.

---

(29) "Estudo Teórico e Prático da Ação Rescisória dos Julgados no Direito Brasileiro", 3ª ed., São Paulo: Saraiva, 1936, p. 126.

Ora, a estabilidade e a harmonia das relações sociais é algo que interessa tão intimamente ao Estado quanto interessa ao indivíduo a obtenção de justiça plena. Não pode existir, pois, preeminência de nenhum desses interesses, quando cotejados entre si, pois ambos se equivalem, axiologicamente, segundo a óptica de seus beneficiários. A questão não pode, portanto, ser colocada nestes termos: ou se confere supremacia ao interesse estatal na estabilidade das relações sociais — e, com isso, a rescisória representa um grave risco a esse escopo, ou se põe acima de tudo o ideal (ou a necessidade) de justiça, manifestado pelo indivíduo — e nessa hipótese a instabilidade das relações sociais poderá ser instaurada. Há que se ter — como em todos os atos da vida — bom senso nesse assunto. Há que se estabelecer aquela linha mediana imaginada por *Maudsley*; o resultado dessa regra de comedimento será concluir-se pela conciliação entre os dois campos de interesse — do Estado e do indivíduo —, de tal modo que a ação rescisória encontre o seu fundamento na síntese formada pela necessidade de preservação da estabilidade das relações sociais e pelo anseio de justiça. *Eduardo Couture*, de sua parte, falou de uma aproximação, tanto quanto fosse possível, das exigências de certeza às de justiça[30].

O próprio legislador brasileiro, atento à regra de que o uso abusivo e indiscriminado da rescisória poderia causar graves danos ao tecido social, tratou de limitar os casos em que ela poderia ser ajuizada; essa restrição está representada pelo rol de causas que autorizam a rescindibilidade dos julgados (CPC, art. 485). Com tal providência, cuidou de evitar o ressurgimento de lides já compostas, de fomentar o espírito de litigiosidade, que se assenhoreia de certos indivíduos, fatos que desaguariam, fatalmente, na tantas vezes mencionada perturbação do relacionamento social.

Sob outro ângulo, se o Estado — por motivos politicamente defensáveis — avocou, em caráter monopolístico, o encargo de solucionar os conflitos intersubjetivos de interesses (anatematizando a autotutela ou autodefesa de direitos), ele se obrigou, em virtude desse mesmo ato, a uma prestação jurisdicional boa, célere e, sobretudo, justa — ou, no mínimo, realizada sem erros de conteúdo ou de forma (*due process of law*). Toda vez que o Estado decide mal as questões que são submetidas à sua cognição jurisdicional, resta diminuído o prestígio de suas decisões e a sua respeitabilidade como órgão incumbido da administração da justiça. Conquanto possa soar como um paradoxo, sempre que a rescisória encontra êxito em seu objetivo se está, com isso, restabelecendo o prestígio e a respeitabilidade de que há pouco falamos.

---

(30) "Fundamentos del Derecho Procesal Civil", Buenos Aires: Aniceto López, 1942, p. 201.

Lembra *Alcides de Mendonça Lima* que para a moralidade da ordem social e para a segurança dos indivíduos, não é suficiente que a ação se finde mediante sentença passada em julgado, por força da preclusão dos recursos ou pelo julgamento dos mesmos, destacando que o objetivo do Estado não se esgota no terminar os pleitos por meio de sentença, se não que se concentra na solução dos pleitos de maneira justa(31).

Nesse quadro de realidades e anseios, a ação rescisória se apresenta como imperativo de ordem social para o manutenimento da respeitabilidade do Poder Judiciário e do equilíbrio das relações sociais, sempre que "a natureza do vício causador da injustiça seja de tal ordem, que apresente inconveniente maior do que o da instabilidade do julgamento"(32).

A doutrina, de maneira geral, realça o elemento justiça toda vez que se empenha em justificar a necessidade da ação rescisória — sob a perspectiva dos interesses individuais — em nosso ordenamento processual. Em que pese à circunstância de o indivíduo manifestar, realmente, um forte sentimento de justiça, em suas expectativas diante das decisões a serem emitidas pelo Poder Judiciário, é relevante chamar a atenção ao fato de que, em rigor, é quase nenhum o espaço que a lei reserva ao juiz para fazer justiça. De ordinário, a sua função consiste em aplicar a norma legal ao caso concreto (deixando-se de lado, por ora, o peculiar podor normativo da Justiça do Trabalho, cuja sede superior é o art. 114, § 2º, da Constituição Federal, pelo qual essa Justiça especializada pode "estabelecer normas e condições, respeitadas as disposições convencionais e legais mínimas de proteção ao trabalho"). De tal arte, se o julgador, em determinado caso concreto, realizar a concreção dos fatos à norma legal incidente, a sua sentença não será passível de ação rescisória, a despeito de eventual injustiça que ela tenha produzido.

O álbum processual civil de 1939 estatuía — convém rememorar — que: "A *injustiça da sentença* e a má apreciação da prova ou errônea interpretação do contrato não autorizam o exercício da ação rescisória" (art. 800, *caput*; sublinhamos). Embora o código vigente não tenha reproduzido essa regra, entendemos que a força da tradição, somada a certos princípios jurídicos pertinentes, fará com que mesmo na atualidade não se permita a rescisória fundada em injustiça da sentença (ou do acórdão).

---

(31) "Ação Rescisória", *in Jurisprudência Brasileira Trabalhista*, Curitiba: Juruá, 1982, vol. 4, p. 29.

(32) *Luís Eulálio de Bueno Vidigal*, "Da Ação Rescisória dos Julgados", São Paulo: Saraiva, 1948, n. 132, p. 104.

A idéia de justiça, aliás, é algo que oscilará de indivíduo a indivíduo, em decorrência de sua elevada carga de subjetivismo: o que é injusto aos olhos de um, não o é aos de outro. De qualquer forma, como ponderamos, o compromisso do juiz é com a lei, e não com os sentimentos de justiça do indivíduo, a despeito do caráter nobre dessa manifestação do espírito humano; segue-se que, se uma sentença injusta aplicou, com propriedade e acerto, a norma legal adequada para regular o caso concreto, não poderá ser objeto de rescisória, ainda que conste de sua manifesta injustiça.

Por esse motivo, reputamos aconselhável encarar-se com alguma reserva o parecer doutrinário que faz do ideal de justiça o fundamento, o móvel da existência dessa modalidade especial de ação, em nossa estrutura processual. Cabe reiterar que o art. 485 do CPC, ao relacionar as causas de rescindibilidade dos julgados, deixa margem diminuta de possibilidade de o pronunciamento jurisdi-cional ser derivante de injustiça.

Tema que possui íntima relação com o dos fundamentos políticos da ação rescisória é o da denominada "relativização da coisa julgada", de que trataremos no Capítulo XIII, desta Primeira Parte, motivo por que remetemos o leitor ao mencionado Capítulo.

Capítulo V

CONCEITO

Comentário

A ação, em sentido amplo, consiste no direito público subjetivo de invocar-se, nos casos e forma legais (CPC, art. 2º), a tutela jurisdicional do Estado.

Sendo a rescisória uma ação, é elementar que o seu conceito não se pode afastar daquele que assinala as ações judiciais em geral. Se levarmos em conta, todavia, também, a finalidade da rescisória, veremos que a sua definição apresenta elementos particulares, que a individualizam e a desassemelham das demais ações.

Antes de formularmos um conceito pessoal de ação rescisória, vejamos como a doutrina vem se pronunciando a respeito desse assunto: "é aquela que tem por objetivo declarar a nulidade da sentença que transitou em julgado"(33); "aquela que tem por objeto ajuizar pedido de anulação de sentença passada em julgado. Remédio por excelência para a anulação dos efeitos da sentença passada em julgado, a ação rescisória é de natureza constitutiva, uma vez que tem por fim extinguir a situação jurídica consubstanciada na decisão que se busca anular"(34); "é a ação pela qual se pede a declaração da nulidade da sentença"(35); "ação pela qual se pede a decretação de nulidade ou ilegalidade de uma sentença que extrinsecamente passou em julgado e, por via de conseqüência, o novo julgamento da espécie nela examinada"(36); "é a ação pela qual se pede a desconstituição de sentença trânsita em julgado, com eventual rejulgamento, a seguir, da matéria nela julgada"(37).

Conquanto estejamos cientes da advertência que vem das fontes romanas, segundo a qual *omnia definitio in iuris civilis periculosa est*,

---

(33) *Alcides de Mendonça Lima*, ob. cit., p. 28.

(34) *José Frederico Marques*, "Instituições de Direito Processual Civil", Rio de Janeiro: Forense, 3ª ed., 1958, vol. IV, p. 1112.

(35) Luís Eulálio de *Bueno Vidigal*, "Comentários ao Código de Processo Civil", São Paulo: Revista dos Tribunais, 1974, p. 5.

(36) *Jorge Americano*, ob. cit., p. 138.

(37) *J. C. Barbosa Moreira*, "Comentários ao Código de Processo Civil", Rio de Janeiro: Forense, 2ª ed., 1976, vol. V, p. 95.

abalançamo-nos a estabelecer o seguinte conceito de ação rescisória: (1) é aquela por meio da qual se pede (2) a desconstituição, (3) da coisa julgada, (4) nos casos previstos em lei, (5) podendo haver novo julgamento da causa.

Dissemos: (1) é aquela pela qual se pede porque, mesmo em sede de rescisória, prevalece o princípio da inércia da jurisdição, ou da demanda, corporificado no art. 2º do CPC, conforme o qual a nenhum juiz será lícito subministrar a tutela jurisdicional sem que o interessado a solicite, "nos casos e forma legais". Desta maneira, ainda que, *p. ex.*, a sentença tenha afrontado a coisa julgada; violado literal disposição de lei; sido proferida por juiz impedido ou absolutamente incompetente etc., somente poderá ser desconstituída por iniciativa da parte interessada e provida de legitimidade para tanto; com isso, se está afirmando que o magistrado não pode agir *ex officio*. O emprego do verbo pedir, no enunciado do conceito que esboçamos, atende, por outro lado, ao requisito constante do art. 282, inc. IV, do CPC.

(2) A desconstituição, pois o fim da ação em exame é desconstituir a coisa julgada, como qualidade (e não efeito) da sentença não mais sujeita a recurso de qualquer espécie. Incidiram, portanto, em patente deslize científico os autores que viram no objetivo dessa ação a declaração ou decretação de nulidade. Como pudemos esclarecer no Capítulo III, em nosso sistema jurídico só se declara a inexistência ou a ineficácia do ato; o eivado de nulidade deve ser desconstituído. Mesmo na vigência do CPC de 1939, cujo art. 798 fazia equívoca referência à sentença nula (em vez de rescindível), o uso do verbo declarar, pela doutrina, era passível de censura, pois ainda que "nula" fosse, efetivamente, a sentença, a hipótese seria de desconstituição e não de declaração. Pode-se falar, também, em rescisão da sentença, vez que rescindir (do latim *rescindo, is, scidi, scissum, scindere*) significa anular, desfazer, ab-rogar. Adequado, por isso, o *nomen iuris* de rescisória atribuído à ação de que estamos a tratar.

(3) Da coisa julgada, porque o escopo da rescisória radica no desfazimento da eficácia que tornou imutável e indiscutível a sentença (CPC, art. 467). Neste ponto, se evidencia um dos traços que separam e distinguem a rescisória dos recursos: enquanto estes só podem ser interpostos dos pronunciamentos jurisdicionais não passados em julgado, aquela constitui o remédio jurídico específico para a desconstituição das decisões afetadas pelo fenômeno da coisa julgada. A inserção da *res iudicata* no conceito que elaboramos pode parecer desnecessária, por ser óbvio que a rescisória só se dirige às sentenças não mais sujeitas a recurso; embora não desconheçamos esse fato, devemos dizer que a nossa atitude visou a atender aos objetivos didáticos do conceito. O que se nos depara dispensável é a referência feita por

Jorge Americano a ter a sentença rescindenda extrinsecamente passado em julgado, pois é da íntima substância da coisa julgada a sua eficácia somente extrínseca, vale dizer, formal. Em razão do quanto expusemos até esta altura, parece ficar claro que se a ação rescisória tiver como objeto pronunciamento jurisdicional pendente do julgamento de recurso, o processo da rescisória deverá ser sumariamente extinto, por ser, o autor, carecedor da ação, derivante da sua falta de interesse processual: afinal, pretende rescindir uma decisão ainda não transitada em julgado e que pode, até mesmo, ser inteiramente modificada pelo recurso dela interposto.

Ainda sobre a introdução da *res iudicata* em nosso conceito, cabe-nos acrescentar que o próprio art. 485 do CPC faz expressa alusão a ela, nada obstante eventual omissão quanto a isso não prejudicasse o entendimento do preceito. Nossa preocupação foi, assim, de foro didático.

A oportunidade nos sugere registrar, ainda, que a rescisória será admitida mesmo que da sentença — passada em julgado, evidentemente — a parte não tenha interposto recurso; essa é a orientação jurisprudencial cristalizada na Súmula n. 514, do STF.

(4) Nos casos previstos em lei, na medida em que as situações autorizadoras da rescindibilidade dos julgados são apenas aquelas relacionadas pelo art. 485, I a IX, do CPC. Estando a coisa julgada a serviço do propósito político de preservação da estabilidade das relações sociais, torna-se razoável admitir que o manejo da ação rescisória não deve ser amplo, ilimitado, sob pena de frustrar o propósito a que aludimos. Teria agido com perniciosa insensatez o legislador se houvesse deixado ao prudente arbítrio do indivíduo o exercício dessa ação, ou seja, que invocasse a tutela jurisdicional do Estado para desconstituir a coisa julgada toda vez que entendesse, por meros ditames de sua conveniência, que a sentença deveria ser apagada na ordem jurídica. Obrou, conseguintemente, com elogiável prudência o legislador ao indicar, de modo exaustivo, os casos que rendem ensejo ao exercício de uma pretensão rescisória.

Em suma: não se rescindem os julgados por motivo arbitrário e, sim, apenas nos casos em que a norma legal permite.

(5) Podendo haver novo julgamento da causa. Quando se ingressa em juízo, com a rescisória, o que se pretende, em rigor, é desconstituir a coisa julgada, eliminar a sentença contrária aos interesses do autor; eis o *iudicium rescindens*. Em determinadas situações, contudo, deseja-se, além disso, obter um novo julgamento da causa; é o *iudicium rescissorium*. O vocábulo "rejulgamento", tão no gosto de alguns autores, não possui, *venia permissa*, previsão léxica.

Em certas hipóteses, o novo julgamento é absolutamente desnecessário, como ocorre, *e. g.*, quando se acolhe a rescisória calcada em ofensa à coisa julgada: expungida a sentença rescindenda, ficará restabelecido o império e a autoridade da *res iudicata*, que ela estava a molestar; o mesmo se diga da rescisória fundada em violação de literal disposição de lei. Em outras, porém, torna-se imprescindível que o tribunal realize um novo julgamento, pois a simples desconstituição da coisa julgada não basta, não atende, por inteiro, aos interesses do autor. Seria o caso, *v. g.*, de ele obter documento novo, capaz, por si só, de assegurar-lhe, desta feita, um pronunciamento favorável (CPC, art. 485, VII). Resumindo: em determinados casos, a ausência de um novo julgamento deixaria a lide sem uma colmatação jurisdicional, por assim dizer, pois a simples desconstituição da coisa julgada não reporia ou socorreria o direito da parte vencedora na rescisória.

O novo julgamento não é algo que integra, invariavelmente, a finalidade da rescisória; é, ao reverso, eventual e sua ocorrência será imposta pela necessidade de cada caso concreto.

Incumbe ao autor, sempre que for o caso, cumular ao pedido de rescisão o de novo julgamento da causa (CPC, art. 488, I). Embora o assunto seja controvertido, entendemos que o pedido de novo julgamento, sempre que este for o caso, estará sempre implícito na inicial, porquanto figura como dever legal do autor a cumulação dos juízos *rescindens* e *rescissorium*. É que a não se pensar dessa maneira, a mera desconstituição da coisa julgada implicará (em certas situações), em última análise, denegação da prestação jurisdicional: apaga-se o que estava escrito e nada se escreve no lugar. Forma-se o *nihil* jurisdicional.

É verdade que poderíamos ter apresentado um conceito minudencioso de ação rescisória, nele introduzindo todos os elementos que se localizam em sua órbita; esse descer às minúcias, no entanto, serviria apenas para apoquentar os nossos ilustres ledores e dificultar a exata captação do conjunto integrado por esses elementos. Daí por que nos limitamos a edificar tal conceito unicamente com os seus elementos essenciais. Seria despiciendo ocuparmo-nos, nessa tarefa, com questiúnculas relativas a prazo para o ajuizamento da ação rescisória, a juízo competente, a legitimidade e o mais. Sobre isso, escreveremos em Capítulos específicos.

Uma nota final, para que a disciplina da rescisória seja convenientemente entendida. Envolvendo essa modalidade de ação "constitucionalizada" (Const. Fed., art. 102, I, *j*) autêntico julgamento de julgamento, o seu surgimento, na verdade, é pré-processual, conquanto ela se desenvolva em face da decisão rescindenda; é certo que ao desconstituir essa decisão, a rescisória pode penetrar no mérito da pretensão *in iudicio deducta* anteriormente, ainda que, nesse reingresso, não reate, não reinstaure a antiga relação jurídica processual. Realizando, ou deixando de realizar a nova cognição do mérito, é indiscutível que a rescisória faz nascer uma outra relação processual.

Tudo o que não está no campo de atuação do *iudicium rescissorium* permanece inalterado; fica como se encontrava: precluso. Aquilo que estava em via de precluir e foi afetado por esse juízo já não preclui: "Retoma-se o tempo, em caso raro de reversão, como se estaria no momento mais remoto a que a decisão rescindente empuxa a sua eficácia, se a abertura na relação jurídica processual foi nos momentos anteriores à decisão final no feito"[38].

(38) *Pontes de Miranda*, ob. cit., p. 67.

Capítulo VI

CLASSIFICAÇÃO

Comentário

Nada, talvez, atenda tão de perto aos princípios, métodos e exigências científicas do que a classificação (= distribuir por classes) dos diversos elementos ou institutos que integram determinada área do conhecimento humano.

Não é diferente o que se passa no plano da ciência jurídica do processo.

Coube a *Carnelutti* o merecimento de haver elaborado, pela primeira vez, uma classificação científica da ação rescisória, segundo as causas legais que legitimam o seu exercício. Podemos mesmo afirmar que as demais classificações, apresentadas posteriormente por outros juristas, se inspiraram, com maior ou menor intensidade, na matriz carnelutiana, como veremos adiante.

Cumpre-nos elucidar que o sistema processual italiano não conhece a ação rescisória, ao menos com esse *nomen iuris*. Como deixamos claro no Capítulo II, a figura do processo civil da Itália que mais se aproxima da rescisória brasileira é a *revocazione*, embora esta possa ser ajuizada antes ou depois do trânsito em julgado da decisão. A observação é necessária para alertar que o grande mestre peninsular realizou a classificação da *revocazione* e não da rescisória — inexistente na legislação daquele país.

Baseando-se no art. 494, 1 a 5, do diploma processual italiano de 1865, *Carnelutti* deu a lume uma classificação estruturada em três critérios ou fatores a saber: a) as irregularidades processuais oriundas de atos praticados pelas partes, aí introduzindo o dolo de um dos litigantes em prejuízo do outro (n. 1); b) as anomalias pertinentes à atividade exercida *ex officio*, máxime pelo magistrado, compreendendo o erro de fato (n. 4); c) as anomalias relacionadas com a prova: documentos falsos (n. 2), documento fundamental obtido depois do proferimento da sentença (n. 3), e desrespeito à coisa julgada (n. 5)(39).

---

(39) "Sistema de Derecho Procesal Civil", vol. III, trad. de Alcalá-Zamora e Sentís Melendo, Buenos Aires: Utea, 1944, pp. 702 e segs.

É interessante anotar que essas causas motivadoras do exercício da *revocazione* correspondem a algumas das previstas pelo atual CPC brasileiro como fundamento da ação rescisória: dolo de uma das partes em detrimento da parte vencida (art. 485, III); erro de fato (art. 485, IX); falsa prova (art. 485, VI); documento novo (art. 485, VII) e ofensa à coisa julgada (art. 485, IV).

Em Portugal, *Manuel de Andrade* ofereceu uma classificação da revisão, instituto que a despeito de possuir significativos pontos de similitude com a rescisória brasileira, desta se desassemelha quanto à natureza jurídica, pois aquela figura do direito português é legal e doutrinariamente havida como recurso.

Levando em consideração as singularidades do sistema processual lusitano, *Manuel de Andrade* legou-nos a seguinte classificação: a) graves irregularidades particulares no formalismo processual: ausência ou nulidade da citação do réu, quando a ação e a execução lhe tenham corrido à revelia (art. 771, 6º); b) improbidade do juiz: sentença emitida mediante peita, suborno, corrupção ou prevaricação (*ibidem*, 1º); c) invalidade de provas ou de negó-cios jurídicos processuais em que a sentença se tenha fundado: documento, ato praticado pelo juízo; depoimentos ou declarações de falsos peritos (*ibidem*, 2º); confissão, desistência ou transação revogadas ou passíveis de revogação (*ibidem*, 4º); confissão, desistência ou transação de que falavam os arts. 298 e segs. da época, "nulas" por irregularidade de mandato ou insuficiência de poderes do mandatário (*ibidem*, 5º); d) advento de fatores que poderiam ter influído, com eficácia, no resultado do julgamento espelhado pela sentença: documento novo (*ibidem*, 3º) e ofensa à coisa julgada, desde que o vencido demonstrasse não possuir conhecimento da *res iudicata* ao tempo em que o processo estava pendente (*ibidem*, 7º)[40].

Nota-se que o ilustre jurista português não fez referências ao fato de a sentença ter sido obtida por intermédio de dolo da parte vencedora, em prejuízo da vencida, precisamente porque o Código daquele país não incluía esse ato dos litigantes como causa para o ajuizamento do recurso de revisão. É curial, portanto, que *Manuel de Andrade* não pôde valer-se do critério concebido por *Carnelutti*, que destacava a circunstância de o motivo da anomalia estar ligado a ato (doloso) de uma das partes, em detrimento da outra, vencida na causa.

Ainda em Portugal, o insigne *Alberto dos Reis* erige uma classificação do mencionado recurso, que se caracteriza por destacar duas espécies de sentença e nisso se estribar: a) sentenças meramente homologatórias; e b) sentenças tipicamente jurisdicionais[41].

---

(40) *Apud Alberto dos Reis*, "Código de Processo Civil Anotado", vol. VI, Coimbra: Coimbra, 1952, p. 338.
(41) Ob. cit., p. 339.

No primeiro grupo, meteu a confissão, a desistência ou transação revogadas ou revogáveis e a confissão, a desistência ou a transação dos arts. 298 e ss., eivadas de nulidade em virtude de irregularidade do mandato ou da insuficiência de poderes; no segundo, encaixou as sentenças que apreciavam o mérito da causa, compreendendo: 1) vícios processuais, como a falta ou nulidade de citação do revel (art. 771, 6º); 2) dolo do juiz: peita, suborno, corrupção ou prevaricação (1º); 3) falsidade de provas ou de ato judicial: documento, ato judicial, depoimentos ou declarações de falsos peritos (2º); 4) superveniência de fatores decisivos: documento novo e sentença contrária a outra que tenha produzido a coisa julgada para as partes.

Fundamentalmente, como se percebe, a classificação construída por *Alberto dos Reis* reproduz, em larga medida, a proposta por *Manuel de Andrade*; a novidade consiste na separação feita por aquele quanto aos pronunciamentos jurisdicionais simplesmente homologatórios e os de típica natureza jurisdicional (onde há lide).

No processo civil brasileiro, contudo, tanto no Código de 1939 (art. 800, parágrafo único) quanto no de 1973 (art. 486) os atos judiciais que não dependem de sentença, ou em que esta for apenas homologatória, devem ser desfeitos mediante ação anulatória e não rescisória, motivo pelo qual a classificação de *Alberto dos Reis* não se amolda ao nosso sistema.

No Brasil, *Antônio Macedo de Campos* empreendeu uma classificação da ação rescisória tendo em vista as causas de que cuida o art. 485, do texto processual em vigor[42].

Lastreando-se na tríade: a) juiz; b) partes; e c) fora da relação jurídico-processual, esse autor introduz na primeira classe os elementos de: a.a) má formação moral (peita ou suborno, prevaricação, concussão e corrupção); a.b) má formação intelectual (impedimento, incompetência, violação literal de disposição legal); e a.c) má formação psicológica (erro de fato); na segunda (partes): dolo da parte vencedora e colusão, prova falsa e invalidade de confissão, desistência e transação; na terceira (fora da relação processual): coisa julgada e documento novo.

Com o acatamento que nos merece esse jurista — e, no geral, todos aqueles que procuram contribuir para o aprofundamento dos estudos concernentes ao direito —, a sua classificação se revela, *data venia*, imperfeita. A uma, porque a peita e o suborno não estão arrolados pelo art. 485 do CPC como causa para a rescindibilidade dos julgados; o que aí se prevê é a prevaricação, concussão ou corrupção do

(42) "Ação Rescisória de Sentença", São Paulo: Sugestões Literárias, 1976, pp. 89 e ss.

juiz, não sendo lícito a quem quer que seja tirar uma interpretação ampliativa dessas causas; a duas, porque não faz sentido lógico indicar o impedimento, a incompetência e a violação da literalidade da norma legal à "má formação intelectual" do julgador; ainda que o tribunal desconstitua a coisa julgada, por violação à norma legal, isto não significa que a sua decisão seja a melhor, apenas porque se trate do último pronunciamento sobre a matéria: uma boa sentença pode ser eliminada por um mau acórdão, *ad instar* do que ocorre em grau de recurso; sendo assim a "má formação intelectual" pode ser dos juízes integrantes da Corte de rescisão e não daquele que proferiu a sentença rescindenda; quanto à incompetência, é do juízo e não do juiz, pessoalmente considerado.

Pensamos, porém, que *Macedo de Campos* trouxe algo original ao adotar, como um dos critérios classificadores, o do "fora da relação jurídico-processual" (coisa julgada e documento novo), pois especialmente em relação a este último haveremos de admitir que não constitui uma causa que estivesse a contaminar de nulidade a sentença rescindenda; afinal, trata-se de documento novo e a novidade está em que não foi apreciado por essa sentença.

Em nosso meio, todavia, uma das classificações da ação rescisória mais difundidas e de maior prestígio é a elaborada por *Sérgio Rizzi*[43], apoiada na tétrade: a) juiz; b) partes; c) sentença; e d) provas, cujo esquema agora reproduzimos:

Em essência, a classificação proposta por *Sérgio Rizzi* representa uma espécie de versão aprimorada da que nos foi trazida por *Carnelutti* e na qual o jurista brasileiro confessa haver-se inspirado[44]. Sem embargo, o critério baseado nas partes, no juiz e nas provas, ideado pelo notável pensador italiano, foi mantido por *Sérgio Rizzi*, com pequenas variações de conteúdo e consideradas as peculiaridades das legislações que tiveram em vista. Assim, o erro de fato, que em *Carnelutti* estava afeto ao juiz, foi por *Rizzi* deslocado para a classe da sentença; a ofensa à coisa julgada, que lá pertencia ao grupo das provas, aqui passou a integrar o da sentença. De resto, o autor brasileiro respeitou a posição que o dolo da parte vencedora, a prova falsa e o documento novo ocupavam na classificação carnelutiana.

De outro lado, *Sérgio Rizzi*, como admite, tomou a *Arruda Alvim* o critério fundado na sentença[45], para completar a sua classificação da rescisória, segundo a dicção do art. 485, do CPC.

---

(43) "Ação Rescisória", São Paulo: Revista dos Tribunais, 1979, pp. 44/47.
(44) Ob. cit., p. 44.
(45) *Idem, ibidem.*

A nosso ver, reparos de pequena monta está a merecer o proveitoso trabalho de *Rizzi*. No fundamental, vale dizer, na eleição do juiz, das partes, da sentença e das provas como critérios para distribuir em classes os fundamentos da rescisória, a obra do renomado jurista nos parece satisfatória, em face da legislação em vigor — sem nos esquecermos das influências exercidas por *Carnelutti* e *Arruda Alvim* nessa classificação.

Vamos aos reparos sugeridos. Pensamos que a violação de literal disposição de lei melhor se quadraria à subclasse dos vícios extrínsecos da sentença, e não dos intrínsecos, como consta. Ora, se essa violação transcende aos lindes do processo para atingir elemento exterior (a norma legal, em sua literalidade), a apuração de tal fato é de índole eminentemente objetiva; logo, só se deve pensar em anomalia extrínseca. O próprio autor, aliás, ao justificar a transgressão à norma legal como falha intrínseca da sentença, argumentou que, para isso, não é necessário imputá-la ao juiz, bastando a existência de um julgado "objetivamente contrário à lei"[46], no que incidiu em aparente contradição.

Assim como a ofensa à coisa julgada, o quebrantamento de norma legal deve ser considerado como vício extrínseco da sentença rescindenda.

No que toca ao critério juiz, seria recomendável que a alusão fosse ao órgão jurisdicional, para, só assim, tornar-se adequada a presença das subclasses agente (o juiz, como pessoa física) e juízo. Soa algo imprópria a possibilidade de o menos (juiz) conter o mais (juízo); daí a modificação alvitrada.

Elogie-se, porém, a atitude de *Sérgio Rizzi* em haver colocado o erro de fato como produto da sentença e não do juiz, como entidade subjetiva, pois para a configuração dessa erronia não é exigível que tenha existido suposição do julgador acerca de certos fatos, sendo suficiente, ao contrário, que a sentença reflita esse lapso pertinente à matéria factual. O § 1º do art. 485 do CPC diz, a propósito, que haverá erro de fato quando a sentença (não o juiz) admitir um fato inexistente, ou reputar inexistente um fato realmente ocorrido, a demonstrar que a própria norma legal evidencia o acerto de haver o jurista pátrio apontado a sentença como etiologia do erro que motiva o exercício de uma pretensão rescisória.

(46) *Idem, ibidem*.

Capítulo VII

RELAÇÃO JURÍDICA PROCESSUAL

Comentário

Em termos concisos, a relação jurídica pode ser conceituada como a situação de antagonismo entre interesses tutelados pela ordem legal. Considerando que a solução desse conflito traduz a possibilidade de o predomínio ser apenas de um dos interesses, *Moacyr Amaral Santos* se refere a interesses subordinantes e interesses subordinados[47].

Büllow já reconhecia que a relação de direito material é distinta da relação jurídica processual; há no processo, diz o grande jurista, duas relações, que não se confundem, incumbindo ao juiz examiná-las: "O juiz tem de decidir não só sobre a existência do direito controvertido, mas também para conhecê-lo, examinar se concorrem os requisitos de existência do próprio processo; deve verificar, assim, além da questão relativa à relação jurídica litigiosa (*res in iudicio deducta*), também a concernente à relação jurídica processual (*iudicium*). Esse dualismo da matéria processual desde sempre existiu, determinado pela estrutura do procedimento judicial. Ele conduz a uma divisão do processo em duas fases, do qual uma delas é dedicada ao exame da relação jurídica material e outra à verificação dos pressupostos processuais"[48].

Em linhas gerais, *Büllow* entendia que a relação processual se distinguia da relação material sob três aspectos: a) pelos sujeitos; b) pelo objeto; c) pelos pressupostos. A importância do pensamento de *Büllow* para o desenvolvimento dessa disciplina pode ser avaliada pelo depoimento de *James Goldschmidt*: "La teoría de la relación jurídica procesal y de sus presupuestos forma la base de todos los sistemas del proceso, siendo indudable que a partir de *Büllow*, y no antes, comienza a formarse una Ciencia propia del Derecho Procesal"[49].

Sujeitos

Inspirada em *Büllow*, a doutrina moderna vê no juiz, no autor e no réu, os três principais sujeitos do processo. *Bulgaro* já afirmava que

(47) "Primeiras Linhas de Direito Processual Civil", 1º vol., São Paulo: Saraiva, 1978, p. 5.
(48) *Apud Ernane Fidélis dos Santos*, "Introdução ao Direito Processual Civil", Rio de Janeiro: Forense, 1978, p. 49.
(49) "Derecho Procesal Civil", Barcelona: Labor, 1936, p. 64.

iudicium est actum trium personarum: judicis, actoris et rei. Na verdade, o juiz não é sujeito da relação processual, e sim o Estado, a quem ele representa; o juiz não participa do processo como pessoa natural, e sim como órgão da jurisdição, nada obstante a sua individualidade possa ensejar a argüição de impedimento ou de suspeição. A incompetência é algo que diz respeito ao juízo, e não ao juiz. Não menos exato é que o juiz não se coloca no mesmo plano das partes; ao contrário, posiciona-se entre elas e acima delas, com a preeminência que vem de sua ontológica neutralidade e do poder-dever de solucionar, como órgão estatal, o conflito de interesses em que se acham envolvidos os demais sujeitos do processo (autor e réu).

Questão que ainda não foi pacificada pela doutrina concerne ao estabelecimento da relação jurídica processual. Para *Köhler*, ela apresenta sentido meramente linear, ou seja, forma-se apenas entre autor e réu. *Hellwig* defendia a angularidade dessa relação, sustentando que ela interligava, de um lado, autor e Estado, e, de outro, Estado e réu. Outros, como *Büllow* e *Adolfo Wach*, asseveravam que haveria aí uma triangularidade, pela presença de posições jurídicas que atariam autor e Estado; Estado e réu; réu e autor.

A teoria linear, defendida por *Köhler*, deve ser rechaçada, pois comete o equívoco insuperável de estabelecer um elo somente entre autor e réu, como se o processo fosse coisa das partes, negando, com isso, a presença do juiz, com sua insubstituível tarefa de dirigir o processo e de solver o conflito de interesses. Nunca é demasiado reiterar que o direito processual pertence ao ramo do Direito Público.

A teoria angular (*Hellwig*), embora mais próxima da realidade do que a linear, não reconhece a existência de relação jurídica entre autor e réu; para ela, o liame se forma, como vimos, entre autor e Estado e Estado e réu. Essa doutrina fica, por isso, a dever-nos uma explicação suasória diante do fato de alguns sistemas de processo civil, como é o caso do brasileiro, permitirem que autor e réu, mediante comunhão de vontades, obtenham a suspensão do processo (CPC, art. 265, II); nem se omita a particularidade de estarem ambos subordinados à regra que lhes ordena lealdade recíproca e boa-fé (CPC, art. 14, II). Como negar-se, em face dessas disposições legais, a existência de uma relação também entre autor e réu?

Pensamos, pois, ser a teoria da triangularidade a que melhor se amolda ao atual estádio de desenvolução científica do processo e às próprias disposições dos textos processuais contemporâneos, conquanto saibamos não ser perfeita. Não queremos dizer, contudo, que a triangularidade deverá estar invariavelmente configurada em todos os casos; o que vale é o princípio. Admitamos, *e. g.*, que o juiz indefira a petição inicial, por um dos motivos previstos em lei (CPC, art. 295); nesta hipótese, é evidente que a relação jurídica processual foi apenas linear (autor e Estado); o caráter linear dessa relação não pode ser interpretado como um objetivo desta, senão que um acidente que impediu a constituição da triangularidade. Tanto isto é certo, que se o autor interpuser recurso ordinário (CLT, art. 895, *a*; CPC, art. 296) da sentença que, indeferindo a petição inicial, acarretou a extinção do processo sem exame do mérito (CPC, art. 267, I), e o órgão ad quem prover o recurso, aberta estará a possibilidade para que a relação atinja os seus três ângulos regulares (autor/Estado; Estado/réu e réu/autor).

A tríplice angularidade compreende, portanto, três estágios, conforme a seguinte ordem cronológica: a) autor/Estado = linear; b) Estado/réu = angular; c) réu/autor = triangular.

A relação (a) linear está ínsita em todos os casos, ainda que o autor venha a desistir da ação antes mesmo do proferimento do despacho que ordena a citação do réu (em que pese ao fato de esse despacho inexistir no processo do trabalho, como comprova o art. 841, *caput*, da CLT). Assim dizemos porque, segundo nossa opinião, a linearidade surge no instante em que o autor invoca a tutela jurisdicional do Estado-juiz, mediante a entrega da inicial em juízo. O indeferimento dessa peça não pode ser interpretado como fato impeditivo do estabelecimento de relação jurídica entre ele e o Estado; fosse assim, em nome de que relação teria o juiz emitido o despacho de indeferimento da inicial?

A angularidade, em princípio, configura-se com a citação do réu (autor/Estado + Estado/réu), e não com o comparecimento deste a juízo. O processo moderno não exige que o réu venha a juízo, e sim que tenha a oportunidade para apresentar a resposta que pretender (excepcionar, contestar, reconvir, reconhecer a "procedência" (*sic*) do pedido). Impor-se a vinda do réu ao órgão jurisdicional, como condicionador do estabelecimento da angularidade, seria efetuar-se retrógrada concessão a certas concepções romanísticas.

Torna-se triangular a relação jurídica processual quando, via de regra por mandato legal, ocorre o contato direto das partes entre si, em decorrência das posições jurídicas que aí ostentam. Reconhecemos que na revelia não há essa triangularidade, o que não significa um golpe contra a teoria que a defendia. Trata-se de exceção, de acidente de percurso, que não invalida a regra. Demais, o revel pode intervir no processo, em qualquer fase, recebendo-o no estado em que se encontra (CPC, art. 322), tornando possível a concretização da tríplice angularidade.

Objeto

Como foi visto em páginas pretéritas, o Estado, ao tornar proibida a auto-satisfaçao de interesses individuais (autotutela) e, em conseqüência, avocar o monopólio de solucionar tais conflitos, fez da jurisdição não apenas um seu poder, mas, acima de tudo, um seu dever. Esse poder-dever revela, pois, o sentido de ambivalência da atividade jurisdicional que o Estado realiza.

O objeto da relação jurídica que se forma no processo se localiza, exatamente, na prestação jurisdicional que o Estado está obrigado a ministrar, por motivos historicamente relevantes e pela necessidade de promover a estabilidade das relações sociais.

Enquanto a relação jurídica de natureza material (ou substancial) tem como núcleo um bem da vida, a relação processual faz da tutela jurisdicional o seu objeto medular. Não nos parece afinada com a melhor opinião doutrinária vogante na atualidade a afirmativa, feita por alguns autores, de que a relação processual é secundária, vez que constituiria simples instrumento a serviço da defesa do direito material alegado em juízo. Ora, conforme procuraremos demonstrar no Capítulo seguinte, nos tempos modernos já não sobrevivem dúvidas quanto a ser a ação um direito público subjetivo, que, para ser exercitado, independe da existência do direito substancial acaso brandido pelo autor (ou pelo réu). Devemos a *Wach*, a *Dagenkolb* e a *Plosz*, dentre outros, essa concepção científica da ação como um direito abstrato. *Wach*, por seu turno, combateu a equivocada teoria civilista da ação (*Savigny*) com o fulminante argumento da ação declaratória negativa, pela qual se busca obter um provimento jurisdicional declarativo da inexistência de relação jurídica material.

Em circunstâncias regulares, a relação jurídica vertente no processo se dirige à obtenção de uma sentença de mérito, que satisfaça a pretensão *in iudicio deducta* pelo autor; em virtude de certos fatores acidentais, contudo, essa relação pode findar-se sem pronunciamento acerca do mérito, como se dá, *e. g.*, nos casos indicados pelo art. 267, do CPC.

Pressupostos processuais

Com *pressupostos* a doutrina costuma designar os *requisitos* indispensáveis à validade da relação jurídica processual.

Embora não haja uma uniformidade doutrinária quanto à classificação desses pressupostos, a que apresentaremos reflete uma certa tendência predominante:

1. Pressupostos de existência do processo: a) jurisdição; b) partes; c) ação (citação): inexistência ou nulidade (CPC, art. 301, I).

2. Pressupostos de validade do processo: a) inexistência de incompetência absoluta (CPC, art. 301, II); b) não ser inepta a inicial (CPC, art. 301, II); c) inexistência de perempção (CPC, art. 301, IV); d) inexistência de litispendência (CPC, art. 301, V); e) inexistência de coisa julgada (CPC, art. 301, VI); f) inexistência de conexão (CPC, art. 301, VII); g) inexistência de incapacidade de parte, defeito de representação ou falta de autorização (CPC, art. 301, VIII); h) inexistência de causas suspensivas ou extintivas do processo (CPC, arts. 267 a 269).

Como se nota, os pressupostos de validade do processo são, em parte, de índole negativa, como a litispendência, a coisa julgada, a perempção.

Posteriormente, em outro livro de nossa autoria ("A Sentença no Processo do Trabalho", 2ª ed., LTr Edit., São Paulo, 1996, p. 141), elaboramos outra classificação dos pressupostos processuais, baseando-nos em critério distinto do anterior. Ei-la: a) de constituição, compreendendo: 1. subjetivos (partes e juiz); 2. objetivo (ação); b) de desenvolvimento, abarcando: 1) quanto às partes: (capacidade de ser parte; capacidade de estar em juízo; capacidade postulatória; 2) quanto ao juiz: jurisdição; competência; imparcialidade; 3) quanto ao procedimento: inicial apta; citação válida; inexistência de perempção; inexistência de litispendência; inexistência de coisa julgada; inexistência de conexão. Esta classificação não deita por terra a anterior. Serve para demonstrar que poderão existir tantas classificações quantos forem os critérios que se venha a perfilhar.

A propósito, adotando outro ângulo óptico, determinado segmento da inteligência doutrinal tem reconhecido a presença de duas classes de pressupostos processuais: a) objetivos; e b) subjetivos.

a) Os objetivos se desdobram em elementos: a.a) intrínsecos (regularidade do procedimento, citação regular); a.b) extrínsecos (ausência de impedimentos = coisa julgada, litispendência, compromisso arbitral).

b) Os subjetivos concernem: b.a) ao juiz (investidura, competência, imparcialidade); b.b) às partes (capacidade de ser parte, de estar em juízo e postulatória)[(50)].

Não é nosso propósito, neste livro, ingressar no exame do acerto ou do desacerto dos critérios utilizados pela doutrina para empreender a classificação dos pressupostos processuais. Isso será tarefa para outra obra; de qualquer modo, desejamos, ainda que en passant, efetuar um pequeno retoque nesta última, porquanto inclui a incompetên-

---

(50) *Cintra, Grinover e Dinamarco*, "Teoria Geral do Processo", São Paulo: Revista dos Tribunais, 6ª ed., 1986, pp. 257/8.

cia como elemento subjetivo, ligando-a à pessoa do juiz, quando se sabe que a falta de competência é sempre do juízo.

Se fôssemos nos deixar guiar pelo espírito de concisão, bem poderíamos pensar em distribuir esses pressupostos em três classes: a) regular exercício do direito de ação; b) competência do órgão jurisdicional; c) investidura do juiz.

As classificações minuciosas, a despeito de poderem ser censuradas em nome de um capricho que pouco atende ao rigor científico se justificam, amplamente, em razão de seu escopo didático, pois individualizam e revelam todos os elementos de que se valeu o jurista.

Características da relação processual

Toda obra humana traz aquela marca idiossincrásica que é singular à raça; por isso, tudo pode resumir-se a um ponto de vista e por aí explicar-se o fenômeno da heterogeneidade das manifestações do gênio humano. Estas considerações são necessárias para justificar a classificação dos elementos característicos da relação jurídica processual, que tem a preferência da doutrina, conquanto não esteja isenta de críticas; ei-la:

a) *Complexidade*. No universo jurídico, há relações que se peculiarizam pela assunção de uma única posição jurídica, pelo autor e pelo réu: são as relações simples; há, ainda, as relações que compreendem um conjunto, uma variedade de posições jurídicas ativas e passivas: são as relações complexas.

Em geral, a relação que se estabelece no plano do processo é do tipo complexo, pois apresenta aquela multiplicidade de posições jurídicas a que há pouco nos referimos. Daí a complexidade ser apontada como uma de suas características.

b) *Dinamismo*. Afastada a acepção filosófica que este substantivo possa sugerir, com ele se tenta traduzir o moto-contínuo com que se desenvolve a relação jurídica processual, em decorrência de sua própria complexidade. Antes de prosseguirmos, convém lembrar que na esfera das relações jurídicas ditas simples o advento de apenas um fato é bastante para extingui-la, como acontece, *p. ex.*, com o pagamento no contrato de mútuo. No âmbito das complexas, entretanto, originam-se e acumulam-se diversas posições jurídicas ativas e passivas que sofrem constantes mutações evolutivas (em direção à sentença de fundo, que comporá a lide); extrai-se dessa particularidade o caráter de dinamismo das relações complexas.

c) *Unidade*. Acabamos de afirmar que as posições jurídicas adotadas pelas partes, no processo, não representam um fim em si mesmas; ao contrário, vão desaguar na sentença de mérito, sua foz natural, seu pólo de atração magnética. Os atos, que no processo se praticam, não são, por isso, centrífugos, dispersivos, e sim aglutináveis e progressivos, vinculados entre si por uma unidade teleológica: o provimento jurisdicional de fundo. A petição inicial figura não só como o instrumento formal de provocação do poder-dever jurisdicional do Estado, mas o primeiro ato da série preordenada (e, quase sempre, preclusiva) que se fechará com a sentença. E apropriado, em razão disso, falar-se de uma unidade como característica dessa relação jurídica, que surge e se multiplica no curso processual. Unidade e não unicidade.

d) *Triplicidade*. Vimos, no início deste Capítulo, que a relação processual se constitui subjetivamente sob três ângulos: autor/Estado; Estado/réu; réu/autor, segundo essa ordem cronológica. Essa tríplice angularidade agora se apresenta como uma das singularidades da relação processual, vez que une os seus três sujeitos entre si: autor, Estado e réu. O fato de, ocasionalmente, o réu ser revel, não implica negar essa triplicidade. Forçoso é reconhecer, entretanto, que, em situações excepcionais, essa triangularidade da relação processual pode ceder lugar a uma angularidade simples, como ocorre, por exemplo, na ação de mandado de segurança, em que há a relação, se constitui, apenas, entre o impetrante e a autoridade apontada como coatora. Mesmo que se entenda deva existir, em certos casos, litisconsórcio necessário (Lei n. 1.533/51, art. 19), isso não significa que se terá aí uma triangularidade, pois o litisconsorte passivo se coloca, ainda que de modo algo heterotópico e surrealista, no mesmo pólo em que se localiza a autoridade coatora.

e) *Natureza pública*. Já afirmamos que o processo moderno não é, como o de outrora, coisa das partes. É método ou técnica de que se utiliza o Estado para a solução dos conflitos intersubjetivos de interesses, protegidos pela ordem jurídica. Vem daí o fato de a relação jurídica processual pertencer ao ramo do Direito Público, mesmo que a relação material posta em juízo seja de direito privado. Não é a natureza desta que imprime a natureza jurídica daquela. Sob esse aspecto, é lícito sustentar a autonomia da relação jurídica que se forma no processo. O traço da natureza pública do processo está consubstanciado na preeminência do Estado-juiz, em face dos demais sujeitos que participam dessa relação.

Capítulo VIII

CONDIÇÕES DA AÇÃO RESCISÓRIA

Comentário

Várias teorias surgiram para explicar a natureza jurídica da ação. Vejamos, em escorço, as principais delas.

a) Teoria civilista

Teve em *Celso* o seu precursor (*actio nihil aliud est quam ius persequendi in iudicio sibi debeatur*) e em *Savigny* o seu grande agente de divulgação. Para ela, a ação nada mais representava do que o próprio direito material em estado de reação a uma violência, já concretizada ou na iminência de vir a ser; reduzia, portanto, a ação à mera qualidade do direito material. A partir dessa concepção, *Vinnius, Mattirolo, Filomusi Guelfi* e outros formularam os seus conceitos de ação, considerando-a, sempre, como uma propriedade, um elemento, uma função do direito substancial.

Essa doutrina recebeu duras críticas, pois não era capaz de explicar qual teria sido o direito em que o autor se apoiou para invocar a tutela jurisdicional do Estado, naqueles casos em que não se lhe reconhecia a existência do alegado direito material. Se a ação nada mais era do que o próprio direito material reagindo a uma agressão, como pôde o autor exercitar o direito de ação, se não possuía o direito material, pressuposto daquele, sob a óptica dessa doutrina? Como esta por outro lado, se justificaria diante da possibilidade de o interessado aforar ação declaratória negativa, postulando um pronunciamento jurisdicional que dissesse da inexistência de relação jurídica (substancial) ou do direito acaso alegado pela parte contrária?

A teoria civilista começou a ruir com os resultados da famosa polêmica estabelecida entre dois ilustres romanistas alemães da época, *Bernard Windscheid*, professor na Universidade de *Greifswal*, e *Theodor Muther*, professor na Universidade de Könisberg. *Windscheid* publicou, em 1856, o livro "A ação no direito romano sob o ponto de vista do direito atual", que deu origem às objeções que *Muther* manifestaria em sua obra "Zur Lehre von der romischen Actio, dem heutigen Klagerecht, der Singularsucession in Obligationem", editada em 1857.

Já no pensamento de *Muther* a ação se delineia como um direito que não se confunde com o direito material; a ação, como direito público subjetivo, seria exercida contra o Estado e não contra o indivíduo.

Anota *Chiovenda* que essa controvérsia, a despeito de não haver conduzido a resultados definitivos — porquanto não conseguiu aclarar a matéria debatida pelos dois juristas —, teve o inegável merecimento de suscitar uma ampla e profunda discussão em um campo onde quase tudo estava para ser desvendado(51).

b) Teoria do direito concreto

Fluía o ano de 1885 quando *Adolfo Wach*, sob a influência de *Muther*, dá a público a sua mais importante monografia, versando sobre a ação declaratória. Esse trabalho vem sendo reconhecido como a mais notável contribuição ao advento da moderna teoria do processo; o próprio *Wach* é apontado, com justiça, como um dos fundadores do direito processual contemporâneo.

Nessa obra, o renomado jurista pôde demonstrar que a ação é um direito autônomo, pois não se subordina ao direito material, que porventura vise a proteger. *Wach* utilizou como um dos argumentos em defesa de seu parecer a ação declaratória negativa, cuja finalidade é a consecução de um provimento jurisdicional que diga da inexistência de relação jurídica ou do direito pretendido pela parte adversa. Segundo ele, a ação seria ajuizada contra o Estado e não contra o adversário, daí o caráter de direito público que via (acertadamente) nesse ato de invocar a tutela jurisdicional do Estado. O equívoco de *Wach* estava, porém, em supor que essa tutela somente se configuraria com a sentença favorável ao autor.

Von Büllow, como já deixamos assentado no Capítulo anterior, foi um dos que afirmaram ser a relação jurídica processual distinta da que se estabelece no plano do direito material.

c) Teoria do direito potestativo

Chiovenda, inspirado em *Wach*, desenvolve, mais tarde, a teoria da ação como direito concreto de agir, impondo-lhe modificações em pontos fundamentais. Embora julgasse ser a ação um direito autônomo, o festejado jurista italiano entendia que ela não era direcionada contra o Estado, e sim contra o adversário; sendo assim, conceituava a ação como um direito de provocar, contra a parte contrária, o exercício do poder-dever estatal, a que se denomina jurisdição.

(51) La acción en el sistema de los derechos, *in* "Ensayos de Derecho Procesal Civil", vol. I, trad. argent., pp. 3 e segs.

O direito de ação, em *Chiovenda*, é exercido mesmo contra a vontade do adversário, destinando-se a produzir resultados jurídicos em benefício do autor com a imposição do conseqüente ônus ao réu, sem que este possa impedir a produção de tais efeitos. Daí a nota de potestatividade que *Chiovenda* atribui ao direito de agir em juízo.

Como escrevemos em outra obra(52), procurando desvencilhar-se das críticas formuladas à teoria civilista da ação, *Chiovenda* construiu engenhosa teoria geral do direito, onde a norma legal representa a vontade abstrata da lei; dessa forma, quando ocorre o fato por ela previsto, a vontade da lei se manifesta concretamente, com o objetivo de assegurar ao autor o conseguimento de um bem da vida.

Na teoria chiovendiana, a função jurisdicional se destaca como a de fazer atuar a vontade concreta da lei, com o escopo de manter a ordem jurídica. Essa função é privativa do Estado, que a exerce por meio de provocação do interessado e sem que se outorgue à parte contrária o direito de inibir essa provocação. Em termos objetivos, a habilidosa concepção de *Chiovenda* significa que a afirmação de alguém possuir ação corresponde ao reconhecimento de que essa pessoa é dotada do poder jurídico de provocar a atividade jurisdicional do Estado, vale dizer, a própria atuação da vontade concreta da lei.

O pensamento de *Chiovenda* exerceu profunda influência não apenas na Itália, mas em vários outros países, embora hoje não possua o mesmo prestígio de outrora. Um dos pontos frágeis dessa doutrina estava em que ela não justificava qual teria sido o poder que permitiu ao autor impetrar a tutela da jurisdição — e fazer funcionar o aparato estatal — nos casos em que se declarasse não possuir o direito de ação. É verdade que algumas vozes se levantaram para refutar essa objeção, alegando que não se deve confundir o direito de agir em juízo com a faculdade de pedir ao Judiciário que diga com quem está o direito, sabendo-se que essa faculdade se articula com a relação processual e não com o direito de agir(53).

Calamandrei separava, igualmente, o direito material do direito processual, conquanto considerasse que o decreto judicial que negasse a ação daria cobro do processo com exame do mérito, porquanto o pensamento predominante — convém rememorar — era de que a ação se caracteriza como um julgamento favorável às pretensões do autor.

A doutrina em questão se apoiava na tríade: direito, titularidade e interesse, pois exigia, como requisito essencial para o surgimento da

(52) "As Ações Cautelares no Processo do Trabalho", São Paulo: LTr, 2ª ed., 1989, pp. 28/29.
(53) "Instituciones de Derecho Procesal Civil", Buenos Aires, 1941, vol. 1, p. 129.

ação: a) a existência de um direito; b) que somente pudesse ser exercido por seu titular; c) devendo o autor possuir interesse na obtenção de uma sentença favorável. Sobre o assunto, assim se pronunciou *Calamandrei*: "Os três requisitos devem concorrer a fim de que se possa considerar nascida a ação, entendida no sentido concreto, como *direito à providência favorável*; a falta de um só deles determina também que seja repelida a demanda de mérito" (sublinhamos)[54].

Modernamente, como deixamos dito em linhas transatas, o direito de ação já não pode ser visto como subordinado à obtenção de uma sentença favorável aos interesses do autor, nem mesmo vinculado à consecução de uma sentença respeitante ao mérito; a ação é, isto sim, um direito público subjetivo de impetrar-se a tutela jurisdicional do Estado.

d) Teoria do direito abstrato

A teoria supracitada apareceu na Alemanha como uma espécie de reação à que identificava a ação como um direito concreto. *Dagenkolg*, em terras germânicas, e *Plosz*, na Hungria, foram dois de seus mais expressivos representantes.

Essa doutrina asseverava que haveria ação mesmo que a sentença negasse a existência do direito invocado pelo autor, ou o concedesse a quem não o possuísse. Com isso, estabeleceu-se um definitivo divisor de águas entre ação e direito material, proclamando-se que aquela, para existir, independe da presença deste.

O direito de agir em juízo condiciona-se, apenas, a que o autor aluda a um seu interesse, protegido de maneira abstrata pelo direito, incumbindo ao Estado, a contar desse momento, desempenhar a função jurisdicional que lhe é privativa, ainda que oposta aos interesses de quem a provocou. Ao direito de ação corresponde, assim, a obrigação de o Estado prestar a tutela jurisdicional e de constringir o réu a participar do juízo. Consagra-se, nesta doutrina, a ação como um direito público subjetivo, desvinculada do direito material subjacente. Decorre dessa particularidade o designativo de direito abstrato de agir, com que passou a ser identificada essa teoria da ação.

Um de seus ardentes defensores foi *Alfredo Rocco*, que ofereceu uma divisão dicotômica do interesse propulsor do ingresso de alguém em juízo: de um lado, o interesse protegido pelo direito; de outro, o interesse na tutela desse direito, pelo organismo estatal. Nessa linha de percepção, os titulares de direitos subjetivos têm um único interesse, que se apresenta de modo abstrato e secundário: conseguir a inter-

(54) *Amílcar de Castro*, "Comentários ao Código de Processo Civil", vol. X, São Paulo: Revista dos Tribunais,1976, 2ª ed., n. 19, p. 47.

veniência do Estado, com o propósito de alcançar a realização prática dos interesses protegidos pelo direito. Para esse autor, o direito de ação é público, subjetivo e autônomo, sendo exercido contra o Estado, "que tem por conteúdo substancial o interesse secundário e abstrato na intervenção do Estado para a eliminação dos óbices que a incerteza ou a inobservância da norma aplicável ao caso concreto possam opor à realização dos interesses tutelados"[(55)].

Ugo Rocco comungava dessa corrente de pensamento, embora tivesse incluído a ação na categoria dos direitos cívicos.

Preservando o núcleo da teoria *sub examen*, *Betti* contribui com peculiar parecer, formado pela conjugação de duas figuras jurídicas: a pretensão e a ação. A primeira é tida como a alegação de uma efetiva e concreta situação de direito — considerada em abstrato —, formulada pela parte que invoca a tutela jurisdicional e justificadora desse ato de invocação; a segunda representa o poder de dar início ao processo. Conclui *Betti* que a ação não se liga à existência objetiva da situação de direito afirmada, relacionando-se, isto sim, com a pretensão deduzida em juízo.

Os estudiosos do direito processual costumam introduzir *Carnelutti* no elenco dos juristas que aderiram à doutrina da ação como um direito abstrato de agir. Parece-nos acertada, no entanto, a observação de *Moacyr Amaral Santos* de que essa inclusão emana, basicamente, do fato de o jurista italiano não haver condicionado — como pressuposto necessário — a ação à efetiva presença do direito material afirmado pelo autor. De resto, são escassos os pontos de contacto que o pensamento carnelutiano mantém com a teoria da ação como direito abstrato.

Com efeito, a doutrina de *Carnelutti* singulariza-se em virtude de haver procedido a uma disjunção dos conceitos de lide e de processo. *Lide*, para ele, é o conflito de interesses qualificado pela pretensão de um indivíduo (autor), a que um outro resiste (réu), sendo quatro os elementos que a integram: a) as partes, que representam os sujeitos ativo e passivo da relação processual; b) o objeto do interesse, ou seja, um bem ou utilidade da vida; c) a pretensão, que corresponde à exigência de submissão do réu ao interesse do autor; d) a resistência à pretensão.

O objetivo do processo não é, portanto, fazer atuar o direito e sim compor o conflito de interesses (*lide*). Como conseqüência prática desse entendimento, pode ter ação mesmo quem não possuir o direito material alegado em juízo. Cabe-nos esclarecer, todavia, que *Carnelutti* admitia um pequeno ponto de intersecção entre o direito material e o direito de ação, ao pregar que a atribuição do direito processual é determinada pela pretensão de direito material; a seu ver, a ação deve

(55) *Apud Moacyr Amaral Santos*, ob. cit., p. 130.

ser exercitada por aquele que deseja obter, mediante sentença, a realização do direito substancial.

O sujeito da obrigação pertinente ao direito público subjetivo de ação é o juiz e não o Estado, pois se trata de um direito à sentença que solucione a lide, pouco importando que seja injusta ou de qualquer maneira venha em detrimento dos interesses do autor.

e) Outras teorias

Em que pese à tendência de classificar-se, fundamentalmente, em dois grupos as correntes de pensamento relativas ao direito de ação — direito concreto e direito abstrato —, não podemos ignorar o fato de que vários outros juristas procuraram contribuir para o acertamento desse problema, embora não se possa aglutinar as suas opiniões em correntes homogêneas. Merecem, contudo, ser citados: *Pekelis* tinha a ação como um direito de fazer agir, e não apenas de agir, pois esse seria o único direito subjetivo do indivíduo; *Satta*, divergindo, negou o conceito publicístico, que se atribui à ação, considerando-a como mero instrumento do direito material, com o que lha negava a autonomia reconhecida pela maioria doutrinal; para *Levi* a ação possuía natureza de negócio jurídico; *Mortara*, em opinião acatada por muitos, imaginou a ação como a relação de direito público que se forma em decorrência do conflito de interesses, tendo curso no processo com a conseqüente aplicação, pelo juiz, da regra de direito apta a incidir no caso concreto; *Eduardo Couture* entendia a ação como produto do direito de petição, introduzindo-a no direito constitucional de representação.

Divergimos, *data venia*, de *Couture*. Nada obstante o direito de petição, como o de ação, possua origem constitucional, está, na verdade, relacionado com a defesa dos direitos individuais ou coletivos, promovida perante a autoridade pública, "como precedente da representação popular e confinado com o direito de representação"[56]. Além disso, são amplamente distintas as raízes históricas do direito de petição e do direito de ação.

As condições da ação

Enrico Tullio Liebman, que fora discípulo de *Chiovenda*, embora tenha perfilhado o entendimento de que a ação constitui um direito público subjetivo e autônomo, elaborou prestigiosa teoria conforme a qual esse direito de agir em juízo apenas se configuraria se o autor

(56) *Cândido Dinamarco*, "Fundamentos do Processo Civil Moderno", São Paulo: Revista dos Tribunais, 1986, p. 78.

atendesse a determinados requisitos — a que chamou de condições — indispensáveis a um pronunciamento sobre o mérito. Para esse jurista luminar, a ação correspondia a um julgamento das questões de fundo, sendo ajuizada contra o Estado e não contra o réu.

A permanência de *Liebman*, em nosso país, durante alguns anos, na década de 1940, pode ser apontada como o principal fator da larga influência que o seu pensamento exerceu na doutrina processual brasileira. Mais do que isso, as idéias desse ilustre jurista foram incorporadas ao vigente estatuto processual civil, como evidenciam, dentre outros, os arts. 3º e 267, VI. É de reconhecer-se, todavia, a existência de algumas contradições intransponíveis, no texto do CPC de 1973, entre a teoria liebmaniana "e o uso de linguagem tradicional, que só se adapta bem à tese chiovendiana da ação"[(57)]. Colimando, aliás, eliminar essas contradições, *Egas Moniz de Aragão* redigiu bem fundamentada emenda ao projeto do Código, para harmonizá-lo nesse particular; dita emenda, apresentada ao Senado pelo Relator-Geral, o senador paranaense *Acioli Neto* (sob n. 139), acabou sendo rejeitada sem qualquer justificativa[(58)].

Eram três, para *Liebman*, as condições da ação: a) possibilidade jurídica do pedido; b) interesse de agir; e c) *legitimidade ad causam*.

Dediquemo-nos, a seguir, ao exame dessas condições, especialmente sob a óptica da ação rescisória.

a) Possibilidade jurídica do pedido

Não são infreqüentes as afirmações feitas pelos autores no sentido de que juridicamente impossível é o pedido que não encontra amparo na ordem legal (ou jurídica, *lato sensu*). Opiniões que tais devem ser, porém, combatidas, pois representam uma deturpação da doutrina de *Liebman*. Impossibilidade jurídica de um pedimento haverá quando o ordenamento legal contiver, de maneira expressa, um veto, um preceito proibitivo de sua formulação em juízo. O art. 814, *caput*, do Cód. Civil, ao estatuir que: "As dívidas de jogo ou de aposta não obrigam a pagamento", fornece-nos um caso típico de pedido juridicamente inatendível. Segue-se, que se o autor não possuir o direito alegado, a hipótese será, pura e simplesmente, de rejeição do pedido, nunca de declaração de carência da ação ou de canhestra "improcedência" desta.

Se, p. ex., o autor deduz uma pretensão rescisória com fulcro em fato não previsto pelo art. 485, do CPC, pode-se cogitar de indeferimento da inicial ou de rejeição do pedido; jamais de carência da ação, por suposto impedimento legal à formulação de semelhante pedido.

---

(57) *Celso Agrícola Barbi*, "Comentários ao Código de Processo Civil", vol. 1, Rio de Janeiro: Forense, 1981, p. 32.
(58) *In* "Diário do Congresso Nacional", edição de 24-11-72, p. 4760.

A doutrina de *Liebman* merece, contudo, um pequeno reparo. Segundo o sistema por ele ideado, a falta de uma das condições da ação conduz à extinção do processo sem julgamento do mérito; essa orientação doutrinária foi consagrada pelo art. 267, VI, do CPC em vigor. Como inexistiu prospecção jurisdicional acerca das questões de fundo da causa, pode o autor ingressar, novamente, com a ação (CPC, art. 268). Ora, radica precisamente neste ponto a vulnerabilidade da teoria liebmaniana, porquanto se há, na ordem legal, um veto a determinado pedido que o autor deduziu em juízo, é elementar que deveria ocorrer a extinção do processo com exame do mérito, sob pena de permitir que o autor volte a juízo com a mesma ação, tantas quantas forem as vezes que lhe aprouver. Chega mesmo a ferir o senso lógico a possibilidade de a parte retornar com o mesmo pedido, sempre que subsistir a proibição legal à sua formulação no âmbito judicial. O que a lei proíbe, proibido permanece, até que a norma seja revogada.

Foi, provavelmente, diante de argumentos dessa ordem que *Liebman* acabou por reformular o seu parecer sobre o assunto, para admitir que a possibilidade jurídica da ação não deve ser considerada como condição para o exercício do direito de ação e sim como matéria pertencente ao mérito da causa; consulte-se, quanto a isso, a 3ª edição de seu profícuo "Manuale di Diritto Processuale Civile" (Giuffrè, 1973, p. 1973).

De tal arte, em que pese à particularidade de o atual CPC seguir fazendo referência à possibilidade jurídica do pedido como condição da ação (art. 267, VI), a ironia fica à conta do fato de o idealizador da doutrina inspiradora do Código haver revisto a sua opinião, neste aspecto, para modificá-la sensivelmente. Já não possui, por isso o CPC a base doutrinária em que antes se apoiava. Nunca é desútil advertir que, no domínio da Ciência, a doutrina ocupa posição de preeminência, em cotejo com a norma legal, embora no terreno da normatividade aconteça o oposto. Em resumo: conquanto, no plano da doutrina, se possa sustentar que as condições da ação se encontram reduzidas a duas (legitimidade e interesse processual), sob o ponto de vista da legislação seguem sendo três (legitimidade, interesse processual e possibilidade jurídica do pedido).

A propósito do assunto concernente à possibilidade jurídica do pedido, é oportuno mencionar a Orientação Jurisprudencial n. 105, da SDI-II, do TST, assim redigida: "Ação rescisória. Decisão rescindenda. Agravo de Instrumento. Não-substituição. Impossibilidade jurídica. É manifesta a impossibilidade jurídica do pedido de rescisão de julgado proferido em agravo de instrumento que, limitando-se a aferir o eventual desacerto do juízo negativo de admissibilidade do recurso de revista, não substitui o acórdão regional, na forma do art. 512 do CPC".

Embora essa OJ considere ser "manifesta" a impossibilidade jurídica, na situação de que ela trata, pensamos que, posto à frente o rigor da doutrina, não se cuida aí de impossibilidade jurídica do pedido, senão de ausência de direito a amparar a pretensão, o que constitui coisa distinta. De resto, está correta a mencionada OJ.

b) Interesse de agir

Houvesse de prevalecer o senso que o vocábulo interesse sugere ao vulgo, essa condição da ação estaria presente em todos os casos concretos, na medida em que o indivíduo sempre teria "interesse" de estar em juízo. O interesse, dentro do tecnicismo processual, não é algo que provenha de mera atitude subjetiva do indivíduo (possuo interesse nisto, possuo interesse naquilo etc.), se não que se subordina à necessidade que tenha na consecução do provimento jurisdicional, seja para reparar lesão perpetrada por outrem a direito seu, seja para impedir que essa ofensa se consume, seja para o que mais for. Quando menos, essa tutela jurisdicional corresponde a uma utilidade para o indivíduo, no que tange à preservação da incolumidade de seu círculo jurídico.

Alguns autores, como *Invrea*, não hesitaram em expender duras críticas à noção de interesse, julgando-a supérflua e sem utilidade prática, pois o interesse seria inerente ao próprio ingresso em juízo. Para ele, o princípio da liberdade jurídica não poderia sofrer restrições inúteis, motivo por que entendia que essa liberdade somente poderia ser limitada, em virtude de razão jurídica e não de simples exigência de interesse de agir. Dizia *Invrea* que a existência do direito de ação estava na dependência da presença dos seguintes fatores: a) um direito material alegado pela parte; b) uma causa legítima de agir contra certo indivíduo, consistente na violação do direito do autor, por parte desse indivíduo, ou na "necessidade de conseguir uma sentença em face daquela pessoa, para ter a plena atuação do seu direito"[59].

As objeções feitas por esse jurista à idéia de interesse são inconsistentes. Em primeiro lugar, o exercício do direito público subjetivo de ação, conforme vimos anteriormente, não depende da existência de um direito material; a ação se caracteriza, aos olhos da melhor doutrina moderna, como um direito abstrato de agir, importa dizer, é autônomo em relação ao direito material que acaso se destina a proteger; em segundo, a causa legítima de agir, referida por *Invrea*, só seria justificável se o réu se recusasse a reparar, por sua iniciativa, a lesão do direito. Na hipótese de o réu desejar satisfazer, *sponte sua*, esse direito, é

(59) "Rivista di Diritto Processuale Civile", 1928, Parte I, p. 320.

incontestável a falta de interesse do autor, em invocar a tutela jurisdicional do Estado.

Carnelutti também se opôs à noção de interesse. A opinião desse jurista só será adequadamente entendida se levarmos em conta as peculiaridades de sua doutrina, onde o conteúdo do processo não é a ação e sim a lide — caracterizada como uma pretensão resistida e insatisfeita. Em *Carnelutti*, o interesse de agir aparece como simples reflexo da existência da lide; sendo assim, quando se diz que há uma lide e que, a respeito dela, se deve penetrar na relação a que se denomina legitimatio, "já se disse tudo; e o interesse de agir não representa senão a quinta roda do carro..."[60].

Dissentimos do grande pensador italiano quando não separa os conceitos de interesse e de legitimidade, encambulhando-os em um corpo comum. Ora, se alguém exercita uma pretensão rescisória de sentença que, embora tenha passado em julgado, lhe foi plenamente favorável, é evidente que não terá, em princípio, interesse de agir (qual, pois, a necessidade de obter um provimento rescindente?), conquanto não se lhe possa negar legitimidade para isso. Pode haver, portanto, legitimidade, sem que haja interesse; é o quanto basta para comprovar a necessidade de manter-se a individualidade dos conceitos dessas figuras.

Impunha o CPC de 1939 que o interesse fosse, além de legítimo, econômico ou moral (art. 2º); esclarece *Pontes de Miranda* que a exigência de que fosse legítimo o interesse foi introduzida no Código Civil (art. 76) por *Clóvis Bevilacqua* ao traduzir, equivocadamente, o texto italiano em que se inspirou[61]. O vigente diploma processual civil alude, apenas, a interesse (art. 3º), sem adjetivá-lo de legítimo, econômico ou moral. Interesse, porém, em sua acepção jurídica, não popular. De acordo com a orientação jurisprudencial sedimentada na Súmula n. 82, do TST, a propósito, "A intervenção assistencial, simples ou adesiva, só é admissível se demonstrado o interesse jurídico e não meramente econômico perante a justiça onde é postulada".

Está na declaração (de princípio) do art. 3º do CPC que "Para propor ou contestar ação é necessário ter interesse e legitimidade" (sublinhamos). Há nessa dicção legal, entretanto, um manifesto *minus dixit quam voluit*, pois fica fora de qualquer dúvida que também para excepcionar, recorrer, reconvir, executar, enfim, para formular qualquer espécie de postulação em juízo exige a presença do interesse, como condição da ação. É por esse motivo que, salvo exceções rareadas,

(60) "Lite e Processo", *in Studi di Diritto Processuale*, vol. III, p. 21.
(61) Ob. cit., p. 155.

haverá de ser declarado carecente da ação o indivíduo que tencione rescindir sentença de mérito que lhe foi inteiramente favorável. Que necessidade teria ele, na hipótese, de desconstituir a coisa julgada que veio ao (e não de) encontro de suas pretensões deduzidas na causa em que se formou esse fenômeno jurídico? Ou, que utilidade lhe representaria a eliminação do universo jurídico a sentença rescindenda favorável?

Sendo pressuposto legal (CPC, art. 485, *caput*) para a admissibilidade da rescisória o trânsito em julgado da sentença rescindenda, parece acertado concluir-se que se o autor ingressar com ação dessa natureza quando a sentença ainda pode ser impugnada pela via recursal, a conseqüência será a pronúncia da carência da ação: que se valha do recurso e não da rescisória. Concluimento que tal se colocaria, contudo, em patente antagonismo com a moderna inteligência doutrinária, para a qual é no momento de proferir a decisão que o juiz deve verificar se o interesse existe, ou não. Segue-se que, se o interesse existia ao tempo do ingresso em juízo, mas desaparecido estava quando do proferimento da sentença, o autor deverá ser declarado carecedor da ação; se, ao contrário, esse interesse inexistia quando do ajuizamento da inicial, mas surgiu no curso do processo e se manteve até o instante em que a decisão seria emitida, não se poderá pensar em carência da ação. Logo, na situação que hipoteticamente concebemos, ou seja, de o autor aforar a rescisória quando a sentença rescindenda ainda era recorrível, não deverá o tribunal declará-lo carecente da ação se, na oportunidade do julgamento desta (o que seria altamente provável), o prazo para a interposição de recurso da sentença que se deseja desconstituir houvesse se esgotado em branco. O interesse, a princípio ausente, posteriormente aflorou de maneira concreta, afastando, com isso, o pressuposto para o lançamento do decreto de inépcia. Cogitamos, na espécie em tela, de preclusão do direito de recorrer porque se a parte houvesse interposto recurso e antes que este fosse julgado ingressasse com a rescisória (sem desistir daquele), a carência, quanto a esta, seria inevitável, pois é viável que obtivesse, com o provimento do apelo, a "reforma" da sentença rescindenda. Demais, a rescisória, ao ser posta em juízo, encontraria a sentença ainda pendente de recurso — circunstância que impediria o prosseguimento desta, por força da regra inscrita no *caput* do art. 485, do CPC.

A despeito das razões aqui expendidas, a Orientação Jurisprudencial n. 106, da SDI-II, do TST, dispõe: "Ação rescisória. Decisão rescindenda. Ausência de trânsito em julgado. Descabimento de ação rescisória preventiva. A comprovação do trânsito em julgado da decisão rescindenda é pressuposto processual indispensável ao tempo do ajuizamento da ação rescisória. Eventual trânsito em julgado posterior ao ajuizamento da ação rescisória não reabilita a ação proposta, na medida em que o ordenamento jurídico não contempla a ação rescisória preventiva". Embora não concordemos com o teor dessa OJ, reconhecemos que, do ponto de vista prático, será conveniente à parte acatá-la, sob pena de ter a sua petição inicial de ação rescisória liminarmente indeferida, pelo relator.

Enuncia a Súmula n. 514 do STF que a ação rescisória é admissível contra sentença passada em julgado, "ainda que contra ela não se tenham esgotado todos os recursos". Quer com isso dizer a Súmula, por outras palavras, que o direito de pedir a desconstituição da sentença não está condicionado a que o autor tenha interposto recurso dessa decisão. Ainda: observado o pressuposto do trânsito em julgado, estará dotada de interesse para deduzir uma pretensão rescisória a parte que não tenha interposto recurso da sentença rescindenda. Não se pode excogitar, neste caso, de preclusão lógica do direito de aforar a rescisória, simplesmente porque inexiste qualquer nexo entre o exercício de ambos os direitos. É regra de prudência insistir em que a ação rescisória instaura uma nova relação jurídica processual, não representando, como se pudesse imaginar, um prolongamento da relação estabelecida no processo de que se originou a sentença rescindenda.

Sintetizando o quanto até aqui dissertamos sobre o interesse de agir: essa condição da ação não é algo supérfluo, redundante, ou a "quinta roda do carro", como supôs *Carnelutti* e sim um elemento indispensável para ensejar um juízo acerca da necessidade da tutela jurisdicional invocada pelo indivíduo. Negar o interesse será admitir que o ingresso em juízo possa ocorrer por motivos meramente caprichosos ou aventureiros.

Convém reproduzirmos, neste momento, a título ilustrativo de nossas considerações, algumas Orientações Jurisprudenciais da SDI-II, do TST, atinentes ao tema, comentando-as em seguida.

OJ n. 21: "Ação rescisória. Duplo grau de jurisdição. Trânsito em julgado. Inobservância. DL n. 779/69, art. 1º, V. Incabível. Incabível ação rescisória para a desconstituição de sentença não transitada em julgado porque ainda não submetida ao necessário duplo grau de jurisdição, na forma do Decreto-Lei n. 779/69. Determina-se que se oficie ao Presidente do TRT para que proceda à avocatória do processo principal para o reexame da sentença rescindenda".

Comentário: Como se sabe, por força do disposto no inciso V, do art. 1º, do Decreto-lei n. 77/69, constitui prerrogativa da União, dos Estados, do Distrito Federal e dos Municípios, assim como das autarquias e das fundações de direito público (*sic*) federais, estaduais ou municipais, que não explorem atividade econômica, o "recurso ordinário *ex officio* (*sic*)" das decisões que lhes sejam desfavoráveis, no todo ou em parte. Para logo, é necessário observar que a expressão legal: "recurso ordinário *ex officio*" é inadequada, quase teratológica, pois o que se tem, no caso, é remessa obrigatória dos autos ao Tribunal, a fim de que este proceda ao reexame necessário da matéria. Em melhor técnica, estabelece o art. 475, do CPC, estar "sujeita ao duplo grau de jurisdição, não produzindo efeito senão depois de confirmada pelo tribunal, a sentença: I — proferida contra (*sic*) a União, o Estado, o Distrito Federal, o Município e as respectivas autarquias e fundações de direito público (*sic*); II — (...)". Observe-se, porém, que, em rigor, a ação não é proposta "contra" o réu, mas em face deste. Pois bem. Se alguém ingressar com ação rescisória de sentença ou acórdão não submetido ao reexame necessário, deverá ser declarado carecedor da ação, pois pretende rescindir um pronunciamento jurisdicional ainda não transitado em julgado (CPC, art. 485, *caput*). Falta a essa pessoa, portanto, o indispensável interesse processual, como condição para o exercício da ação (CPC, art. 3º), cuja conseqüência será a extinção do processo sem exame do mérito (CPC, art. 267, inciso VI). Sendo assim, referida pessoa poderá ingressar, novamente, com ação rescisória quando ocorrer, efetivamente, o trânsito em julgado da decisão que pretende desconstituir. Esclarece, ainda, a OJ em questão que deverá ser oficiado ao Presidente do Tribunal Regional, para que este avoque os autos do processo principal, com vistas a proceder ao reexame necessário, como determina o § 1º, do art. 475, do CPC.

OJ n. 48: "Ação rescisória. Sentença e acórdão. Substituição. Em face do disposto no art. 512 do CPC, é juridicamente impossível o pedido explícito de desconstituição de sentença quando substituída por acórdão regional". Comentário: Não cremos tratar-se, no caso, de pedido juridicamente impossível, e sim de falta de interesse processual, conquanto o resultado seja o mesmo: a extinção do processo sem pronunciamento acerca do mérito, derivante dessa carência da ação. Entendemos haver, na situação prevista na OJ em exame, falta de interesse processual porque o autor está pretendendo rescindir algo que, em verdade, já não existe, pois se a sentença rescindenda (para cogitarmos desta) foi substituída pelo acórdão (CPC, art. 512), é este, e não aquela, que deve ser objeto de ação rescisória. Como não há norma legal que proíba a possibilidade de a rescisória dirigir-se a pronunciamento jurisdicional substituído por outro, não nos parece correto falar em pedido juridicamente impossível — e sim em carência da ação, por falta de interesse processual.

OJ n. 96: "Ação rescisória. Vício de intimação da decisão rescindenda. Ausência de formação da coisa julgada material. Carência de ação. O pretenso vício de intimação posterior à decisão que se pretende rescindir, se efetivamente ocorrido, não permite a formação da coisa julgada material. Assim, a ação rescisória deve ser julgada extinta sem julgamento do mérito por carência de ação, por inexistir decisão transitada em julgado a ser rescindida". Comentário: Se a parte não foi intimada da decisão rescindenda, entende-se que não se deu o fenômeno da coisa julgada material, pressuposto para o exercício da ação rescisória. A conseqüência será a extinção do processo, sem julgamento do mérito, em virtude da falta de interesse processual.

c) Legitimidade ad causam

A legitimidade para a causa (*ad causam*) não se confunde com a legitimidade para o processo (*ad processum*); a primeira concerne ao direito de ação; a segunda, à relação jurídica processual. Um menor de dezoito anos (CLT, art. 792), *e. g.*, embora tenha legitimidade para determinada ação, não a tem para figurar na relação jurídica que se estabelece no processo.

A legitimidade *ad causam* tanto pode ser ativa (autor) ou passiva (réu), e a sua falta conduz ao decreto judicial de carência da ação (CPC, art. 267, VI). *A legitimatio passiva* significa que deve integrar a relação processual apenas a pessoa que seja titular da obrigação relativa ao direito invocado pela parte adversa. Essa "pertinência subjetiva da ação", a que aludiu *Alfredo Buzaid*, traduz-se na individualização daquele a quem pertence o interesse de agir e daquele diante do qual é formulada a pretensão *in iudicio*. Daí vem que, por princípio, somente os titulares dos interesses em antagonismo se encontram legalmente legitimados para atuar em juízo. *Liebman* já chamava a atenção ao fato de a legitimidade corresponder a um "problema de dupla face", pois envolve a pertinência ao autor, no interesse de invocar a tutela jurisdicional, e a pertinência ao réu, no que tange ao interesse de opor-se, juridicamente, à realização da pretensão manifestada pelo autor.

As considerações acima são apropriadas à legitimação *ad causam* ordinária; na extraordinária, que configura a substituição processual, a lei atribui legitimidade para agir em juízo a quem não é titular do direito que dá conteúdo à pretensão (CPC, art. 6º): invoca-se, em nome próprio, a tutela jurisdicional, para a defesa de direitos ou interesses alheios. Dessa legitimação anômala cuidaremos em linhas adiante.

Um dos deslizes inveterados, em que vem incorrendo, teimosamente, a doutrina e a jurisprudência trabalhistas, consiste em considerar o autor carecente da ação toda vez que não ficar comprovada a alegada relação de emprego com o réu. A carência, na espécie, promanaria do fato de o réu ser parte ilegítima para integrar o pólo passivo da relação jurídica processual. *Venia concessa*, desde que demonstrada, pelo autor, a prestação pessoal de serviços, é óbvio que o réu surge como a única pessoa legitimada para reagir àquela pretensão. A entender-se de modo diverso, quem possuiria, então, legitimidade para responder à ação? A única transigência que aceitamos fazer, nesse assunto, é de que o autor venha a ser declarado carecente da ação em decorrência de haver formulado as suas pretensões em face de pessoa distinta daquela para a qual efetivamente prestou serviços. Nesse caso, estaria ausente a "pertinência subjetiva" de que falaram *Liebman* e *Buzaid*.

O problema que estamos a examinar não só apresenta importantes aspectos de ordem prática, como interessa, intimamente, ao estudo da ação rescisória. Vejamos:

A predominar o parecer de que a inexistência de relação de emprego implica o proferimento de sentença declaratória da carência da ação (por ser o réu, supostamente, parte ilegítima), ocorreria a extinção do processo sem julgamento do mérito, a teor do art. 267, VI, do CPC, vez que ausente uma das condições da ação. Sendo assim, esse pronunciamento jurisdicional não poderia ser objeto de ação rescisória, embora se permitisse ao autor intentar, mais uma vez, a ação (CPC, art. 268). Apreciada a questão à luz do rigor científico, no entanto, veremos que a inexistência de relação de emprego jamais poderá motivar a emissão de um decreto jurisdicional declarativo de carência da ação. Sem embargo, em situações que tais, não apenas o réu é parte legítima para responder às pretensões postas em juízo pelo autor, como a sentença será sempre de mérito, ainda que não reconheça a existência de um contrato de trabalho entre as partes. Relação de emprego é mérito, da mesma forma como a essa classe pertencem os demais pedidos apresentados (aviso prévio, indenização, férias, gratificação natalina etc.). Com isso, estamos asseverando — heterodoxamente, é certo — que será passível de desconstituição, pela via rescisória, a sentença que não reconheça o vínculo de emprego alegado pelo autor, pois o que houve, aí, foi, sem rebuços, a rejeição jurisdicional a esse pedido de mérito. Não há como negar, por isso, o atendimento ao pressuposto fundamental de que se ocupa o art. 485, *caput*, do CPC.

Teremos: carência haverá se o autor deduzir as suas pretensões diante de pessoa que não corresponda àquela para a qual realmente prestou serviços. Fora disso, será perpetrar graves infrações a princípios essenciais da ciência jurídico-processual; será confessar desconhecimento a respeito da verdadeira noção de legitimidade, no sistema das condições da ação, consagrado pelo texto processual civil — e metido supletivamente no processo do trabalho por intermédio do art. 769, da CLT. Vínculo de emprego traduz inequívoca pretensão de direito material, que dá conteúdo à lide. Logo, o ato jurisdicional que aprecia a relação jurídica havida ou existente entre o réu e o autor é de mérito, ainda que conclua que essa relação não era regida pelo Direito do Trabalho. Logo, é rescindível, desde que se verifique uma das situações previstas nos incisos I a IX, do art. 485, do CPC.

A legitimidade para a ação rescisória

Análise especial deve ser dedicada à legitimidade em sede de ação rescisória.

Legitimidade ativa

Dela se ocupa o art. 487 do CPC, que permite o exercício desse direito de ação: a) a quem foi parte no processo ou o seu sucessor a título universal ou singular; b) ao terceiro juridicamente interessado; c) ao Ministério Público: 1. se não foi ouvido no processo, em que era obrigatória a intervenção; 2. quando a sentença é o efeito de colusão das partes, a fim de fraudar a lei.

a) Parte ou sucessor

A referência legal à parte deve ser entendida em sentido amplo, nesse conceito se compreendendo não somente o autor e o réu, mas os litisconsortes (CPC, art. 46), os assistentes (CPC, art. 50), os opoentes (CPC, art. 56), os nomeados à autoria (CPC, art. 62), os denunciados à lide (CPC, art. 70) e os chamados ao processo (CPC, art. 77), contanto que tenha sido admitida, no processo em que foi tirada a sentença rescindenda, essa modalidade de intervenção de terceiros.

O que deve ser sublinhado, em especial, é o fato de o autor, na rescisória, poder ser não apenas o (mesmo) autor na ação cuja sentença se pretende desconstituir, mas o próprio réu, que nessa qualidade tenha figurado na mencionada causa. A *legitimatio* para a rescisória é daquele que tenha sido parte no processo anterior, pouco importando em que pólo dessa relação jurídica se tenha situado. O que se exige, para o ajuizamento dessa ação, a par da legitimidade, é o interesse de agir, que se avalia segundo a necessidade que a parte possua em conseguir um provimento jurisdicional desconstitutivo da coisa julgada que está a molestar a sua esfera jurídica.

Considerando o longo prazo que a lei fixa para o exercício da pretensão rescisória (hoje, dois anos; antes, cinco anos), poderia acontecer de, ao ser descoberta a existência de uma causa que autorize o ajuizamento de ação dessa natureza, já se encontrar, digamos, falecido o titular dessa pretensão. Daí decorre a razão de o legislador haver concedido legitimidade ativa também ao sucessor da pessoa que foi parte no processo que culminou com a sentença rescindenda. Percebe-se, diante disso, que em matéria jurídica nem sempre tem incidência a parêmia latina *mors omnia solvit*, porquanto o falecimento do titular do direito de ação faz com que se opere, por força de lei, a transferência desse direito ao seu sucessor.

Para esse fim, não se há que indagar se a sucessão se deu a título universal ou particular, pois em ambos os casos o sucessor estará legitimado para ingressar com a rescisória, com o objetivo de promover a defesa dos direitos ou interesses do sucedido. O que se requer, para tanto, é a prova do falecimento daquele que figura como parte na sentença rescindenda e da qualidade de sucessor daquele que vem a juízo pretendendo desfazer a coisa julgada.

A regra do art. 487, I, do CPC, se harmoniza com a estampada no art. 12, V, do mesmo diploma processual. A diferença entre espólio e herdeiro está em que, lá, a herança se acha indivisa, ao passo em que, aqui, já foram partilhados os bens que integravam o acervo.

A menção que fizemos, há pouco, ao litisconsorte, como parte no processo, nos aconselha a dedicar mais algumas linhas a esse fenômeno de pluralidade subjetiva. Antes, porém, a nossa advertência de que não se deve confundir essa pluralidade com a objetiva. Aquela, como a sua própria denominação espelha, traduz uma multiplicidade de pessoas a atuar no mesmo pólo da relação jurídica processual; daí, a existência de litisconsórcio ativo e de litisconsórcio passivo. A pluralidade objetiva decorre da cumulação de pedidos; aqui, não se pode pensar em litisconsórcio.

Os pressupostos legais para a formação do regime litisconsorcial são: a) a existência, entre duas ou mais pessoas, de comunhão de direitos ou de obrigações pertinentes à lide (CPC, art. 46, I); b) o fato de os direitos ou as obrigações promanarem do mesmo fundamento de fato ou de direito (II); c) a presença, entre as causas, de conexão pelo objeto de pedir (III); d) a ocorrência de afinidade de questões por um ponto comum de fato ou de direito (IV).

O litisconsórcio, de que cuida o art. 46 do álbum processual civil, é o facultativo e sua constituição atende a princípios de economia processual, na medida em que o procedimento judicial será um só.

O litisconsórcio necessário vem definido no art. 47 do mesmo código: "quando, por disposição de lei ou pela natureza da relação jurídica o juiz tiver de decidir a lide de modo uniforme para todas as partes; caso em que a eficácia da sentença dependerá da citação de todos os litisconsortes no processo".

Esse didatismo do texto legal é, entretanto, desastrado. O que aí se constata é um injustificável mistifório entre as modalidades díspares de litisconsórcio necessário e litisconsórcio unitário. Ora, somente neste último tipo (unitário) é que o juiz deve compor a lide "de modo uniforme para todas as partes"; no litisconsórcio necessário há, apenas, a obrigatoriedade de figurarem na relação processual todos aqueles que, de maneira conjunta e inseparável, "são titulares perante o Direito material de um mesmo direito subjetivo ou de uma só obrigação"[62].

A crítica é imprescindível para demonstrar, p. ex., que determinado regime litisconsorcial pode ser unitário sem ser necessário; nem todos estão obrigados a comparecer a Juízo, embora o conflito de interesses deva ser solvido de forma uniforme para todos os que participarem do processo. O litisconsórcio também pode ser necessário sem qualquer caráter unitário.

Em rigor, o deslize perpetrado pelo art. 47 do CPC tem início na segunda parte do *caput* dessa norma e no seu parágrafo único, porquanto na parte inicial desse texto o que se tem, realmente, é um conceito razoável de litisconsórcio unitário; a contar daí, a definição legal somente se quadra ao litisconsórcio necessário.

Para que dúvidas não ocorram: o traço caracterizador do litisconsórcio unitário é a exigência da uniformidade do pronunciamento jurisdicional em relação a todos os que se encontrarem em juízo; já o litisconsórcio necessário tem origem no direito material, que declara titulares do direito (ativo) ou da obrigação (passivo) diversos indivíduos, considerados englobadamente, motivo por que nenhum deles, individualmente, ostenta essa titularidade. Tomados de modo isolado, não possuem legitimidade para estar em juízo.

Como está na dicção do art. 47, do CPC, a uniformidade da sentença para todas as partes pode emanar: a) de norma legal; ou b) da natureza da relação jurídica.

Nesta última situação, podemos citar, à guisa de exemplo, a declaração de nulidade de um contrato de trabalho: a sentença não pode considerar nulo o contrato apenas em relação a uma das partes; o que é nulo o é para ambas. Daí, a necessidade de a sentença ser uniforme (igual para o empregado e o empregador). Na primeira, serve como exemplo o pedido relativo ao adicional de periculosidade formulado pelos "frentistas" dos postos de combustível: provado que todos exercem essa função, aquele *plus* pecuniário será devido, por força de lei, à totalidade dos "frentistas" constituídos em litisconsórcio ativo.

---

(62) *Hélio Tornaghi*, "Comentários ao Código de Processo Civil", São Paulo: Revista dos Tribunais, 1976, p. 215.

É oportuno mencionar, nesta altura, a Orientação Jurisprudencial n. 82, da SDI-II, do TST, segundo a qual: "Ação rescisória. Litisconsórcio. Necessário no pólo passivo e facultativo no ativo. O litisconsórcio, na ação rescisória, é necessário em relação ao pólo passivo da demanda, porque supõe uma comunidade de direito ou de obrigações que não admite solução díspar para os litisconsortes, em face da indivisibilidade do objeto. Já em relação ao pólo ativo, o litisconsórcio é facultativo, uma vez que a aglutinação de autores se faz por conveniência, e não pela necessidade decorrente da natureza do litígio, pois não se pode condicionar o exercício do direito individual de um dos litigantes no processo originário à anuência dos demais para retomar a lide". Temos uma pequena objeção a esta OJ, na parte em que afirma ser meramente *facultativa* a formação de um regime listisconsorcial ativo. Embora assim seja, na larga maioria dos casos, não podemos negar a possibilidade de esse tipo de litisconsório ser *necessário*, em determinadas situações, como quando, por exemplo, ficar evidente que as demais pessoas que participaram do pólo passivo da relação processual que se findou com a decisão rescindenda possuem interesse em participar do pólo ativo da ação rescisória, considerando-se que a esfera jurídica dessas pessoas poderá ser gravemente afetada pelo acórdão que se busca rescindir. Não é de boa técnica, nem de bom senso, fazer-se afirmações absolutas no campo jurídico, como fez a OJ em questão, pois a realidade é muito mais complexa do que possa imaginar o legislador ou o próprio Poder Judiciário.

Na hipótese de passar em julgado a sentença emitida sem que terceiros devessem ser chamados, como exige o art. 47 do CPC, será admitida ação rescisória, com fulcro no art. 485, V, do mesmo estatuto processual, pois, a nosso ver, estará configurada a violação de literal disposição de lei, de que fala esse dispositivo.

Estabelece, de outra parte, o art. 48 do CPC que exceto se existir norma legal em contrário os litisconsortes serão considerados, em suas relações com a parte adversa, como litigantes distintos; por isso, os atos ou as omissões de um não poderão vir em prejuízo ou em benefício dos outros.

A independência dos litisconsortes, prevista nessa regra legal, não é apenas em relação à parte contrária, alcançando, por igual, os próprios compartes. Cumpre elucidar que dita independência é característica do regime litisconsorcial do tipo facultativo, porquanto no unitário, ao reverso, a nota marcante é a da interdependência dos litisconsortes.

b) Terceiro juridicamente interessado

Chiovenda observa que o terceiro pode posicionar-se diante da sentença em uma das três situações a seguir enunciadas:

1) terceiros absolutamente indiferentes, pois não lhes é permitido obstar a formação de sentença, cabendo-lhes, ao contrário, apenas reconhecer o julgado;

2) terceiros que não se encontram obrigados a reconhecer a sentença, porquanto detêm a titularidade de uma relação jurídica inconciliável com a relação decidida; neste caso, o reconhecimento do julgado lhes traria prejuízos de ordem jurídica. Essa classe de terceiros pode defender-se, em face da sentença, argumentando tratar-se de *res inter alios iudicata.* Levando em conta, contudo, que a presença de um pronunciamento jurisdicional contrastante com o seu direito pode corresponder a um obstáculo à plena fruição deste, consente-lhe a norma legal: a) impedir a formação da sentença, intervindo no processo em defesa de seus direitos ou interesses; b) opor-se, sem limites e sem termo, à sentença já constituída;

3) terceiros que não podem deixar de reconhecer o julgado, em virtude de serem titulares de uma relação jurídica compatível com a relação decidida[(63)].

O direito processual brasileiro perfilhou esse sistema, embora mediante a adoção de institutos análogos. Desta maneira, o terceiro, que deveria ter integrado a relação processual na qualidade de litisconsorte necessário, terá legitimidade (e interesse, por suposto) para argüir o fato de a sentença constituir *res inter alios iudicata.* Igual direito ser-lhe-á concedido se, devendo figurar no processo como litisconsorte facultativo, houver ficado à margem do processo. Seja como litisconsorte necessário ou como facultativo, o terceiro poderá, nas hipóteses mencionadas, interpor os recursos cabíveis da sentença e, se esta já passou em julgado, fazer uso da ação rescisória, como expressa o art. 487, II, do CPC.

Note-se: para que a pretensão rescisória possa ser regularmente exercitada pelo terceiro, há necessidade de que o seu interesse — como uma das condições da ação: CPC, art. 3º — seja jurídico, pois o meramente econômico não basta. Nesse sentido é, translúcida a declaração insculpida no art. 487, II, do atual diploma processual civil. No processo do trabalho, a propósito, por obra da doutrina e da jurisprudência o interesse jurídico tem sido elevado à categoria de critério ou de requisito para a admissibilidade da intervenção de terceiros ou de assistentes, cabendo lembrar, no que respeita a estes, a orientação sedimentada pela Súmula n. 82, do TST.

A oportunidade sugere-nos reafirmar que a vogante definição de terceiro, segundo a qual é todo aquele que não é parte no processo,

(63) Ob. cit., p. 421.

revela-se insatisfatória, pois se é verdadeiro que, em regra, terceiro é efetivamente quem não participou da relação processual, não menos exato é que, em determinadas situações particulares, aquele que se encontra em um dos pólos dessa relação pode, nada obstante isso, agir na qualidade de terceiro. O art. 1.046 do CPC equipara a terceiro a parte que, "posto figure no processo, defende bens que, pelo título de sua aquisição ou pela qualidade em que os possuir, não podem ser atingidos pela apreensão judicial" (§ 2º).

Sendo assim, o indivíduo que embora tenha sido parte no processo onde foi proferida a sentença de mérito e aí tenha oferecido embargos de terceiro na forma do art. 1.046, § 2º, do CPC, estará legitimado também como terceiro para tentar desconstituir não só esta como também aquela sentença.

Já o opoente, o nomeado à autoria, o denunciado à lide e o chamado ao processo deixam de ser terceiros e convertem-se em parte no momento em que são admitidos a intervir no processo.

Uma nota final sobre o assunto: o terceiro que interveio no processo onde foi proferida a sentença rescindenda está legitimado para exercer a pretensão rescisória; a contrario sensu, faltar-lhe-á legitimidade para isso toda vez que a sua intervenção no processo de que se originou a decisão rescindenda houver sido negada.

c) Ministério Público

Em três casos, pelo menos, o Ministério pode ajuizar ação rescisória: 1) quando foi parte no processo em que se emitiu a sentença rescindenda; 2) quando embora não haja aí atuado como parte, deixou de ser ouvido quando a sua intervenção no processo era obrigatória, na qualidade de fiscal da lei (*custos legis*); é o que dispõe o art. 487, I, do CPC. Dá-se que se a interveniência do órgão do Ministério Público era indispensável, mas esta não ocorreu, haverá nulidade do processo a contar desse momento (CPC, art. 487, III, *a*). Sob certo aspecto, terá havido violação dos arts. 82 e 84 do CPC, e também do art. 264, do mesmo texto processual, de tal maneira que a rescisória encontrará fundamento no art. 485, V, do CPC, que se refere à infração à "literal disposição de lei"; 3) sempre que a sentença rescindenda for decorrente de colusão das partes, com o escopo de fraudar a norma legal (CPC, art. 487, III, *b*). O conteúdo ético do processo como método ou técnica de solução estatal monopolística dos conflitos de interesses, exige que o juiz, convencendo-se, pelas circunstâncias da causa, de que as partes se valeram do processo para praticar ato simulado ou conseguir objetivo defeso por lei profira sentença que iniba esse propósito (CPC, art. 129). Caso, porém, essa colusão das partes não tenha sido percebida pelo magistrado, poderá o Ministério Público, após o trânsito em julgado da sentença, ingressar com ação rescisória, estribado no art. 487, III, *b*, do CPC. Observe-se, entretanto, que a legitimidade do Ministério Público, para exercer essa pretensão, não está condicionada a que este houvesse intervindo na causa onde foi prolatada a decisão rescindenda, como fiscal da lei. Se o Ministério Público atuou como parte naquele processo, então a sua legitimidade para aforar a rescisória brota do art. 485, V, do CPC.

Há, todavia, certa controvérsia jurisprudencial sobre se o rol de situações mencionadas nas letras *a* e *b*, do inciso III, do art. 487, do CPC, que legitimam o exercício da ação rescisória pelo Ministério Público, é taxativo, ou meramente exemplificativo. Inclinamo-nos por esta última posição. Assim dizemos porque não nos parece razoável impedir o *Parquet* de, no exercício de suas relevantes atribuições constitucionais, fazer uso da ação rescisória quando estiver em causa, por exemplo, o interesse público indisponível. Não podemos nos esquecer que, nos termos do art. 127, *caput*, da Constituição Federal, o Ministério Público constitui "instituição permanente, essencial à função jurisdicional do Estado, incumbindo-lhe *a defesa da ordem jurídica*, do regime democrático e dos *interesses sociais e individuais indisponíveis*" (destacamos). Nessa mesma linha de entendimento está a Orientação Jurisprudencial n. 83, da SDI-II, do TST: "Ação rescisória. Ministério Público. Legitimidade *ad causam* prevista no art. 487, III, *a* e *b*, do CPC. As hipóteses são meramente exemplificativas. A legitimidade *ad causam* do Ministério Público para propor ação rescisória, ainda que não tenha sido parte no processo que deu origem à decisão rescindenda, não está limitada às alíneas *a* e *b* do inciso III do art. 487 do CPC, uma vez que traduzem hipóteses meramente exemplificativas". Falhou essa OJ, apenas, ao deixar de indicar a razão jurídica pela qual essas situações são meramente exemplificativas. A razão jurídica, conforme dissemos há pouco, reside no comprometimento do interesse público assinalado pela indisponibilidade dos direitos e interesses que estiverem em jogo na causa.

Ainda com respeito à colusão das partes, com o fito de violar a lei, cumpre-nos destacar que o sujeito passivo dessa fraude processual é o magistrado, pois em se tratando de dolo bilateral, seria ilógico pensar que a vítima fosse um dos litigantes. Oportuna, por isso, a lição de *Guarneri Citati* de que na colusão o dolo não tem como destinatária a parte contrária, pois esta "não somente conhece a fraude e a consente, mas é ela própria que a quis e a quer, de acordo com a outra parte. Portanto, nenhuma das duas age dolosamente perante a outra porque ambas o concertaram e concorreram para efetivá-lo. Portanto, a sentença que é efeito da colusão não se pode dizer devida ao dolo de uma das partes mas é fruto do dolo de ambas. E, uma vez que em nenhum caso a colusão se dirige contra a parte adversária, essa não pode ter como sujeito passivo senão o juiz, para cujo engano concorrem ambos os contendores"[64].

Desta forma, se o próprio juiz é a vítima da colusão das partes, como fraude processual, torna-se absolutamente lógico concluir que unicamente o Ministério Público terá legitimidade (e interesse) para pedir a rescisão do julgado. É óbvio que nenhuma das partes poderia ingressar com a rescisória, porquanto a colusão foi obra de ambas; supor que o juiz estaria legitimado a tanto seria algo insensato e dissociado da previsão legal. Como frisa *Bueno Vidigal*, em nosso meio consagrou-se a ficção de que o Ministério Público é a própria justiça ("como se esta pudesse ter personalidade jurídica e não fosse uma abstração")[65].

No plano da Justiça do Trabalho, não são raros os casos em que o Ministério Público interpõe recurso (ordinário) dos acórdãos que dirimem conflitos coletivos ("dissídios coletivos"), fazendo-o na qualidade de parte; como o órgão jurisdicional *ad quem* é o TST, é a Procuradoria Geral quem exara parecer nesses autos, como fiscal da lei. Na espécie em exame, o Ministério Público pode ajuizar ação rescisória em virtude da legitimidade que lhe outorga o inc. I do art. 487 do CPC (pois foi parte no processo), sendo equivocado supor que a legitimação venha do inc. III do mesmo artigo; o que aqui se pressupõe é que o Ministério Público não tenha agido como parte, tanto que a letra *a* desse inciso fala em sua intervenção no processo.

A questão do sindicato como substituto processual

Como estamos a investigar o assunto pertinente à legitimidade ativa em sede de ação rescisória, é de grande interesse prático e doutrinário que nos detenhamos no problema do sindicato agindo na qualidade de substituto processual, especialmente com vistas ao exercício de pretensões rescisórias.

É certo que não se amolda ao objetivo geral desta obra empreendermos um exaustivo estudo acerca da substituição processual; algumas considerações, contudo — ainda que superficiais — sobre esse fenômeno são imprescindíveis para o exato entendimento dessa substituição anômala.

(64) *Apud Francesco Carnelutti*, "Studi di Diritto Processuale", Padova: Cedam, 1939, p. 118.
(65) "Comentários ao Código de Processo Civil", São Paulo: Revista dos Tribunais, 1976, vol. VI, 2ª ed., p. 188.

O princípio medular, que vem de nosso sistema processual, é de que a ninguém será dado postular, em nome próprio, direito alheio (CPC, art. 6º, primeira parte). Isso corresponde a afirmar que a legitimidade para provocar o exercício da função jurisdicional coincide com a titularidade do direito material que se visa a proteger com essa provocação; como esse é o princípio, torna-se evidente que as exceções a ele devem estar expressamente ressalvadas em lei. O ordinário se presume e o extraordinário se prova (*Malatesta*).

O instituto da substituição processual encontra a sua razão de ser em determinadas conveniências de ordem prática, associadas, quase sempre, no plano do processo do trabalho, à preocupação legislativa de colocar os trabalhadores fora das injunções do empregador, que seguramente seriam praticadas se estes devessem ingressar, por si próprios, em juízo.

Quem se dedicou com maior profundidade à investigação desse fenômeno foi *Josef Köhler*, que a ele se referiu como estado processual (*Prozesstandschaft*), embora caiba a *Chiovenda* o mérito de haver empregado, pela primeira vez, a expressão substituição processual.

A possibilidade de agir na qualidade de substituto processual dos integrantes da categoria constitui velho anseio dos sindicatos brasileiros. Esse desiderato, em pequena medida foi atendido pelos arts. 195, § 2º, e 872, parágrafo único, da CLT e por umas poucas normas legais extravagantes.

Teria contudo o inc. III do art. 8º da atual Constituição da República acolhido por inteiro esse anseio das entidades sindicais de nosso país? É proveitoso rememorar que esse dispositivo legal se encontra assim redigido: "ao sindicato cabe a defesa dos direitos e interesses coletivos ou individuais da categoria, inclusive em questões judiciais ou administrativas".

A um primeiro lançar de olhos, tudo parece recomendar que se responda de maneira afirmativa à indagação acima formulada, diante da expressão literal da Suprema Carta, que parece não deixar dúvida a respeito.

Não é bem assim.

Nem mesmo por antonomásia se poderia sustentar que o constituinte teria utilizado o substantivo defesa (da categoria) como sinônimo de substituição processual. Ora, em nosso sistema legal, o sindicato também pode defender os interesses da categoria: a) como representante processual (CLT, art. 839, *a*); b) como assistente processual (CPC, art. 50; TST, Súmula n. 82); c) impetrante de mandado de segurança coletivo (Const. Federal, art. 5º, inciso LXX, letra *b*); d) autor de ação direta de inconstitucionalidade, desde que a entidade seja de âmbito nacional (Const. Federal, art. 103, inciso IX); e mesmo e) como prestador de assistência judiciária gratuita (Leis ns. 5.584/70, art. 14, e 10.228/2001). Logo, defender não significa, necessariamente, atuar como substituto processual. A dicção do inc. III o art. 8º da Constituição Federal se articula e se harmoniza, em rigor, com a representação processual, de que cuida o art. 839, *a*, da CLT, para cujo exercício o sindicato necessita de prévia autorização dos integrantes da categoria. O fenômeno da substituição processual, por sua vez, é algo extraordinário (daí falar-se em legitimação anômala), razão por que agride o senso ordinário presumir-se que o referido preceito constitucional aluda, ainda que implicitamente, a esse fenômeno invulgar.

Não ignoramos que no texto elaborado pela Comissão Provisória (art. 344, § 3º), instituída pelo Decreto n. 91.450, de 18 de julho de 1985, assim como no Projeto da Comissão de Sistematização, havia expressa referência à qualidade do sindicato como substituto processual. Este último dispunha, no art. 10, § 3º: "À entidade sindical cabe a defesa dos direitos e interesses da categoria, individuais ou coletivos, *inclusive como substituto processual em questões judiciais ou administrativas*" (sublinhamos). No texto finalmente aprovado, e que se converteu no atual inc. III do art. 8º, entretanto, já não se emprega a expressão *substituto processual*. Para nós, essa estirpação deve ser interpretada como manifesta intenção do constituinte em não atribuir ao sindicato essa qualidade. Se é certo que a lei não contém termos inúteis, não menos verdadeiro é que a supressão de termos não deve ser considerada obra do acaso. Por que motivo, pois, o constituinte abandonou o emprego daquela expressão, a não ser por que julgou ser conveniente remeter ao legislador *ordinário* a disciplina dessa modalidade anômala de legitimação processual?

É verdade que um certo setor da doutrina — que perfilha entendimento oposto ao nosso — tem argumentado com excertos de transcrições efetuadas nos anais da Assembléia Nacional Constituinte para procurar demonstrar que esteve na intenção do legislador outorgar ao sindicato a qualidade de substituto processual, cuja expressão acabou sendo eliminada por supor-se que essa substituição estaria evidenciada no restante do texto. Diz-se, por exemplo, que discussão dessa natureza teria sido suscitada quando da votação da Emenda n. 1.270, de autoria do Sr. Constituinte *Vinícius Cansanção*, que procurava retirar das atribuições das entidades sindicais a defesa dos interesses individuais da categoria. *Data venia*, em nenhum momento se debateu, aí, o problema respeitante à substituição processual. A polêmica circunscreveu-se ao exame da conveniência ou necessidade de o sindicato representar a categoria, com vistas à defesa de direitos individuais (em contraposição aos coletivos). O próprio Deputado *Plínio de Arruda Sampaio*, que se manifestou contrário à aprovação dessa Emenda, falou, em determinada altura: "Volto a pedir a atenção de V. Exas. para essa emenda, a fim de que neguem o voto à sua aprovação. O argumento é muito simples: um dos grandes avanços conseguidos por esta Constituição, ao contrário do que disse o nobre Constituinte *Paes Landim*, é a possibilidade de as associações representarem em juízo seus associados..." (sublinhamos). Aí está: tratou-se apenas, da representação da categoria, pelo sindicato, nunca de substituição desta.

Por outro lado, a declaração constante do inc. III do art. 8º da Constituição em vigor não traduz nenhuma novidade — capaz de provocar sobressalto nos espíritos atentos —, porquanto nada mais representa do que uma reprodução quase literal do teor do art. 513, da CLT, segundo o qual são prerrogativas do sindicato: "a) representar, perante as autoridades administrativas e *judiciárias*, os interesses gerais da respectiva categoria ou profissão liberal ou os interesses individuais dos associados relativos à atividade ou profissão exercida" (sublinhamos).

Não nos parece que a mera particularidade de o constituinte haver substituído o verbo representar, usado na redação do art. 513 da CLT, pelo defender tenha, por si só, o condão de transformar o sindicato em substituto processual, na generalidade dos casos. Houvesse o constituinte utilizado o verbo *substituir* (que, como vimos, estava nos textos anteriores) e, por certo, não estaríamos aqui a discordar de quantos vêem o inc. III do art. 8º como norma atributiva da qualidade de substituto processual ao sindicato. Conforme dissemos, a defesa a que alude esse dispositivo constitucional só pode ser entendida como a que é realizada na qualidade de representante, pois essa conclusão se harmoniza com a regra enunciada no art. 839, *a*, da CLT.

Demais, se de substituição processual realmente fosse o caso do inc. III do art. 8º do texto constitucional, por que motivo o mesmo constituinte teria dito, no inc. LXX do art. 5º, que as organizações sindicais possuem legitimidade para impetrar mandado de segurança coletivo, em defesa dos interesses de seus membros ou associados e no inc. IX do art. 113 que a confederação sindical ou entidade de classe de âmbito nacional possuem legitimidade para ajuizar ação de inconstitucionalidade, se essa legitimidade estivesse mesmo prevista no inc. III do art. 8º?

Nossa opinião, portanto, é de que não estando a substituição processual do sindicato contemplada pela norma constitucional, há necessidade de que lei ordinária a outorgue[66]. A propósito disso, devemos observar que com o advento da Lei n. 7.788, de 3 de julho de 1989, muitos imaginaram que, por força dela, os sindicatos poderiam atuar como substitutos processuais da categoria, na generalidade dos casos. Antes de prosseguirmos nessas considerações, lembremos que

(66) Atualmente, temos a Lei n. 8.073, de 30-7-90, art. 3º.

o art. 8º da citada lei estatuía: "Nos termos do inciso III do art. 8º da Constituição Federal, as entidades sindicais poderão atuar como substitutos processuais da categoria...". Pois bem. Contrariamente ao que muitos supunham, o fato de a lei ordinária fazer expressa alusão ao preceito constitucional demonstra que este não trata, efetivamente, da substituição processual; tanto isso é verdade, que houve necessidade da edição de lei ordinária (n. 7.788/89) para que essa qualidade fosse atribuída às entidades sindicais. Um outro equívoco em que incorreram alguns escritores foi pensar que a substituição concedida pela lei ordinária em exame fosse ampla e genérica, vale dizer, que abrangesse todas as situações em que o sindicato pretendesse ingressar em juízo para promover a defesa dos direitos e interesses, individuais ou coletivos, da categoria. Ora, é elementar que essa substituição estava limitada à matéria sobre a qual versou a Lei n. 7.788/89: política salarial. Em agressão a postulados físicos e aos princípios jurídicos, chegou-se a afirmar que o conteúdo poderia ser mais volumoso do que o continente, ao advogar-se a possibilidade de a substituição processual atribuída pelo art. 8º dessa lei alcançar todo e qualquer caso, toda e qualquer matéria.

Posteriormente, a Lei n. 7.788/89 foi revogada pela Lei n. 8.030, de 12 de abril de 1990, cujo art. 12, que atribuía a qualidade de substituto processual ao sindicato, foi vetado pelo Exmº Sr. Presidente da República. Nas edições anteriores, manifestamos a esperança de que sobreviesse norma infraconstitucional atribuindo, de maneira expressa, a qualidade de substituto processual ao sindicato, argumentando: entendemos que a substituição processual constitui um valioso instrumento pelo qual os sindicatos poderão promover a defesa dos interesses individuais ou coletivos dos integrantes da correspondente categoria. Se não lhes reconhecemos, *de lege lata*, essa qualidade, é porque nossa convicção jurídica assim não nos permite. Pois bem, essa norma veio a lume. Trata-se da Lei n. 8.073, de 30.7.1990. Posteriormente, o TST adotou a Súmula n. 310, para dispor, dentre outras coisas, que: a) "o art. 8º, inciso III, da Constituição da República, não assegura a substituição processual pelo sindicato" (inc. I); b) "a substituição processual autorizada pela Lei n. 8.073, de 30 de julho de 1990, ao sindicato alcança todos os integrantes da categoria e é restrita às demandas que visem à satisfação de reajustes salariais específicos, resultantes de disposição prevista em lei de política salarial" (inc. IV). Mais tarde, entretanto, o Pleno do TST, pela Resolução Administrativa n. 119 (DJ de 1º.10.2003), cancelou essa Súmula. Isso não significa, necessariamente, que, doravante, se deva reconhecer que o art. 8º, inciso III, da Constituição Federal seja atributivo da qualidade de substituto processual ao sindicato e que a substituição processual seja ampla, irrestrita, não mais estando jungida às leis de política salarial. Assim dizemos porque a Súmula n. 310, do TST, na verdade, constituía mera repercussão jurisprudencial da legislação aplicável, sendo certo que essa legislação segue a viger, na inteireza de suas disposições.

Lançados esses escólios, uma nova indagação se impõe: teria o sindicato legitimidade para formular, em nome próprio, pretensão rescisória, com o objetivo de defender direitos ou interesses da categoria?

O problema, em sua essência, não difere do que estivemos a apreciar até há pouco: o da substituição processual.

Se houver norma legal conferindo a entidades sindicais legitimidade para atuarem em juízo como substitutas processuais da categoria, é evidente que elas estarão, *ipso facto*, legitimadas para o exercício de pretensões rescisórias, visando à defesa dos direitos e interesses dessa mesma categoria. Deste modo, se o sindicato atuou nos autos como substituto processual, como assistente ou como litisconsorte, ou seja, como parte, é indiscutível que estará naturalmente legitimado para aforar ação rescisória na mesma qualidade em que agira anteriormente; se o sindicato não participou do processo que deu origem à sentença rescindenda, a sua legitimação para impetrar a desconstituição da *res iudicata* estará subordinada à demonstração de possuir interesse jurídico nisso (CPC, art. 487, II), vez que, nesta hipótese, o fará como terceiro.

Pergunta-se, ainda: os trabalhadores que foram substituídos pelo sindicato no processo em que se emitiu a sentença rescindenda teriam legitimidade para ingressar com a rescisória daquela decisão na qualidade de parte ou de terceiros?

A princípio, poder-se-ia imaginar que não havendo os trabalhadores figurado em um dos pólos da relação jurídica processual anterior — e sim o sindicato, como seu substituto —, não lhes seria lícito ingressar com a ação rescisória daquela sentença. Pensar-se-ia, ainda, que somente o sindicato estaria legitimado a isso, ficando reservada aos trabalhadores substituídos a possibilidade de intervirem como assistentes.

Ocorre, no entanto, que o direito processual brasileiro adotou o princípio da legitimidade concorrente[67], em sede de substituição processual, de tal sorte que tanto o titular do direito material lesado (ou na iminência de sê-lo) quanto o substituto legal podem exercer a pretensão rescisória. Por outras palavras, em nosso meio, a substituição processual não se apresenta como uma obrigação ou dever do sindicato e sim como uma sua faculdade; caso não a exerça, isso não impedirá que o titular do direito substancial invoque a prestação da tutela jurisdicional do Estado em nome próprio.

(67) Exceto no plano das ações coletivas, pois o ajuizamento destas constitui "prerrogativa das associações sindicais" (CLT, art. 857).

Malferindo esse princípio, o art. 8º, parte final, da revogada Lei n. 7.788/89, declarava não possuir eficácia a desistência, a renúncia e a transação, individualmente manifestadas pelos substituídos. Essa disposição, embora haja derivado de um oportunismo legislativo, realizado em nome da necessidade de valorizar a figura da substituição processual e, com isso, evitar que os substituídos fossem alvo de pressões advindas da parte adversa, não encobria o seu caráter teratológico, ao subtrair a eficácia da manifestação volitiva do próprio titular do direito material deduzido em juízo. Nada há a objetar quanto ao veto à renúncia, sabendo-se que está concerne ao direito. Um dos princípios fundamentais do direito do trabalho é, exatamente, o da sua irrenunciabilidade. No que toca à desistência e à transação, contudo, muitas vezes estas atendem aos interesses dos próprios substituídos, motivo por que houve insensatez daquele legislador ao proibir-lhes que as realizassem. Por outro lado, em determinados casos, o sindicato tem interesse em manter a demanda, pois isso lhe propiciará certos dividendos eleiçoeiros. Nesse entrechoque de interesses entre os substituídos e o substituto, a prevalência deve ser dos primeiros — que são, em última análise, como afirmamos, os titulares do direito material que dá conteúdo à ação.

Não se cometam, pois, *de lege ferenda*, semelhantes violências às faculdades processuais dos indivíduos.

Em outro livro ("Litisconsórcio, Assistência e Intervenção de Terceiros no Processo do Trabalho", 3ª ed., São Paulo, LTr Edit., 1995, pp. 54/55), tivemos oportunidade de escrever: "em rigor, o substituído (insistamos: ainda que tenha a titularidade do direito material controvertido em juízo), em face da relação processual que interliga substituto/Estado/réu, se apresenta como *terceiro*. Isso não quer significar que ele, para manifestar o seu intento de desistir da ação, deva se valer de uma das modalidades de intervenção de terceiro, de que se ocupa o Cap. VI, Título I, Livro I, do CPC, pois a nenhum dos pressupostos concernentes a essas intervenções se amoldaria a sua posição pessoal". E concluíamos: "A nosso ver, somente poderia o substituído ser admitido no processo como *assistente litisconsorcial*, pois a sentença a ser aí proferida irá, por certo, 'influir na relação jurídica entre ele e o adversário do assistido (CPC, art. 54, *caput*)".

Tempos depois, a Súmula n. 310, do TST, estabeleceu em seu inciso VI: "É lícito aos substituídos integrar a lide como *assistente litisconsorcial*, acordar, transigir e renunciar, independentemente de autorização ou anuência do substituto" (destacamos). Esta Súmula, todavia, como se disse, acabou sendo cancelada pela Resolução Administrativa n. 119/2003, do Pleno do TST, deixando, assim, o tema aberto a discussão. Quanto a nós, mantemo-nos fiéis à opinião manifestada há pouco: o substituído só pode ingressar na ação proposta pelo sindicato, para expender algum tipo de manifestação de vontade, capaz de repercutir na causa, se o fizer na qualidade de assistente litisconsorcial.

Legitimidade passiva

Legitimado, passivamente, para a ação rescisória é aquele que integrou — como autor ou como réu — a relação processual originadora da sentença rescindenda.

Sob outro ângulo, a legitimidade para buscar a desconstituição do julgado não é, apenas, de quem figurou como réu no processo anterior: legitimado a isso estará também o autor, como tal identificado naquele processo — hipótese em que o réu, na rescisória, coincidirá com o que participou, nessa qualidade, do processo em que se produziu a sentença rescindenda.

Nesta linha de raciocínio, estabelece a Orientação Jurispriudencial n. 110, da SDI-II, do TST: "Ação rescisória. Réu sindicato. Substituto processual na ação originária. Legitimidade passiva *ad causam*. Inexistência de litisconsórcio passivo necessário. O Sindicato, substituto processual e autor da reclamação trabalhista, em cujos autos fora proferida a decisão rescindenda, possui legitimidade para figurar como réu na ação rescisória, sendo descabida a exigência de citação de todos os empregados substituídos, porquanto inexistente litisconsórcio passivo necessário". Na verdade, não se põe em dúvida a legitimidade do sindicato para figurar no pólo passivo da relação processual em sede de ação rescisória, desde que ele tenha sido parte na ação da qual se originou a decisão rescindenda. O que se discute é se, efetivamente, os substituídos, como titulares do direito material, não deveriam, na ação rescisória proposta em face do sindicato, ser citados, para virem integrar lide na qualidade de litisconsortes necessários. Nossa opinião coincide com a da OJ n. 110. Por, quando menos, duas razões jurídicas entendemos inexistir regime litisconsorcial, do tipo necessário, na espécie em exame: a) para manter-se uma simetria processual, pois os trabalhadores (substituídos) não foram parte no processo que deu origem à decisão rescindenda, motivo por que não se justifica serem compartes passivas na ação rescisória; b) seria extremamente difícil (e, em alguns casos, até mesmo impossível) proceder-se à citação de todos os empregados, para integrarem a lide como litisconsortes, porquanto esses trabalhadores poderiam somar centenas e centenas, não serem localizados e o mais. O que nos parece é que não se pode impedir que os referidos empregados ingressem na causa na qualidade de *assistentes litisconsorciais*. Essa intervenção não é obrigatória, mas facultativa, porquanto depende de requerimento de cada interessado, nos termos dos arts. 51 e 54, parágrafo único, do CPC. É importante esclarecer que o empregado, substituído na ação proposta pelo sindicato, figura como terceiro, para efeito de intervir como assistente litisconsorcial. Terceiro, justamente, porque não foi parte naquela relação processual. Deste modo, está atendido o pressuposto de que cuida o *caput* do art. 50, do CPC.

Naqueles casos em que a lei admite o exercício da rescisória por terceiro (CPC, art. 487, II), ou pelo Ministério Público (III), ficarão colocados no pólo passivo desta relação ambas as partes (autor e réu) que atuaram no processo anterior, motivo por que um e outro deverão ser citados para a rescisória.

A particularidade de o réu haver sido revel no processo em que se constituiu a coisa julgada agora sob ataque, não constitui razão jurídica para que se deixe de citá-lo na rescisória ajuizada pela parte adversa. Nem proíbe a lei que o revel exercite pretensão rescisória.

Entende *Coqueijo Costa* que "Na rescisória, proposta pela parte condenada na ação originária, indevida ou irregularmente, em honorários advocatícios, o réu legitimamente passivo (*sic*) é o advogado, já que o crédito de tal parcela sentencial lhe pertence de direito, autorizando-o a mover ação de execução independente para cobrar a verba honorária, ou, se for o caso, pedir precatório expedido em seu nome. É o que se dessume da Lei n. 4.215, de 27.4.63"[68].

Discordamos, *venia permissa*, dessa opinião. Estivéssemos a tratar de processo civil, não hesitaríamos em aceitar o parecer do ilustre jurista baiano. No plano singular do processo do trabalho, entrementes, por força do disposto no art. 16 da Lei n. 5.584, de 26 de junho de 1970, "Os honorários do advogado pagos pelo vencido reverterão em favor *do Sindicato assistente*" (sublinhamos). Sendo assim, na situação cogitada pelo notável *Coqueijo Costa* legitimado passivamente para a rescisória será o sindicato[69] e não o advogado, pois aquele, e não este, é o titular do direito relativo a tais honorários.

Acórdão do Excelso Pretório, que pronuncia, em tese, o contraste constitucional de lei ou de ato normativo do Poder Público não enseja o ajuizamento de rescisória, porquanto inexiste, aí, mérito (CPC, art. 485, *caput*), que possa conduzir à coisa julgada material (CPC, art. 467).

O espólio, os herdeiros e os sucessores dos que atuaram como parte no processo anterior, em que foi lançada a sentença rescindenda, estão legitimados para a rescisória, como autores ou como réus.

---

(68) "Ação Rescisória", São Paulo: LTr, 3ª ed., 1984, p. 90.
(69) V. nota 66.

Capítulo IX

PRESSUPOSTOS

Comentário

A ação rescisória foi, teleologicamente, instituída para desfazer a coisa julgada (material). A autoridade e a intangibilidade da *res iudicata* não representam, portanto, valores absolutos, porquanto o mesmo texto constitucional, que ordena o respeito às sentenças passadas em julgado (art. 5º, XXXVI), faz expressa referência à rescisória (art. 102, I, *j*), que, como dissemos, é o remédio que o nosso ordenamento processual reserva para o ataque (= desconstituição) aos pronunciamentos da jurisdição em relação aos quais já se esgotaram as vias recursais.

O trânsito em julgado da sentença (ou do acórdão) figura, conseguintemente, como pressuposto para o ajuizamento da rescisória. O simples fato de a decisão haver passado em julgado não basta, porém, para autorizar o exercício de uma pretensão dessa natureza; para isso, é imprescindível que o provimento jurisdicional tenha ingressado no exame do mérito. Sob este aspecto, chega a ser enfática a redação do art. 485, do CPC.

É oportuno recordar que no sistema do digesto processual civil de 1939 admitia-se a rescindibilidade dos julgados em geral, ou seja, até mesmo daqueles que não haviam penetrado o exame do *meritum causae*. Segundo a nomenclatura consagrada pelo Código revogado, aliás, as sentenças terminativas correspondiam às que, atualmente, encerram o processo sem prospecção do mérito; as definitivas, às que, hoje, extinguem o processo com julgamento das questões de fundo.

Estando certo que a rescisória pressupõe o trânsito em julgado da sentença de mérito, isto equivale a afirmar, por outro lado, que o exercício dessa ação não será possível quando se tratar: a) de sentença passada em julgado, que não tenha tangido as questões de fundo; b) de sentença de mérito, que ainda não haja passado em julgado.

a) Sentença de mérito

Embora venhamos a dedicar todo o Capítulo XI à investigação do conceito de mérito, com vistas ao manejo da ação rescisória, é recomendável anteciparmos, aqui, algumas considerações a respeito do assunto.

Parece-nos que a configuração jurídica do conceito de mérito é indissociável da presença de lide, no caso concreto. Antes do surgimento da notável obra de *Carnelutti*, o significado do vocábulo lide não possuía a importância que ostenta nos dias atuais: em alguns casos era utilizado para significar o conflito de interesses a ser dirimido pelo Estado-juiz; em outros, para expressar o próprio processo como método estatal de solução de conflitos dessa natureza. *Carnelutti* atribuiu ao termo, entretanto, um sentido mais científico, ao elegê-lo para caracterizar e definir o conflito subjetivo de interesses qualificado pela pretensão manifestada por uma das partes e pela resistência oferecida pela outra. É do eminente mestre italiano esta conclusão: "O julgamento desse conflito de pretensões mediante o qual o juiz, acolhendo ou rejeitando o pedido, dá razão a uma das partes e nega-a à outra, constitui uma decisão definitiva de mérito"[70].

O conceito de mérito se encontra estampado — ainda que de maneira genérica — no art. 468 do CPC vigente, ao declarar que "A sentença, que julgar total ou parcialmente a *lide*, tem força de lei nos limites da lide e das questões decididas" (sublinhamos). É bem verdade que disposição semelhante a essa já se achava no texto do art. 287, do CPC de 1939, cujo parágrafo único esclarecia que se consideravam decididas todas as questões que constituíssem premissa necessária da conclusão.

b) Trânsito em julgado

Denomina-se coisa julgada material a eficácia, que torna imutável e indiscutível a sentença (ou o acórdão) não mais sujeita à impugnação, pela via recursal ordinária ou extraordinária (CPC, art. 467).

O trânsito em julgado supõe, à evidência, o decurso em branco do prazo para a interposição do recurso; em determinadas situações, porém, não se pode, em rigor, falar de trânsito em julgado, como ocorre, caracteristicamente, com as sentenças emitidas nas causas de valor inferior a duas vezes o salário mínimo, de que fala a Lei n. 5.584/70 (art. 2º, § 4º), porquanto estas são irrecorríveis, desde o momento em que são lançadas nos autos. O transitar em julgado pressupõe que o pronunciamento jurisdicional era impugnável; daí por que não se pode misturar aí o conceito de sentença irrecorrível, vale dizer, aquela espécie de dicção jurisdicional que traz em si, ontologicamente, o veto à recorribilidade.

---

(70) Ob. cit., p. 86.

Ambas as classes de decisões podem, porém, ser objeto de ação rescisória.

Sabendo-se que um dos pressupostos para a admissibilidade da rescisória é o trânsito em julgado da sentença, qual deveria ser o procedimento do relator ao constatar que a sentença rescindenda ainda não passou em julgado?

A princípio, poder-se-ia pensar que devendo o interesse de agir (como uma das condições da ação) ser examinado no momento em que a decisão for proferida, segundo o entendimento predominante da corrente doutrinária a que nos filiamos, a rescisória, na hipótese aventada, deveria ser admitida, pois até a data do seu julgamento teria ocorrido, sem dúvida, o trânsito em julgado da decisão que ela visa a desconstituir. Inferência que tal seria, contudo, produto de uma visão imperfeita do problema, na medida em que a prova do trânsito em julgado da sentença rescindenda constitui requisito indispensável à admissibilidade da rescisória. Essa exigência constava da Súmula n. 107, do TST, que foi cancelada pela 299; esta, após reiterar o conteúdo da anterior, acrescentou que se o autor não comprovar, no prazo de dez dias, o trânsito em julgado da decisão, a conseqüência será o indeferimento da petição inicial — e a extinção do processo sem exame do mérito (CPC, art. 267, VI).

Desta forma, a demonstração de que a coisa julgada material se formou deve ser feita, documentalmente, já com a peça vestibular, sendo, por isso, remota a possibilidade de a *res iudicata* formar-se após o ajuizamento da inicial.

O que se poderia verificar é uma situação intermédia: deixando o autor de atender à exigência formulada pela Súmula n. 299, do TST, o relator determinar-lhe que fizesse prova do trânsito em julgado da sentença, no prazo de dez dias e constatar-se, mais tarde, que a coisa julgada se estabelecera no curso desse prazo. Nesta hipótese, a inicial não deveria ser indeferida, pois comprovada a formação da *res iudicata* o autor teria incontestável interesse de agir, em sede de ação rescisória.

Insistimos em afirmar, porém, que a prova documental do trânsito em julgado da decisão rescindenda deve ser feita já com a inicial ou no prazo que for fixado pelo relator, sob pena de indeferimento daquela peça.

A exigência inscrita na Súmula n. 299, do TST, nada mais representa do que uma transposição tópica da regra geral constante do art. 283, do CPC, segundo a qual a petição inaugural deverá ser "instruída com os documentos indispensáveis à propositura da ação".

O art. 490 do estatuto processual civil prevê, a propósito, o indeferimento da petição inicial da rescisória nos casos arrolados pelo art.

295, do mesmo Código; dentre esses casos, está o não atendimento às prescrições do art. 284, que, por sua vez, cogita da abertura de prazo (dez dias) para que o autor satisfaça os requisitos legais respeitantes à validade formal da peça vestibular, sob pena de ser indeferida.

Prequestionamento

Embora o substantivo *prequestionamento* não se encontre dicionarizado, no tecnicismo clássico da linguagem processual ele significa o ato de discutir, de controverter, previamente, determinada matéria ou ponto desta, como requisito indispensável para que o tribunal possa apreciá-la. Em sede de recurso extraordinário, p. ex., estabelece a Súmula n. 282 do STF que "É inadmissível o recurso extraordinário, quando não ventilada, na decisão recorrida, a questão federal suscitada"; e a Súmula n. 356, do mesmo sodalício: "O ponto omisso da decisão, sobre o qual não foram opostos embargos declaratórios, não pode ser objeto de recurso extraordinário, por faltar o requisito do prequestionamento".

A exigência do prévio questionar, no caso do recurso extraordinário, é lógica e juridicamente justificável, pois o Excelso Pretório apenas poderá (re)examinar questões que tenham sido, anteriormente, ventiladas perante os órgãos secundários. "Ventilar quer dizer debater, discutir, tornar a matéria res controversa. Está em controvérsia a norma constitucional quando o tribunal a quo a aprecia em seu merecimento, quando a seu respeito há res dubia, quando se litiga sobre a sua aplicabilidade, não, porém, quando é excluída de qualquer julgamento por não incidir a norma constitucional" (STF, Ac. 1ª T., RE-97.358-MG, Rel. Min. Alfredo *Buzaid*, DJU de 11.11.83, p. 17452).

A cláusula do prequestionamento foi criada pelo direito norte-americano, por meio do Judiciary Act, de 24-9-1789. Esse Ato, adaptando o *writ or error* do direito inglês às singularidades da organização da Colônia, permitiu o recurso para a Suprema Corte.

No plano da Justiça do Trabalho, o prequestionamento é exigido em tema de recurso de revista, como revela a Súmula n. 297, do TST, a seguir reproduzida: "1. Diz-se prequestionada a matéria ou questão quando na decisão impugnada haja sido adotada, explicitamente, tese a respeito. 2. Incumbe à parte interessada, desde que a matéria haja sido invocada no processo principal, interpor embargos declaratórios objetivando o pronunciamento sobre o tema, sob pena de preclusão. 3. (...)".

Tendo a revista trabalhista natureza extraordinária, é compreensível a imposição de um prévio questionamento da matéria, porquanto se o Tribunal Regional sobre ela não se pronunciou (ainda que se devesse pronunciar e a omissão não foi suprida via embargos declaratórios) não se caracteriza o conflito de teses pertinentes à discrepância de julgados ou a ofensa à norma legal. Conforme lição do eminente Ministro *Marco Aurélio Mendes de Farias Mello*, contida em ementa de acórdão de sua lavra, "A razão de ser do prequestionamento é 'nada nasce sem causa, mas tudo surge por alguma razão e em virtude de uma necessidade' (Filosofia Materialista grega que data de 2.500 anos) e está na necessidade de proceder-se ao cotejo do decidido com o preceito legal apontado como malferido ou com o aresto-paradigma que se tem como a revelar o dissenso jurisdicional. Isto para concluir-se pelo atendimento a um dos permissivos do art. 896 da CLT"[71].

As considerações que até esta parte formulamos foram necessárias para demonstrar que o requisito do prequestionamento encontra razões lógicas e jurídicas para a sua existência no âmbito dos recursos — em especial do extraordinário e do de revista.

O Tribunal Superior do Trabalho, contudo, por sua Súmula n. 298 erigiu o prequestionamento como requisito indispensável para o conhecimento da ação rescisória. A precitada Súmula está assim enunciada: "A conclusão acerca da ocorrência de violação literal de lei pressupõe pronunciamento explícito, na sentença rescindenda, sobre a matéria veiculada".

Teria sido acertada essa orientação derivante da mais alta Corte de Justiça trabalhista do país?

Pensamos, *data venia*, que não.

Insistamos no argumento de que, no recurso extraordinário, o requisito em exame se justifica segundo a necessidade de que a questão federal tenha sido previamente apreciada, a fim de poder-se realizar a unificação do direito federal; por outras palavras, para que esse escopo seja alcançado, é imprescindível que a justiça local haja emitido um derradeiro pronunciamento acerca da matéria. Com isso, também estamos a afirmar que a Suprema Corte deve limitar-se, fundamentalmente, àquelas questões que tenham sido objeto de discussão nos graus inferiores; daí a necessidade de prévio questionamento do ponto que, mais tarde, ensejará a interposição do recurso extraordinário.

Além disso, é importante destacar que neste recurso o juízo é sempre de direito — particularidade que, da mesma forma, assinala o recurso de revista trabalhista (com sua índole extraordinária), bastando lembrar que, a teor da Súmula n. 126 do TST, é "Incabível o recurso

(71) Citado pelo Min. *C. A. Barata Silva*, no artigo "Recurso de Revista", *in* "Estudos em Memória de Coqueijo Costa", São Paulo: LTr, 1989, p. 286.

de revista ou de embargos (CLT, arts. 896 e 894, *b*) para reexame de *fatos e provas*" (sublinhamos)[72].

Ora, é ressabido que nenhuma dessas singularidades está presente na ação rescisória, que, ao contrário dos recursos em geral, instaura uma nova relação processual e cujo juízo pode ser não só de direito como também de fato.

As próprias causas legais de rescindibilidade dos julgados (CPC, art. 485) repelem — pelas repercussões deletérias que tais vícios das sentenças soem acarretar no ordenamento jurídico — o requisito do prequestionamento, motivo por que constituirá medida de bom senso anatematizá-lo dessa área. Imaginemos, *v. g.*, que a decisão rescindenda haja perpetrado ofensa à literal disposição de lei (assunto de que se ocupa a Súmula n. 298 do TST) ou mesmo à coisa julgada: seria nimiamente desarrazoado recusar-se a ação rescisória sob a alegação de que ditas eivas da sentença não teriam sido questionadas anteriormente (em grau de recurso), pois com isso se estaria permitindo, em última análise, grave afronta ao texto da Constituição Federal onde se inscreve, com força de princípio, a garantia de respeito à lei e à *res iudicata* (art. 5º, II e XXXVI).

Daí a nossa discordância do entendimento perfilhado pelo TST e cristalizado em sua Súmula n. 298, ainda que se deva inteligir que as disposições desta estão circunscritas à rescisória fundada em transgressão à literalidade de norma legal.

Uma tal interpretação restritiva não redime, entretanto, a Súmula em apreço do equívoco em que incidiu.

Pior será, evidentemente, o elastecimento dessa orientação jurisprudencial (se é que ele já não se acha insinuado nos termos da Súmula n. 298) para a generalidade das causas de rescindibilidade dos provimentos jurisdicionais. Sucede que essa generalização estará, em sua origem, comprometida por intransponível ilogismo diante de certas situações, como as previstas pelos incisos VI e VII do art. 485 do CPC. Admite aquele a ação rescisória sempre que a sentença se tenha calcado em prova, cuja falsidade haja sido constatada em processo criminal ou na própria rescisória; este abre caminho à rescisória toda vez que, depois de passada em julgado a sentença a que ela visa, o autor obtiver documento novo, de que não tinha conhecimento, ou que não lhe foi possível utilizar — suficiente, por si só, de assegurar-lhe um julgamento favorável.

---

(72) Conquanto o recurso de embargos para o Pleno do TST haja sido eliminado pela Lei n. 7.701, de 21 de dezembro de 1988.

Ora, se essas causas de desconstituição da coisa julgada material se verificam, quase sempre, posteriormente ao proferimento da decisão rescindenda, não faz sentido exigir-se aqui o prequestionamento; afinal, como se poderia questionar a respeito de algo que nem sequer existia?

Em suma, sendo a rescisória uma ação (e não recurso) autônoma — que instaura, como dissemos, uma nova relação jurídica processual — e que, as mais das vezes, se baseia em motivos diversos daqueles que foram suscitados e debatidos nos autos do processo que deu origem à sentença rescindenda, soa insensata qualquer exigência de prequestionamento. Impor esse prévio questionar será submeter a rescisória à inadequada disciplina característica do recurso extraordinário, ou dos meios de impugnação às resoluções jurisdicionais que possuam semelhante natureza, como é o de revista, nos domínios do processo do trabalho.

Cremos, até mesmo, que o prequestionamento na rescisória corresponde a um desconhecimento das razões onto-teleológicas que conduziram à instituição, em nosso meio, dessa ação, com sua peculiar vocação para desconstituir a coisa julgada, independentemente de a sentença rescindenda haver, ou não, se manifestado sobre o ponto que é objeto da rescisória.

Esperamos, pois, que o Tribunal Superior do Trabalho — se julgar ponderandos os nossos argumentos —, revendo a sua posição em face do assunto, cancele a Súmula n. 298, com o que estará permitindo que a rescisória tenha livre trânsito no amplo espaço aberto pelo atual diploma processual civil.

Nunca é despiciendo rememorar que a ampliação dos casos que autorizam a rescindibilidade dos julgados traduz uma espécie de compensação ou de contraponto pelo fato de o legislador haver deitado, a mancheias, presunções ao longo do texto processual em vigor.

Até por aí se percebe que o prequestionamento na rescisória, por ser elemento restritivo da admissibilidade dessa ação, quebra a tentativa do legislador em estabelecer um harmonioso sistema de freios e contrapesos entre o alargamento do campo de incidência das presunções e a ampliação das causas de rescindibilidade dos pronunciamentos jurisdicionais já sedimentados pela autoridade da coisa julgada.

Algumas Orientações Jurisprudenciais da SDI-II, do TST, apresentam um certo caráter moderador da exigência de prequestionamento em tema de ação rescisória; Ei-las: *OJ n. 36*: "Ação rescisória. Prequestionamento. Violação ocorrida na própria decisão rescindenda. Não é absoluta a exigência de prequestionamento na ação rescisória: Ainda que a ação rescisória tenha por fundamento violação de dispositivo legal, é prescindível o prequestionamento quando o vício nasce no próprio julgamento, como se dá com a sentença *extra*, *citra* e *ultra petita*"; *OJ n. 72*: "Ação rescisória. Prequestionamento quanto à matéria e ao conteúdo da norma, não necessariamente do dispositivo legal tido por violado. O prequestionamento exigido em ação rescisória diz respeito à matéria e ao enfoque específico da tese debatida na ação e não, necessariamente, ao dispositivo legal tido por violado. Basta que o conteúdo da norma reputada como violada tenha sido abordado na decisão rescindenda para que se considere preenchido o pressuposto do prequestionamento"; *OJ n. 124*: "Ação rescisória. Art. 485, II, do CPC. Argüição de incompetência absoluta. Prequestionamento inexigível. Na hipótese em que a ação rescisória tem como causa de rescindibilidade o inciso II do art. 485 do CPC, a argüição de incompetência absoluta prescinde de prequestionamento".

Capítulo X

COMPETÊNCIA

Comentário

A ação rescisória integra o elenco das competências ditas originárias dos tribunais do trabalho. Tem sido de larga tradição legislativa, entre nós, não atribuir competência aos órgãos de primeiro grau (Varas do Trabalho) para desconstituir as sentenças por eles proferidas (e que tenham, por certo, transitado em julgado).

No Tribunal Superior do Trabalho, compete: a) à Seção Especializada em Dissídios Coletivos (SDC) julgar as ações rescisórias propostas contra suas sentenças normativas; b) à Seção Especializada em Dissídios Individuais (SDI), as rescisórias que tenham como objeto os acórdãos proferidos por essa Seção ou pelas Turmas do Tribunal.

Nos Tribunais Regionais, em regra compete ao Pleno (ou ao Grupo de Turmas) julgar as rescisórias das decisões proferidas por ele, pelas Turmas, ou pelo juízo de primeiro grau (Varas do Trabalho ou da Justiça Comum estadual, conforme seja o caso).

De qualquer modo, entendemos que essa distribuição interna (funcional) de competência poderá ser regimentalmente modificada — desde que isso não implique ofensa à lei —, porquanto a Constituição Federal em vigor estatui ser da competência privativa dos tribunais dispor "sobre a competência e o funcionamento dos respectivos órgãos jurisdicionais..." (art. 96, I, *a*). O Pleno, as Turmas, os Grupos de Turmas e as Secções Especializadas constituem, sem dúvida, órgãos dos Tribunais do Trabalho.

O problema respeitante à determinação da competência em sede de ação rescisória não é, todavia, tão simples quanto possa parecer. Há certas situações particulares que exigem do intérprete uma especial acuidade jurídica, sob pena de acabar extraindo conclusões agressivas do verdadeiro sentido das regras atributivas de competência aos órgãos da jurisdição.

Quando, p. ex., não for conhecido o recurso de revista ou o de embargos, será competente para apreciar a rescisória do acórdão regional que examinou o mérito não o Tribunal Superior do Trabalho, e sim o Tribunal Regional que emitiu a decisão que se pretende desconstituir. Essa é a escorreita orientação adotada pela jurisprudência e consolidada pela Súmula n. 192, do TST. Nas edições anteriores deste livro, observamos: Na hipótese, contudo, de não serem conhecidos embargos interpostos de acórdão proferido em recurso de revista que penetrara o mérito, a competência para processar e julgar a rescisória será do Tribunal Superior do Trabalho e não do Regional que proferiu o acórdão viciado. Esta nota particular não foi percebida pela Súmula n. 192, do TST. Nem por isso, deve ser desconsiderada quando se cuidar de extrair uma adequada interpretação do enunciado da mencionada Súmula. Provavelmente por esse motivo, o TST, pela Resolução Administrativa n. 121, de 28.10.2003, deu nova redação à mencionada Súmula, para dispor, no inciso II: "Acórdão rescindendo do Tribunal Superior do Trabalho que não conhece de recurso de embargos ou de revista, analisando argüição de violação de dispositivo de lei material ou decidindo em consonância com enunciado de direito material ou iterativa, notória e atual jurisprudência de direito material da Seção de Dissídios Individuais (Enunciado n. 333), examina o mérito da causa, cabendo ação rescisória da competência do Tribunal Superior do Trabalho". A Orientação Jurisprudencial n. 42, da SDI-II, do TST, repete a Súmula n. 192 — à qual, aliás, faz expressa referência.

Se o autor ingressar com a rescisória no Tribunal Superior do Trabalho, colimando desfazer acórdão proferido por Tribunal Regional — que tenha investigado o mérito —, a competência para julgá-la será deste Tribunal e não daquele, razão por que incumbirá ao TST, declarando-se incompetente, determinar a remessa dos autos ao Regional para que aprecie a ação como entender de direito. Como se trata, na espécie de incompetência hierárquica (ou funcional) e sendo esta absoluta, poderá ser declarada mesmo de ofício, a despeito de poder ser alegada pela parte, independentemente de exceção (CPC, art. 113, *caput*).

A mesma solução haverá de ser adotada se ocorrer hipótese inversa: o autor postular ao Regional a desconstituição de acórdão emitido pelo Tribunal Superior do Trabalho.

A Orientação Jurisprudencial n. 70, da SDI-II, do TST, entretanto, considera inepta a petição inicial, nesses casos, autorizando o seu indeferimento, com a conseqüente extinção do processo sem exame do mérito. A nosso ver, essa OJ se faz provida de um rigor excessivo, que é incompatível com o processo do trabalho, designadamente, se considerarmos o fato de, segundo entendimento do STF, estar em plena vigência o art. 791, *caput*, da CLT, que atribui capacidade postulatória às partes, de forma que permita-lhes promover, pessoalmente (ou seja, sem constituição de advogado), a defesa dos seus direitos e interesses, nos diversos graus da Justiça do Trabalho.

Problema não menos delicado concerne à existência de mais de uma sentença de mérito, nos mesmos autos. A sua resolução nem sempre será uniforme, pois dependerá diretamente do interesse a ser manifestado pelo autor. Forneçamos um exemplo. O Regional, dando provimento ao recurso ordinário interposto pelo autor, declara existente a relação de emprego pretendida e que antes fora recusada pelo órgão de primeiro grau. Retornando os autos ao juízo de origem, este, me-diante sentença, aprecia os demais pedidos constantes da inicial (indenização, horas extras, aviso prévio, férias etc.). Não há negar que tanto o acórdão do Regional quanto a sentença da Junta (ou do juiz de direito) examinaram o mérito da causa (relação de emprego é matéria de mérito, daí por que quando o órgão jurisdicional a repele não deve declarar a carência da ação). Pois bem. Caso a parte pretenda desconstituir o acórdão ou a sentença, a competência para isso será sempre do Tribunal Regional, porquanto conforme deixamos sublinhado anteriormente, é de nossa tradição legislativa não atribuir competência rescisória aos órgãos de primeiro grau da jurisdição. Na situação em foco, poderia ainda a parte (desde que provida de legitimidade e de interesse) buscar a rescisão: a) apenas do acórdão; b) apenas da sentença; ou c) de ambos, ao mesmo tempo.

No primeiro caso, é óbvio que, desfeito o acórdão, desapareceria, *ipso facto*, a sentença, pois negada a existência de vínculo de emprego, não poderia subsistir a sentença que houvesse condenado o réu, *e. g.*, ao pagamento de indenização, aviso prévio e o mais; no segundo, rescindida a sentença, o acórdão permaneceria íntegro, podendo o Tribunal, no exercício de seu *iudicium rescissorium*, proferir novo julgamento relativo aos fatos examinados pelo juízo inferior, se este for o caso; no terceiro, pareceria haver carência da ação, quanto ao desfazimento da sentença, vez que a simples desconstituição do acórdão acarretaria a automática eliminação da sentença. Não é bem assim. Não ignoremos que o Tribunal poderia, no julgamento da rescisória, manter o acórdão e rescindir, somente, a sentença, se se convencesse que essa seria a melhor decisão, segundo os elementos de fato e de direito contidos nos autos.

Isto também é certo: sendo rescindíveis, a um só tempo, a sentença e o acórdão, não haverá necessidade de duas ações para isso: basta uma só, compreendendo ambas as decisões passadas em julgado. Este entendimento foi perfilhado pela Orientação Jurisprudencial n. 78, do TST: "Ação rescisória. Cumulação sucessiva de pedidos. Rescisão da sentença e do acórdão. Ação única. Art. 289 do CPC. É admissível o ajuizamento de uma única ação rescisória contendo mais de um pedido, em ordem sucessiva, de rescisão da sentença ou acórdão. Sendo inviável a tutela jurisdicional de um deles, o julgador está obrigado a apreciar os demais, sob pena de negativa de prestação jurisdicional". Conquanto a OJ citada cogite da formulação de pedidos em ordem *sucessiva* (CPC, art. 289), a sua conclusão de que bastará apenas uma ação rescisória se aplica por inteiro aos casos em que os pedidos são *cumulativos* (CPC, art. 292), vale dizer, em que se postula a rescisão da sentença **e** do acórdão. Essa cumulação somente não será possível quando a competência para essas rescisões não for do mesmo órgão jurisdicional, como se daria, por exemplo, quando se buscasse desconstituir acórdão regional e acórdão do TST.

Se a parte ajuizar a rescisória perante o Tribunal, com a finalidade de apagar a sentença prolatada pela Vara, mas que não tenha sido a última decisão de mérito lançada nos autos (esta, a única efetivamente rescindenda), caberá ao Tribunal pronunciar a carência da ação, em virtude da falta de interesse de agir do autor. Nesta hipótese, a sentença teria sido substituída (CPC, art. 512) por um acórdão de mérito, motivo por que a ação rescisória deveria ser dirigida a este. E, justamente, por não mais existir no mundo jurídico a sentença, é que o autor deve ser declarado carecente da ação, por falta de interesse processual, pois, afinal, pretende desconstituir algo que já não existe.

Observa *Coqueijo Costa* que apenas a Justiça proferida do aresto rescindendo pode desconstituí-lo, por meio do Tribunal hierarquicamente competente "mesmo na hipótese de rescisória trabalhista em que, na oportunidade do seu ajuizamento, a justiça obreira seja fulminada, por jurisprudência iterativa e superveniente do STF, de absolutamente incompetente em razão da matéria"(73). Neste caso, porém, deverá o Tribunal do Trabalho ater-se ao *iudicium rescindens*, no qual se aprecie o pedido de desfazimento da decisão rescindenda. Acolhido que seja esse pedido, os autos deverão ser encaminhados à outra Justiça, reconhecida como competente, a fim de que esta se pronuncie acerca das pretensões de direito material deduzidas na ação. Exatamente nesse rumo andou o Excelso Pretório, ao assentar que cabe "à Justiça comum, estadual, julgar litígio relativo a direitos do trabalhador sindicalizado, contra o seu sindicato. Assim, em princípio. No caso, porém, para rescindir decisão proferida pela Justiça do Trabalho, só a Justiça do Trabalho é competente. Rescindida a sentença trabalhista, outra decisão sobre a matéria é de ser proferida pela Justiça Estadual, sendo o caso" (CJ-6.339-PE, de 24.3.82, Rel. Min. Firmino Paz)(74).

De resto, a competência de Tribunal Regional do Trabalho que venha a ser criado é, no geral, fixada pela própria Lei que o institui.

---

(73) "Ação Rescisória", p. 110.
(74) *Idem, ibidem*.

Instalado o novo órgão de segundo grau, passa este a ser competente para apreciar as ações rescisórias que vierem a ser postas em juízo a contar daí, ainda que tenham como objeto sentenças emitidas por Varas do Trabalho (ou juízes de direito) ao tempo em que o Tribunal não existia.

Cremos estar patente que as nossas sucessivas referências aos pronunciamentos jurisdicionais rescindíveis só estão a levar em conta aqueles que hajam ingressado no exame do mérito, pois se assim não o fizeram são insuscetíveis de ataque pela via rescisória, de acordo com a regra que emana do art. 485, *caput*, do CPC. A despeito disso, em posição doutrinária algo heterodoxa — mas, nem por isso, desconfortável —, admitimos, em certas situações particulares, a possibilidade do exercício da ação rescisória tendo como objeto decisão que não haja examinado o mérito da causa. Nossos argumentos, em defesa deste ponto de vista, estão expostos no Capítulo XXV, da Primeira Parte deste livro ("Rescisória de Acórdão que não Admite Recurso").

Sobre o exato conceito processual de sentença de mérito discorremos no Capítulo seguinte.

Capítulo XI

SENTENÇA DE MÉRITO

Comentário

Segundo o art. 485, *caput*, do CPC, somente são rescindíveis as sentenças de mérito passadas em julgado.

Detenhamo-nos no exame dos elementos que integram essa dicção legal.

Sentença

Ao aludir à sentença como ato jurisdicional rescindível, não pretendeu o Código, como se possa imaginar, tornar imune ao *iudicium rescindens* dos tribunais os demais provimentos que os órgãos judicantes emitem, como os acórdãos e os despachos de conteúdo decisório.

O vocábulo sentença não foi aí utilizado com o sentido estrito que lhe dá o art. 162, § 1º, do CPC; em rigor, o que houve foi um deslize de ordem técnica do legislador, sob a forma de *minus dixit quam voluit*, pois é certo que basta ser de mérito o pronunciamento jurisdicional para que ele possa se submeter a um ataque pela via rescisória (contanto que já envolvido pelo fenômeno da coisa julgada), pouco importando que se trate de sentença (ato de juízo de primeiro grau) ou de acórdão (ato de tribunal), ou mesmo de despacho de conteúdo decisório — que, conforme veremos mais adiante, em determinados casos também pode ser destinatário de ação desconstitutiva. Talvez seja mais apropriado dizer-se que houve aí um *erro político* do legislador.

Embora o Prof. *Alfredo Buzaid* tenha, na Exposição de Motivos, feito referência ao conselho proveniente das fontes romanas, no sentido de que toda definição em direito civil é perigosa (*omnis definitio in iure civile periculosa est*), atreveu-se a conceituar a sentença como "o ato pelo qual o juiz põe termo ao processo, decidindo ou não o mérito da causa" (art. 162, § 1º); a decisão interlocutória como "o ato pelo qual o juiz, no curso do processo, resolve questão incidente" (*ibidem*, § 2º) e os despachos como "todos os demais atos do juiz praticados no processo, de ofício ou a requerimento da parte, a cujo respeito a lei não estabeleça outra forma" (*ibidem*, § 3º).

Essa classificação dos pronunciamentos judiciais e a conseqüente definição destes foram realizadas com técnica se não perfeita, ao menos satisfatória; de qualquer maneira, representaram uma expressiva ruptura epistemológica com a terminologia e a doutrina predominantes no texto anterior, superando as deficiências e as imprecisões científicas que estavam a eivá-lo. A presença de *Liebman*, em nosso País, no período de 1940 a 1946, pode ser apontada como um dos fatores que mais contribuíram para esse aprimoramento científico-terminológico; convém reavivar o fato de que *Alfredo Buzaid* foi um dos discípulos desse notável jurista italiano.

Nada obstante esse considerável avanço científico empreendido pelo diploma processual civil em vigor, ele, em determinados momentos, fez inadvertida concessão à linguagem imprecisa do Código revogado.

A Consolidação das Leis do Trabalho, elaborada sob a influência do Código de Processo Civil de 1939, faz referência, no art. 884, § 3º, à "sentença" de liquidação, quando se sabe que esse ato jurisdicional de quantificação do crédito do exeqüente, por não implicar a extinção do processo (CPC, art. 162, § 1º), não pode ser classificado como sentença e sim como decisão interlocutória, na medida em que a fase de liquidação corresponde a uma espécie de incidente (não típico) do processo de execução.

O próprio CPC, aliás, após referir-se, corretamente, à decisão ("decidirá"), no *caput* do art. 605, cometia séria escorregadela ao dizer que o juiz, na liquidação por arbitramento, proferiria sentença (*sic*). O conteúdo dessa norma legal, todavia, foi totalmente reformulado pela Lei n. 8.898/94.

Já o provimento jurisdicional que resolve os embargos à execução constitui, realmente, modalidade de sentença (irrepreensível, por isso, a linguagem empregada pelo art. 740, parágrafo único, do CPC, e pelo art. 884, § 4º, da CLT), porquanto dotado de eficácia extintiva dessa ação (de embargos).

Mérito

Como asseveramos há pouco, o atual Código de Processo Civil lançou por terra o obsoleto edifício do estatuto anterior, onde as sentenças que punham fim ao processo sem exame do mérito eram denominadas de terminativas e as que davam cobro ao processo com investigação do mérito recebiam o tratamento de definitivas.

Do ponto de vista do CPC de 1973 é absolutamente desnecessário verificar-se se a sentença adentrou, ou não, no mérito da causa, pois esse aspecto não é essencial para a conceituação daquele ato jurisdicional. O que se deve pôr à frente é o fato de tal ato ser munido de eficácia para dar fim, ou não, ao processo; se a resposta for afirmativa, estaremos diante de uma sentença; se negativa, há que se procurar descobrir de que outra modalidade de pronunciamento se trata.

Tencionando evitar o estabelecimento de acirradas disputas doutrinárias, ou mesmo de ordem prática, sobre o assunto, acautelou-se o Código em relacionar os casos em que o processo se extingue sem ou com exame do mérito (arts. 267 e 269, respectivamente). Essa enumeração possui, no entanto, caráter meramente exemplificativo, sendo errôneo pensar que o seja exaustivo.

É bem verdade que certo setor da doutrina rechaça a possibilidade de conceituar-se como sentença de mérito aquelas que, examinando apenas de maneira externa o reconhecimento do pedido, a transação ou a renúncia ao direito em que se funda a ação (CPC, art. 269, II, III e V), atribui a esses atos das partes a qualidade de ato judicial; ao homologar atos que tais, o juiz, como sabemos, não julga, nada lhes acrescenta ou deles subtrai: unicamente os chancela; importa dizer, dá-lhes o plácito e nada mais.

Em que pese à razão jurídica que conforta, com sobras, esse segmento doutrinário, devemos aceitar o fato de que, bem ou mal, por força de lei todas as situações previstas no art. 269, do CPC, indicam a presença de sentença de mérito; destarte, os provimentos jurisdicionais que, nesses casos, extinguirem o processo, são suscetíveis de rescisão.

No que toca às sentenças homologatórias de transação, a doutrina e a jurisprudência, em atitudes contestes, vinham consolidando engenhosa construção, por elas efetuada, baseada na separação entre as origens dos atos que se visava a desfazer: se o objetivo era cassar os efeitos de ato praticado pelas partes (a transação em si), o meio adequado seria a ação anulatória, em consonância com a declaração emanante do art. 486, do CPC; se, ao contrário, se desejava atacar o ato judicial (homologatório), em virtude de algum vício nele existente, o caminho correto seria o da rescisória. Pessoalmente, divergíamos dessa opinião, como pudemos deixar registrado em outras ocasiões[75]. Entendíamos que, indistintamente, a transação, como negócio jurídico bilateral, ou a sentença que a homologava, deveriam ser desconstituídas pela rescisória. Para nossa satisfação, o Tribunal Superior do Trabalho perfilhou esse entendimento, como demonstra a Súmula n. 259, assim redigida: "Só por ação rescisória é atacável o termo de conciliação previsto no parágrafo único do art. 831 da Consolidação das Leis do Trabalho" (Resolução Administrativa n. 7, de 1986), sendo aponta-

(75) Inclusive em sentenças.

dos, como referência legal, os arts. 831, parágrafo único, da CLT, e 485 a 495, do CPC.

Retomaremos o assunto no Capítulo XVII.

A esta altura de nossa exposição, julgamos estar suficientemente claro que somente os pronunciamentos jurisdicionais de mérito (sentença, acórdão, despacho de conteúdo decisório) ensejam, em princípio, uma investida rescisória.

O que se deve entender, entrementes, por mérito para esse efeito?

Dispunha o art. 287 do CPC de 1939 que "A sentença que decidir a *lide* terá força de lei nos limites das questões decididas" (sublinhamos). Neste ponto, parece haver-se o legislador brasileiro inspirado no Projeto que *Carnelutti* apresentou à Subcomissão Real presidida por *Mortara*.

Antes de *Carnelutti*, reiteremos, o substantivo lide possuía um significado impreciso, pois algumas vezes era utilizado para designar o conflito intersubjetivo de interesses, outras para identificar o próprio processo, como método estatal de solução dos conflitos.

Na clássica definição formulada por *Carnelutti*, lide é o conflito de interesses qualificado pela pretensão manifestada por um dos litigantes e pela resistência oferecida pelo outro. Lide é, portanto, na doutrina carneluttiana, a pretensão resistida e insatisfeita.

Ao elaborar a Exposição de Motivos do atual Código de Processo Civil, o Prof. *Alfredo Buzaid*, consagrando a lição do grande jurista italiano, cuidou de advertir que "o projeto só usa a palavra lide para designar o mérito da causa" (Capítulo II, n. 6), arrematando que "lide é, portanto, o objeto principal do processo e nela se exprimem as aspirações em conflito de ambos os litigantes" (*Idem, ibidem*).

No sistema do diploma processual civil de nosso País lide corresponde, pois, a mérito.

Coerente com essa orientação, o legislador declara, no art. 468, que "a sentença que julgar total ou parcialmente a lide, tem força de lei nos limites da lide e das questões decididas", conquanto haja aqui reproduzido, quase literalmente, a regra que estava no citado art. 287, do Código anterior (1939).

Em diversos outros momentos, o estatuto processual vigente faz uso do vocábulo lide, como se dá, *v. g.*, nos arts. 46, I (quando houver, entre os litisconsortes, "comunhão de direitos ou de obrigações relativamente à lide); 5º (sentença declaratória incidental, sempre que se tornar litigiosa relação jurídica "de cuja existência ou inexistência depender o julgamento da lide"); 22 (conseqüências processuais para o réu que, por não argüir em sua resposta fato modificativo, impeditivo ou extintivo do direito do autor, "dilatar o julgamento da lide"); 47 (haverá litisconsórcio unitário — e não necessário, como está aí dito — quando, por disposição de lei ou pela natureza da relação jurídica material, "o juiz tiver de decidir a lide de modo uniforme para todas as partes"); 110 (quando o conhecimento da lide depender, necessariamente, da verificação da existência de fato delituoso); 126 (no julgamento da lide cabe ao juiz aplicar as normas legais pertinentes); 132 (o juiz, titular ou substituto, que iniciar a audiência, concluirá a instrução, e "julgará a lide"); 325 (quando, da declaração incidental sobre a existência ou inexistência do direito, depender o julgamento da lide); 462 (superveniência de fato modificativo, impeditivo ou extintivo do direito capaz de "influir no julgamento da lide"); 470 (faz coisa julgada a resolução da questão prejudicial se a parte o requerer, o juiz for competente *ratione materiae* "e constituir pressuposto necessário para o julgamento da lide"); 610 (veto à possibilidade de, na liquidação, "discutir de novo a lide"); 798 (concessão de providência cautelar inominada "antes do julgamento da lide").

A expressão "julgamento antecipado da lide", por outro lado, titula a Seção do Cap. V, Tít. VIII, do Livro I do CPC.

Não são raros, também, os casos em que o legislador empregou o vocábulo mérito (= lide). Nos arts. 267 e 269, p. ex., enumera as situações em que o processo se extingue sem ou com julgamento do mérito. No art. 301 enumera as alegações que o réu deve fazer antes de discutir o mérito. Referências ao mérito da causa são igualmente constatadas nos arts. 28 (pagamento das despesas processuais como requisito para o novo ajuizamento da ação); 249, § 2º (decisão do mérito a favor da parte a que a declaração de nulidade beneficie = princípio doutrinário da proteção); 265, IV (casos em que a sentença de mérito, para ser proferida, requer a suspensão do processo); 284 (quando a petição inicial apresenta defeitos e irregularidades que possam dificultar o exame do mérito); 405, § 2º, I (inquirição de pessoas impedidas, sempre que isso for necessário ao julgamento do mérito); 459 (decisão de forma concisa quando ocorrer a extinção do processo sem julgamento do mérito); 808 (cessação da eficácia da medida acautelatória quando o juiz declarar extinto o processo principal, com ou sem julgamento do mérito); 866 (na justificação judicial, o magistrado não se deverá pronunciar acerca do mérito da prova).

O exemplário de situações em que o legislador processual de 1973 utilizou o vocábulo mérito é, enfim, muito mais amplo do que o ora apresentado. Mencionam-no, ainda, os arts. 330, I; 267, § 3º; 463, 474, dentre outros. O próprio art. 485, *caput*, que interessa fundamentalmente ao estudo da matéria que dá conteúdo a este livro, declara que só os provimentos jurisdicionais (e não, apenas, a sentença) de mérito são rescindíveis. Os casos que indicamos bem se prestam para demonstrar que o Código procurou manter-se leal aos princípios metodológicos traçados na Exposição de Motivos, segundo os quais a palavra lide só foi posta em uso para designar o *meritum causae*.

Apesar desse empenho do Código, ele se deixa pilhar em alguns descuidos, que agora os denunciamos.

No art. 128 do CPC está dito que o juiz decidirá a lide nos termos em que foi proposta. De duas, uma: ou se entende que o vocábulo lide foi aí empregado no sentido de mérito e, nesta hipótese, fica difícil de justificar a possibilidade de alguém "propor" o mérito, ou se interpreta a palavra lide como significante de conflito de interesses e nem assim se escapa de incidir no mesmo erro de supor que um conflito dessa natureza possa ser "proposto" em juízo. O que talvez se possa propor perante os órgãos da jurisdição é a ação. Ainda assim, não se ficaria livre de certos repelões doutrinários, pois consistindo a ação um direito subjetivo público, de invocar a tutela jurisdicional do Estado, esse direito é exercido em juízo e não "proposto". No máximo, ela é posta no Judiciário.

Cremos que também o art. 70 do Código espelha um deslize do legislador, vez que a denunciação de que ali se cogita é da ação (ou do processo) e não da lide, como consta.

O art. 801, III, do mesmo álbum processual, contém, a um só tempo, duas faltas do redator da norma contra os postulados doutrinários. Em primeiro lugar, imagina, com alguma insciência, que todas as ações cautelares pressuponham a presença de um processo "principal", do qual seriam dependentes (art. 796) e no qual haveria necessariamente, lide (= mérito), ignorando, assim, a existência de uma classe de providências acautelatórias assinaladas por marcante traço administrativo, como é o caso da justificação, do protesto, da notificação, da interpelação e da exibição. Estas medidas de cautela são autônomas, bastam-se a si, conquanto possam, em determinadas situações, ligar-se a um processo a que se chamaria de "principal". Em segundo, o que o solicitante da medida acautelatória deverá indicar, na peça inicial, é a pretensão deduzida da ação principal, de mérito (e não a lide) e seus fundamentos.

Conceito de mérito

Lançadas algumas considerações propedêuticas a respeito dos provimentos jurisdicionais suscetíveis de rescisão; mostrada a sinonímia que o legislador procurou estabelecer entre os vocábulos lide e mérito e denunciadas ocasionais falhas por ele cometidas nesse campo, chega o instante de dedicarmo-nos à tormentosa tarefa de elaborar um conceito processual de mérito que atenda, o quanto possível, às exigências científicas e à necessidade de sua adequação ao tema da rescisória.

Antes, coloquemos em destaque a crítica, de acentuada causticidade, formulada por *Pontes de Miranda* à locução "de mérito", que integra a expressão literal do art. 485, *caput*, do CPC, e sua anotação de que os intérpretes dessa norma legal "ou a) se prendem à expressão 'de mérito', sem atenderem ao que pode resultar de perturbação e de contradição na concepção brasileira da ação rescisória, e não lhes interessa o mal que pode advir de tal ajoelhar-se diante do erro lamentável; ou b) buscam o exame das hipóteses em que, a despeito de não se ter julgado o mérito, a nocividade da preexclusão da ação rescisória é evidente"(76).

Cândido Dinamarco, após criteriosa pesquisa, separa os autores que se preocuparam em elaborar um conceito de mérito em três posições fundamentais: a) os que o conceituam no plano das questões, ou complexo de questões pertinentes à demanda; b) os que se valem da demanda ou de situação externa ao processo, mas a este trazidas por intermédio da demanda; c) especificamente, os que afirmam ser o mérito a própria lide(77).

O que escreveremos a seguir representa um resumo do trabalho dado a lume pelo eminente pensador paulista.

a) Foram, notadamente, os autores italianos que passaram a ver o mérito nas questões de fundo do processo, com o que insinuaram confundir-se o *meritum causae* com as questões de mérito. Dentre esses juristas, sobressaem *Liebman*, *Carnelutti* e *Garbagnati*.

Para *Liebman*, a atividade cognitiva do juiz se prende ao objetivo de decidir se o pedido formulado pelo autor deve ser acolhido ou rejeitado. Deste modo, todas as questões cuja solução possa influir, de forma direta ou indireta, nessa decisão, formam, em seu conjunto, o mérito da causa(78).

Carnelutti, por sua parte, diz que o "mérito da lide" constitui o conjunto das questões materiais que a lide revela(79).

---

(76) Revista da Faculdade de Direito da Universidade do Rio de Janeiro, vol. XXIII, 1979, pp. 31 a 34.

(77) "Fundamentos do Processo Civil Moderno", São Paulo: Revista dos Tribunais, 1986, p. 188.

(78) "Manual...", I, n. 80, pp. 170/171.

(79) "Istituzioni del processo civile italiano", I, n. 13, p. 13.

No pensamento deste autor, portanto, a questão decorre de dúvida relativa a razões em que se apóiam os pedidos das partes. Isto quer dizer que, segundo sua óptica, para solucionar o conflito intersubjetivo de interesses, o juiz tem, muitas vezes, de resolver, antes, todos esses pontos duvidosos que caracterizam as questões. Ponto, para *Dinamarco*, é "aquele fundamento da demanda ou da defesa, que haja permanecido incontroverso durante o processo, sem que as partes tenham levantado discussão a respeito (e sem que o juiz tenha, de ofício, posto em dúvida o fundamento); discordes as partes, porém, isto é, havendo contestação de algum ponto por uma delas (ou, ainda, havendo o juiz suscitado a dúvida), o ponto se erige em questão"[(80)].

Há pontos duvidosos que se referem a fatos, assim como existem os que concernem a direitos. Tanto aqueles como estes dão origem às questões, que, na doutrina carnelutiana, correspondem a mérito. Sob outro aspecto, as dúvidas podem estar relacionadas com determinados fatos e direitos que digam respeito às pretensões de ordem material (ou substancial), ou com certas situações relativas ao processo em si, à ação e às condições para o seu exercício. Daí ser possível falar-se em questões substanciais e questões processuais.

Pondera *Dinamarco*, todavia, que "o fato de uma questão (ou conjunto de questões) ter pertinência à relação material *in judicium deducta*, caracterizando-se como questão de mérito, não significa que ela própria (a questão, ou grupo de questões) seja o mérito. Para decidir o mérito, assim como para declarar que o demandante está amparado por ação ou dela é carente, ou ainda para pôr ordem ao processo como tal e verificar-lhe os pressupostos, o juiz vai resolvendo questões, isto é, optando por pontos que lhe pareçam procedentes. É vital não confundir as questões com o próprio mérito, ou com a ação ou mesmo com o processo. Essa confusão é causa (ou será efeito?) do preconceito consistente em confinar o conceito de mérito à teoria do processo de conhecimento, excluindo-o do executivo"[(81)].

E na fundamentação (ou motivação) da sentença onde o juiz irá solucionando as questões que surgiram no processo; logo, incorreu em grave erro o legislador de 1973 ao afirmar, via art. 458, III, do Código, que no dispositivo o juiz "resolverá as questões, que as partes lhe submeterem". *Data venia*, na parte dispositiva da sentença o juiz apenas proclama o resultado do solucionamento que, na fundamentação, deu a tais questões. Dizer que no *decisum* serão dirimidas as questões é encambulhar as razões teleológicas que justificam a existência das três partes estruturais integrantes dos pronunciamentos da jurisdição dota-

(80) Ob. cit., pp. 189/190.
(81) Ob. cit., p. 190.

dos de aptidão para darem fim ao processo (relatório, fundamentação e dispositivo). Além do mais, a redação dada ao inc. III do art. 458 é injustificadamente restritiva, pois as questões que o juiz soluciona (na fundamentação, insista-se) não são apenas aquelas que os litigantes lhe submeteram à apreciação, compreendendo, também, as que o julgador haja conhecido *ex officio*.

Garbagnati conceitua o mérito como "grupo de questões relativas ao fato constitutivo do direito invocado processualmente pelo autor e à escolha e interpretação das normas jurídicas que lhe serão aplicadas"[(82)]. A opinião desse jurista peca, entretanto, por haver circunscrito aos fatos de natureza constitutiva a possibilidade de constituição do *meritum causae*, como se essa possibilidade não pudesse aproveitar, por igual, aos fatos modificativos, impeditivos e extintivos do direito alegado. Demais, ao contrário do sistema processual brasileiro, o italiano introduz no mérito as denominadas "preliminares de mérito"; em nosso meio, a doutrina prefere referir-se a elas como prejudiciais de mérito (a prescrição extintiva, por exemplo), para diferençá-las das preliminares típicas (CPC, art. 301), circunstância que já põe em evidência a inadequação da doutrina desse autor à nossa realidade. De qualquer sorte, parece-nos desapercebido de qualquer interesse prático investigar se a sentença se pronunciou apenasmente sobre os fatos constitutivos, ou se também o fez quanto aos modificativos, impeditivos e extintivos, porquanto, em todas essas situações, houve manifestação jurisdicional respeitante ao mérito.

Concordamos com *Cândido Dinamarco* quando argumenta que o *meritum causae* não é composto pelas questões de fundo, pois ele é o próprio fundo[(83)]. Esta observação, sim, possui inegável e relevante utilidade prática, vez que devendo as questões ser resolvidas na fundamentação (e não no dispositivo) da sentença e que apenas aquilo que se encontra neste se submete ao fenômeno da coisa julgada material, extrai-se a regra de que as questões (como produto de pontos duvidosos) não passam em julgado, exceto se tratar-se de questão prejudi-cial, e, ainda assim, desde que respeitadas as condições impostas pelo art. 470, do CPC. Convém citar, em apoio às nossas afirmações, as declarações constantes do art. 469, desse Código, no sentido de que não fazem coisa julgada: a) os motivos (fundamentos) da sentença, mesmo que importantes para determinar o alcance da parte dispositiva (I); b) a verdade dos fatos, estabelecida como fundamento da sentença (II). Daí havermos asseverado que, em princípio, transita

---

(82) "Questioni di merito e questioni pregiudiziali", p. 257, *Apud Cândido Dinamarco*, ob. cit., p. 191.
(83) Ob. cit., p. 192.

em julgado unicamente o que se contiver no dispositivo (*decisum*). Conseqüentemente, os fundamentos da sentença não podem constituir objeto de ação rescisória.

O quanto expusemos é, a nosso ver, bastante para deixar claro, de uma vez por todas, que o *meritum causae*, não correspondendo às denominadas questões de mérito, não pode ser com estas confundido, sob pena de graves conseqüências à exata compreensão do tema relativo à rescisória.

b) Em obra clássica, *Chiovenda* escreveu que a sentença de mérito "é o provimento do juiz acolhendo ou rejeitando a demanda do autor destinada a obter a declaração da existência de uma vontade de lei que lhe garanta um bem, ou da inexistência de uma vontade legal que o garanta ao réu"[(84)].

O ilustre jurista italiano parece, portanto, apropriar-se da demanda para construir o seu conceito de mérito, nada obstante procure separar o mérito em si das questões que a ele dizem respeito, como se deduz de sua afirmativa de que "as questões sobre as condições da ação dizem-se questões de mérito (*merita causae*)"[(85)].

Luigi Montesano também participa da opinião de que só são de mérito as sentenças que acolhem ou rejeitam a demanda[(86)].

O Código de Processo Civil dá mostras, em alguns momentos, de haver aderido a essa concepção, como quando, no art. 269, I, declara que o processo se extingue (com julgamento do mérito) ao acolher o juiz o pedido formulado pelo autor. Pedido guarda, nesse dispositivo, sinonímia com demanda, embora este termo não tenha tido maior consagração na legislação e na doutrina brasileiras. O CPC vigente a ele faz menção em um escasso número de vezes (arts. 70, III, 835, 852, parágrafo único e 593, inc. II), mesmo assim, não o emprega no senso tradicional que lhe atribuíam os nossos escritores de tempos passados, que tomavam a palavra como significativa do ato pelo qual a sentença era pedida.

Na Itália se faz larga aplicação, nas leis, na doutrina e na jurisprudência, do termo *domanda*, que no direito germânico aparece como *Klage*.

Seria, porém, a demanda o mérito da causa, como querem *Chiovenda* e *Montesano*?

Se considerarmos a palavra em sua acepção pura — ou, quando menos, tradicional —, a resposta será, inevitavelmente, negativa. Tradu-

(84) "Principii di Diritto Processuale Civile", § 5º, I, 1, p. 134.
(85) *Idem, ibidem*.
(86) "Questioni preliminari e sentenze parziali di merito", Riv. Dir. Proc., 1969, p. 581, *Apud Cândido Dinamarco*, ob. cit., p. 195.

zindo a demanda o ato por meio do qual a parte impetra a tutela jurisdicional que o Estado está obrigado a prestar, "Ela é o veículo da pretensão do demandante, que é uma sua aspiração a determinado bem ou a determinada situação jurídica que, sem o processo e sem a intercessão judicial, o sistema o impede de obter"(87). Insere-se a demanda, por isso, no elenco dos atos de natureza fundamentalmente processual, motivo por que não se pode identificar, nela, o mérito da causa. A demanda é, apenas, o instrumento das pretensões que o autor deseja pôr em juízo. A pretensão, esta sim, é o elemento substancial do mérito.

A tomarmos o termo demanda como pretensão, na tentativa de apresentar uma resposta afirmativa à indagação há pouco formulada, estaremos confundindo conceitos e nos afastando do próprio significado que o CPC sugere à palavra: *causa, processo* ("perder a demanda" = perder a causa; "custear a demanda" = custear o processo).

Por tudo isso, ficamos com o parecer de que a demanda não pode ser reconhecida como o mérito da causa.

Alguns autores — dentre os quais *Redenti* e *Fazzalari*, na Itália, e *Lente*, na Alemanha — vêem na relação jurídica substancial controvertida pelas partes o *meritum causae*. O mérito seria, dessa maneira, algo que surge fora do processo, que é exterior a ele. Os que sustentam essa opinião embaraçam-se, contudo, diante da necessidade de explicar o fato de sendo a relação jurídica substancial o mérito, mas cabendo ao processo averiguar a existência dessa relação, concluir-se que ela não existe; nessa hipótese, teríamos, então, um processo sem objeto?

Por outro lado, dizer que o mérito reside na relação substancial controvertida equivale a ignorar a ausência, em diversos casos de controvérsia acerca dessa relação: inexistiria, aqui, mérito? De mérito não se poderia cogitar quando houvesse revelia, ou quando o réu deixasse de se manifestar, precisamente, sobre os fatos narrados na petição inicial (CPC, art. 302)?

Depararam-se-nos, em face disso, insustentáveis as posições assumidas por aqueles autores que situam o mérito na controvérsia pertinente à *res in iudicium deducta*.

Betti entende que a relação jurídica litigiosa, que interessa ao processo, é a relação jurídica que radica na afirmação do direito subjetivo feita pelo autor. Justifica o seu ponto de vista com base no fato de que a mecânica do processo civil, para o desempenho da função que lhe é própria, impõe à parte que ingressa em juízo o encargo e o risco

(87) *Cândido R. Dinamarco*, "Fundamentos...", p. 195.

de formular a razão que pretende fazer prevalecer[88]; e prossegue: "Em outros termos, o autor não pode limitar-se a narrar os fatos da causa sem expressar valorações relevantes, provocando apenas a valoração do juiz e esperando que este veja e diga o que é que lhe corresponde segundo o direito. Ele, autor, deve afirmar o que é que lhe corresponde. Ele deve, em outras palavras, afirmar o que (segundo a sua valoração unilateral) a vontade da lei exige no caso concreto (*quid juris*). Desde quando se define a função do processo civil, precisa ficar bem claro no espírito que a atuação da lei no processo se opera com relação a um interesse concreto que se pretende seja protegido: pretender é afirmar. O processo cognitivo, em especial, exige que o autor afirme existente e com um determinado conteúdo, ou então afirme inexistente (quando demanda a declaração negativa) uma certa relação ou estado jurídico (relação ou estado litigioso), extraindo daí a posição de preeminência jurídica, ou de liberdade de vínculos, pretendida em relação ao adversário"[89].

c) Encontra-se ornada de certo prestígio a corrente doutrinária que indica a lide como objeto do processo. *Liebman* é um dos mais destacados representantes dessa opinião.

Sabendo-se que essa doutrina proclama ser a lide o mérito da causa, ela fica a dever-nos uma explicação satisfatória diante daqueles casos em que não existe lide, interpretada esta como o conflito subjetivo de interesses. A revelia se caracteriza, essencialmente, pela falta de resposta do réu (CPC, art. 297); isto significava que não se estabelece aí nenhum conflito de interesses, pois a pretensão formulada pelo autor não foi resistida. A prevalecer, pois, a manifestação doutrinária que estamos a comentar, haveríamos de admitir que na revelia o processo não teria objeto, porquanto ausente a lide. À mesma conclusão seríamos levados a tirar na hipótese de o réu reconhecer a "procedência" do pedido (CPC, art. 269, II), porquanto não contestou, não excepcionou, não reconveio; ao contrário, admitiu que o autor possuía o direito alegado.

É elementar que em ambos os casos o processo teria objeto (a pretensão *in iudicium deducta*) e haveria exame do mérito. O texto processual civil brasileiro arrola, aliás, o reconhecimento da "procedência" do pedido como uma das causas de extinção do processo mediante penetração no *meritum causae*.

Na precisa observação de *Cândido Dinamarco*, "Como conceito sociológico, a lide presta-se com muita utilidade para justificar didaticamente a necessidade do processo e do exercício da jurisdição, quando se trata de matéria disponível (especialmente, direito das obrigações),

(88) "Ragione e azione", *Rev. Dir. Proc. Civile*, 1932, I, p. 205.
(89) *Idem, ibidem.*

sendo possível a satisfação da pretensão pela pessoa a quem dirigida e, portanto, sendo relevante a sua resistência. Fora disso, o conceito se mostra inadequado e, mesmo com as adaptações que vão sendo tentadas, não serve para figurar assim ao centro da ciência do processo"[(90)].

Em que pese ao empenho afanoso dos eminentes juristas que se lançaram à missão de isolar, dentre os elementos fornecidos pela ciência do processo, aquele que refletisse, com precisão, o mérito da causa, a dolorosa verdade é que muito se escreveu, muito se respigou, muito se errou e pouco se acertou.

Não há dúvida que algo se avançou nesse campo com o abandono das questões, da lide e da demanda como objeto do processo; até que se atinja, porém, o ponto visado, o momento consagrador de apresentar-se ao mundo jurídico um elemento que, submetido ao rigor da investigação científica e ao espírito crítico da doutrina, possa ser aceito por todos como o verdadeiro *meritum causae*, muito ainda se terá de avançar.

Particularmente, acreditamos que o reconhecimento da pretensão processual posta em juízo como consubstanciadora do mérito representa se não o ideal há tanto tempo perseguido, ao menos um considerável passo nessa direção. Vez mais, colocamo-nos ao lado de *Cândido Dinamarco* quando pondera que se tal pretensão é representada pela afirmação ou pelo pedido, ou se a causa de pedir deve ser considerada também nela incluída para esse fim, "tais dúvidas constituem um desafio, a ser ainda enfrentado convenientemente em nossa doutrina"[(91)].

A despeito de todas as dificuldades que haveremos de encontrar, esbocemos, agora, um conceito pessoal de mérito — para atendermos ao comando do art. 485, *caput*, do CPC, e, em especial, aos objetivos deste Capítulo. Ei-lo, em termos lacônicos: mérito é a pretensão manifestada pelas partes, é a relação jurídica substancial submetida à apreciação dos órgãos jurisdicionais.

Evitamos de falar em relação substancial controvertida porque, conforme vimos anteriormente, há casos em que essa relação se torna incontroversa (na revelia, no reconhecimento da "procedência do pedido") e nem por isso deixará de ser de mérito o conseqüente provimento jurisdicional.

Nossa referência à relação jurídica substancial não deve ser interpretada como desconhecimento da moderna doutrina processual, que considera a ação um direito subjetivo público, cujo exercício independe

(90) Ob. cit., pp. 201/202.
(91) Ob. cit., p. 219.

da existência do direito material que ela se destina a proteger. Uma coisa nada tem a ver com a outra. A ação é, efetivamente, um direito abstrato; tanto isto é certo que, na ação declaratória negativa, o objeto é, precisamente, a obtenção de um provimento jurisdicional que afirme a inexistência de relação jurídica (CPC, art. 5º). Em tema de ação rescisória, porém, é indispensável a presença de uma relação jurídica substancial que tenha sido apreciada pela sentença rescindenda. Essa relação traduz o *meritum causae* — mérito que é encontradiço não somente no processo de conhecimento, como no de execução e, pelo menos em um momento, no próprio processo cautelar, como pretendemos demonstrar nos itens que se seguirão.

Mérito no processo de conhecimento

Pondo em destaque a natureza do provimento jurisdicional, a que o exercício da ação geralmente conduz, a doutrina reconhece a existência de três classes de processo: a) de conhecimento; b) de execução; e c) cautelar. O estatuto processual civil em vigor, prestigiando essa construção doutrinária, dedicou um Livro a cada uma dessas espécies; a CLT, menos sistemática e quase acientífica, trata dos processos de conhecimento e de execução em Título comum (X), embora em Capítulos diversos (I e V, respectivamente) — ressalvado o nosso entendimento, manifestado em outra obra, de que a execução trabalhista, do ponto de vista ontológico, nada mais representa do que mera fase seqüente ao processo cognitivo, do qual depende, invariavelmente, para existir(92). Desconhece a CLT o processo cautelar; o que está nos incs. IX e X do art. 659 não é uma providência acautelatória, como se tem suposto, sem maiores reflexões, e sim medida semelhante à que é concedida em ação de mandado de segurança e que pode ser interpretada como uma antecipação provisória do provimento jurisdicional de fundo(93). A despeito disso, doutrina e jurisprudência majoritárias entendem tratar-se, aí, de medida cautelar. Não pretendemos quebrar lanças a respeito desse tema. Se necessário, reconhecemos a natureza acauteladora dessas providências, cujo efeito prático será permitir que, para o deferimento delas, em concreto, seja bastante um juízo de mera probabilidade, e não um juízo de certeza, este característico do processo de conhecimento.

No processo de conhecimento, o que se deseja é obter uma sentença que, solucionando o conflito de interesse, diga, com a autoridade

---

(92) "Execução no Processo do Trabalho", São Paulo: LTr, 1989, p. 49.
(93) "As Ações Cautelares no Processo do Trabalho", São Paulo: LTr, 2ª ed., 2ª tiragem, 1989, pp. 68/70.

que lhe é própria, com quem está o direito disputado. Diz-se, então, que um provimento assim emitido será de mérito. Ainda que o réu deixe de manifestar resistência às pretensões deduzidas pelo autor, a sentença, que acaso venha a acolher os pedidos postos na inicial, será de mérito. Nota-se, com isso, que a configuração do exame do *meritum causae* não está subordinada à existência de qualquer modalidade de resposta do réu (exceção, contestação, reconvenção, reconhecimento da "procedência" do pedido), e sim a que a sentença se pronuncie sobre o pedido formulado pelo autor, seja para acolhê-lo ou para rejeitá-lo (CPC, art. 459). Regra geral, quando o provimento da jurisdição se vê tecnicamente impossibilitado de apreciar as pretensões *in iudicio deducta* (= relação jurídica substancial), o processo se extingue sem investigação do mérito, inibindo, com isso, o exercício da ação rescisória. Dissemos regra geral, porque, como procuraremos demonstrar em linhas poste-riores, quando o juiz declarar, por sua incoação ou mediante denúncia da parte, a perempção, a litispendência ou a coisa julgada (material), o processo cessará mediante exame do mérito, ao contrário do que proclama o art. 267, V, do CPC, tanto que a sentença poderá ser objeto de rescisória, com fundamento, em alguns casos, no inc. IX do art. 485 do CPC.

Em Capítulo pretérito, fizemos breve alusão ao problema do mérito nas ações em que o autor pretende conseguir uma sentença que afirme haver sido de emprego a relação jurídica material existente ou havida com o réu; retomamos, agora, o assunto, para aprofundá-lo.

Doutrina e jurisprudência vêm, há muito tempo, prestando homenagem ao erro ao imaginarem que quando o juiz se convence da inexistência de relação de emprego entre o autor e o réu deve declarar o primeiro carecedor da ação; o fundamento tem sido o de que o réu é parte ilegítima. Ora, provada que esteja, nos autos, a prestação pessoal de serviços do autor, em benefício do réu, é evidente que este estará legitimado para a causa (assim como aquele). Carência da ação haveria se o autor viesse a juízo para deduzir as suas pretensões em face de pessoa (réu) distinta daquela para a qual prestou serviços. Quando, porém, o réu que se encontra identificado na petição inicial coincide com aquele para quem o autor trabalhou em caráter pessoal, de maneira não eventual, mediante subordinação jurídica e percepção de salário — persistamos em asseverar — eventual declaração de carência da ação espelhará um grave desconhecimento da legitimidade *ad causam* como uma das condições para o exercício desse direito subjetivo público, sob a óptica da doutrina Liebmaniana, onde ditas condições foram concebidas.

Vale sublinhar que somente o réu para o qual o autor prestou serviços poderia responder às pretensões por este formuladas, na medida em que se verificaria, na hipótese, aquela "pertinência subjetiva" deste, em relação aos pedidos efetuados pelo adversário. Daí por que não pode o autor, com base nos mesmos fatos, ajuizar nova ação, diante do mesmo réu, sempre que este tenha sido considerado, efetivamente, pela sentença, parte ilegítima. É com essa nota peculiar às denominadas ações de relação de emprego que deve ser entendida a regra insculpida no art. 268, do CPC, de que a extinção do processo, com fulcro em quaisquer dos casos previstos no art. 267, do mesmo Código, "não obsta a que o autor intente de novo a ação". A interpretar-se de forma diversa essa norma processual, deveríamos admitir que o autor poderia ajuizar a ação tantas vezes quantas desejasse, porquanto o processo se extinguiria sempre sem exame do mérito, na situação de que estamos a nos ocupar. Não bastassem os grandes inconvenientes de ordem prática, a que uma tal inferência distorcida conduziria, teríamos ainda de presenciar uma rude falta perpetrada contra o conceito de mérito. Com efeito, pudemos sustentar, em páginas anteriores, que o *meritum causae* está consubstanciado nas pretensões que as partes deduzem em juízo. O que o autor pretende, na espécie em estudo, é obter um provimento jurisdicional que declare haver sido de emprego a relação jurídica material havida ou ainda existente com o réu; a pretensão deste, ao contrário, é de que a sentença não reconheça a existência dessa relação (por ter sido, digamos, de natureza civil, comercial etc.). Seja, pois, acolhendo ou rejeitando o pedido do autor, a sentença estará, inegavelmente, se pronunciando sobre o mérito da causa. Acolhendo-o, o provimento jurisdicional será, a um só tempo, declaratório, constitutivo e condenatório (ao pagamento, pelo réu, de certas quantias postuladas na peça inaugural); rejeitando-o, será apenas declaratório.

Pertencem a um remoto período de menoscabo à ciência jurídica, portanto, as sentenças que, convencidas da inexistência de relação de empregado entre as partes, declaravam o autor carecedor da ação — por ser, o réu, supostamente, parte ilegítima para figurar na relação processual.

Pouco importa a índole da sentença, em tais hipóteses; a tudo sobreleva o fato de que ela sempre acarretará um pronunciamento do juízo acerca da pretensão essencial (vínculo de emprego) formulada pelo autor.

Segue-se que, quando o órgão da jurisdição não se convencer da alegada relação de emprego, deve rejeitar o pedido feito pelo autor; nunca declará-lo carecente da ação, em virtude de suposta ilegitimidade *ad causam* do réu.

Em termos concretos, aliás, a sentença não deve dizer — quando nega acolhimento às pretensões do autor — que a relação jurídica material teria sido de natureza civil, comercial e o mais: à Justiça do Trabalho compete, exclusivamente, declarar se havia ou não a relação de emprego, sem se preocupar em dizer de que natureza era, quando negado o vínculo empregatício. Tem sido procedimento usual, a propósito, quando não se reconhece esse vínculo, ordenar-se a remessa dos autos, digamos, à Justiça comum, por entender-se que a relação material teria sido regida pelo direito civil; esse procedimento se destina, em aparência, a atender ao comando do art. 311 do CPC. Nada mais equivocado, contudo, do que se agir assim. O que haveria de fazer a Justiça comum diante de uma petição inicial que contém pedidos como: reconhecimento da existência de vínculo de emprego e condenação do réu ao pagamento de indenização, aviso prévio, 13ºs salários, férias, horas extras etc.? E óbvio que essa petição seria inaproveitável na (e pela) Justiça comum, razão pela qual a Justiça do Trabalho, ao declarar não existente um contrato de trabalho entre as partes, deve — desde que decorrido o prazo para interposição de recurso — determinar, simplesmente, a extinção do processo (que será, como vimos, com exame do mérito) e o conseqüente arquivamento dos autos, exceto se houver custas a serem cobradas ao autor.

Relação de emprego é, conseguintemente, tema pertinente ao mérito da causa; vem daí que, como dissemos, se a sentença se pronunciar sobre esse pedido estará ingressando no mérito — pouco importando o resultado a que chegue com essa investigação, desafiando, sempre, a ação rescisória.

A oportunidade nos motiva a voltar a atenção a um outro erro doutrinário, que vem amealhando adeptos. Referimo-nos à intelecção que alguns autores vêm tirando do § 1º do art. 515 do CPC, relativo à apelação, e que está assim redigido: "Serão, porém, objeto de apreciação e julgamento pelo tribunal todas as *questões* suscitadas e discutidas no processo, ainda que a sentença não as tenha julgado por inteiro" (sublinhamos). Calcados em uma interpretação distorcida desse texto legal, tais autores afirmam que o tribunal do trabalho, ao dar provimento ao recurso interposto da sentença de primeiro grau que negara a existência do vínculo de emprego pretendido pelo autor, deve, ato-contínuo, pronunciar-se a respeito dos demais pedidos por ele formulados (indenização, aviso prévio, férias etc.), pois a isso estaria autorizado pelo parágrafo único do art. 515, do estatuto processual civil.

Venia concessa, essa corrente de opinião labora no erro fundamental de pensar que, na terminologia científica do processo, o vocábulo questões guarde sinonímia com mérito (na expressão literal do art. 515, parágrafo único do CPC). Questões representam, quando muito, aspectos do mérito; nunca o mérito em si, como o fundo do processo.

Nas ações de relação de emprego o *meritum causae* se apresenta cindido em duas partes: a primeira, que é prejudicial da segunda, envolve o núcleo central da pretensão e se caracteriza por um pronunciamento jurisdicional respeitante à existência ou inexistência dessa própria relação jurídica; a segunda corresponde ao exame dos pedidos de índole geralmente pecuniária que o autor fez, na hipótese de o vínculo empregatício ser reconhecido (= declarado), aí se compreendendo o de indenização, aviso prévio e o mais.

Tanto é mérito a primeira parte mencionada e tanto é autônoma em relação à segunda (embora influa diretamente nesta), que é possível o autor ingressar em juízo para pedir, apenas, uma sentença declaratória da existência de vínculo de emprego, sem postular a condenação do réu ao pagamento de quantias, do mesmo modo como é possível pedir-se uma ação declaratória incidental, sempre que a existência de um contrato de trabalho (nascido pela via tácita) ficar controvertida nos autos (CPC, art. 5º). Reconhecemos, todavia, que essa declaratória incidental não vem apresentando interesse de ordem prática, o que não se deve tomar como um veto à sua utilização nos casos concretos.

Pois bem. O que deseja o segmento doutrinário de que estamos a discordar é empreender uma (arbitrária) equiparação das questões, de que trata o § 1º do art. 515 do CPC, à segunda parte do mérito, nas ações de relação de emprego. Daí o erro em que incide.

Quando o tribunal substitui (CPC, art. 512) a sentença, para declarar a existência de relação dessa natureza, não está apreciando meras questões, e sim a parte complementar do próprio *meritum causae*. Como o órgão de primeiro grau não pôde apreciar a segunda parte do mérito — pois a decisão por ele emitida rejeitou o pedido pertinente ao vínculo de emprego —, caberá ao tribunal determinar a devolução (e não "descida", *sic*) dos autos a este juízo, a fim de que possa completar o pronunciamento sobre o mérito, ou, por palavras diversas, completar a prestação jurisdicional.

Não é só. Eventual manifestação do Tribunal quanto à segunda parte do mérito poderia implicar injusta supressão de grau jurisdicional. Pensemos, *e. g.*, na possibilidade de o tribunal, declarando a presença de um contrato de trabalho, avançar para condenar o réu ao pagamento de horas extras, aviso prévio, férias etc. Neste caso, o réu ficaria impedido de discutir o merecimento do acórdão regional, pois o acesso ao recurso de revista ao Tribunal Superior do Trabalho fica bloqueado quando se busca revolver matéria de fato (como seria, seguramente, o caso), segundo dispõe a Súmula n. 126 daquela Corte. Desta maneira, haveria um só pronunciamento (o do tribunal) sobre a segunda parte do mérito, sem que o demandante vencido pudesse impugná-lo pela via recursal — excluída, é certo, a estrita utilização do recurso extraordinário ou da ação rescisória.

Devolvidos, entretanto, os autos ao juízo de primeiro grau e vindo este a manifestar-se acerca dos pedidos concernentes a horas extras, aviso prévio etc., teria a parte vencida o azo de interpor recurso da sentença — que seria a segunda proferida pelo órgão de primeiro grau. Integralizada, por essa forma, a investigação do mérito da causa, os autos seriam encaminhados ao regional, para reexame, assegurando-se, com isso, o direito de o litigante vencido recorrer, no momento oportuno, de tudo o que foi decidido (se assim pretender) em contraste com os seus interesses.

Fora disso, será cortar cerce o direito da parte de recorrer ordinariamente de todo o conteúdo desfavorável do provimento da jurisdição, além de atribuir ao vocábulo questões uma amplitude que o parágrafo único do art. 515 do CPC não lhe desejou conceder.

Como poderemos vir a ser interpelados com o objetivo de indicarmos um exemplo em que, no processo do trabalho, teria aplicação o exato sentido dessa regra do processo civil, tomamos a iniciativa proléptica de anteciparmo-nos à crítica. Para não variarmos a situação-tipo, que estivemos até aqui a utilizar como exemplo, admitamos que o autor haja ingressado com ação em que alegue existente uma relação de emprego com o que o réu e que este, além de opor-se a essa pretensão, afirme que a data da vigência do suposto contrato de trabalho, bem como a função exercida pelo autor, o valor de seus salários etc., não eram aqueles mencionados na inicial. O juízo de primeiro grau, porém, não reconhece a existência de relação de emprego entre as partes, tornando-se desnecessária, em razão disso, a apreciação daqueles aspectos (vigência contratual, função, salário e o mais) suscitados pelo réu e debatidos nos autos. Interposto recurso dessa sentença e dando o tribunal provimento ao apelo, para declarar a existência da precitada relação jurídica material, poderia agora a Corte de reexame, com espeque no parágrafo único do art. 515 do CPC, pronunciar-se a respeito das questões suscitadas pelo réu, perante o juízo de primeiro grau, relativas à vigência do contrato, à função exercitada pelo autor, à remuneração que lhe era paga etc.?

Evidentemente que sim.

Observe-se que, nesta hipótese, o tribunal ter-se-ia manifestado quanto ao mérito da causa (relação de emprego) e também sobre algumas questões a ele concernentes. Sendo assim, após reconhecer a existência de relação de emprego, deveria ordenar a devolução dos autos ao juízo de primeiro grau, a fim de que julgasse o restante do mérito, representado pelos pedidos de natureza pecuniária (pagamento de horas extras, aviso prévio, férias etc.). Antes disso, contudo, ser-lhe-ia lícito examinar certas questões pertinentes ao contrato de trabalho em si, como: vigência, valor da remuneração e o mais. Questões são apenas questões.

Estes nossos argumentos não teriam sido deitados por terra pelo § 3º, do art. 515, do CPC, introduzido posteriormente pela Lei n. 10.352/2001? Cremos que não. Dispõe essa norma legal que tendo havido recurso da decisão que acarretou a extinção do processo sem julgamento do mérito (CPC, art. 267), o tribunal, ao prover o recurso, "pode julgar desde logo a lide, se a causa versar questão exclusivamente de direito e estiver em condições de imediato julgamento". Não há negar que se trata de um dispositivo revolucionário das tradições, por autorizar o tribunal a apreciar a lide (mérito), sem que o juízo *a quo* o tenha feito, desde que presentes os requisitos indicados por essa norma legal. Suprime-se, no caso, um grau de jurisdição. Para logo, no entanto, devemos dizer que, segundo nossa opinião, esse julgamento *per saltum* do mérito só será possível se houver expresso requerimento do recorrente. A razão é elementar: ao julgar o mérito, o tribunal poderá emitir acórdão desfavorável ao próprio recorrente, por modo que configure, ainda que de maneira algo *sui generis*, uma *reformatio in peius*. Sendo assim, constituirá risco processual do recorrente o julgamento nos termos do § 3º, do art. 515, do CPC. Daí a necessidade de haver requerimento expresso, dele, quanto a isso.

Asseveramos, há pouco, que o § 3º do art. 515, do CPC, não infirmava a nossa conclusão de que o § 1º do mesmo dispositivo legal não autoriza o tribunal a julgar o restante do mérito (mérito secundário: aviso prévio, 13º salários, férias, horas extras etc.) ao dar provimento ao recurso do autor para declarar a existência de relação de emprego com o réu. É momento de justificarmos essa conclusão. Em primeiro lugar, se o § 1º do art. 515 autorizasse o tribunal a julgar o mérito, não haveria necessidade de inserir-se, muito tempo depois, o § 3º, para permitir esse investigação do mérito. O fato de este dispositivo ser aplicável aos casos em que o processo havia sido extinto sem exame do mérito não nos parece relevante para combater a nossa opinião. Em segundo, dentre os requisitos que o § 3º estabelece, para que o tribunal possas realizar o julgamento do mérito, é versar, a causa, matéria exclusivamente de direito. Ora, nos processos envolvendo relação de emprego, o que mais há são fatos; deste modo, se o tribunal, ao declarar a existência dessa relação entre as partes, passar, desde logo, ao exame do restante do mérito, acarretará extremas dificuldades processuais ao réu, porquanto este não poderá ingressar com recurso de revista, visando a revolver os fatos da lide, em virtue do contido na Súmula n. 126, do TST. Essa dificuldade não existirá — ao menos em grau tão acentuado — se o recurso for interposto da decisão proferida com fundamento no § 1º, pois, aqui, a matéria será exclusivamente de direito, de tal forma que o vencido não terá, na interposição do recurso de revista, o obstáculo da Súmula n. 126.

Em resumo, entendemos que, no caso do § 1º, da CLT, o tribunal, ao dar provimento ao recurso do autor, para declarar a existência de vínculo de emprego com o réu, deverá remeter os autos ao órgão *a quo*, a fim de que este examine os demais temas de mérito, complementando, por esse modo, a entrega da prestação jurisdicional. Não vemos óbice, entrementes, à possibilidade de haver julgamento com fulcro no § 1º, do mesmo Código, nos casos de extinção do processo sem exame do mérito, até porque a lei é muito clara quanto a essa possibilidade.

É recomendável transcrevermos, agora, algumas Orientações Jurisprudenciais da SDI-II, do TST, que versam sobre o tema de que estamos a cuidar:

OJ n. 42: "Ação rescisória. Sentença de mérito. Competência do TST. Acórdão rescindendo do TST. Não conhecimento de recurso. Enunciado n. 192. Não aplicação. Acórdão rescindendo do TST que não conhece de recurso de embargos ou de revista, seja examinando a argüição de violação de dispositivo de lei, seja decidindo de acordo com súmula de direito material ou em consonância com iterativa, notória e atual jurisprudência de direito material da SDI (Súmula n. 333) examina o mérito da causa, comportando ação rescisória da competência do Tribunal Superior do Trabalho". Comentário: de certa forma, esta OJ abre exceção ao princípio de que quando o tribunal não aprecia o mérito, o pronunciamento jurisdicional rescindível é a decisão proferida pelo juízo anterior, *a quo*. Na situação de que cuida a OJ, entende-se que o TST, ao não admitir recurso (de embargos ou de revista): a) por entender não configurada a alegada violação à lei; ou b) por aplicar súmula de direito material; c) ou, ainda, decidir de conformidade com jurisprudência reiterada, notória e atual da SDI-I, emite pronunciamento acerca do mérito, motivo por que o referido acórdão é rescindível, a despeito de não haver "conhecido" do recurso.

OJ n. 43: "Ação rescisória. Sentença de mérito. Decisão de Tribunal Regional do Trabalho em agravo regimental confirmando decisão monocrática do relator que, aplicando a Súmula n. 83 do TST, indeferiu a petição inicial da ação rescisória. Cabimento. Se a decisão recorrida, em agravo regimental, aprecia a matéria na fundamentação, sob o enfoque das Súmulas ns. 83, do TST e 343 do STF, constitui sentença de mérito ainda que haja resultado no indeferimento da petição inicial e na extinção do processo 'sem julgamento do mérito'. Sujeita-se, assim, à reforma pelo TST a decisão do tribunal que, invocando controvérsia na interpretação da lei, indefere a petição inicial de ação rescisória". Comentário. Também aqui, a OJ considera como sendo de mérito a decisão do Tribunal, proferida em agravo regimental, que indefere a petição inicial de ação rescisória, com fundamento nas Súmulas ns. 83, do TST, e 343, do STF.

OJ n. 46: "Ação rescisória. Sentença de mérito. Questão processual. Pode uma questão processual ser objeto de rescisão desde que consista em pressuposto de validade de uma sentença de mérito".Comentário. Em atitude rigorosamente dogmática, esta OJ só autoriza o exercício da ação rescisória, tendo como objeto "questão" processual, contanto que esta seja pressuposto de validade de uma sentença de mérito. A nosso ver, desde que se verificasse uma das situações previstas nos incisos I a IX, do art. 485, do CPC, seria de admitir-se a ação rescisória, mesmo que a "questão" processual fosse suscitada em processo extinto sem exame do mérito. Assim dizemos, porque, embora o art. 268, do CPC, afirme que, excetuado os casos de perempção, litispendência e coisa julgada, a extinção do processo sem exame no mérito não impede a parte de propor outra vez a ação, há outras situações em que essa renovação da demanda não é possível, como quando a sentença declarar o autor carecedor da ação. A não se admitir a rescisória, nesta hipótese, a parte ficaria eternamente ferreteada com a marca da ilegitimidade, pois de nada lhe valeria propor, novamente, a ação, uma vez que a resposta jurisdicional seria sempre a mesma: extinção do processo, sem exame da lide, por suposta ausência de *legitimatio ad causam*.

OJ n. 47: "Ação rescisória. Sentença de mérito. Violação do art. 896, *a*, da CLT. Incabível ação rescisória, por violação do art. 896, *a*, da CLT, contra decisão que não conhece de recurso de revista, com base em divergência jurisprudencial, pois não se cuida de sentença de mérito (art. 485 do CPC)". Comentário. Realmente, se a decisão não admite recurso de revista, por entender não caracterizada a divergência jurisprudencial alegada pela parte, não há pronunciamento sobre o mérito. Logo, em princípio, essa decisão não é suscetível de ataque pela via rescisória.

OJ n. 48: "Ação rescisória. Sentença e acórdão. Substituição. Em face do disposto no art. 512 do CPC é juridicamente impossível o pedido explícito de desconstituição de sentença quando substituída por acórdão regional". Comentário. Melhor teria sido se a OJ considerasse, neste caso, o autor carecedor da ação, porquanto estaria a pretender a rescisão de uma sentença que, na verdade, já não existe, por haver sido substituída pelo acórdão. Sob o rigor da técnica, um pedido só deve ser considerado juridicamente impossível quando houver um veto legal à sua formulação em juízo. Não há, na espécie, lei proibindo a parte de dirigir a rescisória a um pronunciamento jurisdicional extinto.

OJ n. 107: "Ação rescisória. Decisão rescindenda de mérito. Sentença declaratória de extinção de execução. Satisfação da obrigação. Embora não haja atividade cognitiva, a decisão que declara extinta a execução, nos termos do art. 794 c/c 795 do CPC, extingue a relação processual e a obrigacional, sendo passível de corte rescisório". Comentário. Cognição é a relação que se estabelece entre o juiz, como ser cognoscente, e os fatos essenciais da causa, como objeto cognoscível. Diz-se que o processo é de conhecimento porque, aqui, a cognição é ampla, profunda e exaustiva, uma vez que pressupõe a formulação de um juízo de certeza. É equivocado supor que não há cognição nos demais processos, como o cautelar e o de execução; há, sim, embora com uma "carga" muito inferior à que caracteriza o processo de conhecimento. Pondo de lado certos deslizes doutrinais perpetrados pela OJ em exame, devemos reconhecer que, no fundamental, ela está correta.

Mérito no processo de execução

Assunto que vem provocando generalizada polêmica doutrinária se refere à existência, ou não, de mérito, no processo executivo.

Para *Celso Neves*, "A coisa julgada (...) é fenômeno próprio e exclusivo da atividade de conhecimento do juiz e insuscetível de configurar-se no plano das suas atividades executórias, conseqüenciais e consecutivas"(94).

Antônio Cláudio Mariz de Oliveira sustenta que "O novo Código de Processo Civil terminou com a distinção existente na vigência do Código de 1939, entre ações executórias e ações executivas, em sentido estrito. Atualmente, o processo de execução se instaura tendo por base títulos judiciais ou extrajudiciais. No entanto, em ambos os casos, são praticados somente atos de execução, tendentes a tornar concreta a obrigação constante do título. Quer no primeiro, quer no segundo caso, o juiz nada irá decidir, pois nenhuma controvérsia é levada para o processo, a fim de ser elidida"(95).

No parecer de *José Carlos Barbosa Moreira*, "da cláusula final do art. 162, § 1º ('decidindo ou não o mérito da causa') colhe-se a impressão de que o legislador, ao redigi-lo, tinha os olhos fitos exclusivamente no processo de conhecimento e no cautelar, onde existe 'mérito' a ser apreciado — o que não ocorre na execução, a não ser com referência a matérias que, embora nela inseridas, constituem objeto de atividade tipicamente cognitiva, e às quais correspondem, aí sim, verdadeiros processos incidentes (por exemplo: embargos do devedor)"(96).

Dentre os autores que não admitem a possibilidade da existência de mérito no processo de execução está, também, *Humberto Theodoro Júnior*, para quem "Na execução forçada propriamente dita não há sen-

(94) "Coisa Julgada Civil", São Paulo: Revista dos Tribunais, 1971, p. 501.
(95) "Embargos do Devedor", São Paulo: José Bushatsky, 1977, p. 106.
(96) "Comentários ao Código de Processo Civil", Rio de Janeiro: Forense, vol. V, 2ª ed., 1976, p. 226.

tença, a não ser a que declara extinto o processo, que, entretanto, é meramente formal e não contém julgamento de mérito. É que a prestação jurisdicional na espécie não é de declaração, mas de realização de direito do credor"(97).

Discrepando dessa orientação, *José Frederico Marques* afirma que o processo de execução pode extinguir-se em virtude de solução ou de "composição da lide", como se dá nos casos relacionados pelo art. 794, do CPC, ou porque a tutela jurisdicional invocada pelo credor é inadmissível(98). São dele os argumentos de que "Se o processo encerrar-se em razão dos fundamentos indicados no art. 794, houve composição da lide (sublinhamos), ou porque a execução atingiu o seu objetivo (art. 794, I), ou porque existente negócio jurídico processual (art. 794, ns. II e III). De qualquer modo, desaparece *hic et nunc* a responsabilidade patrimonial do devedor, porque pela prestação exigida já não mais responde este último"(99). Diz ainda o eminente pensador que a sentença a que se refere o art. 795 do Código, ao declarar extinta a execução, faz cessar também o vínculo obrigacional que ligava a prestação à responsabilidade patrimonial do devedor, concluindo que se trata, portanto, "de sentença definitiva que incide sobre relação jurídica material, e cujos efeitos se tornam imutáveis, quando houver a coisa julgada"(100).

O interesse prático de saber-se se no processo executivo há mérito, ou não, vincula-se à possibilidade de a sentença, aí proferida, ser passível de ação rescisória, nos termos do art. 485, do CPC.

Sabemos que no processo de conhecimento, o pedido do autor se concentra no conseguimento de uma sentença que seja favorável às pretensões por ele deduzidas, ao passo que no de execução o que deseja o credor é o cumprimento da obrigação afeta ao devedor, ou seja, a realização concreta da prestação exigida pelo título executivo.

Em rigor, no processo de execução há mérito, traduzido pela pretensão executiva manifestada pelo credor; o que se passa, na verdade, é que nesse processo não ocorre um pronunciamento do juízo acerca do *meritum*, o que somente será possível em sede de embargos à execução. Cabe esclarecer — para que o nosso ponto de vista seja adequadamente entendido — que os embargos do devedor não constituem incidente da execução (pois se assim fossem deveríamos admitir a possibilidade de haver mérito na execução), mas, processo autônomo, este de traço incidental.

(97) "Processo de Execução", São Paulo: Univ. de Direito, 1975, p. 315.
(98) "Manual...", p. 316.
(99) *Idem, ibidem.*
(100) *Idem, ibidem.*

O princípio a ser observado, portanto, é de que a despeito de haver mérito no processo executivo, o juiz sobre ele não emite decisão, exceto se o devedor se opuser a tal processo, mediante o manejo dos embargos que lhe são próprios. Esse mérito, como dissemos, repousa na pretensão executiva deduzida pelo credor.

Devemos admitir, entrementes, que, por exceção, haverá pronunciamento quanto ao mérito nas situações previstas pelo art. 794 do CPC, importa afirmar, quando se der a extinção desse processo em decorrência: a) de o devedor satisfazer a obrigação (I); b) de o devedor obter, mediante transação ou qualquer outro meio, a remissão total da dívida (II); c) de o credor renunciar ao crédito (III). É que, nessas hipóteses, como impõe o art. 795, a extinção do processo executivo somente produzirá efeitos quando declarada por sentença.

Com mestria, *José Frederico Marques*, apanhou a particularidade de que o art. 794 do CPC está para a execução como o art. 269 do mesmo Código está para o processo de conhecimento, bastando verificar que os incs. I, II e III daquele correspondem aos incs. I, II e III deste[101].

Haverá sentença de mérito, nos casos do art. 794 — diz o festejado autor —, porque ela faz cessar o vínculo obrigacional que prendia a prestação exigida pelo credor à responsabilidade patrimonial do devedor[102]. Divergimos, pois, de *Theodoro Júnior*, quando assevera que a sentença declaratória da extinção do processo executivo é meramente formal, não contendo um julgamento do mérito[103]. Estamos a opinar, pois, que a sentença extintiva do processo de execução, nas situações expressas pelos incs. I a III do art. 794 do CPC, é rescindível em razão de ser dotada de aptidão bastante para fazer cessar o vínculo obrigacional que ligava patrimonialmente o devedor ao credor. O Excelso Pretório decidiu, aliás, que "o fato de o executado ter pago a dívida, mediante remissão dos bens penhorados, não lhe subtrai o interesse legítimo para propor ação rescisória contra a decisão objeto de execução" (Ac. do Pleno, AR-777-8-RJ, Rel. Min. Soares Muñoz, DJU de 28.3.80, p. 1.773). A OJ n. 107, da SDI-II, do TST, como vimos, perfilhou este entendimento.

Estabelecido que, em princípio, não há exame do mérito no processo executivo, salvo: a) nas hipóteses do art. 794; ou b) quando o devedor oferecer embargos, faz-se necessário analisar a natureza da sentença que acolhe os anteditos embargos.

---

(101) Ob. cit., p. 315.
(102) *Idem*, p. 316.
(103) Ob. cit., p. 315.

Sempre que os embargos tenham como objeto vícios ou quaisquer outros fatos relativos ao título executivo, a sentença que os acolher fará com que o título executivo se torne insubsistente e, em conseqüência, o processo de execução não possa ter curso por faltar-lhe o pressuposto legal indispensável (CPC, art. 583). Via de conseqüência, cumpre ao juiz proferir a sentença declaratória da extinção desse processo — sentença que não se assemelha à mencionada pelo art. 795 do CPC, na medida em que não possui caráter definitivo (põe fim à execução sem solucionar a lide), mas tão-só terminativo, isto é, o seu conteúdo é eminentemente processual (= formal).

O que não deve o juiz é, ao rejeitar os embargos apresentados pelo credor, declarar "procedente" a execução; ora, como procuramos clarejar anteriormente, os embargos do devedor não representam um incidente da execução e sim processo autônomo, motivo por que o juiz, ao rejeitá-los, faz com que a execução permaneça íntegra, inabalada, sendo, por isso, produto de mera superfetação anunciá-la "subsistente". Só nas situações em que os embargos do devedor são acolhidos é que há repercussão direta no processo executivo, sendo necessário, em face disso, o órgão jurisdicional dizer da extinção desse processo, se for o caso.

Como, tecnicamente, os embargos do devedor caracterizam processo autônomo, ordena a lei que sejam autuados em apenso aos autos do processo principal (CPC, art. 736), embora esse procedimento não venha sendo adotado pelos juízes do trabalho, que, no geral, mandam que a petição de embargos seja juntada aos autos em que se processa a execução, sendo que esta, por sua vez, tem curso nos mesmos autos em que foi prolatada a sentença exeqüenda (processo de conhecimento).

Essa observação é de significativa relevância, de ordem prática porquanto se a norma do art. 736 do CPC for aplicada à risca, fará com que, proferida em autos apartados a sentença resolutiva dos embargos do devedor (que se processam nesses autos), uma outra deverá ser emitida nos autos principais (= da execução), onde se declarará a extinção desta, na hipótese de os preditos embargos virem a ser acolhidos integralmente. A "informalidade" que vem assinalando o processo do trabalho tem feito, porém, com que os juízes que o aplicam mandem juntar a petição de embargos nos autos ditos principais e aí mesmo proclamem as conseqüências da rejeição dessa contrariedade à execução exteriorizada pelo devedor.

a) Liquidação e mérito

A difundida expressão sentença de liquidação encerra, a nosso ver, duas impropriedades de natureza científica. Em primeiro lugar, o ato jurisdicional que define o valor da execução não pode ser considerado como sentença, porquanto não põe fim ao processo executivo. Lembremo-nos que, conforme a definição legal (CPC, art. 162, § 1º), sentença é o ato pelo qual o juiz põe termo ao processo, decidindo ou não o mérito. O que se vem denominando de sentença de liquidação possui, na verdade, caráter de decisão interlocutória, vez que a quantificação do crédito do exeqüente surge como uma espécie de incidente da execução, daí por que esse ato do juiz melhor se quadra ao conceito estabelecido pelo § 2º do art. 162, do CPC. A singularidade de o art. 884, § 3º, da CLT, declarar que tal ato não é recorrível de imediato, autonomamente, reforça o argumento de que ele tem caráter interlocutório, sabendo-se que, no processo do trabalho, vigora o princípio da irrecorribilidade das decisões dessa natureza (CLT, art. 893, § 1º). Em segundo, o que se liquida, o que se quantifica não é a sentença exeqüenda, e sim a obrigação que nela se contém. Tem-se, assim, que se trata de decisão liquidatária do conteúdo obrigacional do título executivo.

Tanto a CLT (art. 884, § 3º) quanto o CPC (art. 607), porém, falam em sentença de liquidação — erro que acabou sendo sancionado pela doutrina e pela jurisprudência; nem por isso, todavia, está autorizada a sua perpetuação.

No sistema da CLT, somente na oportunidade dos embargos à execução poderá a "sentença" de liquidação ser impugnada, seja pelo devedor, seja pelo próprio credor (art. 884, § 3º)(104). Esta particularidade tem conduzido alguns autores a afirmar que a decisão liquidatária não é rescindível, porquanto pode ser desconstituída pelos embargos do devedor. Essa concepção doutrinária parte, como se percebe, do pressuposto de que o devedor sempre oferecerá embargos, o que não é verdadeiro, como atesta a realidade prática. Demais, o fato de, preliminarmente aos seus embargos, o devedor impugnar a decisão liquidatária não significa que, somente por isso, essa decisão não seja suscetível de ataque pela via rescisória, ainda que em tese. A rescisória, como tantas vezes gizamos, figura como ação autônoma, que instaura uma nova relação jurídica processual, cujo exercício não pode ser, por isso, condicionado ao uso de medidas judiciais anteriores, destinadas a eliminar o vício que a rescisória agora tem em mira. Mesmo que o devedor deixe de oferecer embargos à execução, isso não terá efeito preclusivo do seu direito de ingressar com a ação rescisória, contanto que haja mérito na decisão atacada e tenha ela passado em julgado — respeitada, de qualquer forma, a enumeração feita pelos incisos I a IX do art. 485 do CPC.

---

(104) Exceto se o juiz fizer uso da faculdade que lhe atribui o § 2º do art. 879, da CLT.

Na liquidação mediante cálculos, p. ex., será rescindível a decisão que rejeitar a alegação formulada por uma das partes, no sentido de existirem erros (*crassos*) nos cálculos confeccionados pelo contador. Esse é também o pensamento de *Alcides de Mendonça Lima*(105), e de *José Frederico Marques*, que invocando o magistério sempre lúcido de *Pereira* e *Souza*, anota que apenas os elementos integrantes do cálculo adquirem força vinculativa da coisa julgada e não o seu resultado aritmético, pois o erro de conta nunca passa em julgado e pode alegar-se a todo tempo, "*exceto se sobre ele já houver disputa e sentença*" (sublinhamos)(106). Essa opinião foi perfilhada pelo Supremo Tribunal Federal, como revela a ementa a seguir transcrita: "(a ação rescisória) é o meio processual próprio para a desconstituição de decisão homologatória da liquidação de sentença, ainda que por cálculo do contador, já que a homologação, nessa hipótese, fixa os limites do aresto exeqüendo; é conseqüentemente, uma sentença de mérito" (AC, 1ª T., RE-87.109-8-SP, Rel. Min. Cunha Peixoto, *in* DJU de 25.4.80, p. 2805). De modo um pouco mais restrito, a SDI-II, do TST, estabelece, em sua Orientação Jurisprudencial n. 85: "Ação rescisória. Sentença homologatória de cálculo. Decisão de mérito. Cabimento. A decisão homologatória de cálculos apenas comporta rescisão quando enfrentar as questões envolvidas na elaboração da conta de liquidação, quer solvendo a controvérsia das partes, quer explicitando, de ofício, os motivos pelos quais acolheu os cálculos oferecidos por uma das partes, ou pelo setor de cálculos, e não contestados pela outra. A sentença meramente homologatória, que silencia sobre os motivos de convencimento do juiz, não se mostra rescindível, por ausência de prequestionamento". Não concordamos, *data venia*, com a orientação contida nessa OJ, no tocante à exigência de prequestionamento. Conforme pudemos demonstrar, no Capítulo IX, não se justifica esse requisito em sede de ação rescisória. O prequestionamento surgiu, historicamente, jungido aos recursos de natureza extraordinária. A exigência de prequestionamento na mesma relação processual é algo aceitável; o que não se pode conceber é a sua imposição para efeito de exercício da ação rescisória, sabendo-se que esta instaura uma nova relação jurídica processual. Ademais, impor-se esse prequestionamento no âmbito da ação rescisória seria permitir que se tornasse intangível e imutável a coisa julgada material formada contra a própria Constituição da República. Afinal, mesmo sem prequestionamento se pode verificar, em muitos casos, sem maiores esforços, a ocorrência de violação à lei ou à Constituição. Pense-se, por exemplo, em cálculos elaborados pelo contador

(105) "Comentários ao Código de Processo Civil", Rio de Janeiro: Forense, vol. VI, t. II, 1974, p. 594.
(106) Ob. cit., p. 68.

oficial ou pelo credor, que tenham transbordado, às escâncaras, dos limites objetivos da coisa julgada material, e que não sejam contestados pelo devedor. Nos exatos termos da OJ n. 85, não seria cabível a ação rescisória, pois, não existindo impugnação aos cálculos, não haveria, *ipso facto,* prequestionamento. E, assim, em nome desse requisito arbitrário, permitir-se-ia a violação do art. 879, § 1º, da CLT, e, de certo modo, do art. 5º, inciso LIV, da Constituição da República. É verdade que o próprio juiz poderia, *ex officio*, determinar a extirpação do excesso, a fim de amoldar os cálculos aos limites objetivos da *res iudicata*; não menos verdadeiro, porém, é que, em muitos casos, o juiz, por um motivo ou outro, poderia não ordenar essa adequação, fazendo com que, mais tarde, o devedor não pudesse ingressar com ação rescisória, por ausência de prequestionamento.

Sendo a liquidação por artigos, a decisão que foi aí proferida fará coisa julgada material, em virtude da (ampla) fase de cognição incidental que assinala essa modalidade de quantificação do conteúdo obrigacional do título executivo. A circunstância de os artigos poderem ser julgados "não provados" — e, em face disso, ser lícito ao credor apresentar outros — não pode ser erigida como fator impediente da utilização da rescisória nos casos em que a decisão julga provados os artigos em questão.

Por fim, na liquidação via arbitramento, a decisão que a aprecia será rescindível na hipótese de tornar líquido o conteúdo da obrigação e, com isso, viável a sentença exeqüenda[107].

b) Arrematação, adjudicação e remição

Arrematação

Sendo a responsabilidade do devedor de natureza patrimonial (CPC, art. 591), a finalidade da execução por quantia certa reside na expropriação judicial de seus bens, para que o direito do credor seja satisfeito (CPC, art. 646); daí, a necessidade de lhe serem penhorados tantos bens quantos bastem ao pagamento do principal, corrigido monetariamente, e acrescido dos juros da mora, das custas, dos honorários advocatícios e periciais e de outras despesas processuais, legalmente exigíveis (CPC, art. 659, *caput*).

A expropriação consiste: a) na alienação dos bens do devedor; b) na adjudicação em benefício do credor; c) no usufruto de imóvel ou de empresa (CPC, art. 647).

(107) *Alcides de Mendonça Lima*, ob. cit., p. 602.

A expropriação em pauta constitui ato que o Estado pratica, por intermédio do juiz, com o objetivo de transferir a outra pessoa bens apreendidos ao devedor, sem o consentimento deste. É errado imaginar, por isso, que essa expropriação integra a espécie dos atos de direito privado, em que o juiz assume o lugar do devedor para autorizar a alienação ou a transferência da coisa penhorada. Trata-se, em verdade, de característico ato de *imperium*, que é praticado via tutela jurisdicional; o Estado não vende os bens penhorados e sim os expropria, para atender aos interesses do credor. Inexistindo, pois, compra e venda ou cessão de direitos, o Estado atua aí não na qualidade de representante do devedor, ou de seu substituto, mas sim de prestador da tutela jurisdicional indispensável para que o ato expropriatório se realize e se consume.

Como clarifica *Paula Batista*, o único ponto de contacto entre a arrematação e a venda está no fato de verificar-se em ambas a alienação da propriedade, mediante o pagamento de certo preço, em moeda: "mas a venda é um contrato, efeito do livre consentimento, que exprime a vontade dos contratantes, e a arrematação é uma desapropriação forçada, efeito da lei que representa a justiça social no exercício de seus direitos, e no uso de suas forças, para reduzir o condenado à obediência ao julgado; a idéia de que a entrega do ramo representa o consentimento do executado pela interposta pessoa do juiz, é uma ficção fútil e pueril"[108].

A arrematação deve ser documentada em auto, a ser lavrado 24 horas depois de efetuada a praça ou o leilão (CPC, art. 693). Esse prazo é necessário para assegurar ao devedor o direito de remir a execução (CPC, art. 651; Lei n. 5.584/70, art. 13) e ao credor o de requerer a adjudicação (CPC, art. 694, *caput*).

Assinado o auto pelo juiz, pelo escrivão, pelo arrematante e pelo porteiro (ou leiloeiro), considera-se a arrematação perfeita, acabada e irretratável (CPC, art. 694, *caput*).

Cabe, porém, ação rescisória na arrematação?

Em princípio, não, pois inexiste aí ação, processo e sentença (ainda que homologatória). Realmente, não há uma ação de arrematante, em que o licitante vitorioso figure como autor. Nem o preço pode ser equiparado ao pedido ou à pretensão[109]. É claro que o juiz, como diretor do processo, participa da arrematação, seja assinando o auto e a

---

(108) "Compêndio de Teoria e Prática do Processo Civil Comparado com o Comercial", § 184, nota 1.

(109) *José Frederico Marques*, "Manual de Direito Processual Civil", São Paulo: Saralva, 1981, p. 198.

carta, seja decidindo acerca da preferência que o art. 691 do CPC estabelece em prol do licitante que se dispuser a arrematar englobadamente os bens submetidos à praça. Ainda aqui não haverá sentença, nos moldes legais (CPC, art. 162, § 1º).

Por outro lado, a irretratabilidade, de que fala o art. 694, *caput*, do CPC, não autoriza a pensar-se que a rescisória é viável na arrematação. É que não sendo o auto uma sentença, a irretratabilidade também não pode ser interpretada como sinônimo de coisa julgada.

Pelo exposto, conclui-se que a arrematação, como ato judicial que não depende de sentença, deve ser desfeita como os atos jurídicos em geral, como prevê o art. 486, do CPC. O próprio art. 694 do mesmo diploma processual ostenta o verbo desfazer, e não o rescindir, ao declarar que a arrematação pode ser desmanchada. Os casos em que será possível o desfazimento da arrematação se encontram relacionados nos incisos I a IV, da predita norma processual, a saber: a) por vício de nulidade; b) se não for pago o preço ou se não for prestada a caução; c) quando o arrematante provar, nos três dias seguintes, a existência de ônus real não mencionado no edital; d) nos casos de que cuidam os arts. 698 e 699 do Código.

A Orientação Jurisprudencial n. 45, da SDI-II, do TST, não discrepa deste entendimento: "Ação rescisória. Sentença de mérito. Decisão homologatória de arrematação. Incabível. Incabível ação rescisória para impugnar decisão homologatória de arrematação".

Sintetizemos, a seguir, o que dissemos, em outra obra, a respeito desses fatos que podem provocar o desfazimento da arrematação[110].

a) Por vício de nulidade. Sendo a praça realizada, *v.g.*, sem prévia intimação do credor (Lei n. 6.830/80, art. 22, § 2º) ou do devedor (CPC, art. 687, § 3º) ou estando o arrematante legalmente impedido de licitar (CPC, art. 690, § 1º, I a III), configurada estará a nulidade desse ato expropriatório, que, em conseqüência, poderá ser desfeito pelo interessado (credor, devedor, ou eventualmente terceiro), desde que não possam ser aplicados os princípios da transcendência (CLT, art. 794; CPC, art. 249, §§ 1º e 2º); da instrumentalidade (CPC, arts. 154 e 244); da convalidação (CLT, art. 795; CPC, art. 245) e da proteção (CLT, art. 796, a e b; CPC, arts. 243 e 249, § 1º).

b) Se não for pago o preço ou prestada a caução. Deixando o arrematante de complementar o preço, nas 24 horas que se seguirem ao encerramento da praça, não só será desfeita a arrematação como o arrematante perderá, em favor da execução, o sinal de 20% que havia

(110) "Execução...", pp. 391/394.

depositado para garantir o lanço (CLT, art. 888, § 4º), retornando à praça os bens apreendidos.

c) Quando o arrematante provar, nos três dias subseqüentes, a existência de ônus real não mencionado no edital. Manda o art. 686, V, do CPC, que o edital de praça indique, dentre outras coisas, a existência de ônus real a gravar os bens penhorados (se este for o caso). Essa providência se destina a prevenir o arrematante contra os rigores das normas legais que regem esses gravames.

Deixando o edital de satisfazer a esse requisito, incumbirá ao arrematante demonstrar (com documentos), no prazo fixado pelo art. 694, III, a presença de ônus real e obter, em razão disso, o desfazimento da arrematação.

d) Nos casos de que se ocupam os arts. 698 e 699 do CPC. A primeira norma processual citada torna defesa a realização de praça de imóvel hipotecado ou emprazado, sem que haja intimação, com dez dias de antecedência, do credor hipotecário ou do senhorio direto, que não seja, de qualquer modo, parte na execução. A segunda dispõe que na execução de hipoteca de vias férreas não se passará carta ao maior lançador, nem ao credor adjudicatário, antes de ser intimado o representante da Fazenda Nacional ou do Estado, a que couber a preferência, para, dentro de trinta dias, usá-la se desejar, pagando o preço da arrematação ou da adjudicação.

Em síntese, não sendo o credor hipotecário (e os demais interessados, referidos pelo art. 698 do CPC) intimados da praça, com, pelo menos, dez dias de antecedência:

1. se ainda não realizada a praça, poderá valer-se dos embargos de terceiro para impedir que esta se efetue (CPC, art. 1.047, II);

2. se já realizada a praça (mas ainda não assinada a carta de arrematação ou de adjudicação), ser-lhe-á facultado requerer ao juiz o desfazimento do ato expropriatório (CPC, art. 694, IV), conquanto este mantenha a sua validade diante do arrematante, em virtude do fenômeno jurídico da sub-rogação real.

Até aqui, dedicamo-nos a demonstrar os argumentos que embasam nossa afirmação, feita no início deste item, no sentido de que, em princípio, a rescisória não incide na arrematação.

Apenas em situações extremamente excepcionais essa regra ficará afastada, como se dará, *p. ex.*, quando houver embargos à arrematação (CPC, art. 746). Nessa hipótese, a decisão que os resolver será rescindível, pois sendo ditos embargos autêntica ação autônoma, ajuizada pelo devedor, pelo fiador — enfim, por aquele a quem a lei atribui legitimidade para isso —, a decisão que os apreciar solucionará um conflito estabelecido entre o autor e o arrematante. É ação de natureza constitutiva, pois tende à obtenção de um pronunciamento jurisdicional que, desfazendo a arrematação, atribua ao autor (devedor, fiador) o direito de não mais ser compelido ao pagamento da quantia que consubstancia a obrigação refletida no título executivo.

Acrescenta *Luís Eulálio de Bueno Vidigal* que a ação rescisória igualmente não será necessária àquele que não foi parte nos embargos: "Assim, apresentados embargos de terceiro e afinal repelidos por sentença regular, o executado que quiser anular a arrematação não precisa recorrer à ação rescisória"(111). Mesmo que haja sentença relativa aos embargos do devedor ou de terceiro, por não ter sido o credor hipotecário intimado para a praça, este poderá conseguir, mediante ação ordinária, a anulação da venda (*sic*) judicial: "Não precisará recorrer à ação rescisória, remédio do qual, aliás, não se poderia servir pela simples razão de não ter sido parte no processo"(112).

Adjudicação

A adjudicação é legalmente apontada como uma das formas de pagamento ao credor (CPC, art. 708, II); vista sob outro angulo, contudo, é meio de aquisição da propriedade. Ao lado da arrematação, representa um dos modos de expropriação judicial dos bens penhorados ao devedor.

O auto que lhe corresponde constitui o instrumento de documentação formal desse ato expropriatório, devendo ser lavrado — como ocorre com o auto de arrematação — após o decurso das 24 horas que se seguirem ao encerramento da praça. A carta de adjudicação é o documento pelo qual o adjudicatário prova a sua propriedade sobre os bens nela descritos; é com essa carta que ele irá aperfeiçoar a transferência da propriedade da coisa, para seu nome, transcrevendo-a no Registro de Imóveis ou registrando-a nas repartições ou órgãos a que faz menção o art. 14, II e III, da Lei n. 6.830/80.

A adjudicação é rescindível?

Separemos os casos.

Havendo um só pretendente à adjudicação, esta ser-lhe-á concedida independentemente de sentença, sendo bastante, para isso, a lavratura do auto, que será assinado pelo juiz, pelo escrivão, pelo adjudicatário e pelo porteiro (ou leiloeiro); logo, nesta hipótese não haverá lugar para a ação rescisória, podendo a adjudicação ser desfeita como o são os atos jurídicos em geral, segundo dilucida o art. 486, do CPC.

(111) "Comentários ao Código de Processo Civil", São Paulo: Revista dos Tribunais, 2ª ed., 1976, vol. VI, p. 162.
(112) *Idem, ibidem.*

Dispõe a Orientação Jurisprudencial n. 44, da SDI-II, do TST: "Ação rescisória. Sentença de mérito. Decisão homologatória de adjudicação. Incabível. Incabível ação rescisória para impugnar decisão homologatória de adjudicação". Certamente, esta OJ está levando em conta, apenas, a situação que acabamos de examinar, ou seja, em que há somente um pretendente à adjudicação. Havendo licitação entre credores (CPC, art. 715, § 2º), a adjudicação deve ser deferida mediante decisão interlocutória — que, por isso, é rescindível em tese. Justifiquemos a nossa opinião.

Caso compareçam à praça diversos licitantes, que ofereçam preços idênticos, caberá ao juiz observar o procedimento traçado pelo art. 715, § 2º, do CPC, deferindo, mediante decisão de caráter interlocutório, a adjudicação a quem efetuar, nessa licitação entre credores, a melhor oferta. A norma processual invocada se refere à sentença de adjudicação; considerando, todavia, que a adjudicação não é ação do credor (que deva, por isso, ser apreciada por sentença) e que havendo mais de um pretendente aos bens penhorados esse fato caracteriza um incidente da adjudicação, estamos convencidos de que o ato jurisdicional que o dirime tem nítido perfil de decisão interlocutória, se submetido ao conceito formulado pelo art. 162, § 2º, do estatuto processual civil. Desta maneira, a decisão em exame poderá ser: a) atacada pelo recurso específico de agravo de petição (CLT, art. 897, *a*), no prazo de oito dias (*ibidem*, § 1º); decorrido esse prazo, forma-se a coisa julgada material, cujos efeitos somente poderão ser desconstituídos pela via rescisória. O mérito, na espécie, estará configurado pelo conflito de interesses estabelecido entre os diversos pretendentes à adjudicação. A decisão judicial, aqui, não é homologatória de coisa alguma, refletindo, ao contrário, um ato estatal de solução de um conflito subjetivo de interesses surgido incidentalmente no processo de execução.

Se a adjudicação foi deferida em razão de haver um só pretendente, não há que se falar em decisão (sob os aspectos da forma e do conteúdo), pois o que se terá é apenas a carta de adjudicação, como simples ato judicial de documentação da transferência da propriedade dos bens ao adjudicatário.

É conveniente realçar, entretanto, que tendo havido um só pretendente, ou vários deles (aqui haverá, pois, decisão), o devedor poderá opor-se à adjudicação por meio dos embargos de que trata o art. 746 do CPC, desde que se fundem em nulidade da execução, pagamento, novação, transação ou prescrição supervenientes à penhora e, ainda assim, não tenha essa matéria sido apreciada em sede de embargos à execução (CLT, art. 884; CPC, art. 741).

Remição

A remição pode ter como objeto: a) a execução (como um todo; CPC, art. 651); ou b) apenas a penhora (como ato executivo; CPC, art. 787).

No primeiro caso, a legitimidade para requerê-la é do devedor, que deverá exercitar esse direito antes que a expropriação judicial (arrematação, adjudicação) de seus bens se consolide, contanto que o correspondente auto não tenha sido ainda assinado (CPC, arts. 694, *caput* e 715). Para isso, deverá pagar ou consignar o valor do principal, acrescido da correção monetária, dos juros da mora, dos honorários advocatícios e periciais e de outras despesas do processo. No segundo, estão legalmente legitimados o cônjuge, o descendente e o ascendente do devedor e a remição compreenderá "todos ou quaisquer bens penhorados", devendo o interessado depositar o preço por que foram arrematados ou adjudicados. O prazo para o exercício desse direito está fixado pelo art. 788, I e II, do CPC.

Em tema de desfazimento da remição, podem ser aproveitadas, *mutatis mutandis*, as considerações que expendemos quanto à adjudicação. Assim, em linhas gerais, quando houver um só pretendente, o pedido será deferido independentemente de sentença e o ato poderá ser desmanchado mediante ação anulatória (CPC, art. 486); havendo, no entanto, mais de um pretendente e surgindo controvérsia (= conflito de interesses) entre eles, torna-se indispensável o proferimento de decisão (de natureza interlocutória), que a solucione. Essa decisão será rescindível se se verificarem quaisquer das situações relacionadas no art. 485, incs. I a IX, do CPC.

Mérito no processo cautelar

O vocábulo *mérito*, em sua acepção clássica, corresponde à pretensão *in iudicio deducta*, pretensão que, por sua vez, se vincula à relação jurídica substancial havida ou existente entre os contendores.

O processo cautelar não visa à tutela do direito material e sim à proteção do direito ao processo, sendo sob essa orientação que se deve entender o pressuposto do *fumus boni iuris*, segundo a expressão cunhada pela doutrina.

A finalidade desse processo se resume na expedição de medida destinada a debelar uma situação de periclitância, de iminente risco de grave dano a direito do solicitante da medida; direito ao processo, reitere-se. Equivocam-se, pois, todos os que pensam ser possível apreciarse, na ação cautelar, o direito material acaso alegado pelo autor. É bem verdade de certas providências acautelatórias inominadas, que se vêm concedendo, não deixam de implicar uma antecipação provisória dos efeitos inerentes à sentença de mérito, a ser proferida no processo de conhecimento. Essa praxe, contudo, deve ser desestimulada, sob pena de arbitrária subversão da finalidade dos processos de conhecimento e cautelar. Apenas em situações extremamente especiais deve o juiz emitir medida cautelar que envolva apreciação, ainda que superficial, do mérito pertinente ao processo "principal".

A pretensão que singulariza o processo cautelar está, pois, centralizada na segurança; é apropriado falar-se, por isso, em terreno cautelar, em pretensão à segurança. Por esse mesmo motivo foi que já se aludiu ao processo cautelar como "o instrumento do instrumento".

O próprio CPC demonstra em, pelo menos, duas oportunidades, que os provimentos acautelatórios não fazem coisa julgada material. O primeiro deles está no art. 807, que permite serem essas medidas revogadas ou modificadas a qualquer tempo — inclusive *ex officio*, acrescentamos. O segundo vem do art. 810, primeira parte, a teor do qual o indeferimento da medida não inibe a parte de ajuizar a ação principal, nem influi no julgamento desta. Assim o é, precisamente porque não é dado ao juiz, em sede cautelar, conceder medidas que acarretem invasão do mérito a ser apreciado no processo dito "principal". Fazê-lo, seria realizar uma tumultuante imbricação teleológica de processos, com sérias repercussões na disciplina legal de um e outro e no tratamento científico que devem receber do doutrinador.

Ainda que façamos uma concessão tópica aos autores que admitem a existência de um direito substancial de cautela, isso não nos autorizaria a afirmar que as providências acautelatórias produzem coisa julgada material. Mesmo que possa haver, em determinadas ações cautelares, um interesse material (como nos casos de arresto ou seqüestro, para exemplificar), a sentença concessiva da medida não se submete ao fenômeno da coisa julgada material, porquanto o que existe é, apenas, um interesse, e não um direito material.

Alguns juristas, como *Galeno Lacerda*, entendem que o *fumus boni iuris* representa o mérito da ação cautelar(113); discordamos dessa opinião, pois, conforme pudemos argumentar com maior amplitude em outro livro, essa "aparência de bom direito" figura como um dos pressupostos da ação cautelar (ou da pretensão, que lhe é própria)(114).

---

(113) "Comentários ao Código do Processo Civil", vol. III, tomo I, Rio de Janeiro: Forense, 2ª ed., 1981, p. 308.

(114) "As Ações Cautelares no Processo do Trabalho", São Paulo: LTr, 2ª ed., 2ª tiragem, 1989, pp. 100/103.

Para utilizarmos linguagem que não é de nossa predileção, devemos dizer que os provimentos cautelares não possuem caráter "satisfativo" — tomado esse adjetivo como significante de satisfazer a uma pretensão de direito material, manifestada pelo postulante da medida. Referido vocábulo, a propósito, é produto de criação arbitrária, vez que não se encontra dicionarizado. Melhor será que se empreguem as formas satisfazível ou satisfatório, estas com previsão léxica. Mesmo assim, o erro não estará de todo banido, pois, em certo sentido, pode-se sustentar a índole "satisfativa" (*sic*) das medidas cautelares. Efetivamente, se na ação de cautela há uma pretensão (à segurança, como anotamos) e essa pretensão vem a ser atendida pelo provimento acautelatório, não há negar que ela foi satisfeita.

O segmento doutrinário de que estamos a dissentir, todavia, usa o termo "satisfativo" para ligá-lo ao mérito da ação principal. Dois equívocos, portanto, em uma só expressão.

Em um caso específico, no entanto, a sentença proferida no processo cautelar faz, excepcionalmente, coisa julgada. Isso se dá quando o juiz acolhe a alegação de prescrição ou de decadência do direito do autor (CPC, art. 810, *in fine*). Via de conseqüência, tal sentença é rescindível.

De resto, não podemos concordar com os autores que aceitam a possibilidade de a coisa julgada formal ser objeto de ação rescisória; a enumeração efetuada pelo art. 485, do CPC, deixa patente que somente a *res iudicata* material rende ensejo a essa ação de desconstituição.

Ao contrário da crítica lançada por *Pontes de Miranda*[115], estamos convencidos de que a "meia ciência", por ele mencionada, se faz representar por aqueles que admitem a rescisória de sentenças proferidas no processo cautelar (mesmo que não se trate de acolhimento de alegação de prescrição ou de decadência).

Mérito nos recursos

Pelo quanto temos observado, os próprios tribunais — aí incluídos os do trabalho — ainda não conseguiram desvencilhar-se da arraigada equivocação de considerar como "preliminares" certas questões que, em rigor, fazem parte do mérito do recurso.

Justifiquemo-nos.

---

(115) "Tratado da Ação Rescisória das Sentenças e Outras Decisões", Rio de Janeiro: Forense, 5ª ed., 1976, p. 402.

Com mérito queremos designar a pretensão que dá conteúdo ao recurso. Essa pretensão pode coincidir, ou não, com a que levou o autor a propor a ação. No agravo de instrumento, *v. g.*, o seu mérito jamais coincidirá com o da causa, pois a pretensão que caracteriza essa modalidade recursal reside na consecução de um provimento que elimine a decisão proferida pelo órgão de primeiro grau, denegatório do recurso interposto (CLT, art. 897, *b*). Daí, a acentuada vocação liberatória, que anima o agravo de instrumento trabalhista. Fica fácil perceber, portanto, a diferença existente entre a pretensão dirigida ao tribunal por meio desse agravo e aquela que foi deduzida perante o órgão de primeiro grau.

No recurso ordinário (CLT, art. 895), a sua pretensão (= mérito) pode coincidir, ou não, com o da causa. Se no recurso se pede, exclusivamente, que a Corte de revisão se pronuncie sobre o mérito apreciado pelo órgão inferior, a coincidência de méritos está evidenciada. Caso, porém, em grau de recurso se pleiteie a anulação da sentença (ou de todo o processo em que ela foi proferida), em virtude de vício que a contamina, é elementar que não haverá coincidência de méritos; o mesmo se diga quando a sentença deixa de apreciar o *meritum causae* e o que se pede, no recurso, é exatamente que o mérito seja examinado: a diversidade de méritos é manifesta.

Não estamos asseverando que inexistam preliminares no plano dos recursos, e sim que muitas vezes o próprio tribunal se deixa iludir por "falsas preliminares" do apelo. Digamos que o autor alegue que o recurso interposto pelo réu está deserto, por não ter sido feito o preparo (CLT, arts. 789, § 1º e 899, § 1º), pretendendo, com isso, que não seja conhecido: nesta hipótese temos, inegavelmente, uma preliminar recursal autêntica. Quando, porém, o réu alega cerceamento (melhor: restrição) de defesa (por não lhe ter o juiz permitido produzir determinada prova) e pede, em conseqüência, a declaração de nulidade do processo e, além disso, discute o mérito da causa (para o caso de a argüição de nulidade não ser acolhida pelo tribunal), o que se tem pensado ser "preliminar" de nulidade é, isto sim, matéria que pertence ao mérito do recurso.

Logo, ao proclamar o resultado do julgamento, o tribunal incorrerá em comprometedor deslize técnico se valer-se de construções fraseológicas como "rejeitar a preliminar de nulidade por cerceamento de defesa e, no mérito, dar (ou negar) provimento ao recurso para...". Se a Corte quiser prestar homenagem à ciência do processo, melhor será que, na hipótese, diga "dar (ou negar) provimento ao recurso", pois tanto a argüição de nulidade do processo quanto o ataque direto à sentença são lados homólogos de um mesmo prisma.

Regra geral, as preliminares típicas dizem respeito aos pressupostos — subjetivos e objetivos — indispensáveis à admissibilidade dos recursos; fora disso, quase sempre o que se supõe ser uma preliminar é, verdadeiramente, um elemento fragmentário do mérito do recurso (= pretensão à "reforma" do julgado). Tanto isso é exato que quando o tribunal acolhe uma tal "preliminar", o faz para dar provimento ao recurso e, em razão disso, emitir um decreto de nulidade da sentença. Por outras palavras, o que faz a Corte de revisão é pronunciar-se sobre parte do merecimento do recurso, de maneira favorável às pretensões do recorrente; como poderia, em outra situação, pronunciar-se de modo desfavorável às pretensões deste. Seja lá ou aqui, o *meritum* do apelo terá sido tocado.

Mérito e "jurisdição voluntária"

A locução "jurisdição voluntária", de largo uso pela doutrina e pela jurisprudência, e que foi incorporada pelo Código de Processo Civil (art. 1.103) é, na realidade, uma espécie de monumento à impropriedade científico-terminológica.

Sem embargo, de jurisdição (*iuris* + *dictio*) não se trata, pois inexistem em tais situações ação, processo, conflito de interesses e sentença de mérito e sim mero procedimento. O que há, isto sim, é administração pública do direito privado, expressão concebida por *Zanobini*, que *Frederico Marques* adaptou para "administração pública de interesses privados" — a refletir, com maior fidelidade, a natureza da participação do órgão judicial nesses casos.

De outra parte, não podendo o juiz agir *ex officio*, por força do mandamento estampado no art. 2º do CPC, fica evidente que nada há de voluntário nesse procedimento, que reclama, como sabemos, a iniciativa do interessado.

Esteve rico em razões, portanto, *Barão Homem de Mello* ao afirmar, sentenciosamente, que "Nada há mais difícil do que desarraigar idéias recebidas e passadas em julgado sem exame".

Não havendo formação de coisa julgada material nesse procedimento, fica afastada a possibilidade de a sentença (CPC, art. 1.110) ser rescindida, embora possa ser impugnada pela via recursal.

Coqueijo Costa, ao discorrer sobre a "jurisdição voluntária", estabelece algumas considerações relativas ao juízo arbitral; essa atitude deve ter decorrido de ocasional inadvertência do saudoso jurista, na medida em que o juízo arbitral integrava a classe dos procedimentos especiais de jurisdição contenciosa, como revelava o Cap. XIV, Tít. I, Livro IV, do atual diploma processual civil[116]. Todo esse Capítulo acabou sendo revogado pela Lei n. 9.307/96, que dispôs sobre a arbitragem.

---

(116) "Ação Rescisória", 3ª ed., São Paulo: LTr, p. 31.

Mérito e mandado de segurança

Dispõe a Súmula n. 304 do STF que "Decisão denegatória de mandado de segurança, não fazendo coisa julgada contra o impetrante, não impede o uso da ação própria".

O enunciado da Súmula deve ser, contudo, interpretado em harmonia com outros princípios jurídicos, sob pena de conduzir à imperfeita conclusão de seu real sentido.

A orientação da Súmula em foco somente deverá ser acatada quando o tribunal denegar o mandado de segurança sem invadir o mérito do pedido; quando, ao inverso, a Corte examina o merecimento da pretensão e diz que o impetrante não possui o direito que pensava ter, estaremos diante de um provimento (acórdão) dotado de aptidão para produzir a *res iudicata* material e, conseguintemente, sujeitável à ação rescisória. Assim pensamos porque, ao não reconhecer o direito do impetrante, o acórdão impede, por motivos de ordem lógica e jurídica, que a controvérsia seja reapreciada no plano da ação ordinária (processo de conhecimento).

Mérito sem rescisória

Temos sustentado, ao longo deste livro, que somente são rescindíveis os pronunciamentos jurisdicionais de mérito; isso não corresponde a afirmar, entretanto — ao menos com autoridade de princípio —, que todos os julgamentos de mérito são passíveis de ataque por ação rescisória.

Em casos rigorosamente excepcionais, encontramos decisões de mérito insubmissíveis à rescisória, como é o do art. 18, segunda parte, da Lei n. 4.717, de 29 de junho de 1965, que dispõe sobre a ação popular. Declara a norma legal precitada que "A sentença terá eficácia de coisa julgada oponível erga omnes, exceto no caso de haver sido a ação julgada improcedente por deficiência de prova", hipótese em que "qualquer cidadão poderá intentar outra ação com idêntico fundamento, valendo-se de nova prova". Regra semelhante consta do arts. 16, da Lei n. 7.347/87 (Ação Civil Pública), e 103, da Lei n. 8.078/90 (Código de Defesa do Cosumidor).

Quando, pois, a ação popular é julgada "improcedente" (melhor: o pedido é rejeitado) por deficiência de provas, conquanto tenha ocorrido um pronunciamento sobre o mérito (= pretensão posta em juízo), tal decisão não terá eficácia de coisa julgada material (logo, não é suscetível de rescisória), tanto que, como diz a lei, qualquer cidadão poderá ajuizar, outra vez, a ação, fazendo uso, desta feita, de novos elementos probantes.

Este exemplo, baseado na ação popular e no Código de Defesa do Consumidor, tem finalidade apenas ilustrativa, porquanto a Justiça do Trabalho é desapercebida de competência para apreciar esse tipo de ação. Entretanto, esta Justiça Especializada é competente para apreciar ações civis públicas.

De qualquer forma, são profundamente escassas as hipóteses em que a sentença de mérito não produz a coisa julgada material, equivale dizer, não se tornam passíveis de arremetidas rescisórias.

Do mesmo modo como há sentenças de mérito não rescindíveis, há aquelas que, a despeito de não haverem examinado o *meritum causae*, impedem novo ajuizamento da ação.

O art. 267 do CPC arrola os casos em que o processo se extinguirá sem investigação do mérito, ao passo que o art. 269, do mesmo Código, relaciona as situações em que o processo se finda com pronunciamento acerca dos temas de fundo da causa.

A separação estabelecida por esses dois artigos não é simplesmente acadêmica, apresentando, isto sim, relevante interesse de ordem prática, pois, em regra, a extinção do processo nos casos do art. 267 "não obsta a que o autor intente de novo a ação", como elucida o art. 268, do álbum processual civil. Esse mesmo dispositivo ressalva, contudo, que a nova propositura da demanda estará impedida na hipótese do inc. V, do art. 267, ou seja, quando o juiz acolher a alegação de perempção, litispendência ou de coisa julgada.

Embora a sentença extintiva não haja, nesses casos, examinado o mérito da causa, a lei corta rente a possibilidade de o autor ingressar, novamente, com a ação. Temos aqui, portanto, um exemplo típico de situações em que, nada obstante o pronunciamento jurisdicional não tenha penetrado o *meritum causae*, veda-se à parte o direito de repropor a ação.Comungamos, porém, da opinião de *Arruda Alvim*, quando repara que se houver, nas situações de litispendência, depois da extinção do segundo processo, sem julgamento do mérito, também a extinção do primeiro, sem aportamento do *meritum*, a ação poderá ser aforada outra vez[117].

Vamos além.

Opostamente ao que assegura o art. 268, do CPC, entendemos que a extinção do processo decorrente do fato de o réu ser parte ilegítima (carência da ação), conquanto não implique abordada do mérito,

(117) "Dogmática Jurídica e o Novo Processo Civil", *in Revista de Processo*, n. 1, p. 119.

inibe novo ajuizamento da ação. A não ser assim, deveríamos admitir a possibilidade de o autor vir a juízo "contra" o réu tantas quantas fossem as vezes que lhe aprouvesse, pois esse furor, essa idéia obsessiva de litigiosidade estaria autorizada pelo sobredito art. 267 do CPC. O mesmo parecer defendemos no caso de a ilegitimidade dizer respeito ao próprio autor. Não seria sensato permitir que ele, já declarado carecente da ação, voltasse a juízo inúmeras vezes para receber, em cada uma delas, a mesma advertência jurisdicional.

Como estamos a versar sobre condições da ação — segundo a doutrina liebmaniana —, é oportuno aditar que quando o processo se extingue por ser o pedido juridicamente impossível, o autor também não poderá repropor a demanda, vez que a extinção, na espécie, se deu com exame do mérito, não sendo aplicável, portanto, a regra do art. 268, do CPC. Com efeito, se o órgão jurisdicional reconhece haver, no ordenamento legal, um veto à formulação de certo pedido, e nesse sentido se pronuncia, é de evidência quase ofuscante que haverá julgamento do *meritum causae*. A entender-se de outro modo, estaríamos consentindo que o autor retornasse a juízo com pedido que o Poder Judiciário já afirmou ser juridicamente impossível de ser acolhido.

O próprio *Liebman*, aliás, reformulou o seu pensamento sobre o assunto, para excluir a possibilidade jurídica do pedido do elenco das condições da ação, por ele idealizadas(118).

Mérito e homologação de sentença estrangeira

Qualquer sentença proferida por tribunal estrangeiro somente terá eficácia em território brasileiro se homologada pelo Supremo Tribunal Federal (CPC, art. 483, *caput*), que é o órgão provido de competência constitucional para isso (Const. Fed., art. 102, I, *h*).

O procedimento para a homologação é o disposto no Regimento Interno do Excelso Pretório (CPC, art. 483, parágrafo único), especificamente nos arts. 215 a 224.

A execução será feita mediante carta de sentença extraída nos autos da homologação e obedecerá às regras estabelecidas para a execução da sentença nacional de idêntica natureza (CPC, art. 484).

Compete ao Presidente da Suprema Corte decidir, monocraticamente, sobre o pedido de homologação (Reg. Int., art. 222, *caput*); caso ele negue a homologação, dessa decisão será cabível agravo regimental (*ibidem*, parágrafo único), desde que tal ato cause "prejuízo ao direi-

(118) "Manuale di Diritto Processuale Civile", 3ª ed., vol. I, Milano: Giuffrè, 1973, p. 120.

to da parte" (Reg. Int., art. 317, *caput*) — o que, na prática, quase sempre ocorrerá.

Passando em julgado essa decisão, ela poderá ser objeto de ação rescisória, como prevê o art. 259 da norma interna corporis do STF: "Caberá ação rescisória de decisão proferida pelo Plenário ou por Turma do Tribunal, *bem assim pelo Presidente*, nos casos previstos na lei processual" (sublinhamos).

O Excelso Pretório tem admitido, inclusive, rescisória do despacho do relator que nega seguimento ao agravo interposto de decisão denegatória de recurso extraordinário, bastando que, com isso, tenha apreciado a questão federal controvertida ou o mérito da causa sido debatido no recurso extraordinário (Ac.T. Pleno, RE-91.390-4-RJ, DJU de 15.10.79, p. 7659, Rel. Min. Rafael Mayer; RTJ 70/187, 75/29, 92/922; STF-RT 593/241).

Mérito e juízo arbitral

O tema poderia não apresentar maiores interesses de ordem prática, aos estudiosos do processo do trabalho, não fosse a faculdade que a Constituição Federal concede às partes de elegerem árbitros, quando a negociação coletiva não tiver êxito (art. 114, § 1º).

Ao contrário do que acontece em outros países, a arbitragem, no Brasil, é facultativa e só é possível no âmbito das negociações coletivas.

Como a CLT nada contém acerca do assunto, tornava-se inarredável a incursão supletiva pelos domínios do processo civil, onde a matéria se encontrava disciplinada nos arts. 1.072 a 1.102. Esses dispositivos, contudo, foram revogados pela Lei n. 9.307/96, que instituiu a arbitragem. Esta lei é aplicável ao processo do trabalho, no plano dos denominados dissídios coletivos.

Nas edições anteriores deste livro, lançamos a seguinte indagação: o laudo arbitral é rescindível? E, em seguida, respondemos: sem dúvida que sim.

Críticos afoitos de nossa opinião poderiam alegar que a sentença homologatória de laudo arbitral seria unicamente anulável, como os atos jurídicos em geral, de acordo com a dicção do art. 486 do CPC. *Venia concessa*, semelhante objeção comete o equívoco de ignorar o esclarecimento feito pelo art. 1.097 do CPC de que "O laudo arbitral, *depois de homologado, produz entre as partes e seus sucessores os mesmos efeitos da sentença judiciária; e contendo condenação da parte, a homologação lhe confere eficácia de título executivo*" (sublinhamos). O art. 584, III, do mesmo Código, relaciona, aliás, a sentença homologatória de laudo arbitral como título executivo judicial.

Podemos asseverar, pelo exposto, que a sentença homologatória de laudo arbitral produz coisa julgada material, sendo, em conseqüência, receptiva à ação rescisória. A circunstância de, eventualmente, o compromisso arbitral assumido pelas partes conter a cláusula "sem recurso" (CPC, arts. 1.075, III, e 1.101, parágrafo único), não significa que a sentença homologatória não possa ser atacada por rescisória. O ajuizamento da ação rescisória não está condicionado, em nenhum caso, à prévia exaustão das vias recursais, importa dizer, a que o autor haja exercido, antes (sem sucesso), uma pretensão recursal. Se o compromisso contiver a cláusula "sem recurso", a nota particular fica por conta do fato de a rescisória poder ser posta em juízo de imediato, isto é, sem que se tenha de esperar o esgotamento (*in albis*) de prazo recursal. Não é correto afirmar que a sentença homologatória, nessa hipótese, transita em julgado no instante em que é publicada; ora, o trânsito em julgado pressupõe a preclusão do prazo para a interposição de recurso ou o exaurimento das vias recursais, situação que, absolutamente, não se verifica em relação à sentença referida, porquanto ela traz em si, no momento em que é revelada ao mundo do processo, o atributo da irrecorribilidade, o veto à impugnação, inscrito em cláusula específica, constante do instrumento de compromisso arbitral.

A sentença homologatória, de que estamos a nos ocupar — cabe advertir —, não possui qualquer parecença com a que é própria da denominada "jurisdição voluntária" (*sic*), pois enquanto esta se limita a chancelar interesses não litigiosos, aquela se pronuncia, com potestade coercitiva, sobre interesses em antagonismo, motivo por que se equiparam às sentenças de mérito, sendo ambas geratrizes de coisa julgada material; logo, rescindíveis.

Pois bem. Conforme afirmamos anteriormente, os arts. 1.072 a 1.102, do CPC, foram revogados pela Lei n. 9.307/96, que instituiu a arbitragem. Referida norma legal substituiu o laudo pela *sentença* arbitral (art. 23), que conterá, *mutatis mutandis* e de maneira algo simplificada, requisitos de validade semelhantes aos previstos no art. 458, do CPC (art. 26) e que produzirá "entre as partes e seus sucessores, os mesmos efeitos da sentença proferida pelos órgãos do Poder Judiciário e, sendo condenatória, constitui título executivo" (art. 31).

A nulidade da sentença arbitral pode ser objeto de ação judicial, segundo o procedimento comum (Lei n. 9.307/96, art. 33, § 1º), no prazo de noventa dias, contados da intimação, ou alegada em embargos do devedor (*ibidem*, § 3º).

Em princípio, caberá ação rescisória da sentença ou do acórdão proferido em ação de nulidade da sentença arbitral.

Capítulo XII

SENTENÇAS NULAS, INEXISTENTES E RESCINDÍVEIS

Comentário

O CPC de 1939, ao tratar da ação rescisória, dispunha: "será *nula* a sentença..." (art. 798; sublinhamos).

O atual, em melhor técnica e atendendo às críticas formuladas pela doutrina ao texto anterior, estabelece: "A sentença de mérito, transitada em julgado, pode ser *rescindida* quando..." (art. 485; sublinhamos).

A declaração quanto a ser determinado ato jurídico nulo ou anulável é tarefa que compete ao direito material, e não ao processual; não é sem razão, portanto, que o Código Civil cuida dessas modalidades de atos nos arts. 167 e 171, respectivamente. Ao direito processual cabe definir quais os meios adequados para intentar-se a desconstituição ou o desfazimento desses atos. É por isso que o CPC vigente afirma serem rescindíveis alguns atos contaminados por vícios intrínsecos ou extrínsecos.

Quando o Estado realiza a prestação jurisdicional e decorre o prazo para a interposição de recurso, três espécies de sentenças podem surgir: a) as rescindíveis; b) as inexistentes; e c) as não passíveis de rescisão.

a) Sentenças rescindíveis

No geral, a rescindibilidade da sentença (ou do acórdão) decorre de uma nulidade que esteja a contaminá-la. Esse vício pode ser de origem endógena (ou interna) ou exógena (ou externa).

Os vícios endógenos dizem respeito, quase sempre, à inobservância dos requisitos formais indicados no art. 458 do CPC. É sabido que a sentença, como ato jurisdicional de coroamento do processo, deve conter, estruturalmente: 1) o relatório; 2) a fundamentação (ou motivação); e 3) o dispositivo (*decisum*). Em caráter excepcional, fica dispensada do relatório, no processo do trabalho, a sentença emitida nas causas submetidas ao procedimento sumaríssimo (CLT, art. 852-I, *caput*). A ausência de qualquer dessas partes implicará a nulidade da sentença — embora entendamos ser, *de lege ferenda*, perfeitamente dispensável o relatório, nas sentenças em geral, pois se o seu objetivo nuclear é fazer com que o juiz demonstre às partes que compulsou os autos e leu as principais peças que deles constam, esse escopo pode ser alcançado na própria motivação, onde o juiz, em sua atividade de subsunção dos fatos à norma, poderá demonstrar, ainda que implicitamente, haver empreendido um satisfatório exame dos elementos introduzidos nos autos; além disso, tem sido de longa praxe os juízes cometerem a assistentes ou assessores seus o encargo de elaborar o relatório.

A motivação e o dispositivo são, porém, partes essenciais da sentença, motivo por que, mesmo do ponto de vista de eventual alteração legislativa futura, não nos atreveríamos a sugerir que uma delas fosse extirpada.

É na motivação onde o juiz irá demonstrar as razões que influíram na formação de seu convencimento jurídico acerca dos fatos narrados na causa; é onde irá proceder à valoração da prova produzida pelos litigantes (CPC, art. 131). Sob certo aspecto, pode-se mesmo sustentar que a motivação se destina, também, a permitir uma avaliação quanto ao respeito judicial ao indeclinável dever de imparcialidade (CPC, art. 125, I). Sentença destituída de fundamentação é ato nimiamente arbitrário. A fundamentação corresponde a uma exigência dos denominados Estados de Direito; é por esse motivo que, em nosso meio, esse conteúdo racional e intelectivo dos julgados foi alteado à categoria da exigência constitucional, como se lê no art. 93, IX, de nossa Carta Suprema: "todos os julgamentos dos órgãos do Poder Judiciário serão públicos, *e fundamentadas todas as decisões, sob pena de nulidade*" (sublinhamos).

No dispositivo (ou *decisum*) é onde o juiz irá proclamar o resultado da atividade de cerebração lógico-jurídica que desenvolveu na fundamentação. O *decisum* reflete, assim, o julgamento em si. Por princípio legal, apenas essa parte da sentença transita em julgado (CPC, art. 469, inciso I).

Não se pode dizer que a fundamentação seja necessária em virtude da possibilidade de a sentença ser impugnada pela via recursal; ora, se fosse assim, deveríamos admitir que aquelas sentenças que a lei faz irrecorríveis já ao nascerem não necessitariam ser fundamentadas... A motivação dos pronunciamentos jurisdicionais decisórios, como argumentamos, é algo que se relaciona, de muito perto, com os Estados de Direito e deve estar sempre presente, ainda que seja o caso de decisões irrecorríveis. Como pondera *Barbosa Moreira* "É nesse instante que a necessidade de justificação se faz particularmente aguda. O pronunciamento final, exatamente porque se destina a prevalecer em definitivo, e nesse sentido representa (ou deve representar) a expressão máxima da garantia, precisa, mais do que qualquer outro, mostrar-se apto a corresponder à função delicadíssima que lhe toca. Não é admissível que a garantia se esvazie, se despoje de eficácia, no momento culminante do processo mediante o qual é chamada a atuar"[119].

Não é apenas a falta de relatório, de fundamentação ou de dispositivo, que torna nula a sentença, no que concerne aos denominados vícios endógenos; a essa classe de vícios pertencem, igualmente, as sentenças que julgam *citra*, *ultra* ou *extra petita*, porquanto o juiz não só está obrigado a manifestar-se acerca de tudo aquilo que foi postulado pelas partes, mas apenas sobre o que foi postulado. Daí, a advertência feita pelo art. 128, do CPC, de que o juiz deve decidir o conflito de interesses nos limites em que foi submetido à sua cognição, sendo-lhe vedado conhecer de questões, não suscitadas, a cujo respeito a norma legal exige a iniciativa da parte; esse princípio da "congruência" entre o objeto da ação e o conteúdo da sentença, por sua extraordinária relevância, é reiterado pelo art. 460, do mesmo diploma processual, ao afirmar ser proibido ao juiz proferir sentença, a favor do autor, de natureza distinta da solicitada, assim como condenar o réu em quantidade superior ou em objeto diverso do que lhe foi demandado. Vem do direito romano, aliás, a parêmia de que *sententia debet esse conformis libello*.

Academicamente, podemos definir a sentença *citra* (ou *infra*) *petita* como a que aprecia menos do que havia sido pedido pela parte. O empregado, *v. g.*, pleiteia horas extras e adicional noturno e a sentença aprecia, unicamente, o pedido de horas extras. O fato de o autor não ingressar com embargos declaratórios para suprir a omissão da sentença não significa que esta tenha ficado escoimada desse vício endógeno. O que se deve deixar claro, entrementes, é a conseqüência processual para a parte que, devendo fazer uso dos embargos declarató-rios para suprir a omissão jurisdicional, não os oferece. Essa conse-qüência: a) no que tange à ação em curso (mesma relação processual) será a preclusão "temporal", que impedirá a parte de postular, perante o tribunal, a declaração de nulidade da sentença; b) será nenhuma, todavia, para efeito de ação rescisória, porquanto esta instaura uma nova relação processual, que não é afetada pela referida preclusão.

Não se pode pensar, entretanto, em sentença *infra petita* quando o juiz, apreciando tudo o que foi submetido ao seu conhecimento, concede menos do que o desejado pela parte. Será *ultra petita* a sentença

---

(119) *Barbosa Moreira*, "A motivação das decisões judiciais como garantia inerente ao Estado de Direito", *in Temas de Direito Processual Civil*, São Paulo: Saraiva, 2ª série, 1980, p. 85.

que conceder mais do que havia sido pedido; seria o caso, *e. g.*, de o autor postular adicional de insalubridade em grau médio e a sentença conceder-lhe em grau máximo. Diz-se *extra petita* da sentença que concede aquilo que nem sequer havia sido pedido: o autor deseja receber aviso prévio e horas extras e a sentença lhe concede, além disso, férias. Tanto no plano dos recursos, quanto no da ação rescisória, a solução jurídica consistirá em extirpar-se o excesso.

Pensamos ser também *extra petita* a sentença que acolhe o pedido por fundamento diverso do indicado pelo autor. Digamos que este pretenda ser reintegrado no emprego, em virtude de ser detentor de estabilidade concedida por instrumento normativo (acordo ou convenção coletiva ou acórdão), e o juiz conceda a reintegração com o fundamento de que embora tais instrumentos normativos não a prevejam, a lei a concede ao autor. Não se suponha que o apotegma romano *Da mihi factum dabo tibi ius* autoriza o juiz a conceder o pedido por fundamento diverso do indicado na inicial; o que esse aforisma está a significar é que à parte incumbe narrar o fato e ao juiz, aplicar a regra de direito pertinente. Quando, no entanto, a parte ingressa em juízo e fundamenta o seu pedido em norma legal que não lhe atribui o direito imaginado, não é lícito ao juiz acolher o pedido mediante a invocação do preceito legal que entende cabível, pois não se pode ignorar o fato de o réu haver apresentado a sua defesa com base nos fatos alegados na inicial, de tal arte que a atitude do juiz, consistente em alterar o fundamento jurídico do pedido, poderá acarretar grave lesão à garantia constitucional da ampla defesa. Por outro lado — para retomarmos o exemplo do pedido de reintegração —, se o juiz indeferir o pedido, sob o argumento de que nenhum instrumento normativo dá ao autor a estabilidade no emprego por ele alegada, este poderá voltar a juízo para formular o mesmo pedido, fazendo-o, agora, por fundamento diverso do anterior (em norma legal, digamos).

Reconhecemos que o assunto examinado comporta grande controvérsia doutrinária; em todo caso, visando a contribuir para o acertamento da matéria, deixamos, desde logo, exarada a nossa opinião a respeito.

Haverá vício exógeno, a comprometer gravemente a sentença, quando esta emanar de processo nulo.

Doutrinariamente, se tem feito a separação dos pressupostos de existência do processo e dos de validade. Os primeiros compreendem: a) jurisdição; b) partes; e c) citação regular; os segundos — também ditos pressupostos negativos — se referem à inexistência de: a) incompetência absoluta (CPC, art. 301, II); b) inépcia da inicial (CPC, art. 301, III); c) perempção (CPC, art. 301, IV); d) litispendência (CPC, art. 301, V); e) coisa julgada (CPC, art. 301, VI); f) conexão (CPC, art.

301, VII); g) incapacidade de parte, defeito de representação e falta de autorização (CPC, art. 301, VIII); h) causas suspensivas ou extintivas (CPC, arts. 267 e 269).

Entendemos que se a sentença for lançada em processo a que tenha faltado um (ou mais) dos pressupostos de existência ela será, ipso facto, inexistente e não nula, exceto no que concerne à citação; das sentenças inexistentes cuidaremos no próximo item.Serão nulas, todavia, as sentenças lançadas em processos que não tenham atendido aos pressupostos de sua validade (v. enumeração *supra*).

É de grande importância enfatizar que em nosso sistema jurídico o nulo passa em julgado, razão por que as sentenças assim viciadas somente podem ser desconstituídas por ação rescisória — contanto que hajam apreciado o mérito da causa. A ressalva é necessária para esclarecer que se a sentença determinar a extinção do processo em decorrência, p. ex., de perempção, de litispendência, de coisa julgada, ou mesmo de inépcia da inicial, de incapacidade da parte ou falta de representação etc., não ensejará ataque pela via rescisória, vez que não apreciou o *meritum causae*; se, ao contrário, a sentença ingressasse na apreciação do mérito, mesmo que não estivessem presentes os pressupostos de validade do processo, aí sim ela seria rescindível. Em tema de ação rescisória, em princípio, nunca devemos nos afastar do rumo estabelecido pelo *caput* do art. 485, do CPC, onde a alusão ao mérito é inequívoca. Não negamos, contudo, a possibilidade de esse afastamento estar justificado por alguma particularidade relevante, como quando, a despeito de a decisão não haver examinado o mérito da demanda, haja causado manifesta violação à lei ou à Constituição e impeça, sob a perspectiva lógica, a nova propositura da ação.

No início deste Capítulo, dissemos que, no geral, a rescindibilidade da sentença está ajoujada a uma causa nulificante; falávamos aí em grau de princípio, como bem revela a expressão sublinhada.

Pode acontecer, todavia, de a sentença de mérito, em situações excepcionais, ser passível de rescisão sem que possua algum vício (endógeno ou exógeno). Exemplifiquemos com o inciso VII do art. 485 do CPC, que permite o exercício da rescisória toda vez que o autor, após o proferimento da sentença rescindenda, obtiver documento novo, cuja existência ignorava, ou de que não pôde fazer uso, capaz, por si só, de lhe assegurar um pronunciamento favorável. Nesta hipótese, a sentença, ainda que escorreita, tanto do ponto de vista de forma quanto de conteúdo, será rescindível por motivo que se pode considerar superveniente a ela. Por outra forma de expressão: poderá ser desconstituída ainda que não possua nenhum vício endógeno ou exógeno. A rescindibilidade, aqui, deriva, simplesmente, de uma vontade da lei, sem que entrem em conta fatores ligados a falhas processuais ou a defeitos da sentença.

b) Sentenças inexistentes

Lei e doutrina brasileiras não têm dedicado maiores atenções ao delicado problema das sentenças inexistentes. O CPC, em raríssimas ocasiões, faz menção a atos inexistentes; uma delas está no art. 37, parágrafo único (os atos praticados por advogado desprovido de mandato, quando não ratificados no prazo de quinze dias, "serão havidos por inexistentes").

Não pretendemos elaborar aqui um tratado sobre a matéria, e sim escrever o suficiente para libertá-la de certas imprecisões doutrinárias e para torná-la entendível em face da ação rescisória — que ela repele.

Classicamente, a doutrina vem indicando como sentenças inexistentes as que são proferidas por quem não é juiz (neste caso, a aparente sentença foi emitida em processo a que falta um dos pressupostos para a sua existência, a jurisdição). Concordamos com esse exemplo e podemos acrescentar o da sentença que é emitida em relação a quem não foi parte no processo, bem como o da que é lançada em processo do qual tenha participado quem era destituído de capacidade postulatória. Em tais hipóteses, a sentença equivalerá a um não-ato, donde havermos nos referido a ela, há instantes, como sentença aparente.

Quanto à citação, a despeito de figurar como um dos pressupostos de existência do processo, julgamos que a sua realização de forma contrária à lei será causa de nulidade e não de inexistência do processo. Enuncia, a propósito, o art. 247 do CPC que a citação (assim como a intimação) será nula quando feita sem observância das prescrições legais. Caso, porém, não tenha havido citação, estaremos diante de ato inexistente e inexistente será, por isso, a sentença que for prolatada nesses autos. Clarifiquemos, pois, o nosso parecer: se houve citação (embora de maneira irregular), a sentença será nula porque proveniente de processo nulo; se, entretanto, não houve citação, quer nos parecer, por uma questão de ordem não só jurídica mas também lógica, que a sentença aí tirada será inexistente, pelo fato elementar de o processo haver-se ressentido da falta de um dos pressupostos indispensáveis à sua própria existência.

A citação, portanto, poderá ser causa de nulidade ou de inexistência do processo; logo, da sentença que lhe põe fim.

Esta quase oposição que estamos a fazer dos atos nulos aos inexistentes teria algum interesse prático, ou seria, apenas, produto de lucubrações tipicamente acadêmicas?

É indiscutível que há um acentuado interesse de cunho prático nessa separação. Basta atentar ao fato de que enquanto as sentenças nulas passam em julgado e, conseqüentemente, só podem ser desconstituídas pela ação rescisória, as inexistentes, como não-ato, em rigor não se submetem ao fenômeno das *res iudicata* materiais, podendo ser objeto, a qualquer tempo, de ação declaratória (de inexistência), com fulcro no art. 4º, I, do CPC.

Não se pode considerar, contudo, inexistente a sentença que venha a ser proferida no mesmo processo onde já tenha sido emitida sentença anterior, sobre o mesmo assunto. A nosso ver, a segunda sentença deve ser atacada mediante ação rescisória, pois o seu proferimento transgrediu a regra legal de que "Nenhum juiz decidirá novamente as questões decididas, relativamente à mesma lide..." (art. 471 do CPC); sendo assim, a rescisória seria viável com fundamento no inc. V do art. 485 do estatuto processual civil, porquanto a hipótese configuraria, à perfeição, violação de literal disposição de lei.

A sentença proferida em processo onde haja litisconsórcio necessário sem que todos os litisconsortes tenham sido citados, será nula ou inexistente?

Antes de respondermos a essa indagação, devemos esclarecer que o regime consorcial de que se ocupa o *caput* do art. 47, primeira parte, do CPC, não é o necessário como ali está dito, e sim o unitário. Este se caracteriza pelo fato de a decisão ter de ser uniforme para todos os litisconsortes; aquele, pela particularidade de todas as pessoas vinculadas à relação jurídica material deverem ser citadas para comparecer a juízo. Um litisconsórcio pode, assim, ser necessário sem ser unitário e vice-versa. A segunda parte do art. 47 do CPC, bem como o seu parágrafo único, tratam, efetivamente, do litisconsórcio necessário.

Feito o reparo que se impunha, enfrentemos a indagação há pouco formulada.

Em princípio, seria de pensar-se que a sentença emitida em regime litisconsorcial do tipo necessário seria inexistente se nem todos os litisconsortes tivessem sido citados; incide aqui, todavia, uma regra de temperamento. Essa falha poderá ser sanada no caso de o litisconsorte não citado vir a juízo espontaneamente. Esse é, aliás, o princípio que deflui do art. 214, § 1º, do CPC. Se o réu comparecer a juízo não para dar-se por citado e sim para argüir a nulidade, e sendo esta decretada, considerar-se-á realizada a citação na data em que ele ou seu advogado for intimado da decisão (*ibidem*, § 2º).

A solução que damos à espécie é análoga à que o art. 37, parágrafo único, do mesmo álbum processual civil dispensa à hipótese de o advogado praticar nos autos certos atos, sem que esteja munido do necessário mandato: se tais atos forem ratificados no prazo de quinze dias (prorrogáveis por mais quinze), serão reputados validados; caso contrário, serão tidos por inexistentes.

Sem nos afastarmos do assunto de que estamos a cuidar, perguntamos: a sentença proferida em litisconsórcio necessário, onde alguns dos litisconsortes não tenham sido citados (nem compareçam espontaneamente a juízo, para esse fim), seria objeto de ação rescisória, ou de ação declaratória de inexistência? Conquanto se verifique uma certa tendência doutrinária de propender para a primeira ação, coerentes com as opiniões que até aqui manifestamos, entendemos que seria cabível a ação declaratória, porquanto a sentença teria sido prolatada em processo a que faltaria um pressuposto essencial à sua existência: a citação necessária da universalidade das pessoas consorciadas na lide. O parágrafo único do art. 47 do CPC ordena essa citação sob pena de o juiz "declarar extinto o processo"; melhor: inexistente. Como ensina *Chiovenda*, há uma profunda diferença entre inexistência e nulidade, pois a sentença nula existe como ato processual, razão por que vincula o juiz, que não pode modificá-la, ao passo que "a sentença inexistente *é um nada*" (sublinhamos)[120].

Como *nihil* jurisdicional, a sentença deve, pois, ser declarada e não rescindida. Só se rescinde o que existe, embora nulamente.

Dúvida, que igualmente vem tomando de assalto a inteligência doutrinária, respeita a ser cabível ação rescisória ou ação declaratória de inexistência da sentença proferida em processos onde não estivessem presentes as condições da ação: legitimidade *ad processum*, interesse de agir e possibilidade jurídica do pedido (CPC, arts. 3º e 267, VI).

Cândido Dinamarco entende que o vício seja de nulidade[121]; desta maneira, seria admissível a ação rescisória. Pensamos de forma diversa. Se as condições indispensáveis para o regular exercício do direito de ação não se encontravam presentes, a sentença que, ignorando essa falha, solucionasse o conflito de interesses, seria inexistente e não nula, a desafiar, com isso, ação declaratória de inexistência. *Liebman* defende igualmente esse ponto de vista, argumentando que em situações como a examinada não teria havido, na realidade, atividade jurisdicional autêntica, e sim mera aparência de jurisdição[122].

---

(120) "Principii di Diritto Processuale Civile", Nápoles: Casa Edit. Dott Eugenio Jovene, 1965, p. 899.
(121) "Litisconsórcio", São Paulo: Revista dos Tribunais,1974, p. 188.
(122) "L'azione nella teoria del processo civile", *Problemi del Processo Civile*, Nápoles: Morano, 1942, p. 47.

Calham muito bem aqui as palavras de *Ovídio Baptista da Silva*, no sentido de que, a entender-se de modo distinto, teríamos de aceitar a existência de um processo "que todos tocam, que tramita pelos escaninhos dos cartórios e com base no qual as estatísticas mensais que o magistrado registra, podem, até mesmo, granjear-lhe uma promoção por merecimento — mas que não passa de um *fantasma*, onde não existe atividade jurisdicional" (sublinhamos)[123].

À guisa de ilustração, indiquemos, a seguir, mais alguns casos de sentença inexistente:

1. a que é pronunciada contra pessoa que não existe;
2. a que não é publicada;
3. a que não é assinada pelo juiz (não tendo a falta sido suprida);
4. a que é proferida oralmente;
5. a que é proferida por juiz aposentado ou afastado do exercício das funções;
6. a que é proferida sem que haja petição inicial.

Conforme dissemos em linhas anteriores, as sentenças inexistentes representam uma categoria de pronunciamentos jurisdicionais que não mereceu, até os dias da atualidade, uma profundidade de tratamento, pela norma legal e pela doutrina, que a importância do assunto reclama.

As observações conclusivas, que agora expenderemos, não têm a ousadia de pretender preencher essa imensa lacuna, mas apenas reduzir — ainda que inexpressivamente — as suas dimensões preocupantes.

a) A sentença inexistente corresponde a um não-ato, a um *nihil* jurisdicional, por lhe faltar um mínimo de requisitos indispensáveis à sua existência. Esse vício pode decorrer de fatores endógenos (= originados pela própria sentença) ou exógenos (= provenientes de fatos externos à sentença e anteriores a ela, como se dá na hipótese de ser emitida em processo inexistente).

b) Como ato inexistente, a sentença não passa em julgado, não produz coisa julgada material, motivo por que deve ser objeto de ação declaratória de inexistência, com espeque no art. 4º, I, do CPC ("inexistência de relação jurídica", como conteúdo do interesse do autor), e não de ação rescisória.

---

(123) "Ação de Execução", *in Repertório Enciclopédico do Direito Brasileiro*, São Paulo: Rev. dos Tribunais.

Isto importa dizer que a ação declaratória de inexistência de sentença pode ser ajuizada a qualquer tempo, ou seja, mesmo depois de exaurido o prazo decadencial de dois anos para o exercício da pretensão rescisória — que, segundo demonstramos, é inadmissível na espécie.

c) A sentença inexistente não produz nenhum efeito jurídico, não é provida de eficácia para provocar repercussão no plano do direito material disputado pelas partes no processo em que ela foi exarada.

d) O processo civil permite que o devedor alegue, por meio dos embargos que lhe são próprios, a falta ou nulidade da citação no processo de conhecimento, se a ação (*sic*) lhe correu (*sic*) à revelia.

Embora esse solucionamento que o processo civil deu ao problema seja doutrinariamente correto — pois a sentença teria sido inexistente no caso de falta de citação para o processo cognitivo —, mantemo-nos firmes em nosso parecer, externado em Capítulo pretérito (XI), de que, no processo do trabalho, não é admissível que o devedor alegue, em sede de embargos, essa falha da sentença exeqüenda (em verdade, a falha é muito mais ampla, porquanto atinge todo o processo em que a sentença foi prolatada, excluída a petição inicial), em virtude de certas particularidades expressivas que assinalam esse processo especializado, dentre as quais se destacam o fato de que, ao contrário do processo civil, o do trabalho determina que o revel seja intimado da sentença que lhe foi desfavorável, a fim de que possa, com isso, impugná-la mediante o emprego do meio recursal adequado (CLT, art. 852, parte final). Nas edições anteriores deste livro, acrescentávamos o argumento de que se revelava ofensiva de certos princípios ligados aos critérios distributivos de competência e de organização judiciária a possibilidade de o juiz, agindo em caráter monocrático (= singularmente), declarar inexistente um ato praticado pelo colegiado (Junta de Conciliação e Julgamento), ato do qual ele poderia nem mesmo ter participado, como se dava, *e. g.*, na hipótese de terem sido convergentes os votos dos vogais (a quem a Constituição, então vigente, premiou com o designativo de juízes classistas, no art. 116), como previa o art. 850, parágrafo único, da CLT. Esse argumento adicional, todavia, perdeu a razão de ser, em decorrência da extinção da representação classista, no âmbito da Justiça do Trabalho, e da conseqüente eliminação do caráter colegiado dos órgãos de primeiro grau, que passaram a ser unipessoais (Varas).

Em outro livro — "A Sentença no Processo do Trabalho", 2ª ed., São Paulo, LTr Edit., 1996 — pudemos realizar um estudo mais aprofundado da matéria; a essa obra remetemos o leitor que se interessar pelo tema.

Capítulo XIII

COISA JULGADA

Comentário

Segundo a Lei de Introdução ao Código Civil Brasileiro (em verdade, Dec.-lei n. 4.657, de 4.9.42), chama-se coisa julgada ou caso julgado a decisão judicial de que já não caiba recurso (art. 6º, § 3º).

A doutrina e a jurisprudência se apegaram à expressão coisa julgada, que também está no gosto dos legisladores mais recentes.

O fenômeno da coisa julgada é de subida importância para o estudo dos pronunciamentos jurisdicionais decisórios e da eficácia que lhes é inerente. A *res iudicata* não é, todavia, efeito, e sim qualidade da sentença.

A eficácia da sentença não se faz sentir ato-contínuo à sua publicação, mas sim quando ela não mais for passível de recurso, exceto se a sentença for daquelas irrecorríveis, hipótese em que a sua eficácia será liberada imediatamente à publicação. Com base nessa particularidade, podemos dizer que a sentença, considerada em si mesma, constitui uma espécie de ato de eficácia subordinada a evento futuro, ou seja, à ausência de impugnação pela via recursal ou ao exaurimento dessa via. Assim o é porque esse ato da jurisdição pode ser modificado pelo recurso que dele se interpuser. Sentença suscetível de recurso nada mais é do que uma situação jurídica. Esgotado o prazo de impugnação, porém, ela adquire o atributo da imutabilidade, que vem da *res iudicata*.

Não se pode contestar o fato de que a presença de diversos meios de impugnação às resoluções jurisdicionais, nos sistemas processuais, se justifica pela necessidade de evitar que eventuais falhas ou imperfeições nos julgamentos se tornem definitivas. Em dado momento, contudo, é ainda mais importante que a sentença se torne imutável e indiscutível, sob pena de graves perturbações da estabilidade das relações sociais e jurídicas, que se estabelecem entre os indivíduos. Daí, a existência do fenômeno da coisa julgada, que representa, em última análise, um veto à possibilidade de perpetuação das impugnações aos provimentos jurisdicionais.

Vale ser lembrada a afirmação de *Lopes da Costa* de que "É de ordem pública que os processos findem rapidamente. Para assegurar o regular tratamento da causa, a lei, de regra, estabelece duas instâncias, criando recursos para as decisões. Interposto no juízo do segundo grau o derradeiro recurso cabível, finda o processo, que não mais pode evoluir, tendo alcançado o seu objetivo final. Pode ser nulo o processo, injusta a sentença, nada mais há a fazer. *Roma Locuta Est.* O mau resultado das operações processuais irá para a partida de lucros e perdas da falibilidade da justiça dos homens. A ordem pública impõe "stare decisis, non quieta novare"[(124)].

É verdade que há um certo excesso nas palavras desse notável jurista, pois não se pode asseverar que passando em julgado a sentença "nada mais há a fazer", ainda que nulo o processo e injusta a sentença. Como pudemos ver, no Capítulo transato, geralmente a nulidade que esteja a contaminar a sentença de mérito enseja o exercício da ação rescisória, para desconstituir aquela decisão — conquanto devamos admitir que a sentença dita injusta não seja rescindível. Está claro, por isso, que mesmo tendo sido formada a *res iudicata* ainda haverá algo a fazer-se: desconstituí-la mediante ação rescisória, desde que satisfeitas as exigências legais.

Coisa julgada formal

A coisa julgada formal traduz-se no fenômeno da imutabilidade da sentença, em virtude da preclusão dos prazos para recursos. Diz-se que há, neste caso, preclusão máxima, exatamente porque já não há possibilidade de o pronunciamento jurisdicional ser impugnado por meio de recurso. Torna-se oportuno observar que a ação rescisória será admissível contra a sentença passada em julgado mesmo que em relação a ela não se tenham esgotado todos os recursos (Súmula n. 514 do Supremo Tribunal Federal).

A *res iudicata* formal gera a imutabilidade da sentença dentro do processo, considerando-se, sob esse aspecto, plenamente realizada a entrega da prestação jurisdicional pelo Estado.

Em casos excepcionais, porém, a coisa julgada formal não se constitui mesmo que a sentença não mais seja recorrível: isso ocorre quando ficar vencida a Fazenda Pública, porquanto a lei (Dec.-lei n. 779, de 21.8.69, art. 1º, V) determina que, nesse caso, os autos sejam remetidos ao Tribunal competente, para efeito de reexame necessário.

(124) "Direito Processual Civil", Rio de Janeiro: José Konfino, vol. III, 1946, n. 256, p. 276.

Somente depois de efetuado esse reexame é que a sentença (ou melhor: o acórdão) passará em julgado, produzindo a preclusão máxima a que há pouco aludimos. O CPC contém regra análoga, como demonstra o art. 475. Se o juiz deixar de remeter os autos ao tribunal, quando essa remessa era obrigatória, o presidente do tribunal deverá avocá-los, para que se torne concreto o comando da lei (*ibidem*, § 3º), vale dizer, para que o feito se submeta ao duplo grau de jurisdição.

Coisa julgada material

O art. 467, do CPC, conceitua a coisa julgada material como "a eficácia, que torna imutável e indiscutível a sentença, não mais sujeita a recurso ordinário ou extraordinário".

O dever estatal de prestar a tutela da jurisdição, quando regularmente invocada, consiste na composição da lide, na solução do conflito intersubjetivo de interesses, mediante ato específico e exclusivo: a sentença de mérito. A sentença não mais sujeita a recurso produz a coisa julgada, que, na lição dos romanos, era a decisão judicial que dava cobro ao litígio, com a condenação ou a absolvição do réu (*res iudicata dicitur quae finem controversiarum pronuntiatione iudicis accipit, quod vel condemnationem, vel absolutionem contingit*).

Prestada a tutela jurisdicional, "qualquer órgão da jurisdição fica processualmente impedido de reexaminar o litígio decidido, porquanto a coisa julgada, como pressuposto negativo da relação processual, veda e torna inadmissível esse reexame", como anota *José Frederico Marques*(125).

Conforme vimos, a coisa julgada formal produz a imutabilidade da sentença no mesmo processo; esta se torna imutável por não ser mais impugnável.

O que se poderia chamar de inimpugnabilidade não é, entretanto, a única qualidade da sentença passada em julgado; há também, a autoridade do julgado, que se irradia para além dos limites do processo, e que se manifesta sob a forma de imutabilidade dos seus efeitos. O comando que se esplende da sentença — e que representa a vontade concreta da lei —, ao tornar-se imutável adquire autoridade de *res iudicata*, obstando, com isso, a que a res *in iudicio deducta* volte a ser examinada não só no mesmo processo, mas em qualquer outro, seja pelo mesmo juiz (ou tribunal) ou qualquer outro.

A coisa julgada material é, conseguintemente, a autoridade da *res iudicata*, tendo força de lei nos limites da lide e das questões decididas, como declara o art. 468, do CPC.

---

(125) "Manual...", vol. III, p. 234.

Precisamente por ser dotada de força de lei é que a coisa julgada material (ou substancial) se faz obrigatória não só para as partes, mas para os juízes em geral. Captando, com argúcia, essa nota característica da coisa julgada material, *Betti* a definiu como a "força obrigatória e vinculante do acertamento de uma relação jurídica"[(126)].

O reexame da lide — reiteremos —, após a formação da coisa julgada (material), apenas será possível por meio de ação rescisória, a ser submetida à apreciação do tribunal, no exercício de seu *iudicium rescindens* ou também *rescissorium*.

Fundamento da autoridade da coisa julgada

A despeito de já nos havermos manifestado, en passant, sobre a justificação da existência da autoridade da *res iudicata*, é sobremodo conveniente que retornemos ao assunto para investigá-lo com maior profundidade.

Podem ser indicados como dois, essencialmente, os fundamentos dessa autoridade: um de natureza política e outro de natureza jurídica, conforme a bipartição aceita pela doutrina.

a) Fundamento de natureza política

Como pudemos expor neste livro, a ação se converteu, nos modernos sistemas jurídicos, em direito público subjetivo pelo qual o indivíduo impetra, na forma da lei, a tutela jurisdicional do Estado — direito esse alcandorado, em nosso meio, ao predicamento constitucional (CF, art. 5º, XXXV). A jurisdição substituiu os barbáricos sistemas vigorantes no passado, como o da autodefesa ou autotutela. Por outro lado, o Estado assegura ao réu ampla liberdade de defesa, permitindo que ele compareça a juízo para responder (= excepcionar, contestar, reconvir, reconhecer o direito alegado pelo autor) às pretensões deduzidas pela parte contrária (CPC, art. 297) e produzir todas as provas que forem necessárias à promoção dos seus direitos e interesses, pertinentes à causa.

Aos contendores em geral se assegura, também, o direito de produzirem provas no sentido de serem verdadeiras as alegações por eles formuladas e, no processo de conhecimento trabalhista, o juiz busca, em um mínimo de duas vezes, a conciliação (CLT, arts. 764, *caput*, 846, *caput* e 850, *caput*).

---

(126) *Apud Moacyr Amaral Santos*, "Primeiras Linhas...", 3º vol., p. 45.

O Estado instituiu, enfim, o devido processo legal (*due process of law*) como o método exclusivo de solução dos conflitos de interesses ocorrentes entre os indivíduos; nesse concerto, a sentença surge como o instrumento de prestação da tutela jurisdicional, o ato pelo qual o Estado diz com quem está o direito. O Estado-juiz, contudo, é uma abstração jurídica; concretamente, ele atua por intermédio dos juízes, seres humanos, e, como tais, falíveis. Pondo à frente a possibilidade de as decisões judiciais derivarem, em certas situações, de falhas ou de imperfeições de quem as proferiu, o mesmo Estado permitiu a impugnação desses pronunciamentos, criando, para tanto, os recursos e prevendo a sua utilização com maior ou menor amplitude, segundo seja a espécie de decisão que se pretende impugnar.

Salvo exceções, o nosso sistema de processo permite o reexame das causas como providência destinada a evitar que certas decisões injustas ou contrárias à lei possam prevalecer, em detrimento do prestígio da ordem jurídica e da respeitabilidade dos pronunciamentos jurisdicionais.

Como não se poderia, contudo, permitir que as lides se eternizassem, pois isso provocaria sensíveis abalos na harmonia e na estabilidade das relações sociais, concebeu-se a figura-fenômeno da coisa julgada, a representar uma espécie de veto inflexível à rediscussão das causas. Com o decurso dos prazos para a interposição dos recursos cabíveis, ou, de qualquer modo, com a preclusão do direito de fazer uso desses meios de impugnação, a sentença (ou o acórdão) transita em julgado, adquirindo, com isso, autoridade de coisa ou caso julgado, tornando-se, a partir daí, imutável.

Nisto reside, justamente, o fundamento político da autoridade das *res iudicata*.

Apenas em casos especiais, expressamente previstos em lei, é que a coisa julgada poderá ser desconstituída, reabrindo-se, por essa forma, a discussão da lide: essa tarefa os Códigos de Processo reservam à ação rescisória e concedem ao interessado o largo prazo de dois anos para a utilização desse instrumento jurídico.

b) Fundamento de natureza jurídica

Há uma generalizada cizânia doutrinária quanto às razões de ordem jurídica que conduziram à instituição da coisa julgada e à concepção da autoridade que lhe é inerente.

Contando bem, não teríamos dificuldade de encontrar cerca de uma dezena de teorias concernentes ao tema; por apego à brevidade, façamos uma síntese de algumas delas.

1. Teoria da presunção da verdade. Foi construída por alguns juristas da Idade Média, sob a influência da filosofia escolástica — em grande voga no período — e com base em texto de *Ulpiano* (Digesto 1.5.25).

Segundo essa teoria, a finalidade do processo era a busca da verdade, motivo por que os seus adeptos tinham uma visão silogística da sentença. Com efeito, para eles a matéria de fato correspondia à premissa menor; a de direito, à premissa maior e a conclusão, à decisão.

Embora, do ponto de vista ideal, não se possa negar que o escopo do processo seja, realmente, a busca da verdade, devemos reconhecer que, em muitos casos, o que prevalece não é a verdade real (não há vício pleonástico na expressão, em face da dualidade que caracteriza a verdade no plano processual), mas a meramente formal (que nem sempre coincide com aquela) e nem por isso se pode sustentar que a sentença não produz coisa julgada — ou que, por absurdo, produziria uma canhestra modalidade de *res iudicata* desapercebida de autoridade!

A autoridade da coisa julgada nasce não em função do conteúdo da sentença (= do que se tenha decidido), e sim do fato de dar-se a preclusão dos recursos. Sentenças injustas, sentenças contrárias à lei, sentenças imperfeitas, bem ou mal, passam em julgado.

A possibilidade de, em determinados casos, acabar por prevalecer não a verdade real (correspondente aos fatos tais quais aconteceram no mundo sensível), e sim a meramente formal (a que se constitui nos autos, como produto da atividade das partes e, eventualmente, do próprio juiz), fez com que alguns autores vissem na sentença nada mais do que uma verdade presumida, sem que isso acarretasse negar autoridade à coisa julgada que viesse a formar-se.

Esse pensamento exerceu razoável influxo em textos legislativos modernos, como, *v. g.*, no Código napoleônico. Em nosso meio, o famoso Regulamento n. 737, de 25 de novembro de 1850, dispunha serem presunções legais absolutas "os fatos ou atos que a lei expressamente estabelece como verdade, ainda que haja prova em contrário, como a coisa julgada".

2. Teoria da ficção da verdade. Produziu-a *Savigny*. Percebendo que as sentenças injustas também transitam em julgado e que, em conseqüência, aquilo que ela apreciou e resolveu não pode deixar de ser aceito como verdadeiro, o renomado jurista concluiu que a sentença espelha, simplesmente, uma ficção da verdade.

De certa maneira, essa teoria não difere, substancialmente, da anterior (presunção da verdade), pois as categorias de presunção e de ficção, conquanto sejam inconfundíveis, não se encontram muito distanciadas — uma em relação a outra — no terreno do binômio verdade-sentença. Aliás, já se disse, com alguma propriedade e com acentuado teor de ironia, que nos processos judiciais quase tudo vem à tona, menos a verdade...

Tanto na presunção quanto na ficção pensa-se que algo seja verdadeiro, embora possa não sê-lo.

A teoria em estudo, como se nota, faz da verdade fictícia o pedestal da autoridade da coisa julgada.

3. Teoria da força legal da sentença. Entendendo que todas as sentenças, inclusive as declaratórias, criam, constituem direitos, *Pagenstecher* elaborou a teoria da força legal dos pronunciamentos da jurisdição.

Afirmando que a sentença possui semelhança com o parecer do jurisconsulto e que ambos são produtores de certeza, o autor citado conclui que a sentença apresenta um *quid* a mais, porquanto, ao ser proferida, o direito novo (que ela representa) se sobrepõe ao direito anterior.

É esse *quid* a mais que, amoldado à sentença por imposição da lei, a torna constitutiva de direito e lhe atribui autoridade de coisa julgada.

O direito novo, criado pela sentença, é, pois, o fundamento da *res iudicata*, na óptica dessa teoria.

4. Teoria da eficácia da declaração. Figuram como seus criadores, dentre outros, *Hellwig*, *Stein* e *Binder*.

Para essa corrente de opinião, a autoridade da coisa julgada se funda na eficácia da declaração de certeza que a sentença possui.

Dessa forma, as sentenças são atos declaratórios de direitos (sentenças declaratórias) ou atos de constituição de direito (sentenças constitutivas).

Sob esse prisma, a própria sentença condenatória possui natureza constitutiva, na medida em que ao lado da declaração de certeza, que ela encerra, há uma prestação de dar, fazer ou deixar de fazer.

Fundamentalmente, entretanto, o que fica em toda sentença é o seu conteúdo declaratório e é dele que provém a certeza do direito. A sentença condenatória abriga, pois, dois conteúdos: um, de declaração de certeza quanto à existência do direito; outro, pertinente a um direito novo, consubstanciado na ordem de prestação. O primeiro direito é imutável; o segundo pode ser rediscutido na execução da sentença.

De acordo com essa doutrina, como se nota, a autoridade da *res iudicata* repousa no conteúdo declarativo da sentença. A força da coisa julgada constrange todos (partes, juízes) à obediência à declaração contida no provimento jurisdicional.

5. Teoria da extinção da obrigação jurisdicional. *Ugo Rocco* foi o idealizador dessa teoria; segundo ele, a definição de sentença se liga, umbilicalmente, aos conceitos de ação e jurisdição.

A doutrina em questão manipula, em verdade, os institutos da ação e da jurisdição para fazer deles a matéria-prima de sua construção. Argumenta *Ugo Rocco* — e, neste ponto, com razão — que a ação constitui um direito subjetivo de solicitar ao Estado a prestação juris-dicional, com o fito de, dizendo com quem está o direito disputado, solucionar o conflito de interesses. A jurisdição figura aí — também com acerto — como o poder-dever de declarar o direito. O Estado, ao declarar o direito (por meio da sentença), exaure a sua obrigação jurisdicional e o próprio direito de ação fica extinto.

A extinção do direito de ação e do dever jurisdicional impede que a relação jurídica material seja novamente apreciada, gerando, com isso, a imutabilidade da sentença que sobre ela se pronunciou (= coisa julgada).

6. Teoria da vontade do Estado. Teve ampla repercussão na Alemanha e, de certa forma, na Itália, onde encontrou em *Chiovenda* o seu mais fervoroso propagador.

Polariza-se essa teoria no comando que há na sentença, a par do raciocínio lógico que ela encerra.

Assim, a sentença, como produto de um raciocínio lógico, de um ato de inteligência do juiz, não reflete nenhuma influência especial do Estado, pois nessa parte o julgador não exerce uma atividade racional distinta da que geralmente é exercitada por qualquer outro indivíduo dotado de padrão cultural análogo. Visto o fato por esse ângulo, pode-se dizer que o ato do juiz é semelhante ao parecer de um jurisconsulto.

A particularidade essencial está, contudo, em que esse ato jurisdicional, ao contrário do parecer de um jurisperito, possui um comando, uma ordem, ou uma decisão. Como se trata de ato derivante da jurisdição, ele se reveste de um comando provido de força obrigatória. O traço compulsório da sentença é dado pela interveniência da vontade estatal.

Daí a conhecida definição de sentença, realizada por *Chiovenda*, no sentido de consistir na afirmação ou negociação da vontade do Estado, que assegura ao indivíduo um bem da vida.

O Estado não só concede à sentença força obrigatória, como os atributos de imutabilidade e de indiscutibilidade, que decorrem da preclusão dos prazos para a interposição de recursos.

Em resumo, a teoria em pauta vê na vontade do Estado o fulcro da autoridade da *res iudicata*, porquanto é essa expressão volitiva estatal que dá à sentença o caráter de ato irrevogável e de força compulsória.

7. Teoria da imperatividade. Defendeu-a *Carnelutti*, para quem a autoridade da coisa julgada se vincula ao fato de emanar do Estado. A imperatividade da sentença se justifica, exatamente, em virtude de traduzir um ato estatal. A coisa julgada se localiza, por isso, na imperatividade do comando da sentença.

A opinião de *Carnelutti* não coincide, como possa parecer, com a de *Chiovenda*. Para este, a sentença revela a norma legal aplicável ao caso concreto, ou seja, na sentença está a lei. Emitida a sentença, emporisso[127], esta assume o lugar da lei, substituindo-a; e o comando da norma legal, geral e abstrato, se especifica e se torna concreto na sentença. Sendo assim, há dois comandos, lado a lado: o da lei e o da sentença, sendo o desta independente. Já *Carnelutti* assevera que o comando da sentença pressupõe o comando da lei, conquanto com este não se identifique, necessariamente. O comando da sentença é suplementar ao da lei; e como traz uma declaração de certeza, faz-se dotado de imperatividade por ser ato proveniente do Estado-juiz.

Ponto singular a ser destacado no pensamento de *Carnelutti* concerne ao fato de ele, opostamente à opinião predominante na doutrina, colocar a formação da coisa julgada material antes da constituição da *res iudicata* formal. Por outros termos, na teoria carnelutiana não é a coisa julgada material que pressupõe a formal e sim esta é que pressupõe aquela. Argumenta o ilustre pensador italiano que na certeza produzida pela sentença está a imperatividade que gera a coisa julgada material; esta, por sua vez, em decorrência do exaurimento dos prazos recursais, se converte em coisa julgada formal.

8. Teoria da qualidade especial da sentença. Opondo-se à doutrina de largo prestígio, que via na coisa julgada um efeito da sentença (o principal deles), *Liebman* sustentou que a *res iudicata* é, em rigor, uma qualidade especial da sentença.

Essa qualidade robustece a eficácia da sentença, que consiste em sua imutabilidade como ato processual (*res iudicata* formal) e na imutabilidade de seus efeitos (coisa julgada material).

---

(127) Em homenagem à gente do Minho, berço da nacionalidade lusitana.

Em *Liebman*, a eficácia da sentença promana de sua aptidão para, como ato processual, produzir efeitos. Não é só. A sentença, para ser eficaz, deve estar em conformidade com o direito, pois, caso contrário, será destituída de eficácia. Ainda: essa conformidade significa que a sentença deve ser o resultado de uma seqüência de atos formais, que constituem o procedimento ditado pela norma legal, e também espelhar a vontade da lei (critérios de validade e justiça da sentença).

A partir daí, *Liebman* afirma que, por obra de presunção, os atos oriundos do Estado estão em consonância com o direito, razão por que são eficazes. Essa presunção, no entanto, é relativa, pois não sobrevive diante de situações em que se demonstra a ilegalidade do ato. A ilegalidade, na espécie, compreende a inconstitucionalidade. Como diz o festejado pensador, um ato da administração ou do Judiciário terá validade enquanto não for provada a sua ilegalidade: "A sentença, que é também amparada por esse princípio fundamental da presunção da legalidade dos atos estatais, é eficaz em todos os sentidos até o momento em que se demonstrar a sua invalidade ou injustiça, e quem afirma essa ilegalidade é que a deve demonstrar nas formas e meios devidos"(128).

Ainda que a sentença seja válida e justa, a sua eficácia somente será liberada após a preclusão dos recursos dotados de efeito suspensivo, isto porque essa classe de meios impugnativos suspende o momento em que a sentença está para produzir a sua eficácia natural(129).

A teoria de *Liebman*, porém, não se esgota nisso.

A sentença passível de ser "reformada" apenas produz a sua eficácia natural, ordinária. Com a preclusão de todos os recursos, entretanto, a sua eficácia fica "reforçada" diante da imutabilidade da sentença. Nesse quadro, a coisa julgada aparece como uma qualidade especial que fortalece a eficácia ínsita ao pronunciamento jurisdicional.

A preclusão da totalidade dos meios recursais faz surgir a coisa julgada formal, entendida como a imutabilidade da sentença e, seguintemente, a *res iudicata* material, que se traduz na imutabilidade dos efeitos da sentença.

Reconhece o grande jurista que a coisa julgada se baseia na necessidade social de evitar que os litígios se perpetuem, em detrimento dos indivíduos e do Estado.

---

(128) "Sentença e coisa julgada", *in Rev. da Fac. de Dir. da Univ. de SP*, XL, 1945, pp. 203 e ss.

(129) *Idem, ibidem.*

9. A opinião do autor. O assunto relativo ao fundamento de natureza jurídica da autoridade da coisa julgada, como pudemos demonstrar, foi estudado, em profundidade, por juristas de nomeada, tirando, cada qual, a sua opinião a respeito.

Dentre todas as teorias que expusemos, julgamos ser a de *Liebman* a mais aceitável, vez que o fenômeno jurídico da coisa julgada não pode ser visto como efeito e sim como qualidade da sentença. Qualidade especial, acrescente-se. A *res iudicata*, por outras palavras, é eficácia da sentença, considerada esta como a aptidão para produzir os efeitos que lhe são inerentes e que a faz imutável e indiscutível com a preclusão dos recursos.

O estatuto processual civil brasileiro, de 1973, dá mostras de haver absorvido a doutrina liebmaniana, ao declarar: "Denomina-se coisa julgada material a *eficácia*, que torna imutável e indiscutível a sentença, não mais sujeita a recurso ordinário ou extraordinário" (sublinhamos).

Não devemos desprezar, todavia, o pensamento de *Chiovenda*, quanto a ser a lei que atribui à sentença a qualidade de coisa julgada, pois, em nosso meio, o Código Civil conceitua a *res iudicata* como "decisão judiciária de que já não caiba recurso" (Lei de Introdução, art. 6º, § 3º). Esse conceito se harmoniza com o impresso no art. 467, do CPC.

Chiovenda nos fala, ainda, da força obrigatória da sentença, que é dada pelo Estado e que alcança a todos: partes, juízes e outros — lição que foi aceita pelo legislador processual brasileiro, como evidencia o art. 468 do Código: "A sentença, que julgar total ou parcialmente a lide, *tem força de lei* nos limites da lide e das questões decididas" (sublinhamos).

Preclusão e coisa julgada

O vocábulo *preclusão* (do latim *praeclusio*, de *praecludere* = fechar, tolher, findar) significa o ato de encerrar ou de impedir que alguma coisa se faça ou tenha prosseguimento[130].

Transportado para o tecnicismo da linguagem jurídica, ele expressa a perda de um direito processual — ou, quando menos, de uma faculdade dessa natureza —, que em virtude de sua exaurição ou de não haver sido exercitado no momento oportuno fica extinto.

Em *Chiovenda*, a preclusão aparece como a perda de uma faculdade processual por se haverem tocado os extremos fixados pela

(130) *De Plácido e Silva*, "Vocabulário Jurídico", vol. III, Rio de Janeiro: Forense, 1967, p. 1198.

lei para o exercício dessa potestade no processo ou numa fase do processo[131].

Sem nos distanciarmos dessa idéia central, entendemos que a preclusão consiste na perda de um direito ou de uma faculdade de praticar certo ato processual, em decorrência do decurso do prazo legalmente estabelecido para isso; de o ato ser incompatível com outro, anteriormente realizado; de decisão passada em julgado, que o repele. Preferimos essa definição porque ela incorpora, didaticamente, as espécies de preclusão consagradas pela doutrina.

Com efeito, diz-se que há, basicamente, três espécies de preclusão, a saber: a) temporal; b) lógica; e c) consumativa. A temporal é a de maior incidência prática e se caracteriza pela impossibilidade de o ato ser realizado, em razão do decurso do prazo previsto em lei ou assinado pelo juiz (a parte interpõe o recurso ordinário após o oitavo dia; não se manifesta, no prazo fixado pelo juiz, sobre os documentos juntados pela parte contrária); a lógica ocorre quando se deseja praticar ato inconciliável com outro, já realizado no processo (suscitar, o litigante, conflito de competência, quando já oferecera exceção de incompetência: CPC, art. 117); a consumativa provém da existência de decisão (sentença, decisão interlocutória) passada em julgado, que inibe a prática de ato com ela contrastante (pretende-se discutir, na fase de liquidação da sentença, matéria já apreciada pela sentença exeqüenda: CLT, art. 879, parágrafo único).

A coisa julgada é a preclusão máxima.

Para que o binômio preclusão — coisa julgada — de vital importância para o estudo da ação rescisória — seja convenientemente entendido, devemos avançar em considerações.

Na terminologia do processo, as locuções *passar* (ou *transitar*) em *julgado* e *fazer coisa julgada* não guardam necessariamente, sinonímia, como se possa imaginar. Há decisões que passam em julgado e que não constituem *res iudicata* (material). Nessa classe de sentenças podem ser incluídas, dentre outras: a) as que geram a extinção do processo sem julgamento do mérito. Desse grupo participam aquelas mencionadas pelo art. 267, do CPC, à exceção da que acolhe a alegação de perempção, litispendência e coisa julgada; b) as proferidas nos impropriamente denominados processos de "jurisdição voluntária" (corrija-se para administração pública de interesses privados); e c) as emitidas nos processos cautelares, salvo as que declaram a prescrição extintiva quanto ao direito material alegado pelo autor ou a decadência (CPC, art. 810, parte final).

---

(131) *Apud Moacyr Amaral Santos*, ob. cit., p. 57.

As decisões interlocutórias, em princípio, também não produzem coisa julgada material, em face da natureza eminentemente processual de que são providas. A falta de impugnação de decisões dessa espécie tem efeito apenas preclusivo, aqui empregado o termo como significante de coisa julgada formal, porquanto vedada estará a possibilidade de a matéria ser reexaminada no mesmo processo.

Res iudicata igualmente não produzem os despachos a que o Código chama de mero expediente (CPC, art. 189, I); estes, aliás, nem sequer são recorríveis (CPC, art. 504).

Como deixamos exarado inúmeras vezes, neste livro, somente os pronunciamentos jurisdicionais que ingressam no mérito têm aptidão para produzir a coisa julgada material — pressuposto legal da ação rescisória.

Limites da coisa julgada

Quando falamos em limites da coisa julgada estamos, na verdade, procurando precisar o alcance de seus efeitos, seja do ponto de vista da extensão da matéria decidida, seja das pessoas que serão por ela atingidas; no primeiro caso, vem à tona o problema dos limites objetivos; no segundo, o dos limites subjetivos.

a) Limites objetivos

Lê-se no art. 468, do CPC: "A sentença, que julgar total ou parcialmente a lide, tem força de lei *nos limites da lide e das questões decididas*" (sublinhamos). Para *Moacyr Amaral Santos*, esse dispositivo do estatuto processual civil brasileiro reproduz, no particular, o projeto *Mortara*, elaborado por *Carnelutti*(132). Um pequeno adendo, entretanto, à afirmação do ilustre jurista de São Paulo se faz indispensável. Na realidade, o art. 468 do atual CPC reproduz, com pequena variação literal, a regra que se encontrava enunciada no art. 287, *caput*, do CPC de 1939, assim redigido: "A sentença que decidir total ou parcialmente a lide terá força de lei nos limites das questões decididas". A disposição do CPC revogado, por sua vez, constitui cópia parcial do art. 290 do Projeto de Código de Processo Civil feito por *Mortara*, em 1926. Esse projeto estabelecia que a sentença teria "forza di legge nei limite della lite e della questione decisa", podendo-se perceber, por isso, que o legislador processual brasileiro, de 1939, eliminou (desastradamente, diga-

(132) Ob. cit., p. 62.

se) o vocábulo *lide*, muito adequadamente introduzido no texto do precitado Projeto italiano.

Levando-se em conta que o legislador de 1973 não incorreu no erro de realizar semelhante extirpação, pode-se dizer — agora sim — que o art. 468 do Código em vigor representa uma reprodução fiel do art. 290 do Projeto elaborado pela comissão que tinha *Ludovico Mortara* na presidência.

A parte final do art. 290 desse Projeto estatuía, ainda, que "Si considera decisa, anche se non sia risoluta espressamente, ogni questione, le cui risoluzione costituisca una premessa necessaria della disposizione contenuta nella sentenza", cuja disposição foi incorporada ao digesto processual civil pátrio, de 1939, como revela o parágrafo único do art. 287: "Considerar-se-ão decididas todas as questões que constituam premissa necessária da conclusão". Essa regra, de caráter silogístico, não foi, porém, reproduzida pelo Código de 1973, embora este haja se preocupado em declarar que "Passada em julgado a sentença de mérito, reputar-se-ão deduzidas e repelidas todas as alegações e defesas, que a parte poderia opor assim ao acolhimento como à rejeição do pedido" (art. 474).

O art. 468, do CPC em vigor, se refere a *questões* decididas e o art. 128 do mesmo Código adverte que o juiz deverá decidir a lide "nos limites em que foi proposta, sendo-lhe defeso conhecer de *questões*, não suscitadas, a cujo respeito a lei exige a iniciativa da parte" (sublinhamos).

As "questões" — como dissemos em páginas anteriores —, na ordem processual traduzem certos aspectos do mérito, certos pontos controvertidos na causa; dada a elevada importância que apresentam para a exata compreensão do tema rescisório, as questões merecerão, de nossa parte, mais adiante, escólios específicos.

Por ora, retornemos ao problema dos limites da lide, de que falam os arts. 128 e 468, do CPC vigente. Como ensina *Carnelutti*, o julgado é a decisão de uma lide e, por essa razão, os limites do julgado são os limites de seu próprio objeto, vale dizer, os limites que se lançam sobre o julgado da lide: "porque é a decisão de uma lide, o julgado não pode ser mais que tal decisão; mas aquilo que é, o é para todos, não somente para as partes"[(133)].

Menciona o art. 468 do CPC a possibilidade de o juiz julgar parcialmente a lide. O que devemos entender por julgamento parcial de um conflito de interesses?

---

(133) *Apud Moacyr Amaral Santos*, ob. cit., p. 62.

Em rigor, a viabilidade de uma solução não-integral da lide já estava prevista no art. 287 do CPC de 1939 (*caput*).

Debruçando-se sobre esse delicado assunto, alguns autores do período chegaram a opinar que o julgamento parcial ocorreria se o juiz julgasse apenas uma das diversas demandas cumuladas num só processo. Esse era o pensamento do próprio *Pedro Batista Martins*, elaborador do projeto que, mais tarde, se converteria no Código de 1939: "Se as partes formularem no mesmo processo pedidos que não lhes era lícito formularem, o juiz, que deverá ater-se ao princípio da economia processual, não anulará o processo; julgará em parte procedente (*sic*) a ação para o fim de condenar o réu no pedido que lhe pareça compatível com o rito adotado, abstendo-se de decidir as questões insuscetíveis de cumulação. A sentença, em tais casos, deverá, por conseguinte, decidir parcialmente a lide"(134).

Essa opinião de *Batista Martins* recebeu justas críticas de *José Frederico Marques*(135) e de *Moacyr Amaral Santos*(136), pois na verdade aquele destacado jurista incorreu no grave erro de confundir os conceitos de lide e de questão (leiam-se as suas palavras, há pouco reproduzidas). No exemplo por ele formulado, o juiz, ao apreciar um dos pedidos e deixando de decidir aquilo que não fosse passível de cumulação, estaria, na realidade, efetuando um julgamento total de uma lide, conquanto não se pronunciasse sobre a outra.

Quer nos parecer que, para os efeitos do art. 468 do CPC (é com vistas a ele que estamos a formular estas considerações), pode ser aceito o ensinamento de *Carnelutti* relativo à existência de um processo integral e de um processo parcial(137); com isso, quer o notável jurista italiano expressar que a despeito de a sentença dever ater-se aos limites da lide, isso não significa que aquela possa ser menos que esta, ou seja, que não possa a sentença decidir apenas em parte a lide(138). Nessa linha de concepção, poderia ser indicada, como exemplo, a sentença que se omitisse quanto à apreciação de determinado pedido feito pela parte e transitasse em julgado com essa falha. Discordamos, portanto, de *Moacyr Amaral Santos* quando, citando idêntico exemplo, conclui que mesmo diante do suprimento dessa lacuna do pronunciamento jurisdicional, por meio de embargos declaratórios, a sentença teria julgado parcialmente a lide. *Data venia*, a sentença declarativa, ao pronunciar-se sobre o ponto omisso da declarada, integrou-se a ela,

(134) "Comentários ao Código de Processo Civil", 3º vol., p. 340.
(135) "Instituições", 1960, p. 50.
(136) "Primeiras Linhas", 3º vol., pp. 68/69.
(137) *Apud Moacyr Amaral Santos*, ob. cit., pp. 63/64.
(138) *Idem, ibidem*.

fundiu-se a ela, formando um só corpo, tanto que eventual recurso interposto será um só (e não um para cada sentença: a declarada e a declarativa), assim como una será a execução que se vier a promover. Logo, não nos parece correto afirmar que, na hipótese, a sentença teria efe-tuado um julgamento parcial da lide. Esse julgamento fragmentário, insistamos, só se configurará se a sentença passar em julgado com a omissão que a contamina.

Frederico Marques aponta como caso de julgamento parcial o da sentença que se limitasse a decidir acerca do *an debeatur*, remetendo para a fase de liquidação a quantificação do crédito (ou da execução, *lato sensu*)(139). Não estamos convencidos, *venia concessa*, do acerto desse exemplo. Ao proferir a sentença que soluciona o conflito de interesses, ou seja, que compõe a lide, o juiz estará realizando um julgamento integral desta (supondo-se que tenha apreciado todos os pedidos formulados pelos litigantes); o fato de relegar para a fase de liquidação o *quantum debeatur* não quer dizer que a lide tenha sido julgada apenas em parte: o foi por inteiro, representando a liquidação mero capítulo preparatório da execução (por quantia certa). Tanto se trata de julgamento integral da lide, que a lei proíbe às partes de, na liquidação, modificarem ou inovarem a sentença liquidanda, assim como discutirem "matéria pertinente à causa principal" (CLT, art. 879, parágrafo único), mandamento também encontrado no processo civil: "É defeso, na liquidação, discutir de novo a lide, ou modificar a sentença, que a julgou" (art. 610).

A prevalecer o pensamento de *Frederico Marques*, teríamos de aceitar a idéia de que somente a sentença que solucionou o conflito — por haver julgado parcialmente a lide — teria força de lei e não a decisão de caráter interlocutório, que quantifica o valor da execução.

Como caracterizadora de julgamento parcial da lide podemos citar, ainda, a sentença que declara inexistente a pretendida relação de emprego, deixando, em conseqüência, de apreciar os demais pedidos efetuados pelo autor (como de indenização, aviso prévio, férias, gratificação natalina etc.). A lide envolvia tanto a relação de emprego quanto os pedidos de natureza pecuniária, formulados pelo autor. Ao não reconhecer a existência do vínculo empregatício e, em virtude disso, deixar de pronunciar-se sobre os outros pedidos que decorreriam do acolhimento do primeiro, parece-nos que o órgão jurisdicional procedeu a um julgamento parcial da lide. Sendo assim, essa parte da pretensão, passando em julgado, tornaria definitivamente prejudicada a apreciação das demais.

---

(139) Ob. cit., p. 267.

O problema das "questões"

Vimos que o art. 468 do CPC declara que a sentença (que julgar total ou parcialmente a lide) terá força de lei nos limites da lide e das questões decididas.

Tivemos oportunidade de demonstrar, no item anterior, que o legislador processual brasileiro, de 1939, ao traduzir o texto do art. 290 do Projeto de Código italiano, de autoria de *Mortara*, omitiu (deliberadamente) o vocábulo lide; ao agir assim, fez com que a redação do art. 287 de nosso CPC levasse os seus intérpretes à equivocada conclusão de que fossem objeto (ou conteúdo) da coisa julgada apenas as "questões decididas". É sempre útil rememorar que esse artigo dizia que a sentença, que apreciasse a lide no todo ou em parte, teria força de lei no limite das questões decididas.

O Prof. *Alfredo Buzaid*, elaborador do Projeto do atual CPC, não se deixou capitular por esse erro, ao restabelecer a integridade do texto italiano, em que se inspirara o legislador de 1939, para declarar que a sentença, no caso, terá força de lei nos limites da lide e das questões decididas.

A sentença, ao julgar a lide, terá, invariavelmente, de apreciar as questões suscitadas pelas partes, com o objetivo de fazer com que os pedidos sejam acolhidos ou rejeitados. Essas questões consistem em pontos controvertidos, que devem ser superados (= apreciados pelo juiz) para que a sentença possa ser emitida.

Se a parte levantou determinada questão e a sentença sobre ela não se manifestou (e não houve oferecimento de embargos declaratórios), não se aplicará a regra do art. 468 do CPC, motivo por que não se pode pensar em possuir força de lei uma sentença que deixou de se pronunciar sobre questão posta por um dos litigantes (ou por ambos, conforme seja o caso).

Há, todavia, uma outra classe de questões, sobre a qual a doutrina vem se manifestando de maneira algo vacilante e imprecisa: são as denominadas prejudiciais. Como questões prejudiciais entendem-se todos aqueles aspectos ou pontos de direito material debatidos no processo, que constituem pressuposto lógico para o proferimento da sentença e que poderiam ser objeto até mesmo de ação distinta. Daí o sentido de "prejudicialidade" dessas questões. Note-se, porém, que ditas questões não são, necessariamente, prejudiciais à sentença se não que, em alguns casos, podem sê-lo. Melhor explicando: tais questões são efetivamente prejudiciais se a decisão que o juiz proferir, a respeito delas, tornar-se inconciliável com a pretensão de fundo, deduzida pela parte — seja a contrária, seja a que suscitou a questão. Argumentemos com a ação em que o autor, dizendo-se empregado do réu, pretenda a condenação deste ao pagamento de certas quantias, devidas em virtude da existência do contrato de trabalho. Se o réu alegar a inexistência da relação de emprego, essa alegação assumirá caráter de autêntica questão prejudicial dos pedidos formulados pela parte contrária. A existência, ou não, de relação de emprego, poderia ensejar o ajuizamento de ação declaratória autônoma, com fundamento no art. 4º, I, do CPC. Sendo essa relação, entretanto, objeto de questão prejudicial, a decisão incidental que o juiz sobre ela proferir não fará, em princípio, *res iudicata*, como esclarece o art. 469, III, do CPC. Para que, de maneira excepcional, essa espécie de questão produza a coisa julgada, torna-se imprescindível que: a) a parte interessada o requeira (CPC, arts. 5º e 325); b) o juízo seja competente em razão da matéria; c) ela constitua pressuposto necessário para o julgamento da lide (CPC, art. 470).

Em síntese: 1) se o autor ingressar em juízo com ação declaratória autônoma (CPC, art. 4º, I) para obter um provimento que diga (= declare) haver sido de emprego a relação jurídica material estabelecida com o réu, a sentença aí proferida fará coisa julgada material, ainda que não reconheça a existência dessa relação; 2) se o autor ajuizar ação onde, dizendo-se empregado do réu, pedir a condenação deste ao pagamento das quantias mencionadas na inicial e o réu, contestando o direito em que se fundam os pedidos daquele (CPC, art. 325), requerer ao juiz que profira sentença declaratória incidental (CPC, arts. 5º e, mais uma vez, 325) essa sentença: 2.1) em princípio, não fará coisa julgada (CPC, art. 469, III); 2.2) exceto se a parte o requerer; o juízo for competente ratione materiae e tal resolução representar pressuposto indispensável ao julgamento da lide (CPC, art. 470).

Estrutura da sentença e coisa julgada

Como estamos a discursar sobre os limites objetivos da coisa julgada, é de mister examinarmos, a seguir, que partes da sentença geram o fenômeno processual da coisa julgada.

Repitamos que a sentença contém, estruturalmente, três frações, preordenadas de modo lógico: a) relatório; b) fundamentação; c) dispositivo (CLT, art. 832, *caput*; CPC, art. 458).

Dispõe o art. 469 do CPC que não fazem coisa julgada: a) os motivos, ainda que importantes para determinar o alcance da parte dispositiva da sentença; b) a verdade dos fatos estabelecida como fundamento da sentença; c) a apreciação de questões prejudiciais, decididas incidentalmente no processo (incs. I a III).

a) No passado, lavrou-se disputa intensa e generalizada sobre o assunto. Alguns autores afirmavam que em hipótese alguma a motivação da sentença seria afetada pela *res iudicata*; outros, que isso poderia ocorrer quando o dispositivo se apresentasse confuso, ininteligível e houvesse necessidade de buscar-se na motivação os elementos esclarecedores; outros, que a motivação sempre seria atingida pela coisa julgada, vez que esta representa a alma da sentença.

Savigny, em posição singular, entendia que somente os fundamentos objetivos da motivação seriam alcançados pela coisa julgada; para ele, tais fundamentos objetivos consistiam nos elementos constitutivos da relação jurídica. Conquanto a doutrina de *Savigny* tenha sido aceita por muitos, em alguns países, como a Alemanha e a Áustria, ela acabou rechaçada, bastando lembrar que nessas legislações se declarou que apenas o dispositivo seria abrangido pela *res iudicata*.

Em nosso meio, quando ainda vigente o Código de 1939, escritores de prestígio sustentaram que apenas a parte dispositiva da sentença seria afetada pela coisa julgada. Essa corrente doutrinária se achava fortemente influenciada pelo Código germânico e pelos ensinamentos de *Liebman*, embora seja de inteira justiça reconhecer-se que *Paula Batista*, já no século passado, percebera, com vanguardeira e perspicaz intuição, que unicamente o dispositivo era atingido pela *res iudicata*.

Segundo *Liebman*, a assertiva de que a coisa julgada estava restrita ao dispositivo, ainda que correta, deveria ser entendida em seu senso substancial e não formal, "de modo que abranja não só a fase final da sentença, mas também qualquer outro ponto em que tenha o juiz eventualmente provido sobre os pedidos das partes"[(140)].

Caso, todavia, em situação algo inusitada, o juiz, na fundamentação, decidir a respeito de determinado ponto ou questão, haveremos de admitir que a motivação, nesse caso específico, poderá ser alcançada pela coisa julgada, porquanto atraiu para si elementos que seriam próprios da parte dispositiva (*decisum*) da sentença.

De qualquer forma, optando pela melhor doutrina, o vigente estatuto processual civil clarifica que os motivos da sentença não fazem coisa julgada, mesmo que relevantes para determinar o alcance do julgado (art. 469, I). Esses motivos, reiteremos, apenas servem para explicar, para esclarecer o dispositivo, sem que, com isso, passem a fazer parte deste para efeito de produção de *res iudicata*.

b) Ao dizer que a verdade dos fatos posta como fundamento da sentença não produz coisa julgada, o legislador quase tocou nos lindes

---

(140) *Apud Moacyr Amaral Santos*, ob. cit., p. 66.

da redundância, pois se, no inciso anterior (I), afirmara que os motivos não são atingidos pela coisa julgada e compreendendo estes, sem dúvida, a verdade dos fatos, pareceria dispensável a presença do inc. II, no art. 469. O que se percebe, contudo, é que o legislador procurou explicar aquilo que, de certa maneira, estava implícito nos motivos da sentença.

Via de regra, a verdade dos fatos nasce da atividade de exame e de valoração das provas, que o juiz realiza, por imperativo do princípio do livre convencimento motivado (ou da persuasão racional), que vem do art. 131 do CPC.

Segue-se, que se o juiz admitir como verdadeiro um fato, em determinado processo, isso não significa, necessariamente, que essa veracidade deva ser acatada em outro processo, ainda que sob a direção do mesmo juiz. Calha, com perfeição, à espécie, a denominada prova emprestada — que tantos maus-tratos vem recebendo no campo prático, por parte de juízes e advogados.

Prova emprestada não é prova imposta por uma das partes à outra, ou pelo juiz a uma delas ou a ambas; é, acima de tudo, prova "negociada". Expliquemos. Se se discute sobre existência, ou não, de insalubridade, não pode um dos litigantes pretender juntar aos autos, como prova emprestada, laudo pericial extraído de outros autos de processo, ainda que pertinente ao mesmo local de trabalho onde o autor (no processo posterior) prestou serviços. Esclareça-se que não estamos a afirmar que uma tal prova emprestada não possa ser utilizada; o que estamos levando em conta é o fato de que, no geral, usa-se desse elemento probante para dispensar a produção de prova semelhante nos autos do processo que receberão tais elementos, por empréstimo. Daí por que a prova emprestada deve ser objeto de concertamento entre os contendores; fora disso, é prova imposta.

De qualquer sorte, a verdade dos fatos, reconhecida num processo, não vincula o convencimento do juiz em processo distinto, por força da norma legal (CPC, art. 468, II) que não coloca essa verdade sob o pálio da coisa julgada. Visto o assunto por esse ângulo, pode-se aplicar-lhe o dito sentencioso, em grande voga no âmbito processual, de que "cada caso é um caso", não sendo possível, em virtude disso, impor-se, para a generalidade das situações, uma prova produzida em apenas um deles.

c) Sobre não fazer coisa julgada a apreciação de questões prejudiciais, discorremos há pouco.

Há a acrescentar, conclusivamente, que a prescrição extintiva (bienal, qüinqüenal), a despeito de ser considerada pela doutrina predominante como prejudicial de mérito (e não como preliminar) não se inclui no conceito de questão prejudicial, para o fim de incidência da regra contida no inc. III do art. 469, do CPC.

Quando o juiz acolher a alegação de prescrição (ele não a pode conhecer *ex officio*; exceto se se tratar de direito não patrimonial: CPC, art. 219, § 5º), haverá extinção do processo com julgamento do mérito (CPC, art. 269, IV) produzindo a sentença, em conseqüência, a coisa julgada material; não os seus motivos (CPC, art. 469, I) e sim a parte dispositiva.

Uma palavra final sobre o assunto

Sob o regime do diploma processual civil em vigor — e, por extensão, no plano do processo do trabalho — torna-se possível enunciar alguns princípios respeitantes ao binômio sentença/coisa julgada:

1) Só o dispositivo (também chamado *decisum*) produz coisa julgada; nele se proclama o resultado da apreciação dos fatos e da concreção destes às regras jurídicas pertinentes, realizada na fundamentação (ou motivação). É no dispositivo onde se abriga a decisão.

Quando se fala, pois, em autoridade da coisa julgada, não se está, como se possa supor, fazendo referência à sentença como um todo, um bloco incindível, e sim à sua parte final, conclusiva, o dispositivo, na medida em que apenas a ele se reconhece a capacidade de gerar a coisa julgada e de ser por ela protegido.

A conseqüência prática desse princípio é que tudo aquilo que esteve na causa, mas não fez parte do dispositivo, não passa em julgado, podendo, com isso, a parte voltar a ingressar em juízo para, mediante ação específica, obter um pronunciamento jurisdicional sobre a matéria — nada obstante possa também valer-se dos embargos declaratórios para sanar a omissão. Digamos que o autor peça aviso prévio e horas extras e a sentença somente se pronuncie sobre o aviso prévio: tanto poderia o autor dirigir-se ao juiz para conseguir, no mesmo processo, mediante o manejo dos embargos de declaração, um suprimento do ponto omisso, quanto ajuizar outra ação para pedir, exclusivamente, a condenação do réu ao pagamento de horas extras.

Em que pese ao fato de as horas extras terem sido postuladas no primeiro processo, a sentença não se manifestou sobre esse pedido. Logo, não houve, quanto a esse ponto, entrega da prestação jurisdicional invocada; daí ser lícito ao autor retornar a juízo com embargos declaratórios ou, na hipótese de haver precluído o prazo para o uso dessa medida, aforar outra ação, porquanto as horas extras, não tendo figurado no *decisum*, não foram afetadas pelo fenômeno da coisa julgada material.

2) Os motivos da sentença não fazem *res iudicata*, mesmo que sejam importantes para precisar o alcance dos efeitos que se irradiam da parte dispositiva. Conquanto, por uma questão de ordem lógica, o *decisum* decorra da fundamentação e esta seja, por isso, parte integrante deste, a lei separa essas partes da sentença para dizer que unicamente o dispositivo produz coisa julgada. À motivação fica reservada a tarefa de esclarecer, de tornar compreensível o *decisum*.

Se, entretanto, em situação invulgar e anômala, o juiz embaralhar as partes da sentença, fundindo a motivação ao *decisum*, ou decidindo tanto lá como aqui, deverá ser afastada a aplicação do inc. I do art. 469, do CPC, para efeito de admitir-se que a rescisória tenha como destinatária, também, a fundamentação.

3) Não faz coisa julgada, igualmente, a verdade dos fatos, eleita como fundamento da sentença, com o que se permite, em tese, que um mesmo fato apresente duas ou mais versões de sua verdade.

4) A disciplina das questões prejudiciais é dúplice: a apreciação dessas questões, decidida incidentalmente no processo: 4.1. não fará coisa julgada (CPC, art. 469, III); 4.2. salvo se, como tantas vezes assinalamos: a) a parte o requerer (CPC, arts. 5º e 325); b) o juízo for competente *ratione materiae;* e c) a questão prejudicial constituir pressuposto indispensável ao julgamento da lide (CPC, art. 470).

b) Limites subjetivos

A coisa julgada atinge, apenas, as pessoas que figuraram no processo como autora, ré, opoente, assistente e o mais, ou se projeta além, para alcançar aquelas que não integraram a relação jurídica processual?

A resposta a essa indagação envolve o problema dos limites subjetivos da *res iudicata*, de extrema importância sob o aspecto da realidade prática.

Em Roma, firmada a *litiscontestatio*(141), a decisão que viesse a ser proferida alcançaria somente as partes e não terceiros. Lê-se em

(141) No período do direito romano arcaico (que vai das suas origens ao séc. II a.C.), os indivíduos envolvidos em conflito de interesses iam à presença do pretor e assumiam o compromisso de acatar o que viesse a ser decidido pelo árbitro. A esse compromisso se chamava *litiscontestacio*, cuja necessidade se justificava pelo fato de, em virtude do pensamento então dominante, não se admitir que o Estado se imiscuísse nos assuntos privados dos indivíduos em conflito. Escolhido, pelos litigantes, um árbitro em quem confiassem, este recebia do pretor a atribuição de dirimir o conflito. Modernamente, o vocábulo *litiscontestatio* vem sendo arbitrariamente utilizado para designar a lide, a ação ou mesmo o processo, conquanto este último já se tenha despojado da concepção privatística com que era visto outrora. Hoje, o caráter publicístico do processo prescinde de qualquer compromisso, pelas partes, no sentido de acatarem o que for decidido; mesmo contra a vontade destas, a sentença produzirá os efeitos que lhes são imanentes.

Ulpiano, p. ex.: *cum res inter alios iudicata nullum aliis praeiudicium facient* (a coisa julgada não produz nenhum prejuízo a terceiros: D. 44.2.1); em *Macer*. *res inter alios iudicata aliis non praeiudicare* (a coisa julgada não prejudica terceiros: D. 44.1.63) e em *Paulo*: *non opportet ex sententia sive iusta sive iniusta, pro alio habita alium pregravari* (seja justa ou injusta, a sentença proferida entre as partes não deve atingir terceiros: D. 3.2.21).

Estabeleceu-se, portanto, no direito romano antigo, a regra de que a coisa julgada alcança somente as partes e não terceiros (*res inter alios iudicata, aliis non praeiudicare*).

O princípio embutido nessa regra era — e ainda é — perfeitamente justificável, porquanto não seria justo que pessoas que não houvessem participado da relação jurídica processual viessem a ser molestadas pela sentença. Mesmo em Roma, porém, não se ignorava que, em situações excepcionais, a sentença acabava por infiltrar os seus efeitos nos círculos jurídicos de terceiros, com maior ou menor intensidade.

O reconhecimento dessa possibilidade sobreviveu no período medieval, onde os juristas da época encontraram enormes dificuldades para explicar, sob a óptica científica, o fenômeno consistente na repercussão da sentença na esfera dos indivíduos que não haviam integrado a relação jurídica processual.

Mais tarde, *Savigny* procurou revigorar esse pensamento que a Idade Média maltratara, baseando-se em supostos vínculos de representação que os terceiros possuíssem em relação às partes. Daí denominar-se essa teoria de representação. Embora a doutrina ideada por *Savigny* houvesse amealhado adeptos pelo mundo, inclusive em terras brasileiras (*Teixeira de Freitas, João Monteiro, Paula Batista*), ela não sobreviveu às duras críticas que lhe endereçaram alguns juristas, no século XVIII, para os quais a teoria da representação não se harmonizava com o instituto jurídico da representação e, além disso, era insuficiente para explicar os casos em que, efetivamente, terceiros eram atingidos pelos efeitos da *res iudicata*.

Ihering, por sua vez, procurou demonstrar que os atos jurídicos acarretam efeitos diretos e efeitos indiretos, considerando como os primeiros aqueles que foram previstos e desejados pelos litigantes; como os segundos, os que não foram previstos nem desejados pelas partes, mas que se tornaram inevitáveis. Em razão disso, essa teoria recebeu a denominação de efeitos reflexos dos atos jurídicos. *Ihering* procurou melhor explicá-la com o uso de certos postulados da vida física, observando que se atirarmos uma pedra a um lago, circunjacentemente ao ponto em que tocou na água se formam ondulações concêntricas, a primeira mais volumosa e de menor diâmetro, e as demais, com diâmetro superior mas menos volumosas, até que desapareçam por inteiro. Para o eminente jurista, o efeito desejado, na hipótese, foi acertar a pedra em algum ponto do lago, representando as ondulações, que a seguir se formaram, os efeitos não desejados, ou seja, os efeitos reflexos.

Inspirados na doutrina de *Ihering*, elaborou-se na Alemanha a teoria dos efeitos reflexos da coisa julgada, que também encontrou simpatizantes na Itália, graças à obra de *Chiovenda*, *Betti*, *Redenti* e *Carnelutti*, dentre outros.

Chiovenda se preocupou, todavia, em deixar claro que a afirmação de que a *res iudicata* vale em relação a terceiros não corresponde a aceitar o fato de que ela possa causar prejuízo a estes; prejuízo de natureza jurídica, porquanto o de fato é admissível.

Liebman, no entanto, conseguiu, com inegável talento, desnudar a inconsistência da teoria dos efeitos reflexos da sentença, ao mostrar que o equívoco fundamental dessa doutrina residia no fato de tomar a coisa julgada como efeito da sentença, quando na verdade ela é qualidade especial da sentença, protegendo-a com a cláusula da imutabilidade.

Para chegar a essa conclusão, *Liebman* separa a eficácia natural da sentença da coisa julgada e tira daí dois princípios: a) a eficácia natural da sentença alcança todas as pessoas; b) a autoridade da *res iudicata* está restrita às partes. Com isso, ele argumenta que como apenas a eficácia natural da sentença atinge terceiros (e não a coisa julgada), estes podem opor-se a ela, desde que prejudicados, para mostrar a sua injustiça ou, mesmo, ilegalidade. Ainda assim, para que os terceiros resistam à sentença há necessidade que possuam um interesse em antagonismo com a decisão; em sentido contrário, não poderão opor-se à sentença os terceiros cujo prejuízo acarretado por ela sejam meramente de ordem prática, ou econômica, pois entre o direito afirmado pela sentença e o destes não há incompatibilidade.

Avançando em sua construção, *Liebman* destaca três categorias de terceiros: a) terceiros indiferentes (aqueles a quem a sentença não traz nenhum prejuízo); b) terceiros interessados praticamente (aqueles que sofrem, em virtude da sentença, prejuízos práticos ou econômicos); c) terceiros juridicamente interessados. Estes se bipartem em: c.a) terceiros que possuem interesse igual ao das partes; c.b) terceiros cujo interesse jurídico é de categoria inferior ao das partes (assim são ditos porque são titulares de relações jurídicas dependentes da relação jurídica *in iudicio deducta*).

O Código de Processo Civil brasileiro em vigor, ao dispor que "A sentença faz coisa julgada às partes entre as quais é dada, não beneficiando, nem prejudicando terceiros", denota haver incorporado o princípio que vem do direito romano; mas ao deixar expresso, no art. 43, § 3º, que a sentença proferida entre as partes originárias estende os seus efeitos ao adquirente ou ao cessionário; no 567, I, que podem também promover a execução, ou nela prosseguir o espólio, os herdeiros ou os sucessores do credor, toda vez que, por morte deste, lhes for transmitido o direito oriundo do título executivo, bem como o cessionário, quando o direito proveniente do título executivo lhe foi transferido por ato entre vivos (II) e no 568, III, que também pode ser sujeito passivo da execução o novo devedor, que assumiu, com a anuência do credor, a obrigação derivante do título executivo, deixa patenteado haver igualmente equiparado à parte determinados terceiros, para que se possam submeter aos efeitos da coisa julgada material.

Coisa julgada e relações jurídicas continuativas

O legislador cinzelou nestes termos o art. 471, do CPC atual: "Nenhum juiz decidirá novamente as questões já decididas, relativas à mesma lide, salvo: I — se, tratando-se de relação jurídica *continuativa*, sobreveio modificação no estado de fato ou de direito; caso em que poderá a parte pedir a revisão do que foi estatuído na sentença" (sublinhamos).

Dizem-se continuativas as relações jurídicas (materiais) que não se exaurem com o pronunciamento jurisdicional, pois são regidas por "regras jurídicas que projetam no tempo os próprios pressupostos, admitindo variações dos elementos quantitativos e qualificativos"[142].

Na aplicação dessas regras, a sentença respeita os pressupostos vigentes ao tempo de seu proferimento, sem extinguir a relação jurídica, cujos elementos constitutivos ficam sujeitos à mutabilidade temporal. Caso típico são as sentenças que condenam a prestação periódica e às quais se têm chamado de *determinativas.*

Mesmo passando em julgado, a sentença que decidiu sobre uma relação jurídica continuativa pode ser revista, como permite o art. 471, I, parte final, do CPC. Nesse sentido, pode-se afirmar que as sentenças dessa natureza não se submetem ao comando do art. 467, do mesmo álbum processual, vale dizer, não são imutáveis nem indiscutíveis, porquanto trazem, de maneira implícita, a cláusula *rebus sic stantibus* (estando assim as coisas).

---

(142) *Pontes de Miranda*, "Comentários ao Código de Processo Civil" (de 1939), 1ª ed., vol. 2, p. 369.

O processo do trabalho conhece, pelo menos, um caso característico de sentença que resolve situação jurídica da espécie continuativa e que, em razão disso, pode ser revista. Referimo-nos ao art. 873, da CLT, assim redigido: "Decorrido mais de 1 (um) ano de sua vigência, caberá revisão das decisões que fixarem condições de trabalho, *quando se tiverem modificado as circunstâncias que as ditaram*, de modo que tais condições se hajam tornado injustas ou inaplicáveis" (sublinhamos). Trata-se da conhecida ação coletiva de revisão de acórdão normativo; a ação mencionada deve constituir objeto de processo distinto daquele em que foi lançado o acórdão revisto.

As "circunstâncias", de que fala o art. 873, da CLT, são exatamente os pressupostos do tempo em que o acórdão original foi proferido e cujos elementos constitutivos sofreram variações quantitativas e qualificativas de razoável monta.

O acórdão revisor se prende, lógica e juridicamente, ao que será objeto de revisão, motivo por que não pode ignorá-lo ou afrontá-lo em sua essência.

Pode-se afirmar, pois, que a sentença (ou acórdão) que se pronuncie acerca de relação jurídica continuativa é revisável, contanto que haja sobrevindo modificação no estado de fato ou de direito, existente ao tempo em que ela foi emitida.

A execução por prestações sucessivas, de que se ocupam os arts. 890 a 892, da CLT, não se confunde com as sentenças que resolvem relações jurídicas continuativas, conquanto apresentem, em alguns momentos, pontos de contacto com estas. Nem sempre a sentença que se manifesta sobre relação jurídica continuativa enseja a execução por prestações sucessivas, do mesmo modo como nem sempre a execução por prestações sucessivas decorre de sentença resolutória de relação jurídica que continua após o seu proferimento.

O importante a sublinhar-se é que não se deve pensar que a sentença determinativa não faça coisa julgada; fá-la, embora a sua nota particular fique por conta de ser passível de sujeitar-se a um processo de integração, imposto pela superveniência de modificações no estado de fato ou de direito apanhado pela sentença que se tenha pronunciado a respeito de relação jurídica continuativa, ou de trato sucessivo.

Cabe realçar que não só a modificação do estado de fato autoriza a revisão das sentenças determinativas; esse ato de rever o conteúdo do pronunciamento jurisdicional será plenamente admissível também no caso de alteração do direito em que se baseou a sentença.

A possibilidade de revisão das sentenças dessa natureza não é novidade trazida pelo art. 471, do CPC de 1973; o texto de 1939 já se dedicara ao assunto, no art. 289, onde o legislador, após declarar que nenhum juiz poderia decidir novamente as questões decididas, concernentes à mesma causa, abria umas poucas exceções a essa regra, dentre as quais quando o juiz houvesse decidido, segundo a eqüidade, determinada relação entre os litigantes, e estes "reclamarem revisão por haver-se modificado o estado de fato" (II). Não se previa, como se nota, nesse Código, a revisão da sentença determinativa em decorrência de modificação no estado de direito.

Por fim, merece ser invocada a ponderanda observação feita por *Wellington Moreira Pimentel* de que a revisão das sentenças (ou acórdãos) que hajam decidido de relação jurídica continuativa se realiza em obséquio à coisa julgada e não em detrimento dela[143].

A relativização da coisa julgada material

Conforme pudemos ver, no Capítulo IV, o fundamento político da coisa julgada material é a necessidade de estabilização das relações jurídicas e sociais. Assim dizemos porque, formada a *res iudicata,* cessa a possibilidade de o pronunciamento jurisdicional ser impugnado mediante recurso, tornando-se, por esse motivo, "efetiva" a decisão, o que corresponde a afirmar, a solução da lide — observando-se que o vocábulo lide, na sistemática do CPC em vigor, é sinônimo de mérito. Daí, o fato de a doutrina e a jurisprudência aludirem à autoridade, à intangibilidade, à imutabilidade da coisa julgada material.

Considerando, todavia, a possibilidade de a coisa julgada haver-se constituído em decorrência de algum vício grave, o legislador brasileiro previu a ação rescisória como instrumento apto ao desfazimento das decisões judiciais transitadas em julgado, contendo esse tipo de falha. O atual CPC fixou o prazo decadencial de dois anos para o exercício da ação rescisória (art. 495). Exaurido esse prazo, sem que a ação haja sido proposta, o pronunciamento jurisdicional se torna definitivo, pois, em princípio, o sistema processual não reserva ao interessado nenhuma outra medida dotada de eficácia para fazer cessar os efeitos da coisa julgada irregularmente constituída. A partir desse momento, portanto, o sistema judiciário nada mais tem a fazer, senão quando muito, ser solidário com a parte prejudicada pelo erro contaminador da coisa julgada material. Se, conforme o vetusto aforismo de origem romana, a coisa julgada material "faz do branco, negro, e do quadrado, redondo", essa conversão radical da natureza das coisas se

---

(143) "Comentários ao Código de Processo Civil", São Paulo: Revista dos Tribunais, vol. VIII, 1979, p. 591.

torna realmente definitiva com o esgotamento do prazo para a propositura de ação rescisória.

De uns tempos até esta parte, contudo, certo setor mais lúcido da doutrina passou a manifestar uma espécie de indignação em face desse *status quo*, imposto pela norma legal, indagando se, tendo se esgotado o prazo para exercício da ação rescisória, verdadeiramente nada mais restaria a fazer do que se resignar diante desse quadro, mesmo sabendo que, em determinados casos, a decisão judicial transitada em julgada estava a colocar em risco a supremacia da ordem constitucional, por havê-la desrespeitado.

Da resposta a essa inquietante indagação nasceu um movimento que se viria denominar, mais tarde, de "relativização da coisa julgada" — e do qual temos a honra da precedência, nos sítios do processo do trabalho.

Com efeito, já nas primeiras edições deste livro chamávamos a atenção ao fato de que o atributo da imutabilidade da coisa julgada — derivante da necessidade de estabilização das relações sociais e jurídicas — pressupunha que ela se houvesse formado *em consonância* com a ordem constitucional. Deste modo, fazer-se respeitar a autoridade e a imutabilidade da *res iudicata* implicava, *ipso facto*, defender-se a supremacia do texto constitucional. Invertendo o raciocínio, sustentávamos que quando a coisa julgada se formasse *contra* a Constituição, ela, longe de constituir um instrumento de pacificação das relações sociais e jurídicas, consistia, isto sim, em um elemento de perturbação dessas mesmas relações, pois não apenas na mente do vencido pelo provimento jurisdicional, mas, sobretudo, na consciência coletiva, jamais se acomodaria a aceitação de prevalência da coisa julgada diante do texto constitucional por esta violado.

A partir, portanto, dessa conscientização de que a coisa julgada contrária à Constituição da República colocava em risco toda a estrutura político-jurídica do Estado, passou-se a questionar se, mesmo assim, se deveria continuar a render culto, a prestar homenagem à coisa julgada, cuja figura, em nosso meio, se reveste, até mesmo, de uma certa sacralidade.

O produto desse questionamento, como dissemos, deu origem à teoria da "relativização da coisa julgada", concebida pela doutrina. Particularmente, não concordamos com o adjetivo "relativização", não tanto por não se encontrar dicionarizado, mas por ser impreciso, por induzir à idéia de que a *res iudicata* pode valer em relação a algumas pessoas, mas não no tocante a outras. Melhor seria, a nosso ver, que se falasse da *ineficácia dos atributos ou dos efeitos da coisa julgada*. Sabemos que a coisa julgada não é efeito da sentença, senão qualidade desta. Todavia, podemos aludir aos atributos e aos efeitos da coisa julgada, que são a autoridade e a imutabilidade. Destarte, com a expressão por nós sugerida, de um lado, não se nega a ocorrência do fenômeno jurídico da coisa julgada material, segundo o conceito fixado pelo art. 467, do CPC, embora, de outro, não se lhe reconheçam os mencionados atributos e efeitos. Ou, quiçá, melhor seria aludir-se à "flexibilização" da coisa julgada.

Pondo-se de parte o título que se deva pespegar a esta importante corrente de opinião, o que de concreto se tem é a sua razoabilidade, a sua consciência quanto à necessidade de ser preservada a supremacia da ordem constitucional, em um Estado Democrático de Direito, como é este, em que se funda a República Federativa do Brasil (Constituição Federal, art. 1º). Nada, afinal, pode sobrepor-se à Constituição, em situações de normalidade da vida democrática do País. Imaginemos, por exemplo, uma sentença judicial que acolhesse o pedido formulado por algum Estado-Membro, para separar-se da União, e que decorresse o prazo para o exercício da correspondente ação rescisória: mesmo assim, pergunta-se, a sentença deveria ser cumprida, em nome da sacralidade da coisa julgada material, ainda que essa decisão teratológica houvesse acarretado manifesta transgressão a uma das cláusulas pétreas da Constituição Federal, qual seja, o art. 1º, *caput*, conforme a qual a nossa República é formada pela "união indissolúvel dos Estados e Municípios e do Distrito Federal"? Reconhecemos que este exemplo dificilmente se verificará, em concreto. Não é, entretanto, de ocorrência impossível. Em todo o caso, podemos pensar em uma sentença que declare ser lícita a tortura; que proíba a manifestação do pensamento; que permita, como regra, a violação da intimidade, da vida privada, da honra, da imagem das pessoas, ou das suas casas, do sigilo de suas correspondências; que vede a possibilidade de associação; que elimine o direito de propriedade — enfim, que perpetre manifesta violência a normas constitucionais, sem que a coisa julgada, por ela produzida, possa ser desconstituída por haver decorrido o prazo de dois anos para ingressar-se com ação rescisória.

Cogitemos, enfim, de um pronunciamento jurisdicional que agrida, que violente os direitos e garantias fundamentais que a Constituição da República assegura aos indivíduos e às coletividades, dentre os quais se incluem os denominados "direitos sociais", que, por sua vez, enfeixam os direitos dos trabalhadores (salário mínimo, irredutibilidade salarial, férias anuais remuneradas, aposentadoria e o mais), e ver-se-á, a um só tempo: a) a insensatez dos que afirmam que, exaurido o prazo para a ação rescisória, nada mais será possível fazer para anatematizar uma coisa julgada contrária à própria Constituição; b) a razão dos que sustentam entendimento oposto.

Tem-se dito que a teoria da "relativização" da coisa julgada procura substituir o valor *segurança jurídica* pelo valor *justiça*. Em que pese o fato de já havermos declarado nossa inteira simpatia e adesão a essa teoria, não estamos propensos a concordar com a referência feita ao valor *justiça*. Assim entendemos porque o conceito de justiça é algo subjetivo, idiossincrático, de contornos não bem definidos, que poderia, em razão disso, ampliar em demasia os casos de atuação dessa teoria. Quer nos parecer que o substitutivo do valor *segurança jurídica* seja o valor: *supremacia constitucional*. Desta maneira, sempre que a coisa julgada se houver formado em antagonismo com a Constituição da República, poderá ser neutralizada, mesmo que ultrapassado o prazo de dois anos, estabelecido pelo art. 495, do CPC. Também se poderia propor que o valor a ser preservado fosse o *da supremacia da ordem legal*, caso se pretenda ampliar o campo de incidência da teoria da "relativização", para abarcar os casos em que a coisa julgada material haja violado norma legal infraconstitucional.

Temos para conosco que o zetético movimento doutrinal, que concebeu a notável teoria da "relativização" da coisa julgada material, é irreversível e se encontra vocacionado ao sucesso, mercê dos relevantes argumentos em que se funda. O escopo medular desse movimento é deitar por terra o dogmatismo em que se confina a coisa julgada, para rompê-lo em determinadas situações. O espaço, que ainda está para ser preenchido, no âmbito desse movimento, diz respeito ao alcance da teoria, vale dizer, em que casos ela seria aplicável. O tempo e os debates cuidarão de definir esse alcance.

Mediante a utilização pragmática da teoria da "relativização", basicamente, por uma destas duas vias se poderia neutralizar a eficácia da coisa julgada: a) mediante *ação rescisória*, sem fixação de prazo para o seu exercício; b) por meio de *ação declaratória*, que, por natureza, é imprescritível. Inclinamo-nos pela segunda medida. É elementar que, via alteração legislativa, se poderia consagrar a primeira solução. Entretanto, o que se está levando em conta, neste momento, não é isso e sim a aplicação da teoria da "relativização" da coisa julgada, que é de conteúdo doutrinário. Sob este aspecto, parece-nos recomendável reunir forças e argumentos em prol da *ação declaratória*, pois o manejo desta não implicaria desrespeito ao art. 495, do CPC, uma vez que não se estaria pretendendo desconstituir, desfazer a coisa julgada material, se não que, apenas, declarar a ausência de seus efeitos, em determinado caso concreto.

Já é tempo, enfim, de ser rompida a exacerbada inflexibilidade da coisa julgada, que doutrinas ortodoxas lhe atribuíram, exceto se nos rigozijarmos em prosseguir fazendo o recenseamento das vítimas que essa inflexibilidade vem produzindo. A sociedade moderna anseia por mudanças e, se o legislador se demora a atender a esses apelos, ou os ignora, cabe à doutrina, com seu espírito transformador da realidade, ocupar o espaço deixado pela inércia do legislador, a fim de livrar a sociedade da condenação perpétua de render culto à coisa julgada material, mesmo nas situações em que a construção desta se tenha feito com o material obtido da demolição arbitrária de parte do edifício constitucional.

E a jurisprudência bem faria se seguisse os passos dessa doutrina. Afinal, somente aquela pode tornar concreta a vocação transformadora de que esta, às vezes, como agora, se faz provida.

Não estamos, aqui, a argumentar com a "destruição criadora", de que nos falou *Chumpeter*, nem com a "modernidade líquida", referida por *Bauman*, que a tudo dissolve, como se pretendêssemos, num gesto iconoclasta, banir do mundo jurídico a coisa julgada material. Não é disso que estamos a nos ocupar. Nossa preocupação é demonstrar que, no terreno das concepções, das criações do gênio humano, enfim, nada pode ser inflexível, sem embargo de ser permanente ou eterno. Talvez, por isso, fosse realmente mais apropriado passarmos a falar em "flexibilização da coisa julgada", em lugar de "relativização". O título, entretanto, é o que menos importa.

Capítulo XIV

"IUDICIUM RESCINDENS" E "RESCISSORIUM"

Comentário

A possibilidade de cumulação dos juízos rescindente e rescisório foi assunto que, no passado, provocou renhidas discussões doutrinárias. Tais polêmicas decorriam do fato de os textos da época nada disporem a respeito do assunto (nem permitiam nem vedavam a cumulação), passando, então, a doutrina a atuar nesse vazio legislativo.

Já ao tempo em que esteve a viger o Regulamento n. 737, de 1850, percebia-se uma tendência doutrinária no sentido de separar os dois juízos, pois nem sempre o *rescissorium* seria chamado a intervir.

O Código de Processo Civil de 1939 também não tratou especificamente da matéria, conquanto alguns autores, estribados em adequada interpretação do art. 155 daquele diploma processual, advogassem a separação dos juízos; corolário disso é o pensamento de *Luís Eulálio de Bueno Vidigal*: "A cumulação do *rescindens* com o *rescissorium* é outra questão que, tendo dado margem para grandes controvérsias, ficou completamente esclarecida pelo Código de Processo Civil brasileiro (de 1939). Em face do seu art. 155, que somente permite a acumulação de pedidos quando competirem ao mesmo juiz e for idêntica a forma dos respectivos processos, *é claro que os dois juízos têm de ser separados*. Essa exigência nem sempre constituirá inutilidade. Haverá casos, se bem que raros, em que, com a simples anulação do julgado, ainda não fique prejudicada a ação em que foi proferida a sentença rescindida. O juiz que proferiu a sentença rescindida pode ter omitido algum fundamento por desnecessário diante do fundamento principal que, afinal, veio a cair na rescisória. É possível, assim, que, apesar de procedente a rescisória, venha a prevalecer a mesma conclusão da sentença rescindida. O julgamento definitivo da espécie pelo Tribunal de segunda instância não seria, de resto, desejável, pois implicaria condenável supressão de um grau de jurisdição, com sacrifício das garantias de justiça e sobrecarga de trabalho para os mais altos tribunais locais" (sublinhamos)[144].

(144) "Comentários...", vol. VI, p. 193.

O Código de Processo Civil de 1973, todavia, resolveu definitivamente a questão ao estabelecer que, na petição inicial, deverá o autor "cumular ao pedido de rescisão, se for o caso, o de novo julgamento da causa" (art. 488, I).

Entendemos que essa cumulação de pedidos não deve ser interpretada como uma faculdade do autor e sim como um seu dever, porquanto o *caput* do art. 488 do Código não fala "podendo", e, sim, "devendo" (o autor). Desta maneira, sendo o caso de cumulação de pedidos, mas o autor não a realizar, caberá ao juiz determinar que o faça, no prazo de dez dias, sob pena de indeferimento da petição inicial (CPC, art. 284). Insta ressaltar que o juiz não poderia agir aí *ex officio* para suprir a omissão da peça inaugural.

É no *iudicium rescindens* que se procura obter um provimento que desfaça, que desconstitua a sentença (ou o acórdão) de mérito passada em julgado, que se alega ser nula ou ilegal. É atributo exclusivo, pois, desse juízo fazer desaparecer do mundo jurídico a decisão ilaqueada por tais vícios endógenos (ou intrínsecos) ou exógenos (ou extrínsecos). Já no *iudicium rescissorium* o que se pede é um novo julgamento da lide, um "rejulgamento", se nos permitem o uso desse neologismo em voga.

Pode haver o juízo rescindente sem que haja o rescisório: caso se deseje, perante este, obter um decreto de nulidade da sentença rescindenda e tendo êxito essa pretensão, não se há que pensar em atuação do juízo rescisório, vez que, rescindida a sentença, o que ficou foi o vazio, o *nihil* jurisdicional, restabelecendo-se o estado anterior. O que é inconcebível é a atuação do juízo rescisório sem que se tenha passado pelo rescindente, pois nesta hipótese estar-se-á "rejulgando" matéria apreciada por decisão ainda incólume, pois não desconstituída. O *iudicium rescissorium* pressupõe, inevitavelmente, o *rescindens*.

No geral, a ação rescisória provoca o chamamento dos dois juízos, como se dá quando ela se funda nos incisos I (prevaricação, concussão ou corrupção do juiz), II (impedimento ou incompetência absoluta), III (dolo da parte vencedora em detrimento da vencida ou colusão entre elas com o objetivo de fraudar a lei), V (violação a literal disposição de lei), VI (falsidade do documento em que se baseou a sentença rescindenda), VII (obtenção de documento novo), VIII (invalidar confissão, desistência ou transação, em que se lastreou a decisão rescindenda) e IX (erro de fato), embora os casos enumerados comportem exceções.

Quando, porém, o tribunal acolhe a rescisória para fazer desaparecer a sentença que houvera perpetrado ofensa à coisa julgada (inc. IV), a atuação é exclusiva do *iudicium rescindens*, cuja tarefa consiste em restabelecer o império e a autoridade da *res iudicata*, que estavam sendo afrontados pela sentença rescindida.

O inc. I do art. 488 do CPC deixa patente, aliás, que o dever de o autor cumular ao pedido de rescisão o de novo julgamento da lide só existirá quando este for o caso. Essa ressalva efetuada pela norma legal surge como o ponto de sustentação do parecer doutrinário — de que compartilhamos — de que, em algumas hipóteses, a pretensão do autor se esgota com o pronunciamento do juízo rescindente, sendo, por isso, até mesmo ilógico que ele devesse pedir a interveniência do *rescissorium*.

Verifiquemos, agora, qual a natureza jurídica do acórdão proferido em ação rescisória, tendo como pano de fundo a clássica tripartição doutrinária dos provimentos jurisdicionais em declaratórios, constitutivos e condenatórios.

A nosso ver, o acórdão proferido pelo *iudicium rescindens* é, em princípio, de índole constitutiva, na medida em que modifica a relação jurídica estabelecida entre as partes. Será constitutivo propriamente dito quando acolher o pedido do autor e constitutivo-negativo quando o rejeitar.

Reconhecemos, entretanto, que quando o acórdão disser que a ação rescisória é incabível a sua natureza será essencialmente declaratória, pois estará afirmando (= declarando) a falta de adequação da *res in iudicio deducta* com as normas legais disciplinadoras do exercício da ação rescisória.

As decisões emanadas do *iudicium rescissorium*, contudo, são de natureza múltipla (declaratória, constitutiva ou condenatória), conforme seja o tipo de pedido formulado pelo autor (e também pelo réu). Assim, quando o acórdão rescisório disser que inexiste a relação de emprego admitida pela sentença rescindida, a sua natureza será declaratória (afirma não existir a relação jurídica trabalhista); a carga será, porém, de preponderante constitutividade se o acórdão admitir o direito do autor à estabilidade no emprego — direito que fora negado pela sentença desconstituída; será condenatória a decisão lançada pelo *iudicium rescissorium* quando impuser à parte determinada obrigação (de dar, de fazer ou de não fazer, de emitir declaração de vontade, de pagar quantia certa).

Cumpre esclarecer, todavia, que não existem pronunciamentos decisórios jurisdicionais puramente declaratórios, constitutivos ou condenatórios; o que há, isto sim, é a preponderância de uma "carga" de declaratoriedade, constitutividade e condenatoriedade, de que eles se façam dotados. Uma sentença que reconheça a relação de emprego alegada pelo autor e imponha ao réu o pagamento de certas quantias, é, a um só tempo, declarativa, constitutiva e condenatória, embora, na espécie, a carga declarativa figure como pressuposto para a presença das demais.

Capítulo XV

CAUSAS DE RESCINDIBILIDADE

Prevaricação, concussão e corrupção do Juiz (CPC, art. 485, I)

Introdução

A leitura dos textos processuais do passado demonstra que estes possuíam forte apego ao vocábulo peita, quando versavam sobre o tema relativo à "nulidade" da sentença, em virtude de ato ligado à pessoa do juiz. Peita é originário do latim *pactum* (*pacto*) e significa, nos domínios do Direito Penal, o acordo, de natureza ilícita, por força do qual determinada pessoa, mediante paga ou promessa de pagamento, pratica ato com violação a devedores que são inerentes às suas funções.

De peita falaram, dentre outros, o Regulamento n. 737, de 1850, no art. 680, § 1º (A sentença será nula sendo dada por juiz peitado ou subornado); a Consolidação das Leis do Processo Civil elaborada por *Ribas*, no art. 1.613, § 1º, n. 3 (Há manifesta nulidade se a sentença é dada por peita ou suborno dos juízes) e o CPC de 1939, no art. 798, I, *a* (Será nula a sentença quando proferida por juiz peitado).

O atual CPC rompeu com essa tradição terminológica, ao referir-se à prevaricação, concussão e corrupção do juiz, no lugar de peita ou suborno deste.

Da menção feita a textos processuais de outrora, podemos extrair duas observações interessantes: a) o verbo dar (sentença dada), empregado, p. ex., no Regulamento n. 737 e na Consolidação de *Ribas* foi substituído pelo proferir, no CPC de 1939 — passando, a contar daí, a entrar definitivamente no gosto dos legisladores, da doutrina e da jurisprudência; b) o CPC de 1973, em apurada técnica e atendendo aos apelos da doutrina, abandonou a expressão "sentença nula", trocando-a pela sentença rescindível ("pode ser rescindida", diz o *caput* do art. 485).

Cabe-nos investigar, agora, se os conceitos de prevaricação, concussão e corrupção do juiz, em tema de ação rescisória civil e trabalhista, devem coincidir com os enunciados pelos arts. 316, 317 e 319 do Código Penal, ou podem, ao contrário, ser construídos autonomamente, vale dizer, com elementos próprios, que atendam às necessidades do CPC vigente.

Pontes de Miranda preconiza a última solução: "Não se atenha o intérprete do art. 485, I, a texto de direito penal, posto que possam ser elementos para o conteúdo do conceito, porém, pelo fato de se conhecer o texto penal em vigor, não se diga que basta"(145).

Não perfilhamos, *data venia*, essa opinião.

Estamos convencidos de que não foi obra do acaso o fato de o legislador processual de 1973 haver feito uso dos vocábulos prevaricação, concussão e corrupção; a não se entender assim, por que motivo ele teria abandonado o tradicional emprego dos termos peita e suborno, pelos quais tanto se afeiçoavam os legisladores do passado? Não se diga que o impeliu o mero gosto pela novidade baldia. Nada disso. Parece-nos razoável concluir que essa atitude da legislatura foi ditada pela preocupação de evitar a possibilidade de ser elastecido, pela atuação dos intérpretes, o elenco dos atos judiciais desonestos de que a parte poderia valer-se para buscar a desconstituição da coisa julgada material.

A referência aos vocábulos prevaricação, concussão e corrupção os colou aos conceitos emitidos pelo Direito Penal, daí por que qualquer interpretação que extravase os limites fixados pelos arts. 316, 317 e 319 do Código Penal será arbitrária e, por isso, censurável.

Prevaricação

Oriundo do latim *praevaricatio*, de *praevaricari* (faltar ao dever, afastar-se do dever), o substantivo prevaricação identifica um dos crimes praticados por funcionário público contra a administração pública em geral, consistente, a teor do art. 319 do Código Penal, em "Retardar ou deixar de praticar, indevidamente, ato de ofício, ou praticá-lo contra disposição expressa de lei, para satisfazer interesse ou sentimento pessoal".

Para efeito de configuração desse crime, o juiz foi equiparado a funcionário público, pois, em rigor, não o é. Divergimos, por isso, de *Arruda Alvim* quando afirma que "O juiz *pode ser considerado, num sentido lato, um funcionário público*. No entanto, tantas e tais são as peculiaridades que envolvem a sua posição, que o distanciam muito do verdadeiro funcionário público e do regime jurídico a que este se submete" (sublinhamos)(146).

---

(145) "Tratado da Ação Rescisória,,,", p. 221.
(146) "Curso de Direito Processual Civil", vol. I, São Paulo: Rev. dos Trib., 1971, p. 488.

Ora, nem mesmo *lato sensu*, ou por antonomásia, o juiz pode ser considerado um funcionário público, porquanto ele não é preposto de nenhum dos Poderes do Estado, e sim órgão, elemento celular do Poder Judiciário, como evidencia o art. 92 da Constituição Federal. Assim sendo, a concessão única que se pode fazer, nesse terreno, será reconhecer-se (como já o fizemos) que para os efeitos dos arts. 319, do Código Penal, e 485, I, do CPC — e tão-somente para isso — ele foi equiparado ou assemelhado ao funcionário público.

Nas palavras de *Bento de Faria*, a prevaricação se caracteriza "pela infidelidade ao dever funcional e pela parcialidade no seu desempenho"(147); esse parecer não se aplica por inteiro ao magistrado, pois a sua imparcialidade no desempenho das funções já é uma falta a dever funcional, como se extrai da dicção do art. 125, I, do CPC. *Coqueijo Costa*, ao adotar pensamento idêntico ao de *Bento de Faria*, não atentou para tal particularidade(148).

Uma criteriosa dissecação do art. 319 do Código Penal nos revela os requisitos para a tipificação do delito que ele se ocupou em conceituar: a) a qualidade de funcionário público ou de magistrado do agente; b) o retardamento ou a omissão injustificada na prática de ato de ofício ou a sua realização contrária à lei; c) o motivo, consubstanciado no dolo específico.

O "ato de ofício", de que fala o dispositivo legal em exame, não deve, porém, ser inteligido no sentido de ato que o juiz haja praticado por sua iniciativa (*ex officio*), e sim de ato que é inerente ao exercício de suas funções.

Sérgio Rizzi reputa dispensável a prova, no juízo rescindente, do elemento subjetivo do delito, que é obrigatório para o seu reconhecimento(149). Vez mais, somos levados a discordar. Se tomarmos como elemento subjetivo do delito a satisfação de interesse ou de sentimento pessoal do juiz (ódio, vingança, gratidão, temor, cupidez etc.), parece-nos indispensável que o autor prove, no órgão de rescisão, não só esse fato, mas também que este foi o móvel da falta contra os deveres funcionais.

Merece ser referido o interessante comentário feito por *Bueno Vidigal*, de que o legislador deveria ter também permitido o uso da rescisória às partes prejudicadas por atos de seus advogados, que tipificassem o crime de patrocínio infiel ou de patrocínio simultâneo, pre-

(147) "Código Penal Brasileiro" (Comentado), vol. VII, 2ª ed., Rio de Janeiro: Record, 1959, pp. 109/111.

(148) "Ação Rescisória", São Paulo: LTr, 3ª ed., 1984, p. 40.

(149) "Ação Rescisória", São Paulo: Revista dos Tribunais,1979, p. 52.

visto no art. 355 do Código Penal, pois o advogado, além de mandatário da parte, é auxiliar da justiça[150].

Convém aos interesses doutrinários, e também de ordem prática, estabelecermos um divisor das águas em que se situam a prevaricação, a concussão e a corrupção, sob o ângulo dos conceitos penalísticos: se o juiz limitar-se a retardar a realização do ato; deixar de praticá-lo ou realizá-lo contra expressa disposição de lei, sem que essa falta contra o dever funcional decorra de uma sua exigência de vantagem ilícita, ou de avença com a parte, para esse fim, o crime será de prevaricação; provindo, entretanto, a vantagem de imposição do juiz ou de ajuste com a parte ou mesmo com terceiro, o delito será de concussão ou de corrupção, conforme seja o caso.

Concussão

Do latim *concussio* (extorsão), concussão significava, no direito romano, o *crimen repetundarum*, caracterizado pelo abuso do poder público, por parte da autoridade.

Não é muito diferente disso o seu conceito no direito penal moderno, onde o termo é utilizado para designar o crime praticado por funcionário público, consistente em exigir, para si ou para terceiro, vantagem indevida.

Dela diz o art. 316 do Código Penal:

"Exigir, para si ou para outrem, direta ou indiretamente, ainda que fora da função ou antes de assumi-la, mas em razão dela, vantagem indevida".

Alguns autores, como *Nélson Hungria*, entendem que essa vantagem é de natureza econômica[151]. Pensamos de modo diverso. Não havendo o legislador dito qual a espécie de vantagem exigida pelo funcionário público ou pelo juiz, não é lícito ao intérprete estabelecer qualquer distinção quanto a isso; logo, a vantagem, na espécie, será de qualquer ordem, bastando que a sua exigência se amolde à previsão do art. 316 do Código Penal. Não nos parece recomendável, além disso, uma interpretação restritiva dessa norma legal, máxime em relação ao magistrado, onde eventual exigência de vantagem — direta ou indireta, para si ou para terceiro — constitui algo que atinge, na base, a instituição a que ele pertence e representa um gravíssimo desvio do

(150) "Comentários...", p. 58.
(151) "Comentários ao Código Penal", Rio de Janeiro: Forense, vol. IX, 1958, p. 376.

seu ontológico dever de neutralidade (e de probidade, sem dúvida) no exercício das funções.

Perceba-se que a lei penal admite a configuração do delito ainda que o funcionário ou o juiz pratique o ato: a) fora da função; ou b) antes de assumi-la. No primeiro caso, temos, p. ex., o juiz que se encontra em férias; em licença; à disposição; enfim, que se tenha afastado do exercício das funções por algum motivo; no segundo, o juiz que já foi nomeado, mas não recebeu ainda investidura no cargo.

O importante é que a exigência de vantagem ilícita, para tipificar o delito de concussão, pode ser formulada mesmo fora da função, mas desde que o seja em razão dela.

Há, assim, um nexo indissolúvel entre o ato e a função do agente (juiz, funcionário público).

Como a concussão é um crime formal, será suficiente para caracterizá-la a simples exigência de vantagem indevida, pouco importando que essa vantagem não venha a ser concedida; ou que a própria exigência não venha a ser aceita pela outra parte.

Corrupção

Derivada do latim *corruptio*, de *corrumpere* (pôr a perder, estragar, destruir, corromper), a palavra corrupção compreende, nos domínios da ciência penal, a ativa e a passiva. É ativa quando determinada pessoa oferece a juiz ou a funcionário público certa vantagem, a fim de que este retarde a realização de ato de ofício, ou mesmo não o pratique; passiva, quando o próprio funcionário ou juiz solicita ou recebe, para si ou para outrem, direta ou indiretamente, vantagem indevida.

Desse crime trata o art. 317 do Código Penal:

> "Solicitar ou receber, para si ou para outrem, direta ou indiretamente, ainda que fora da função ou antes de assumi-la, mas em razão dela, vantagem indevida, ou aceitar promessa de tal vantagem".

Pontes de Miranda opina que a corrupção do juiz, para ensejar a rescisão da sentença por ele proferida, tanto pode ser ativa quanto passiva[(152)].

Venia permissa, consideramos absolutamente insustentável — em face do direito — o pensamento do notável jurista. Ora, a corrupção

(152) "Tratado...", p. 224.

ativa constitui crime praticado por particular contra a administração da justiça, não sendo admissível, por isso, que possa vir a ser posto em prática pelo juiz, que, como ressabemos, é órgão de um dos Poderes da União (Const. Fed., arts. 2º e 92). Chega a ser ilógico, inclusive, pensar-se que o juiz possa ser, a um só tempo, o sujeito ativo e o sujeito passivo do delito, pois seria ele o ofertante da vantagem indevida e o aceitante dessa vantagem...

Não foi sem razão que o Código Penal colocou, em capítulos distintos, os crimes praticados por particular contra a administração da justiça e os cometidos contra essa mesma administração por funcionário público. O primeiro tem sua sede no art. 333; o segundo, no art. 317.

Também na corrupção passiva cremos que a vantagem, para configurá-la, possa ser de natureza econômica, ou não; limitá-la àquela seria insensatez.

É irrelevante, ainda, que a solicitação de vantagem haja sido feita pelo juiz ou por interposta pessoa, assim como ser essa vantagem destinada ao juiz ou a terceiro. Despiciendo, também, será o fato de essa solicitação de vantagem indevida haver sido recusada pela parte: o simples ato de formulá-la coloca o juiz no lodo da corrupção.

Oportuno, neste momento, o magistério de *Nélson Hungria*, sobre a dessemelhança da concussão, relativamente à corrupção passiva: "Muito se assemelha a concussão à corrupção passiva (art. 317), mas não há confundir uma com outra: na corrupção, o funcionário não impõe ou há um acordo de vontades (o *intraneus* que solicita ou recebe a vantagem indevida e o extraneus que a oferece ou promete são, ambos, sujeitos ativos, aquele de corrupção passiva e este de corrupção ativa); enquanto na concussão, ao revés, não há, como dizia *Farinácio*, um aponte *pecuniam dans*, pois aquele a quem é exigida a vantagem indevida é sempre sujeito passivo, está sob pressão ou induzido a erro, e somente cederá *metu publicae potestatis*. Na corrupção o funcionário solicita ou aceita; na concussão, exige"(153).

Alguns sistemas europeus exigem que a corrupção, a peita, o suborno, a prevaricação do juiz, para serem invocados como fundamento de ações tendentes a desfazer a sentença por ele dada, devem ter sido objeto de pronunciamento jurisdicional anterior, ou seja, o juiz deve ter sido condenado por um desses crimes.

Seria esse, também, o caso brasileiro?

Pensamos que não. Nenhuma referência a essa prévia condenação do juiz é feita pelo inc. I do art. 485, do CPC. Não se imagine ser

(153) Ob. cit., p. 360.

simplório este argumento, pois quando o legislador desejou que houvesse pronunciamento jurisdicional acerca de um fato por ele mesmo previsto como causa de rescindibilidade do julgado, assim se manifestou claramente, como se deu, *v. g.*, no inc. VI do mesmo artigo, onde a falsidade da prova pode ser declarada em processo criminal ou provada na própria rescisória.

O assunto pertinente à prevaricação, concussão ou corrupção (passiva) do juiz, em primeiro grau de jurisdição, não oferece outras dificuldades, além das já apreciadas.

Devemos nos dedicar agora, ao exame do problema nos tribunais. O que se busca saber aqui é se o acórdão será rescindível apenas se o voto do juiz infrator integrar a corrente vencedora, ou se a rescisão será possível mesmo que esse voto haja ficado vencido.

Luís Eulálio de Bueno Vidigal opta pela última solução, argumentando: "Inútil será procurar demonstrar que, mesmo sem o voto do juiz peitado, o julgamento teria sido o mesmo. Nunca se pode saber com certeza até que ponto o voto e às vezes o relatório desse juiz terão influído nos dos demais. Por isso, será nula a sentença desde que, no julgamento colegial final da causa, tenha tomado parte um único juiz peitado"[(154)]. As alusões feitas a "juiz peitado" e à "sentença nula", na verdade, só se justificavam ao tempo em que esteve a viger o Código de 1939 (art. 798), vez que o atual, em melhor técnica, fala em sentença dada por prevaricação, concussão e corrupção e em "sentença rescindível".

A opinião assumida por *Bueno Vidigal* é ponderável, pois coloca em destaque o fato de um juiz infrator de deveres funcionais haver participado da sessão de julgamento, nela proferindo o seu voto, o que, para o eminente autor, é bastante para contaminar o acórdão, ainda que tal voto tenha sido vencido. Poderíamos, em razão disso, denominar de ortodoxo o parecer de *Bueno Vidigal*.

Divergimos, porém, desse pensamento.

A nosso ver, somente será rescindível o acordo se o voto do juiz infrator houver integrado a corrente vencedora. Não se objete que este entendimento põe em risco o prestígio e a respeitabilidade das decisões judiciais, porquanto o juiz infrator poderá ser legalmente punido sem que haja necessidade de desconstituir o acórdão — que seguirá espelhando os votos da maioria dos membros da Corte. São, pois, perfeitamente conciliáveis a manutenção do convencimento jurídico manifestado pela maioria dos integrantes da Turma, Seção Especializada

(154) Ob. cit., p. 60.

ou Pleno e a necessidade de punir-se o juiz que haja prevaricado, sido concussionário ou corrompido. Poderíamos, mesmo, utilizar o princípio da transcendência, cesurado no art. 794 da CLT (e no art. 249, §§ 1º e 2º, do CPC), no sentido de que só haverá nulidade (leia-se: rescindibilidade) quando dos atos inquinados resultar evidente prejuízo às partes. Ora, na espécie não se pode dizer que o voto (ou conjunto de votos) produto de prevaricação, concussão ou corrupção do juiz tenha carretado prejuízo à parte que pretende rescindir o julgado.

Admitir-se, aliás, que seja rescindível o acórdão mesmo que o voto do juiz infrator tenha ficado vencido, seria, de certa maneira, permitir que a parte se beneficiasse da própria torpeza, pois estaria, em última análise, intentando desconstituir o acórdão com fulcro em um ato ilícito de que ela participou.

Diante disso, seguimos firmes em nossa opinião de que será rescindível unicamente o acórdão cuja corrente vencedora tenha contado com o voto do juiz infrator (ou dos juízes infratores). Pouco importa, para essa finalidade, que a dedução desse voto não altere, numericamente, o resultado do julgamento. Em muitos casos, é precisamente votos como esse que influenciam, decisivamente, os demais; ou podem influenciá-los. Pretender objetar-nos com as palavras de *Rudolf Stammler*, de que "nenhum juiz está obrigado a aceitar as decisões de outros juízes e tribunais, como norma de decidir, quando contrárias à sua convicção"(155), será, de um lado, ignorar a composição peculiar dos tribunais e, de outro, pensar que os juízes em geral possuem, sempre, convicção a respeito de todas as questões que lhes são submetidas a julgamento.

O que se deve presumir, portanto, é que o voto emitido pelo juiz infrator haja influenciado — com maior ou menor intensidade — a formação do convencimento jurídico dos demais pares, e isso é razão jurídica suficiente para autorizar a rescisão do acórdão.

Pergunta-se, por fim: estando a ação rescisória fundada em prevaricação, concussão ou corrupção passiva do juiz, os atos processuais devem ser praticados em segredo de justiça?

Sabemos que o princípio legal diz da publicidade dos atos do processo (CLT, art. 770, *caput*; CPC, art. 155, *caput*, primeira parte). Cremos, todavia, que a sessão do tribunal, concernente à rescisória baseada em infração do juiz a deveres funcionais (como os mencionados), deve ser realizada a portas fechadas (CPC, art. 444), vale dizer, os atos do processo devem ser praticados em segredo de justiça, pois

---

(155) *Apud Frederico Marques*, "Instituições...", vol. I, 2ª ed., Rio de Janeiro: Forense, 1962, p. 182.

assim o exige o interesse público (CPC, art. 155, I — a que o art. 770, *caput*, da CLT, se refere como interesse social).

A publicidade ampla poderia provocar profundos e injustificáveis constrangimentos ao juiz inquinado de infrator; este, a propósito, não deve ser afastado do exercício de suas funções em virtude da ação rescisória, pois tal afastamento só se torna necessário na hipótese de ajuizamento de ação penal, em que ele figure como réu.

Parece-nos ser esta a melhor solução a ser adotada, exceto se, em situações especiais, for recomendável o afastamento do juiz, em face da ação rescisória onde se alegue, contra ele, prevaricação, concussão ou corrupção passiva.

Impedimento e incompetência absoluta (CPC, art. 485, II)

Introdução

O art. 680, § 1º, do Regulamento Imperial n. 737, previa como causas de "nulidade" da sentença a suspeição e a incompetência.

A Consolidação das Leis do Processo Civil, de *Ribas*, mantendo a referência à "nulidade", cuidava apenas da incompetência (deixando de lado, portanto, o impedimento).

O Código de Processo Civil de 1939, melhorando em técnica, incluía, além da peita, o impedimento e a incompetência *ratione materiae*, embora também falasse em "nulidade" da sentença.

O atual diploma processual civil introduziu, no inc. II do art. 485, o impedimento e a incompetência absoluta como fundamento para a rescindibilidade dos pronunciamentos jurisdicionais que hajam examinado o mérito da causa.

Não deve ser, todavia, objeto de considerações encomiásticas o critério metodológico utilizado pelo legislador processual de 1973, pois, na verdade, do ponto de vista subjetivo distinguem-se o impedimento e a incompetência: o primeiro pertine à pessoa do juiz; a segunda, ao juízo. Tão errado como dizer-se impedimento do juízo será falar-se incompetência do juiz — nada obstante esse equívoco tenha sido prestigiado pelo inc. II do art. 485 do CPC.

Impedimento

O impedimento representa um veto legal absoluto à atuação do juiz no processo ("É defeso", declara o art. 134, *caput*, do CPC), e se destina a preservar o seu dever de imparcialidade na solução dos conflitos de interesses (art. 125, I).

Não importa que um juiz impedido seja rigorosamente imparcial, justo, eqüânime: a lei não foi feita apenas para este ou para aquele juiz senão que para a universalidade dos julgadores. Por esse motivo, a norma legal presume a parcialidade do juiz impedido; essa presunção não é relativa (*iuris tantum*), e sim absoluta (*iure et de iure*), motivo por que não se há como pretender elidi-la; ela constitui, mesmo, um dos instrumentos de garantia do devido processo legal (*due process of law*) — um dos traços marcantes dos Estados democráticos; mais do que isso, um seu sustentáculo.

O impedimento é, pois, um vício subjetivo que a lei atribui ao julgador.

A fim de evitar certas controvérsias de ordem prática, doutrinária e jurisprudencial, o legislador procurou relacionar os casos de impedimento, embora reconheçamos que esse rol não é, rigorosamente, exaustivo. Dispõe o art. 134 do CPC ser proibido ao juiz exercer as suas funções no processo, contencioso ou "voluntário" (aqui não há processo, e sim mero procedimento):

a) de que for parte;

b) em que interveio como mandatário da parte, oficiou como perito, funcionou como órgão do Ministério Público, ou prestou depoimento como testemunha;

c) que conheceu em primeiro grau de jurisdição, tendo-lhe proferido sentença ou decisão;

d) quando nele estiver postulando, como advogado de um dos litigantes, o seu cônjuge ou qualquer parente, consangüíneo ou afim, em linha reta; ou na linha colateral até o segundo grau;

e) quando cônjuge, parente, consangüíneo ou afim, de alguma das partes, em linha reta, ou, na colateral, até o terceiro grau;

f) quando for órgão de direção ou de administração de pessoa jurídica, parte na causa.

Estabelece, ainda, o art. 136 do mesmo Código, que quando dois ou mais juízes forem parentes, consangüíneos ou afins, em linha reta e no segundo grau na colateral, o primeiro, que conhecer da causa no tribunal, impede que o outro participe do julgamento, hipótese em que o segundo se escusará, remetendo os autos (e não o processo, como está na lei) ao seu substituto legal.

Por outro lado, determina o art. 409, I, do CPC, que quando for arrolado como testemunha o juiz da causa, este declarar-se-á impedido, se possuir conhecimento dos fatos, que possam influir na decisão. Isto quer dizer que se o juiz tiver conhecimento de fatos que embora digam respeito à causa em que ele exerce as suas funções sejam veniais, despiciendos, vale dizer, irrelevantes para a composição da lide, não haverá impedimento à sua continuidade no processo.

Com relação ao inc. IV do art. 134, dilucida o parágrafo único desse dispositivo que o impedimento só ocorrerá se o advogado já se encontrava atuando na causa, embora lhe seja vedado intervir no processo com o objetivo de criar o impedimento do juiz.

No que tange ao inc. III do art. 485, devemos deixar claro que o juiz somente estará impedido de atuar no processo de que participou em primeiro grau, tendo-lhe proferido sentença ou decisão, pois esse impedimento só compreende a atuação do juiz na mesma relação processual. Desta forma, se ele proferiu a sentença e agora se encontra no tribunal, não poderá fazer parte do julgamento do recurso interposto daquela sentença, porquanto a relação jurídica processual ainda é a mesma. Nada o impede, contudo, de participar do julgamento da ação rescisória cuja sentença rescindenda tenha sido por ele emitida, pois aqui haverá uma nova relação jurídica processual e, conseguintemente, se torna inaplicável a regra proibitiva constante do inc. III do art. 485, do CPC. Correta, por isso, a orientação jurisprudencial cristalizada na Súmula n. 252 do Supremo Tribunal Federal: "Na ação rescisória, não estão impedidos os juízes que participaram do julgamento rescindendo". Correta, do ponto de vista técnico. Sob o ângulo político, entretanto, será sempre recomendável que o juiz não participe do julgamento de ação rescisória tendo como objeto decisão por ele proferida em outro grau de jurisdição. Conquanto essa participação possa ser considerada legal, é antiética. De qualquer modo, a despeito da Súmula n. 252, do Excelso Pretório, estamos plenamente convencidos de que o juiz não poderá (impedimento) participar do julgamento da ação rescisória, na hipótese em exame, quando o fundamento desta for prevaricação, concussão ou corrupção do referido juiz.

Se o impedimento do juiz já existia ao tempo do proferimento da sentença e a parte interessada deixou de oferecer exceção (CPC, art. 304), essa sua incúria (ou ignorância) a inibirá de ajuizar, mais tarde, ação rescisória fundada, exatamente, nesse impedimento? É evidente que não. A falta de oferecimento de exceção de impedimento, em primeiro grau de jurisdição, não produz nenhum efeito preclusivo para a parte omissa. Não podemos nos esquecer que o impedimento implica, para o juiz, um inflexível dever de abstenção, pois é a ele, acima de tudo, que se dirige o mandamento incorporado no art. 134 do CPC. Estatui, aliás, a segunda parte do art. 137 do mesmo álbum processual, que se o juiz violar o seu dever de abstenção renderá ensejo à sua recusa, por qualquer das partes; essa recusa será manifestada, mesmo nos tribunais, sob a forma de exceção de impedimento, cujo procedimento obedecerá ao que dispuser a norma *interna corporis*.

Do mesmo modo, será digno de preterição o fato de a exceção de impedimento haver sido rejeitada em primeiro grau (cumpre esclarecer que, ao reverso do sistema, adotado pelo CPC, o da CLT prevê o julgamento da exceção de impedimento e de suspeição pelo próprio órgão de primeiro grau a que se acha integrado o membro inquinado com esse vício subjetivo, como evidencia o art. 802), pois isso não tolherá da parte a possibilidade de aforar a rescisória com fulcro nesse mesmo impedimento rechaçado pelo órgão de prolação da sentença rescindenda.

A CLT relaciona, no art. 801, os casos de suspeição do juiz; o de "parentesco por consangüinidade ou afinidade até o terceiro grau civil (letra *c*) é, porém, de impedimento. A alusão a essa norma processual trabalhista nos induz a duas observações: a) os motivos de impedimento do juiz não se resumem ao parentesco, pois abarcam todos aqueles descritos pelos arts. 134 e 136, do CPC; a incidência dessas regras do processo civil se faz sem qualquer contraste com os princípios e as peculiaridades do processo do trabalho; b) os casos de impedimento atingem, por igual, os denominados juízes classistas — em todos os graus de jurisdição —, porquanto a ontológica parcialidade destes não constitui pretexto para que seja espezinhado o interesse público que representa o substrato político, ético, institucional e jurídico da regra capital à respeitabilidade dos pronunciamentos jurisdicionais, cuidadosamente inscrita no art. 134, do CPC.

A suspeição (CLT, art. 801, *a, b, d*; CPC, art. 135, I a V), embora também seja um vício subjetivo do julgador, não significa, ao contrário do impedimento, um veto absoluto à sua atuação. O seu dever de abstenção, aqui, é apenas relativo. Tanto isto é certo que se a parte interessada não oferecer, no momento oportuno, a correspondente exceção, o motivo da suspeição ficará, na maioria das vezes, diluído, rarefeito, ficando o juiz liberado para exercer as suas funções no processo.

Permite a lei, ainda, que o juiz se declare suspeito por motivo íntimo (CPC, art. 135, parágrafo único).

Seguramente pelas repercussões menos graves no dever de imparcialidade do juiz é que a suspeição não foi incluída no elenco legal das causas de rescindibilidade dos julgados (CPC, art. 485, II).

Vimos que o art. 134 do CPC proíbe o juiz impedido de atuar no processo contencioso ou "voluntário". Também pudemos mostrar que a locução "jurisdição voluntária", em sua essência, nada significa, pois o que há aí é simples administração pública de interesses privados e o juiz a realiza não por sua iniciativa, e sim a requerimento do interessado. É compreensível a preocupação que presidiu o legislador, ao determinar que mesmo nos casos de "jurisdição voluntária" não poderia ser dispensado o dever de neutralidade do magistrado. O que se deve ter em mente, no entanto, é que mesmo vindo o juiz a violar esse dever de abstenção (absoluto) a decisão que proferir em sede de "jurisdição voluntária" não será rescindível, pois a ação rescisória está restritivamente reservada às sentenças de mérito (CPC, art. 485, *caput*) passadas em julgado.

O *caput* do art. 134 do CPC não pode ser, portanto, interpretado em dissonância com o *caput* do art. 485, do mesmo estatuto processual, sob pena de danosa deturpação do senso literal deste, sempre que se estiver discorrendo sobre o impedimento como causa de rescisão dos julgados.

Renovamos, agora, a mesma pergunta que formulamos ao tratarmos da prevaricação, concussão e corrupção passiva: para a rescindibilidade do acórdão é bastante a participação do juiz impedido no julgamento em que ele foi proferido, ou o seu voto deve ter integrado a soma dos votos vencedores, ou, ainda, esse voto deverá ser decisivo?

Igualmente aqui entendemos que será suficiente para fundar a rescisória o fato de o voto emitido pelo juiz impedido haver composto a corrente vitoriosa. Por mais forte razão, a rescisória deverá ser admitida quando tal voto foi decisivo para o resultado do julgamento. O que não nos parece aceitável é um voto dado por juiz, impedido motivar a rescisão do acórdão, quando esse voto, por integrar a corrente vencida (ou por ser o único contrário à tese vencedora), não possuir nenhuma influência no resultado qualitativo ou quantitativo do julgamento. Imaginemos, *p. ex.*, que o autor tivesse pleno conhecimento da causa de impedimento de um ou mais juízes do tribunal, já na época do julgamento do recurso por ele interposto, mas preferisse não argüir o impedimento, supondo que o tribunal proveria o recurso, em virtude, principalmente, do cômputo dos votos proferidos pelos juízes impedidos. Como, entretanto, o órgão ad quem negou provimento ao recurso, o então recorrente se apressa em ingressar com a ação rescisória, fundada no impedimento que já era de sua ciência há muito tempo, colimando desfazer o acórdão que foi contrário aos seus interesses.

De resto, é desarrazoado pensar que a ação rescisória estribada em impedimento de juiz deva processar-se em segredo de justiça, *ad instar* do que se passa nas hipóteses de prevaricação, concussão e corrupção passiva; é que no impedimento o vício é de natureza extrínseca, sendo, pois, objetivamente constatável.

Incompetência absoluta

Tradicionalmente, a doutrina adota um critério quinário para a determinação das competências: a) matéria; b) pessoa; c) função; d) território; e e) valor.

Como dissemos no item anterior, a competência se refere ao juízo, e não ao juiz; a este, sim, dizem respeito o impedimento e a suspeição, vícios eminentemente subjetivos.

Não é inexata, de outra parte, a difundida assertiva de que a competência é “a medida da jurisdição”.

Biparte-se a incompetência em: a) absoluta; e b) relativa. Compreendem-se, na primeira, as: em razão da matéria, da pessoa e da hierarquia (ou funcional); na segunda, as: em razão do território e do valor.

Essa divisão dicotômica apresenta relevante interesse de ordem prática, porquanto: a) a incompetência absoluta é improrrogável (ainda que nesse sentido seja a vontade das partes), ao passo que a relativa admite prorrogação, ainda que pela via tácita (CPC, art. 111). Duas notas devem ser aqui efetuadas. Em primeiro lugar, não nos parece inteiramente correto falar-se em “prorrogação” da competência, na medida em que o fenômeno que aí ocorre, em verdade, é de “deslocamento” da competência. Com efeito, quando um juízo que, a princípio, era incompetente se torna competente, o que houve foi um deslocamento da competência daquele para este, e não uma “prorrogação” da competência deste, a avançar sobre a daquele. Em todo caso, por força de uma larga utilização, o verbo prorrogar mereceu o prestígio da doutrina, da jurisprudência e do próprio legislador, como demonstra, *v. g.*, o art. 114 do CPC. Isso não impede, todavia, o abandono da praxe inveterada, em benefício da precisão terminológica. Em segundo, o critério medular que se empregou para separar a incompetência absoluta da relativa foi o do interesse público em jogo; b) a incompetência relativa pode ser argüida pela parte interessada mediante exceção (CPC, art. 112), sob pena de preclusão temporal e, conseqüentemente, de “prorrogação” em favor do juízo que não detinha a competência (*ratione loci, ratione valori*); já a incompetência absoluta deve ser declarada *ex officio*, embora possa ser alegada em qualquer tempo e grau de jurisdição, independentemente de exceção (CPC, art. 113). Não incide no processo do trabalho, porém, a regra do processo civil de que se a incompetência absoluta não for deduzida no prazo da contestação, ou na primeira oportunidade em que a parte tiver de falar nos autos, esta responderá integralmente pelas custas (art. 113, § 1º), pois no sistema da CLT as custas, por princípio, somente serão pagas a final, pelo vencido (art. 789, § 4º). Cabe destacar, ainda, que o CPC ordena ao réu alegar, preliminarmente, na contestação, a incompetência absoluta (art. 301, II), porquanto, como dissemos, a relativa deve ser argüida por meio de exceção; c) em se tratando de incompetência absoluta, o juiz deve recusar cumprimento à carta precatória, devolvendo-a com despacho fundamentado (CPC, art. 209, II), o que não lhe será possível na hipótese de incompetência relativa, pois aqui prevalece a regra legal de que a carta possui caráter itinerante: "antes ou depois de lhe ser ordenado o cumprimento, poderá ser apresentada a juízo diverso do que dela consta, a fim de se praticar o ato" (CPC, art. 204); d) unicamente a competência relativa pode ser modificada pela conexão ou pela continência (CPC, art. 102); e) somente a sentença proferida por juízo absolutamente incompetente é rescindível, como demonstra o inc. II do art. 485, do CPC. Assim o é porque essa incompetência, ao contrário da relativa, não se convalida: o vício contamina a sentença desde o momento em que é lançada nos autos e nela permanece mesmo depois do trânsito em julgado, conquanto a sua presença motive a rescisão do julgado.

O CPC de 1939 limitava o uso da ação rescisória às sentenças proferidas por juízos incompetentes *ratione materiae* (a expressão latina constava daquele texto). A doutrina, contudo, afirmando haver sinédoque nessa disposição do Código, admitia o alargamento do manejo da rescisória, para alcançar também as decisões tiradas por juízos desapercebidos de competência em razão da pessoa e da hierarquia. O Código vigente, em disposição mais adequada às exigências doutrinárias, alude — genericamente — à incompetência absoluta, com o que apanhou, em um só movimento, todas as espécies do grupo (matéria, pessoa e hierarquia).

Comumente, o vocábulo foro tem sido usado — inclusive pelo legislador — para designar o território, a localidade em que funciona a sede do juízo ou se encontram domiciliadas as partes. A ressalva é importante para alertar que embora a incompetência *ratione loci* seja efetivamente relativa, em determinados casos, previstos em lei, ela assume caráter de absoluta, como se dá, *p. ex.*, no art. 99 do CPC, que declara ser competente o foro da Capital do Estado ou do Território para o ajuizamento das ações ali mencionadas.

A propósito, o processo do trabalho repele a possibilidade de as partes elegerem o foro competente para solucionar eventual conflito de interesses que entre elas se estabelecer — possibilidade que o processo civil concede, desde que esse acordo conste de contrato escrito e se refira, de modo expresso, a determinado negócio jurídico (art. 111, *caput*, parte final e § 1º), sendo certo que o foro de eleição obriga os herdeiros e sucessores das partes (*ibidem*, § 2º). No sistema da CLT, a competência em razão do território é fixada com acentuada rigidez, em atenção aos interesses do trabalhador, pelo art. 651. Posto à frente, contudo, esse interesse, não vemos como se possa inquinar de nula, de desvaliosa, ocasional avença entre as partes, onde se perceba que ela decorreu de um interesse direto e indiscutível do trabalhador.

Define-se a competência no momento em que a ação é ajuizada, sendo irrelevantes as ulteriores modificações do estado de fato ou de direito, exceto quando acarretarem a supressão do órgão judiciário ou a alteração da competência *ratione materiae* ou em razão da hierarquia (CPC, art. 87). Este é o postulado da *perpetuatio iurisdictionis.*

Pronunciada a incompetência absoluta, apenas serão nulos os atos decisórios, devendo os autos serem remetidos ao juízo competente (CPC, art. 113, § 2º).

Quando o tribunal rescinde a sentença proferida por juízo absolutamente incompetente, não deve ir além desse *iudicium rescindens*, vez que ingressar no *rescissorium* importaria suprimir, arbitrariamente, um grau de jurisdição. É evidente que o tribunal não deve ordenar, na espécie a remessa dos autos ao juízo competente, porquanto é inaplicável à ação rescisória a regra encartada no art. 113, § 2º, do CPC, de incidência restrita aos pronunciamentos da Corte em grau de recurso.

Dolo ou colusão (CPC, art. 485, III)

Introdução

Os textos do passado nada dispunham acerca do dolo e da colusão, como causas de rescindibilidade dos julgados.

Nem mesmo o CPC de 1939 se ocupou desses vícios dos pronunciamentos da jurisdição.

A inclusão do dolo e da colusão no rol das causas de rescindibilidade dos pronunciamentos jurisdicionais constitui, pois, expressiva inovação do CPC de 1973.

Dolo

Derivante do latim *dolus* (artifício, esperteza, velhacada), o termo dolo indica, na terminologia jurídica, toda sorte de ardil, de artifício, de manha, de maquinação, que uma pessoa coloca em prática com o escopo de induzir outrem à realização de um ato jurídico, em detrimento deste e em benefício daquela ou de terceiro.

No plano específico do processo, o dolo consiste no emprego de meios astuciosos ou ardilosos, por um dos litigantes, atentatórios ao dever de lealdade e boa-fé, com o objetivo de impedir ou de dificultar a atuação do adversário. Como diz *Emilio Betti*, "Em particular, o comportamento contrário à boa-fé deve ter colocado o adversário na impossibilidade de defender-se e impedido o juiz de conhecer a realidade das coisas, de maneira a determinar uma decisão fundamentalmente diversa daquela que presumivelmente se teria conseguido sem o mesmo comportamento"[(156)].

O dolo processual se manifesta sob as mais diversificadas formas: impedir que a parte contrária tenha ciência da ação ajuizada ou seja intimada de algum despacho; frustrar a produção de provas, como demolir o prédio em que o autor trabalhava, com o propósito de tornar impraticável (CPC, art. 420, III) o exame pericial destinado a apurar a existência de insalubridade naquele local; rasurar documentos; subtrair peças dos autos etc. Seria, enfim, de extrema ousadia pretender enumerar todos os atos dolosos que podem ser praticados no processo. O importante a ser realçado é que, em nome do conteúdo ético do processo como método estatal de solução dos conflitos de interesses, as partes estão fortemente atreladas ao dever de lealdade e boa-fé, como demonstra o art. 14, II do CPC, que relaciona, no art. 17, alguns dos atos de má-fé que soem ser por elas praticados.

No caso de sentença homologatória de acordo, não cabe ação rescisória fundada no inciso III, do art. 485, do CPC (dolo da parte vencedora em detrimento da vencida), por uma razão jurídica elementar: o acordo, ou transação, traduz um negócio jurídico bilateral, uma forma de solução consensual e privada da lide, e não uma solução jurisdicional, esta, em regra, impositiva. A sentença homologatória, aí lançada, se limita a chancelar a manifestação de vontade das partes e se justifica pela necessidade de dotar-se o credor de um título executivo, caso a obrigação não seja adimplida (CPC, arts. 583 e 584, inciso III). No mesmo sentido está a Orientação Jurisprudencial n. 111, da SDI-II, do TST.

A OJ n. 125, da mesma SDI, cogita de uma outra situação, que também não configura ato doloso, suscetível de ataque pela via rescisória: "Ação rescisória. Art. 485, III, do CPC. Silêncio da parte vencedora acerca de eventual fato que lhe seja desfavorável. Descaracterizado o dolo processual. Não caracteriza dolo processual, previsto no art. 485, III, do CPC, o simples fato de a parte vencedora haver silenciado a

(156) "Rivista di Diritto Processuale Civile", vol. II, parte II, 1925, p. 332.

respeito de fatos contrários a ela, porque o procedimento, por si só, não constitui ardil do qual resulte cerceamento de defesa e, em conseqüência, desvie o juiz de uma sentença não-condizente com a verdade".

O simples ato doloso da parte não é, porém, bastante para ensejar o uso da rescisória: impõe-se que esse ato haja sido praticado em detrimento da parte vencida. Certo setor da doutrina tem entendido que esse prejuízo se caracteriza pelo fato de dificultar ou de impedir a defesa do adversário(157). Não pensamos assim. A nosso ver, a rescisória será viável sempre que o ato doloso impedir ou embaraçar a atuação processual do litigante contrário, e, com isso, agir eficazmente na formação do convencimento jurídico do juiz, de maneira que faça que ele emita um pronunciamento oposto ao que proferiria caso não estivesse sob a influência do ato doloso.

Não é, portanto, qualquer ato doloso que desafia o uso da rescisória, e sim aquele que acarreta prejuízo processual ao adversário — prejuízo que se materializa com a emissão de sentença contrária aos interesses da parte contra a qual o dolo se dirigiu. Se o ato for efetivamente doloso, mas, apesar disso, a sentença não vier em detrimento do direito ou dos interesses da parte inocente, a conseqüência desse dolo, para o processo, será nenhuma, até porque não há nulidade sem prejuízo. Escorreita, por esse motivo, a lição de *Attardi*, no sentido de que o dolo da parte não pode consistir em um fato juridicamente ineficaz para determinar, por si só, o resultado do julgamento, como seria o caso de uma propositada falsidade de alegação; ele não pode se resumir à mera alegação, devendo exteriorizar-se, por isso, sob a forma de comportamento do litigante: "um comportamento tal a conduzir o juiz em engano sobre a real situação substancial, e isto através de um engano. A parte ou o juiz não podem dizer-se enganados pela simples afirmação falsa, diante da qual não é nem mesmo necessária uma atividade de contestação (dado que a parte é tutelada pela obrigação do juiz de fundamentar a decisão sobre as provas propostas (...) e é livre na escolha e no desdobramento de seus meios de defesa")(158). Acrescenta o renomado jurista, que, em razão disso, somente se poderá

(157) Está, *e.g.*, em *Nicola Giudiciandrea*: "mas é necessário um artifício, um engano ou qualquer que seja expediente ilícito, todavia dissimulado, que haja paralisado ou desviado a defesa adversária, impedindo assim ao juiz de declarar a verdade" ("La Impugnazioni Civile", vol. II, Milão: Giuffrè, 1952, p. 407). Reconhecemos, no entanto, que se a parte vencedora houvesse, mediante fraude, feito ao juiz supor que o adversário fora citado para a ação em que foi proferida a sentença rescindenda, esse seu ato doloso teria, neste caso, impedido o réu de formular a sua defesa — ou, para utilizarmos a linguagem do atual CPC, de apresentar a sua resposta (art. 297).

(158) *Attardi*, "La Rivocazione", Pádua: Cedam, 1959, p. 124.

falar de dolo quando, em decorrência do engano tecido, a atividade de defesa seja diminuída ou paralisada[159].

Ainda segundo *Attardi*, o elemento subjetivo do dolo processual reside no estado psicológico representado pela voluntariedade do engano e pela intenção de provocá-lo[160].

Como observa *Antonio Butera*, salvo se houver confissão da parte vencedora, será impossível, em termos gerais, produzir prova direta e imediata sobre o elemento subjetivo do dolo (a intencionalidade), pois somente por intermédio de elementos exteriores será possível demonstrar a sua existência[161].

A preocupação de evitar que o assunto *sub examen* não venha a ser convenientemente entendido, nos leva a iterar que o dolo, para ensejar o manejo da ação rescisória, deve estar diretamente ligado ao resultado do julgamento: este deve ser favorável à parte que praticou semelhante velhacada.

Com vistas a esse registro ilativo, algumas situações pertinentes devem ser enunciadas:

a) se houve dolo, mas a sentença foi desfavorável à parte que praticou tal ato, não se há que pensar em rescisória, pois inexistiu prejuízo para o adversário;

b) não será admissível a rescisória se, a despeito da ocorrência de dolo em detrimento da parte vencida, a sentença não houver invocado o ato viciado como razão de decidir, de tal forma que eventual eliminação desse ato não influiria (= não modificaria) no resultado do julgamento. É o que se poderia chamar de dolo ineficaz.

Podemos dizer que o ajuizamento da rescisória se subordina à presença de uma íntima relação de causa e efeito entre o ato doloso e a sentença favorável aos interesses de quem praticou o ato.

Ao utilizar a expressão "em detrimento da parte vencida", o Código (art. 485, III) afasta a possibilidade de a rescisória fundar-se em ato doloso para cuja prática concorreram ambas as partes ou em ato dessa natureza que embora tenha sido realizado pela parte vencedora, teve a anuência da vencida. Ao permitir o uso da rescisória calcada em ato doloso, o Código teve como objetivo proteger o vencido dos ardis ou maquinações engendrados pelo vencedor, razão por que quando aquele houver dado, direta ou indiretamente, causa ao ato viciado, o exercício de uma pretensão rescisória não lhe será concedido, pois foi deturpada a intenção e a finalidade da lei.

---

(159) *Idem, ibidem*.
(160) *Idem*, p. 119.
(161) "La Rivocazione delle Sentenze Civile", Torino: Torinense, 1936, p. 47.

Por outro lado, ao referir-se à "parte vencedora", o Código não desejou atribuir a essa locução o sentido restritivo que a sua expressão literal parece sugerir, donde decorre a possibilidade de ajuizamento da rescisória mesmo quando o comportamento dolosamente lesivo tenha sido não da parte, e sim de seu advogado ou de seu preposto, conforme seja a hipótese. O que se deve levar em conta é o fato de que essa conduta influiu no resultado do julgamento, que se revelou favorável ao praticante do ato enganoso; logo, desfavorável ao adversário.

Situação verdadeiramente insólita — mas não impossível — será aquela em que a sentença for produto de atos dolosos individualmente praticados pelos litigantes: autor e réu são vencedores respectivos pontos influenciados por suas condutas dolosas. Neste caso, ambos possuem interesse em aforar a rescisória, sendo insensato imaginar que um dolo neutralizaria o outro: compensar-se-iam para o efeito de manter inalterado o resultado do julgamento. A autonomia ontológica de um e outro faz com que não se comuniquem, não se confundam: mantêm-se independentes e dotados de aptidão para fundamentarem, cada um por si, as ações rescisórias que terão em mira os pontos da sentença por eles afetados. Essa mesma autonomia pode fazer com que somente uma das partes se valha da rescisória, permanecendo a outra em estado de incúria quanto à promoção da defesa de seus direitos e interesses. Esta poderia, aliás, estar satisfeita com o conteúdo favorável do pronunciamento jurisdicional, vindo, contudo, a dar-se conta, ao ser citada para a rescisória, de que essa satisfação poderá ser efêmera e, em virtude disso, ingressar também com a rescisória para colocar o adversário em idêntico estado de sobressalto.

Colusão

Do latim *collusio*, a palavra colusão é indicativa do conluio, do acordo fraudulento realizado em prejuízo de terceiro. Não é diversa a sua acepção no campo processual, onde designa a fraude praticada pelas partes, seja com a finalidade de causar prejuízos a outrem, seja para frustrar a aplicação da norma legal.

O inc. III do art. 485 do CPC cogita da "colusão entre as partes, a fim de fraudar a lei". Como deixamos escrito anteriormente, trata-se de inovação trazida por esse diploma, porquanto dela não se ocuparam os textos do passado. *Pontes de Miranda* conceitua essa colusão como "o acordo, ou concordância, entre as partes, para que, com o processo, se consiga o que a lei não lhe permitiria, ou não permitia o que tem por base simulação, ou outro ato de fraude à lei"[162].

(162) Ob. cit., pp. 237/238.

Para *Carnelutti*, a simulação processual fraudulenta não se confunde com processo fraudulento. Configura-se aquela com o ato de um dos litigantes, em conluio com o adversário, consistente em simular uma ação em face do outro, com o propósito de obter uma sentença que, mais tarde, possa ser oposta a terceiro, cujo direito foi afetado por ela; já no processo fraudulento não há simulação, apenas conluiando-se as partes para fazer crer a existência de vício na relação jurídica material entre elas estabelecida e, com isso, tirarem proveito desse arranjo[163].

Como bem se expressou *Carlo Calvosa*, no processo simulado os litigantes se dispõem a conseguir um duplo efeito: um, "aparente, que deverá operar somente em confronto de terceiros"[164] e outro, verdadeiro e encoberto, que deverá atuar nas relações entre eles; no processo em fraude, ao reverso, "os efeitos do processo devem produzir-se, segundo o intento das partes, seja no próprio confronto, seja respeitante aos terceiros"[165].

Sob o ponto de vista estrito da ação rescisória, o que se considera é o fato de a colusão haver sido entretecida com a finalidade de fraudar a lei, pouco importando que se trate de simulação processual ou de processo fraudulento. Daí se conclui que embora possa ter havido, em determinado caso, simulação, mesmo assim não caberá a rescisória se disso não sobreveio fraude à norma legal.

A preocupação do CPC em combater atos escusos praticados no processo está manifestada no art. 129, que estabelece: "Convencendo-se, pelas circunstâncias da causa, de que autor e réu se serviram do processo para praticar ato simulado ou conseguir fim proibido por lei, o juiz proferirá sentença que obste aos objetivos das partes". Essa sentença se destina não só a preservar o conteúdo ético do processo, como a salvaguardar a incolumidade da lei, posta em risco pela atitude reprochável dos contendores. O ato da jurisdição, que dá cobro a esse objetivo das partes, é efetivamente sentença, porquanto dotado de aptidão para extinguir o processo (CPC, art. 162, § 1º).

Na hipótese de a sentença decorrer de colusão entre as partes, que haja sido realizada em fraude à lei, terão interesse e legitimidade para ingressar com a ação rescisória o terceiro e o Ministério Público (CPC, art. 487, II e III), exigindo-se que o interesse daquele seja jurídico e não meramente econômico.

---

(163) "Nuove Riflessioni sulla Sentença Fraudolenta", *in Rivista di Diritto Processuale*, vol. V, parte II, 1950, p. 120.
(164) "Riflessioni sulla fraude alla lege nel processo", *in Rivista di Diritto Processuale*, vol. IV, parte I, 1949, p. 84.
(165) *Idem, ibidem*.

Para que seja possível, portanto, o aforamento da rescisória com fulcro no inc. III, segunda parte, do art. 485, do CPC, é indispensável que: a) a colusão tenha sido realizada pelas partes (aqui compreendidos, igualmente, os seus advogados, prepostos ou representantes legais); b) o pronunciamento jurisdicional reflita a influência nele exercida pela colusão; c) esta haja sido posta em prática com o objetivo de fraudar a lei.

a) De efeito, a colusão é ato de autoria exclusiva dos litigantes, assim entendidos todos aqueles que se encontram situados em ambos os pólos (ativo e passivo) da relação jurídica processual, equiparando-se, para esse efeito, as demais pessoas que tenham participação no processo em nome deles, como os seus advogados, representantes legais ou prepostos.

Nas causas em que o Ministério Público tenha intervindo, por força de disposição legal (CPC, arts. 81 e 82), será passível de rescisão a sentença que se originar de colusão da qual haja participado o órgão daquele, que, sob este aspecto, é assemelhado à parte. O órgão do Ministério Público será, aliás, civilmente responsável toda vez que, no exercício de suas funções, agir com dolo ou fraude, como declara o art. 85 do CPC.

Desnecessário será, por outro lado, investigar se apenas um dos contendores se beneficiou com o ato de fraudar a lei, em decorrência de colusão de que tenha participado: o que importa, fundamentalmente, é o fato concreto de a colusão haver frustrado a aplicação da lei.

b) O nexo de causalidade entre a colusão e a sentença que a espelha é também imprescindível para autorizar o uso da rescisória. Se colusão houve, mas sem nenhuma influência na sentença, desimagine-se a rescisória, pois a relação causal estará ausente.

Esse nexo entre o ato colusivo e o provimento jurisdicional está patenteado no verbo resultar, utilizado pelo legislador ao redigir o inc. III do art. 485 do CPC (resultar a sentença de colusão entre as partes).

c) A colusão deve, ainda, estar subordinada ao propósito de fraudar a lei.

É irrelevante, para esse fim, saber se a colusão é expressa ou tácita, ou se foi urdida antes ou depois do ingresso em juízo. É de presumir-se que, no geral, ela não se manifeste sob a forma expressa, circunstância que dificulta, sobremaneira, a prova, em juízo, de sua existência: haverão de atuar, amplamente, nessa hipótese, os indícios e as presunções. De igual modo, na maioria dos casos em que pôde ser constatada, a colusão antecedeu ao processo em que se instalou: este, na verdade, esteve a serviço daquela. Nada impede, porém, que em situações excepcionais o ato colusivo seja praticado ou idealizado quando o processo já se encontrava em curso.

A medida — inarredável medida — de tudo será sempre o fato de a colusão haver obtido êxito em seu escopo de fraudar a lei; aberta estará, então, a via para o exercício da correspondente pretensão rescisória pelo interessado.

Uma indagação se impõe: se o juiz (alertado, talvez, pelo órgão do Ministério Público) convencer-se de que as partes não se valeram do processo para realizar ato simulado ou conseguir fim defeso por lei (CPC, art. 129, a *contrario sensu*) e, com isso, proferir a sentença de mérito, tal particularidade vedará o uso da rescisória fundada no inc. III, segunda parte, do art. 485 do CPC?

De modo algum.

Não nos deslembremos que a ação rescisória instaura uma nova relação jurídica processual, que embora se ligue (como pressuposto lógico) àquela que se estabeleceu no processo em que foi emitida a sentença rescindenda, a ela não se subjuga; fazê-lo, seria negar a sua própria razão de ser, seria ignorar a eficácia desconstitutiva, que lhe constitui atributo essencial.

Estamos a sustentar, pois, que a despeito de a sentença rescindenda haver dito que autor e réu não fizeram uso do processo visando a praticar ato simulado ou a alcançar fim proibido por lei isso não inibirá o tribunal de cortar rente a sentença, em sede de rescisória, convencido que esteja de que houve colusão tendente a fraudar a norma legal.

Citemos, como exemplo de ato colusivo que poderia ser colocado em prática no processo do trabalho, o simularem autor e réu a existência de um contrato de trabalho (pedem, exatamente, que o provimento jurisdicional a reconheça), com a velada finalidade de se beneficiarem, digamos, perante o órgão da previdência social (aposentadoria do autor) ou de acarretarem prejuízos aos interesses legítimos de terceiro, como se daria, *v. g.*, na hipótese de o réu ser massa falida e os créditos do autor, oriundos de um suposto contrato de trabalho, absorverem todas as forças da massa, em virtude do superprivilégio legal que ostentam, em face dos créditos de outra natureza.

Mencionemos, também, a simulada ruptura do contrato de trabalho, pelo empregador, sem justa causa, com o objetivo de permitir que o empregado saque os valores depositados em sua conta relativa ao FGTS.

Merece ser referida, nesta quadra de nossa exposição, a Orientação Jurisprudencial n. 94, da SDI-II, do TST, assim redigida: "Ação rescisória. Colusão. Fraude à lei. Reclamatória simulada extinta. A decisão ou acordo judicial subjacente à reclamação trabalhista, cuja tramitação deixa nítida a simulação do litígio para fraudar a lei e prejudicar terceiros, enseja ação rescisória, com lastro em colusão. No juízo rescisório, o processo simulado deve ser extinto". Em que pese ao fato de a expressão "processo simulado" haver caído no gosto da doutrina e da jurisprudência, parece-nos que ela encerra um ilogismo, pois o processo, em rigor, não é simulado, mas concreto, real: a simulação é, sim, do conflito de interesses a que o processo se destina a solucionar.

O exemplário, enfim, de atos colusivos das partes, destinados a fraudar a lei, é vasto, inexaurível mesmo. O que se deve ter diante dos olhos é a possibilidade de essa velhacada ser evitada pelo próprio juiz que conheceu do pedido fraudatório (CPC, art. 129) ou ter o seu sucesso desfeito mediante o uso adequado da ação rescisória, baseada no inc. III do art. 485 do CPC.

Ofensa à coisa julgada (CPC, art. 485, IV)

Introdução

O Regulamento n. 737 não mencionava a ofensa à coisa julgada como causa de rescindibilidade das sentenças.

Já a Consolidação das Leis do Processo Civil, de *Ribas*, declarava ser manifestamente "nula" a sentença dada contra outra sentença passada em julgado.

O CPC de 1939, mantendo a falsa idéia de "nulidade", falava em "ofensa à coisa julgada" (art. 798, I, *b*).

O estatuto processual civil em vigor diz ser rescindível a sentença (e também o acórdão) de mérito transitada em julgado que haja perpetrado ofensa à coisa julgada.

Movido pela preocupação de evitar que os conflitos de interesses ocorrentes entre os indivíduos se perpetuassem ou subsistissem por tempo superior ao tolerável e, com isso, pusessem em risco a estabilidade das relações sociais, o legislador concebeu o fenômeno jurídico da coisa julgada material, como qualidade da sentença, e que traz o selo da imutabilidade e da indiscutibilidade das matérias e questões colocadas sob sua autoridade. Nisso repousa o fundamento político da *res iudicata*, conforme procuramos demonstrar em Capítulo específico deste livro (XIII).

A garantia da coisa julgada, em nosso meio, foi elevada ao nível de princípio constitucional (CF, art. 5º, XXXVI), impedindo-se, com essa providência, a sua violação por norma ordinária, pela vontade das partes ou pelos pronunciamentos jurisdicionais.

Considerando, entretanto, que em alguns casos a própria coisa julgada pudesse vir a abalar o prestígio do ordenamento jurídico ou a respeitabilidade das decisões judiciais, o legislador, precatadamente, instituiu a ação rescisória como o remédio jurídico para desconstituir-lhe, em caráter excepcional, os efeitos.

É de grande proveito exarar que a ação rescisória tem sede na Constituição Federal (na mesma Constituição que ordena o respeito à *res iudicata*), com o que fica arredada qualquer possibilidade de pensar-se em estarem a antagonizar-se com o texto constitucional as disposições do CPC que regulam o exercício dessa ação "desconstitutiva".

A existência de coisa julgada deverá ser objeto de preliminar, na contestação do réu (CPC, art. 301, VI), e não de exceção, como ocorria no sistema do Código de 1939 (art. 182, II). Acolhida a preliminar, e extinto o processo (CPC, art. 267, V), ficará afastado o perigo de ofensa à *res iudicata*.

O que diferencia a preliminar (objeção) de coisa julgada da alegação de sua existência feita na ação rescisória, é que, lá, a ofensa a ela é virtual, ao passo que aqui é consumada. De qualquer forma, não se suponha que o uso da rescisória somente será viável quando a sentença rescindenda estiver em contraste com a coisa julgada; em que pese ao fato de essa suposição encontrar na referência efetuada pelo art. 485, IV do CPC a ofensa um ponderável fundamento, elementar regra de lógica formal aponta para a possibilidade de o interessado valer-se dessa ação para desconstituir a segunda sentença, ainda que esta se encontre em perfeita harmonia com a primeira, à qual se sobrepôs.

Digamos, *p. ex.*, que o autor, tendo obtido sentença favorável às suas pretensões (e já passada em julgado), volte a juízo para, por mero capricho ou espírito de conflitualidade (pouco importa o motivo pelo qual assim aja), formular os mesmos pedidos constantes da ação anterior e que foram acolhidos pelo correspondente provimento jurisdicional: ninguém, por certo, haveria de abalançar-se a dizer que, na espécie, o réu não poderia: a) alegar, na contestação à segunda ação, como preliminar, a existência de coisa julgada (CPC, art. 301, VI); ou b) ingressar com ação rescisória da segunda sentença (havendo esta passado em julgado), apoiado no inc. III do art. 485 do CPC. Impedi-lo de ajuizar a rescisória seria cometer a injustiça de mantê-lo subserviente a uma dupla condenação por um mesmo fato e, sob outro aspecto, prestar homenagem a uma ignominiosa atitude de má-fé, por parte do seu adversário.

Teria o réu, portanto, indiscutível interesse de agir (= ingressar com a ação rescisória), revelando-se desconhecedores do verdadeiro sentido dessa condição da ação todos aqueles que o considerassem carecedor dela.

Indagamos, porém: se a objeção de coisa julgada for rejeitada pelo juiz e a sentença (de mérito) por ele dada passar em julgado, isso obstará a que o então réu ingresse com ação rescisória dessa sentença, insistindo no argumento de que havia coisa julgada constituída anteriormente a ela? Certamente que não. Se já havia *res iudicata* e a sentença rescindenda a ignorou ou a ofendeu, isso representará um motivo a mais para o ajuizamento da rescisória. Não podemos deixar ao largo o fato de que a inexistência de coisa julgada constitui pressuposto (negativo) de validade do processo; havendo coisa julgada, dela o juiz deverá conhecer *ex officio*, como está na linguagem imperativa do § 4º do art. 301 do CPC, ainda que seja para não reconhecê-la.

A prova da existência de coisa julgada material é eminentemente documental, consubstanciada em cópia da sentença ou do acórdão, que a produziu, ou em certidão expedida pelo órgão competente. Em nenhuma hipótese se admitirá que testemunhas sejam levadas a juízo (juízo delegado: CPC, art. 492) com a finalidade de prestarem declarações quanto à existência ou inexistência de *res iudicata*. Nem mesmo haveria lugar para a produção de prova pericial.

Sendo, como afirmamos, essencialmente documental a prova da presença de coisa julgada no mundo jurídico, temos que ela deverá ser produzida já com a inicial, sob pena de indeferimento dessa peça (CPC, art. 490, I), vez que desacompanhada de documento indispensável ao ajuizamento da demanda (CPC, arts. 283 e 295, VI), conquanto o relator deva, antes, assinar prazo de dez dias para o suprimento da falta (CPC, art. 284).

No caso de rescisória fundada em ofensa à *res iudicata*, o juízo será exclusivamente *rescindens*, na medida em que eventual atuação do *rescissorium* implicaria inevitável invasão dos domínios da coisa julgada cuja autoridade fora preservada pelo juízo *rescindens*. Efetivamente, quando se ingressa com a rescisória a fim de desfazer a decisão (sentença, acórdão) que está a ofender a coisa julgada (material), é bastante aos interesses do autor que o tribunal desconstitua a decisão rescindenda, pois isso fará com que seja, automaticamente, eliminado o motivo que estava a molestar ou a constringir a autoridade da *res iudicata*. Não se trata do fenômeno a que a doutrina vem denominando de "repristinação", segundo o qual quando se revoga a lei que havia revogado a anterior, a vigência da primeira fica restabelecida. No caso da rescisória, cuida-se apenas de cortar ou de apagar uma sentença que estava a tolher, a empecer os efeitos da anterior, que morta não estava.

É proveitoso mencionarmos, nesta altura, as seguintes Orientações Jurisprudenciais da SDI-II, do TST: *OJ n. 101*: "Ação rescisória. Art. 485, IV, do CPC. Ofensa a coisa julgada. Necessidade de fixação de tese na decisão rescindenda. Para viabilizar a desconstituição do julgado pela causa de rescindibilidade do inciso IV, do art. 485, do CPC, é necessário que a decisão rescindenda tenha enfrentado as questões ventiladas na ação rescisória, sob pena de inviabilizar o cotejo com o título executivo judicial tido por desrespeitado, de modo a se poder concluir pela ofensa à coisa julgada". O que a OJ em foco está a dizer, em última análise, é que se o tema não foi prequestionado (TST, Súmulas ns. 297 e 298), não se há como admitir a ação rescisória. *OJ n. 116*: "Ação rescisória. Art. 485, IV, do CPC. Ação de cumprimento. Ofensa à coisa julgada emanada de sentença normativa modificada em grau de recurso. Inviabilidade. Não procede ação rescisória calcada em ofensa à coisa julgada perpetrada por decisão proferida em ação de cumprimento, em face de a sentença normativa, na qual se louvava, ter sido modificada em grau de recurso, porque em dissídio coletivo somente se consubstancia coisa julgada formal. Assim, os meios processuais, aptos a atacarem a execução da cláusula reformada, são a exceção de pré-executividade e o mandado de segurança, no caso de descumprimento do art. 572 do CPC". *Data venia*, falta base científica a esta OJ, ao afirmar que nos denominados dissídios coletivos "somente se consubstancia coisa julgada formal". *OJ n. 123*: "Interpretação e alcance do título executivo. Coisa julgada. Impertinência do art. 485, IV, do CPC. Descaracterizada a ofensa ao art. 5º, XXXVI, da CF/88. O acolhimento da ação rescisória calcada em ofensa à coisa julgada supõe dissonância patente entre as decisões exeqüenda e rescindenda, o que não se verifica quando se faz necessária a interpretação do título executivo judicial para se concluir pela lesão à coisa julgada".

Questão que se reveste de extraordinário interesse prático e que está a desafiar a inteligência doutrinária diz respeito a saber se, havendo duas coisas julgadas contrastantes, sobre o mesmo assunto, e tendo se exaurido o prazo fixado pelo art. 495 do CPC para a desconstituição de ambas, deverá prevalecer a primeira ou a segunda.

O douto *José Carlos Barbosa Moreira* entende que a prevalência é da segunda: "Seria evidente *contra-senso* recusar-se eficácia à segunda sentença, depois de consumada a decadência, quando nem sequer antes disso a eficácia era recusável. A passagem da sentença, da condição de rescindível à de irrescindível, não pode, é claro, diminuir-lhe o valor. Aberraria aos princípios tratar como inexistente ou como nula uma decisão que nem rescindível é mais, atribuindo ao vício, agora, relevância maior do que a que tinha durante o prazo decadencial. Daí se infere que não há como obstar, só com a invocação da ofensa à coisa julgada, à produção de quaisquer efeitos, inclusive executórios, da segunda sentença, quer anteriormente, quer (*a fortiori!*) posteriormente ao termo final do prazo extinto"[166].

Diversa é a nossa opinião, conquanto reconheçamos estar pisando em solo movediço e não possuirmos o dom divino da inerrância.

O nosso convencimento de que deve prevalecer não a segunda sentença e sim a primeira deriva das seguintes razões:

a) a coisa julgada traduz uma alcandorada garantia constitucional (art. 5º, XXXVI), sendo assim, se a própria norma legal está obrigada a respeitar a *res iudicata*, por mais forte razão esse acatamento se impõe aos pronunciamentos jurisdicionais, pois estes são subalternos à lei, a cujo serviço se colocam. A segunda sentença, ao superpor-se à primeira, não só lhe afrontou a autoridade como ofendeu, ousadamente, o inc. XXXVI da Constituição Federal, motivo por que a prevalência da segunda sentença representa uma consagração do desrespeito ao texto da Suprema Carta Política do País;

b) a afirmação de que o predomínio deve ser da segunda sentença, por não ser mais rescindível, corresponde, de um lado, a argumentar, de modo contraproducente, a favor da primeira, que também rescindível não é mais, e, de outro — o que é mais grave —, a atribuir preeminência a uma norma ordinária (CPC, art. 495), em confronto com a Constituição da República (art. 5º, XXXVI);

c) a segunda sentença, além disso, estaria contaminada em sua origem, em virtude de ser produto de transgressão ao mandamento inscrito no art. 471 do CPC, no sentido de que "Nenhum juiz decidirá novamente as questões já decididas, relativas à mesma lide...";

d) embora existam, na situação em exame, dois direitos adquiridos (decorrentes de duas coisas julgadas contrapostas), é evidente que o primeiro deve ser prevalecente, não tanto por um fator cronológico, mas, fundamentalmente, por ter sido o único que se constituiu segundo a lei e não contra ela;

e) a opção pela segunda sentença traz consigo, ainda que inadvertidamente, o perigo de premiar a quem obrou com má-fé, ao deduzir pretensão contra texto expresso de lei (CPC, arts. 17, I, e 471) e obter,

(166) "Comentários...", p. 209.

por essa forma, vantagem indevida, porquanto não é crível que, havendo sido parte no primeiro processo, pudesse ignorar a coisa julgada material que dele se originou.

O problema não está, contudo, solucionado por inteiro: cumpre-nos agora perscrutar de que meio jurídico haverá de socorrer-se a parte, para fazer valer a primeira sentença, lembrando que já se teria esgotado o prazo para rescindir a segunda (CPC, art. 495).

Mais uma vez, a doutrina apresenta soluções díspares.

Pontes de Miranda procura distinguir as situações: "Se duas sentenças forem absolutamente iguais, proferidas pelo mesmo juiz, no mesmo processo, só a primeira vale. Se proferidas em dois processos diferentes, *na mesma espécie* (identidade de ação), *vale a primeira*, ou, passados os dois anos, *a segunda*, se não foi executada, ou não começou a ser executada a primeira. Não sendo iguais, ainda que *in minimis*, dá-se ofensa à coisa julgada. A rescindibilidade pende, durante o biênio, e após ele rege a segunda, e não a primeira, salvo se a primeira já se executou, ou começou a executar-se. Se o momento posterior ao prazo bienal da segunda encontra a outra em execução, ainda não precluso o prazo para embargos do devedor, pode o executado, a que a segunda sentença interessa, opor-se à execução, sustentando a *irrescindibilidade da segunda sentença*. A execução posterior da primeira não pode ofender a rescindibilidade da segunda" (sublinhamos)[(167)].

Em verdade, o festejado jurista admite que a prevalência seja, no fundo, da segunda sentença — em opinião contrária à nossa —, embora tenha procurado construir peculiar solução para o caso de a primeira já haver sido executada ou estar sob execução, hipótese em que, segundo ele, esta prevalecerá. Não vemos, *venia concessa*, nenhuma relevância nessa distinção. Não nos parece ser o melhor critério jurídico para resolver o problema o que se baseia no fato de a primeira sentença haver sido executada, ou não. Isso tem conseqüências (e interesse) apenas de ordem prática, com vistas ao eventual retorno ao *status quo* ante se a segunda sentença vier a ser desconstituída. Preferimos os argumentos que relacionamos em linhas anteriores, que se fundam, nuclearmente, na necessidade de fazer prevalecente a primeira sentença, como medida tendente a preservar a incolumidade do preceito constitucional relativo à garantia da coisa julgada. Fora disso, será preocupar-se com aspectos de nonada do problema.

Dedicando-se ao exame dessa questão problemática, *Sérgio Rizzi* conclui que dentre as soluções possíveis, "a melhor é considerar

(167) Ob. cit., p. 285.

como não escrito o prazo do art. 495 do Código, autorizando-se a rescisória sem o pressuposto do biênio"[168].

Esse autor defende, como se nota, a prevalência da primeira sentença, como também é de nosso entendimento.

Embora concordemos, no essencial, com a resolução proposta por *Rizzi*, parece-nos que se deveria considerar não como não escrito o art. 495 do CPC e sim como escrito, mas destituído de eficácia diante do mandamento gravado no art. 5º, XXXVI da Constituição Federal. Aquela norma ordinária teria, assim, existência e vigência, mas não eficácia, em virtude da soberania da vontade constitucional.

Isso, porém, não é tudo; resta, ainda, a ser removida, uma incômoda partícula do problema: aceita a prevalência da primeira sentença e afastada, quanto à segunda, a aplicação do art. 495 do CPC, de que instrumento jurídico poderia utilizar-se a parte interessada para procurar fazer valer o primeiro pronunciamento jurisdicional passado em julgado?

A solução é bifronte: a) encontrando-se ainda em curso o prazo para o oferecimento de embargos à execução da segunda sentença, a parte encontrará aí a oportunidade e o instrumento legal adequado para alegar a existência da coisa julgada, supondo-se que tenha interesse em formulá-la (teria tido êxito na primeira ação e insucesso na segunda, agora em execução). A circunstância de nem a CLT (art. 884, § 1º) nem o CPC (art. 741) previrem a possibilidade de essa matéria ser argüida nos embargos não deve constituir óbice à sua formulação, levando-se em conta o seu caráter de excepcionalidade; b) caso, entretanto, o prazo para oferecer embargos já se encontrasse esgotado, sem que a parte o houvesse aproveitado para alegar a presença de coisa julgada, só lhe restariam estas alternativas, em tese: 1. aceitar a segunda sentença, renunciando, assim, à convicção de que a primeira possuía preeminência jurídico-constitucional; 2. ingressar com ação declaratória de nulidade da segunda sentença, denunciando o vício que está a contaminá-la, desde a origem; 3. tentar obter uma declaração de inconstitucionalidade da segunda sentença, em virtude da ofensa que ela perpetrou ao art. 5º, XXXVI da Suprema Carta. Analisemos essas alternativas:

a) a aceitação, pura e simples, da segunda sentença — mediante a submissão aos efeitos que lhe são próprios — representaria a solução mais rápida e menos controvertida do problema, além de prestigiar a corrente de opinião que sustenta, em qualquer hipótese, a prevalência invariável da segunda sentença;

---

(168) Ob. cit., p. 139.

b) a ação declaratória de nulidade da segunda sentença, embora seja teoricamente viável, encontraria certas dificuldades a serem superadas, como, *v. g.*, a materializada no art. 4º do CPC, que somente prevê a ação anulatória que tenha por objeto a inexistência (para nos limitarmos a esta) de relação jurídica; no caso, não só a relação jurídica teria existido como também a segunda sentença, ainda que a existência desta fosse nula; demais disso, tratando-se de ato da jurisdição praticado em processo contencioso, seria inaplicável o princípio contido no art. 486 do CPC;

c) a declaração de inconstitucionalidade dificilmente seria possível, pois a sentença não é norma legal, nem possui o atributo de ato normativo. É certo que essa objeção perderia a sua consistência quando a pronúncia de inconstitucionalidade tivesse como destinatário acórdão proferido por tribunal do trabalho no julgamento de conflito coletivo, vez que o caráter normativo das decisões dessa espécie é reconhecido pela própria Constituição Federal (art. 114, § 2º).

Estamos, inegavelmente, diante de uma das mais agudas aporias de quantas, não raro, nos tomam de assalto no campo das investigações jurídicas.

Essa dificuldade doutrinária no solucionamento do problema decorre, em larga medida, de uma precariedade tópica de nosso sistema jurídico, que não dedicou ao assunto a merecida atenção.

Seja como for, não nos recusamos a deixar um modesto contributo pessoal à elucidação da matéria; é o que faremos a seguir.

Atendendo às singularidades do processo do trabalho, devemos colocar, de um lado, os conflitos individuais e, de outro, os conflitos coletivos.

Se a segunda sentença ou o segundo acórdão solucionaram conflitos individuais e passaram em julgado com afronta a provimento jurisdicional anterior, também transitado em julgado, a anomalia deverá ser corrigida por meio de ação declaratória de nulidade da segunda sentença ou do segundo acórdão — pressupondo-se que já se tenha exaurido, em branco, o prazo de dois anos para buscar-se a rescisão destas últimas decisões. A argüição de inconstitucionalidade não seria possível, porque, como dissemos, nem a sentença nem o acórdão constituem norma legal ou ato normativo, para que possam propiciar a alegação de antagonismo com a Suprema Carta. Embora o art. 4º, I, do CPC, pareça restringir a ação declaratória à existência ou inexistência de relação jurídica, pode-se argumentar que essa previsão legal não deve ser interpretada como excludente da possibilidade do uso da ação declaratória que tenha como objeto ato nulo, ainda que este tenha emanado da jurisdição, pois o que importa é a declaração e não o ato a que ela se refere.

No caso de acórdão que dirime conflito coletivo, em princípio poderá ser objeto de ação direta de inconstitucionalidade, por ofensa ao art. 5º, XXXVI, da Carta Magna, pois a tanto autoriza o seu caráter normativo. A legitimidade para o exercício dessa ação já não é privativa do Procurador-Geral da República, vez que a atual Constituição Federal a concede a diversas pessoas e entidades, dentre as quais a "confederação sindical ou entidade de classe de âmbito nacional" (art. 103, IX).

Admitimos que nenhum desses caminhos jurídicos é, rigorosamente, ortodoxo; o que não se pode permitir, no entanto — e isso nos parece dogmático —, é que uma sentença ou um acórdão, que hajam perpetrado ofensa à coisa julgada material, permaneçam, impunemente, na ordem jurídica a desafiar, acima de tudo, a autoridade e a supremacia da vontade constitucional. Não menos desarrazoado será reconhecer-se em um primeiro momento, que a prevalência deve ser, efetivamente, sempre da primeira sentença, ou do primeiro acórdão (onde repousa, escorreita, a coisa julgada), mas concluir-se, em um segundo, que o sistema legal vigente não coloca ao alcance do interessado nenhum instrumento capaz de tornar concreta, real, essa prevalência, de tal modo que só restaria a esperança de uma solução de lege ferenda, só ficaria o consolo do primeiro momento — o único de lucidez.

O absurdo da permanência eterna de um segundo julgado, agressor da *res iudicata* e da Constituição, é de tal monta, que se o aparato jurídico não nos fornecesse nenhum instrumento de combate a essa aberrância, teríamos, por certo, de inventá-lo.

Violação de literal disposição de lei (CPC, art. 485, V)

Introdução

O Regulamento n. 737 dizia ser nula a sentença proferida contra expressa disposição de lei comercial (art. 680, § 2º); já a Consolidação de *Ribas* considerava notoriamente injusta a sentença dada contra o direito pátrio expresso (art. 1.613, § 2º).

O CPC de 1939, por sua vez, se referia à nulidade da sentença emitida contra literal disposição de lei (art. 798, I), em redação semelhante, pois, à do art. 485, V, do atual diploma processual civil.

Violação de lei ou de direito

A primeira investigação doutrinária que deve ser realizada é no sentido de saber se a rescindibilidade está restrita — no caso do inc. V do art. 485 — à violação de norma legal ou alcança a ofensa a regras de direito, de modo geral.

Pontes de Miranda, ao argumentar que não se pode acolher a opinião apegada exclusivamente ao adjetivo literal, pois o vocábulo foi empregado para designar o direito expresso, revelado, demonstra admitir a possibilidade de a ação rescisória ter como fundamento a violação de direito, pois, segundo ele, o art. 4º, da Lei de Introdução ao Código Civil não pode ser postergado: "Dizer-se que, ao sentenciar, invocando costume ou princípio geral de direito, o juiz, que o ofende, apenas *erra in procedendo*, é erradíssimo. Sentenças proferidas contra algum costume, que se aponta como existente, escritível ou já escrito ("literal"), ou contra algum princípio geral de direito, ou contra o que, por analogia, se havia de considerar regra jurídica, são *sentenças rescindíveis*. Ao juiz da ação rescisória é que cabe dizer se existe ou não existe a regra de direito consuetudinário, ou o princípio geral de direito ou a regra jurídica analógica" (sublinhamos)[(169)].

Embora com a atenção voltada para o CPC de 1939, *Oscar Tenório*[(170)] e *Jorge Americano*[(171)] também sustentaram o cabimento da rescisória quando a sentença violasse o direito da parte, ainda que esse direito não estivesse materializado em lei escrita.

Inegavelmente, o entendimento manifestado pelos ilustres juristas citados é ponderando, pois sendo a lei omissa, em determinado caso, caberá ao juiz aplicar — por força do disposto no art. 4º da Lei de Introdução ao Código Civil — a analogia, os costumes e os princípios gerais de direito, em um processo de integração normativa; desta maneira, se o juiz deixar de suprir a lacuna da norma legal ou fazê-lo de maneira errônea, haverá, em tese, ofensa ao art. 4º da Lei de Introdução ao Código Civil. A ofensa à lei, na espécie, não seria direta, e sim reflexa. Apesar disso, pensamos que a rescisória apenas seria admissível quando a sentença ocasionasse uma violação direta à letra da lei.

É importante aviventarmos o fato de que, ao contrário do Regulamento n. 737 — que fazia alusão a direito expresso —, o atual CPC é extremamente claro ao prever a rescisória quando a sentença implicar ofensa à literal disposição de lei. A nosso ver, essa atitude do legislador processual civil de 1973 não pode ser considerada como simples

(169) Ob. cit., p. 259.
(170) "Lei de Introdução ao Código Civil Brasileiro", Rio de Janeiro: Jacinto, 1944, p. 68.
(171) "Comentários ao Código de Processo Civil", Rio de Janeiro: Livraria Acadêmica, 1942, p. 362.

afeição a palavras novas, e sim como uma irretorquível demonstração de seu propósito de restringir o uso da ação rescisória.

Com isso, estamos afirmando que o inc. V do art. 485 do CPC limita a rescisória à violação de um dispositivo existente no ordenamento legal, repelindo, assim, a possibilidade de ser rescindida a sentença que haja ofendido direito não escrito da parte. A admitir-se a rescisória para os casos de violação a direito, o padrão de confronto seria efetivamente impreciso, pois como assinala *José Afonso da Silva* "Como se haveria de saber se o juiz errou contra a letra da lei, se não se tratasse de uma norma de Direito escrito?"(172).

Concordamos, porém, com *Pontes de Miranda* quando assevera que "a literalidade não é um absoluto; o senso literal não é um só, nem unívoco; há dois, três ou mais sensos literais, e dizer que somente se pode interpor recurso extraordinário do que contravém a letra da lei é ignorar que a letra das leis é forma, como toda palavra humana, que só se pode contravir, com uma proposição, a outra proposição, portanto ao conteúdo de uma letra de lei, ao conteúdo de uma disposição letral"(173).

Por outro lado, a Orientação Jurisprudencial n. 25, da SDI-II, do TST, estabelece que "Ação rescisória. Expressão 'lei' do art. 485, V, do CPC. Não inclusão do ACT, CCT, Portaria e Regulamento. Não procede pedido de rescisão fundado no art. 485, inc. V, do CPC, quando se aponta violação à norma de convenção coletiva de trabalho, acordo coletivo de trabalho, Portaria do Poder Executivo e regulamento de empresa". Complementando, de certo modo, essa Orientação, dispõe a OJ n. 118, da mesma SDI: "Ação rescisória. Expressão 'lei' do art. 485, V, do CPC. Indicação de contrariedade a súmula ou orientação jurisprudencial do TST. Descabimento. Não prospera pedido de rescisão fundado no art. 485, inciso V, do CPC, com indicação de contrariedade a súmula, uma vez que a jurisprudência consolidada dos tribunais não corresponde ao conceito de lei".

Em tema de ação rescisória, por isso, esta só será admitida quando se dirigir à sentença que haja violado a letra da lei, conquanto se saiba que o sentido literal de um preceito de lei possa variar de intérprete para intérprete. O que não nos parece possível, diante do art. 485, V, do CPC, é defender-se o emprego da rescisória contra sentença que haja acarretado ofensa a direito não escrito da parte. Nada obstante a lei seja apenas uma das emanações do direito, é somente a ela que se refere o Código.

(172) "Do Recurso Extraordinário no Direito Processual Civil Brasileiro", São Paulo: Revista dos Tribunais, 1963, p. 191.
(173) Ob. cit., p. 152.

Sérgio Rizzi, adaptando trabalho elaborado por *José Afonso da Silva*(174), enumera alguns casos de violação de literal disposição de lei, pela sentença: a) negar validade a uma lei, que válida o é; b) reconhecer validade a uma lei que não é válida; c) negar vigência a uma lei que ainda se encontra em vigor; d) admitir a vigência de uma lei que ainda não vigora ou que já deixou de viger; e) negar aplicação a uma lei reguladora da espécie; f) aplicar uma lei não reguladora da espécie; g) interpretar de modo tão errôneo a lei, que sob o pretexto de interpretar, a lei é "trateada ainda no seu sentido literal"(175).

Como exemplos de situações que autorizam o exercício da rescisória com fulcro no inc. V do art. 485, podem ser arrolados, dentre outros, os seguintes:

1) prestação da tutela jurisdicional, sem que o interessado a tenha requerido (CPC, art. 2º);

2) haver o autor postulado, em nome próprio, direito alheio, quando não autorizado por lei (CPC, art. 6º);

3) participação de incapazes no processo, como autores, réus, assistentes, intervenientes, sem estarem representados ou assistidos por seus pais, tutores ou curadores (CPC, art. 9º, *caput*);

4) ter ocorrido substituição voluntária das partes, no curso do processo, fora dos casos previstos em lei (CPC, art. 41);

5) recusa do juiz à formação de regime litisconsorcial necessário (CPC, art. 47);

6) quebra, pelo juiz, do seu dever de imparcialidade (CPC, art. 125, I), em prejuízo daquele a quem discriminou;

7) falta de citação (CPC, art. 213) ou citação realizada em desrespeito às prescrições legais (CPC, art. 247);

8) ausência de intimação da parte, quando obrigatória (CPC, art. 234);

9) inexistência de intimação do Ministério Público, no feito em que deveria intervir (CPC, art. 246);

10) modificação do pedido ou da causa de pedir, pelo autor, depois de citado o réu, e sem o consentimento deste (CPC, art. 264);

11) recusa injustificada, pelo juiz, em determinar que a parte exibisse documento ou coisa, requerida pela adversa, com decisão contrária a esta (CPC, art. 355);

(174) Ob. cit., p. 107.
(175) "Tratado...", p. 290.

12) inquirição de testemunhas impedidas e suspeitas (com decisão favorável a quem as indicou), sem que se tenham verificado as exceções de que tratam o § 4º do art. 405, do CPC, e o art. 228, parágrafo único, do Código Civil;

13) inquirição das testemunhas com infringência ao princípio da incomunicabilidade entre elas (CPC, art. 413);

14) falta de tomada do compromisso legal das testemunhas (CPC, art. 415, *caput*), ou de advertência quanto às sanções penais em que incorreriam, no caso de fazerem afirmação falsa, calarem ou ocultarem a verdade (CPC, art. 415, parágrafo único);

15) julgamento da lide fora dos limites em que foi proposta (CPC, art. 128);

16) ausência de apreciação da reconvenção, oportuna e regularmente formulada (CPC, art. 318);

17) sentença elaborada sem os requisitos legais (CLT, art. 832; CPC, art. 458);

18) proferimento de sentença, em prol do autor, de natureza diversa da pedida, ou condenação do réu em quantidade superior ou em objeto diverso do que lhe foi demandado (CPC, art. 460);

19) modificação da sentença, pelo juízo que a prolatou, fora das exceções mencionadas em lei (CPC, art. 463, I e II);

20) execução baseada em título não previsto em lei (CLT, art. 876);

21) execução realizada sem a fase de liquidação, quando esta era indispensável (CLT, art. 879; CPC, art. 603);

22) penhora de bens absolutamente impenhoráveis julgada subsistente (CPC, art. 649);

23) deferimento de arrematação de bem, cujo ato expropriatório não tenha sido precedido de edital (CLT, art. 888; CPC, art. 686);

24) excesso de execução, não reconhecido, injustificadamente, pela sentença resolutiva dos embargos (CPC, arts. 741, V, e 743);

25) sentença cautelar, que não aprecia prescrição extintiva ou decadência tempestivamente alegadas (CPC, art. 810).

Um outro caso é o de sentença ou acórdão *citra petita*, conforme prevê a Orientação Jurisprudencial n. 41, da SDI-II, do TST: "Ação rescisória. Sentença *citra petita*. Cabimento. Revelando-se a sentença *citra petita*, o vício processual vulnera os arts. 128 e 460, do CPC, tornando-se passível de desconstituição, ainda que não opostos embargos declaratórios".

Muitos outros exemplos de rescisória ajuizada com espeque em violação à literal disposição de lei (inclusive processual) poderiam ser ainda indicados; os que trouxemos são, por certo, suficientes para permitir uma compreensão razoável do assunto.

Conquanto seja recomendável que o autor indique, sempre, na petição inicial, a norma legal que teria sido agredida pela sentença rescindenda (pois isso permitirá que o Tribunal possa examinar, com maior precisão e objetividade, o fato alegado), pensamos ser possível (= correto) o autor ater-se à narração dos fatos e à formulação do correspondente pedido (sem apontar, pois, qual o preceito legal que teria sido violado), em virtude da incidência do princípio *iura novit curia*. Como diz *Pontes de Miranda*, "não se precisa ter invocado lei, para que se viole lei: a lei está implicitamente invocada quando se expôs o fato e o fundamento jurídico do pedido, ou quando se especificou o que se pedia..."(176). Observados esses critérios, o juiz poderá julgar violada a letra da lei mesmo quando for o caso de matéria que não possa conhecer *ex officio*, como a prescrição respeitante a direitos patrimoniais (CPC, art. 219, § 5º), pois nessa hipótese haverá implícita alegação de ofensa à lei que dispõe sobre a matéria.

A prudência sugere, contudo, que o autor mencione, na peça inaugural, a lei cuja literalidade teria sido desrespeitada pela sentença ou pelo acórdão rescindendo. Assim dizemos porque a Orientação Jurisprudencial n. 33, da SDI-II, do TST, entende não ser aplicável em sede de ação rescisória o princípio *iura novit curia* (o juiz conhece o direito): "Ação rescisória. Petição inicial. Violação literal de lei. Princípio *iura novit curia*. Fundando-se a ação recisória no art. 485, inc. V, do CPC, é indispensável expressa indicação na petição inicial da ação rescisória do dispositivo legal violado, não se aplicando, no caso, o princípio *iura novit curia*". Esse entendimento é reiterado, *mutatis mutandis*, pela OJ n. 34, da mesma Seção. Um e outro entendimentos, contudo, voltam as costas para a regra contida no art. 791, *caput*, da CLT, que atribui capacidade postulatória às partes, por força da qual podem promover a defesa dos seus direitos e interesses em todos os graus da jurisdição trabalhista, independentemente da constituição de advogado.

A lei nova não torna, entretanto, rescindível a sentença proferida em harmonia com a lei então vigente, pois esse aparente problema de direito intertemporal se resolve com a aplicação da máxima jurídica *tempus regit actum* (o tempo rege o ato).

Sobrevindo lei dotada de efeito retroativo, que modifique norma legal anterior, com base na qual a sentença foi proferida, esta se torna-

(176) "Comentários à CF/37", tomo III, Rio de Janeiro: Irmãos Pongetti, 1938, p. 134.

ria rescindível? Seguramente que não, pois se assim fosse, a lei nova estaria, por certo, ferindo direito adquirido da parte, tornando-se, em conseqüência, contrastante com a Constituição Federal (art. 5º, II e XXXVI).

Solução diversa, contudo, deverá ser adotada para a hipótese de o Senado Federal suspender a vigência de lei declarada inconstitucional pelo Supremo Tribunal Federal (e com fundamento na qual a sentença passada em julgado foi emitida), porquanto seria desarrazoado pensar-se, aqui, em direito adquirido contra a Constituição; logo, a sentença seria rescindível, sob pena de ser mantida em perigoso antagonismo com a Suprema Carta Política.

Lei material e lei processual

Demonstrado que somente a transgressão à letra da lei autoriza o exercício de uma pretensão rescisória, vejamos agora se, para esse efeito, a lei deve ser apenas a material, ou se também se admite a rescindibilidade das sentenças que tenham infringido lei processual.

O que se deve examinar, por outras palavras, é se na previsão do inc. V do art. 485 do CPC estão compreendidos, exclusivamente, os *errores in iudicando* do magistrado, ou se aí também se incluem os *errores in procedendo* deste.

Bueno Vidigal entende que a rescisória somente será possível se a violação à letra da lei decorrer de *error in iudicando* do juiz, sob o argumento de que, a não se concluir nesse sentido, seriam inúteis muitos dos incisos do art. 485 do Código, pois quando a sentença for proferida: a) por juiz impedido (CPC, art. 134); b) por juízo absolutamente incompetente (CPC, art. 113); ou c) com ofensa à coisa julgada (CPC, art. 471), é óbvio que terá ocorrido *error in procedendo*, razão por que só se deve pensar em error in iudicando no caso do inc. V do art. 485[177].

A despeito de reconhecermos estar apoiado em boa lógica o pensamento de *Bueno Vidigal*, pensamos, *data venia*, que ensejam a rescisória não apenas as sentenças que hajam ofendido a lei em virtude de *error in iudicando* do juiz como aquelas que tenham derivado de um seu *error in procedendo*. Assim opinamos porque, em primeiro lugar, o inc. V do art. 485 não faz nenhuma distinção entre o quebrantamento da norma legal haver sido provocado por sentença proveniente de *error in iudicando* ou de *error in procedendo* do magistrado; em segundo, a limitar-se a rescisória aos casos de *errores in iudicando*, acabaría-

(177) Ob. cit., pp. 101/103.

mos por não permitir o uso dessa ação diante de sentenças que houvessem ofendido a letra da lei em decorrência de *errores in procedendo* não previstos nos demais incisos desse artigo.

Consideremos, p. ex., que o órgão jurisdicional haja proferido sentença, a favor do autor, de natureza diversa da pedida, ou condenatória do réu em quantidade superior ou em objeto diverso do que lhe foi demandado (CPC, art. 460): nesta hipótese, seria evidente o *error in procedendo* do órgão, ao emitir sentença transgressora da regra contida no art. 460 do Código; apesar disso, não seria rescindível essa sentença, na medida em que, de um lado, o inc. V desse artigo apenas autorizaria a rescisória baseada em *error in iudicando*, e, de outro, a situação imaginada não estaria prevista em nenhum dos outros incisos dessa disposição legal.

Concluímos, pois, que com vistas à incidência do inc. V do art. 485 do CPC:

a) será passível de rescisão unicamente a sentença que houver infringido norma legal (aqui entendida toda disposição integrante do ordenamento jurídico), não autorizando o emprego dessa ação, por isso, a ofensa a direito não escrito, como, *v. g.*, o consuetudinário, os usos e costumes etc.;

b) é irrelevante que a sentença haja violado lei material ou lei processual: tanto os *errores in iudicando* quanto os *errores in procedendo* podem motivar o uso da rescisória, desde que tenham sido praticados em agressão à lei.

Cabe esclarecer, todavia, que não é admissível a ação rescisória fundada em ofensa à literal disposição de lei "quando a decisão rescindenda se tiver baseado em texto legal de interpretação controvertida nos tribunais" (Súmula n. 343, do STF) — ainda que, posteriormente, se torne vitoriosa a interpretação favorável às pretensões do autor, acrescentamos. A Súmula n. 83, do TST, se coloca na mesma linha de entendimento: "Não procede o pedido formulado na ação rescisória por violação literal de lei se a decisão rescindenda estiver basaeada am texto legal infraconstitucional, de interpretação controvertida nos tribunais". A referência feita a "Texto Constitucional", pela atual redação dessa Súmula, é apropriada, porquanto se a norma controvertida, que se alega, na ação rescisória, haver sido transgredida, for de natureza constitucional, não se aplicam as Súmulas n. 83, do TST, e 343, do STF, como elucidam as Orientações Jurisprudenciais ns. 29 e 37, da SDI-II, do TST. Dispõe a primeira: "Ação rescisória. Matéria constitucional. Súmula n. 83 do TST e Súm. n. 343/STF. Inaplicáveis. No julgamento de ação rescisória fundada no art. 485, inc. V, do CPC, não se aplica o óbice das Súmulas ns. 83 do TST e 343 do STF, quando se tratar de matéria constitucional"; e, a segunda: "Ação rescisória. Prescrição qüinqüenal. Matéria constitucional. Súmula n. 83 do TST e Súmula n. 343/STF. Inaplicáveis. No julgamento de ação rescisória fundada no art. 485, inc.V, do CPC, não se aplica o óbice das Súmulas ns. 83 do TST e 343 do STF quando se tratar de prazo prescricional com assento constitucional". A OJ n. 77, da mesma SDI, por sua vez, define o critério "temporal" para a incidência da Súmula n. 83, do TST: "Ação rescisória. Aplicação do Enunciado n. 83/TST. Matéria controvertida. Limite temporal. Data de inserção em Orientação Jurisprudencial do TST. A data da inclusão da matéria discutida na ação rescisória, na Orientação Jurisprudencial do TST, é o divisor de águas quanto a ser, ou não, controvertida nos Tribunais a interpretação dos dispositivos legais citados na ação rescisória".

O enunciado da Súmula n. 343 do Excelso Pretório revela que a ação rescisória (com fulcro no inc. V do art. 485 do CPC) não visa à manutenção da unidade do direito federal, ou à uniformização da interpretação dos preceitos legais, tarefa que incumbe apenas ao recurso extraordinário.

Exatamente por esse motivo é que não se justifica a exigência do requisito do prequestionamento, em sede de ação rescisória, conforme procuramos mostrar no Capítulo IX. Como, porém, não existem regras rigorosamente absolutas, devemos reconhecer que, pelo menos em um caso, a matéria deve ser objeto de prévio questionamento para que a rescisória se torne viável: referimo-nos à prescrição extintiva pertinente a direitos patrimoniais, que, a teor do art. 219, § 5º, do CPC, não pode ser conhecida pelo juiz, *ex officio*. Isto significa que se o réu não alegou a prescrição, no processo em que foi pronunciada a sentença rescindenda, será certo o seu insucesso na rescisória, em decorrência da preclusão temporal que se operou contra ele. Desta forma, não poderia o tribunal declarar a prescrição liberatória que não foi objeto de argüição, pelo autor, perante o juízo emissor da sentença rescindenda.

Se, ao contrário, a prescrição foi alegada, tempestivamente, em primeiro grau, e o juiz deixou de apreciá-la, será possível o manejo da rescisória, para que o tribunal sobre ela se manifeste, ainda que o autor não haja oferecido embargos declaratórios à sentença de primeiro grau, que se omitiu no exame dessa matéria. Nesta hipótese, tendo o juiz deixado de apreciar a prescrição alegada, a sentença, por ele proferida, violou o art. 459, *caput*, primeira parte, do CPC, propiciando, com isso, o exercício da rescisória com fundamento no inc. V do art. 485, do mesmo álbum processual. Na hipótese, porém, de o juiz afirmar que a prescrição não foi alegada quando na verdade esta o foi, a rescisória deverá ser deflagrada com apoio no inc. IX do art. 485, dado que o julgador, ao "considerar inexistente um fato efetivamente ocorrido" (a alegação de prescrição), incidiu em manifesto erro de fato.

Por terem pertinência com a matéria que estamos a examinar, merecem ser reproduzidas as seguintes OJs da SDI-II, do TST: *OJ n. 19*: "Ação rescisória. Desligamento incentivado. Imposto de renda. Abono pecuniário. Violação de lei. Súmula n. 83 do TST. Aplicável. Havendo notória controvérsia jurisprudencial acerca da incidência de imposto de renda sobre parcela paga pelo empregador ('abono pecuniário') a título de 'desligamento incentivado', improcede pedido de rescisão do julgado. Incidência da Súmula n. 83, do TST"; *OJ n. 30:* "Ação rescisória. Multa. Art. 920, CC. Súmula n. 83 do TST. Aplicável. Não se acolhe, por violação do art. 920 do Código Civil, pedido de rescisão de julgado que impõe condenação ao pagamento de multa, quando a decisão rescindenda for anterior à Orientação Jurisprudencial n. 54, da Seção de Dissídios Individuais do TST (30-5-94). Incidência da Súmula n. 83/TST"; *OJ n. 31*: Ação rescisória. Multa. Violação do art. 920, CC. Decisão rescindenda em execução. Não se acolhe, por violação do art. 920 do Código Civil, pedido de rescisão de julgado que, em execução, rejeita limitação da condenação ao pagamento de multa. Inexistência de violação literal". A referência efetuada pelas OJs ns. 30 e 31 ao art. 920, do CC de 1916, devem ser entendidas, quando for o caso, como sendo ao art. 412, do Código Civil atual. Observação: o art. 920, do Código Civil revogado, referido nas OJs ns. 30 e 31, corresponde ao art. 412, do Código atual; *OJ n. 97*: Ação rescisória. Violação do art. 5º, II e LV, da Constituição Federal. Princípios da legalidade, do contraditório, da ampla defesa, e do devido processo legal. Os princípios da legalidade, do contraditório, da ampla defesa, e do devido processo legal não servem como fundamento para a desconstituição de decisão judicial transitada em julgado, quando se apresentam sob a forma de pedido genérico e desfundamentado, acompanhando dispositivos legais que tratam especificamente da matéria debatida, estes sim, passíveis de fundamentarem a análise do pleito rescisório"; *OJ n. 109*: "Ação rescisória. Reexame de fatos e provas. Inviabilidade. A ação rescisória calcada em violação de lei não admite reexame de fatos e provas do processo que originou a decisão rescidenda"; *OJ n. 112*: Ação rescisória. Violação de lei. Decisão rescindenda por duplo fundamento. Impugnação parcial. Para que a violação à lei dê causa à rescisão de decisão de mérito alicerçada em duplo fundamento, é necessário que o Autor da ação rescisória invoque causas de rescindibilidade que, em tese, possam infirmar a motivação dúplice da decisão rescindenda"; *OJ n. 119*: "Ação rescisória. Prazo prescricional. Total ou parcial. Violação do art. 7º, XXIX, da CF/88. Matéria infraconstitucional. Não procede ação rescisória calcada em violação do art. 7º, XXIX, da CF/88 quando a questão envolve discussão sobre a espécie de prazo prescricional aplicável aos créditos trabalhistas, se total ou parcial, porque a matéria tem índole infraconstitucional, construída, na Justiça do Trabalho, no plano jurisprudencial".

Prova falsa (CPC, art. 485, VI)

Introdução

A falsidade da prova já figurava, no texto das Ordenações Filipinas, como causa para a rescindibilidade das decisões (Livro III, Tít. 55). O Regulamento n. 737 dispunha ser "nula" a sentença "fundada em instrumento ou depoimento julgados falsos em juízo competente" (art. 680, § 3º).

O CPC de 1939 estabelecia ser nula a sentença: "II — Quando o seu principal fundamento for prova declarada falsa em Juízo criminal, ou de falsidade inequivocadamente apurada na própria ação rescisória" (art. 798, II).

O art. 485, VI, do atual diploma processual civil, praticamente repete a redação constante do art. 798, II, do Código anterior, embora o legislador de 1973 tenha tido o cuidado de eliminar o advérbio inequivocamente — na verdade, desnecessário.

Conceito de falsidade

De modo geral, o vocábulo falsidade traduz todo tipo de alteração, de deturpação ou mesmo de supressão da verdade, pouco importando, para isso, o meio material de que se tenha utilizado o agente.

No campo jurídico, há duas espécies de falsidade: a material e a ideológica. No magistério de *Lamberto Ramponi*, "A primeira consiste na composição de um ato falso, ou ainda nos cancelamentos, alterações, modificações de uma ou mais partes de um ato verdadeiro; a segunda consiste na exposição de um ato de fatos ou declarações não subsistentes ou não conformes à verdade. A falsidade, pois, seja de uma ou de outra espécie, pode dizer respeito tanto ao ato público como ao escrito particular, pois que qualquer documento pode estar sujeito à total ou parcial alteração na sua forma ou na sua substância. Mas, uma vez que a matéria da falsidade pode interessar tanto ao direito e ao processo civil quanto ao direito e ao processo penal, importa preliminarmente distinguir acuradamente, e nitidamente diferençar a falsidade civil e a falsidade penal ou crime de falsidade. Do ponto de vista penal, a falsidade resulta, como qualquer crime, do conjunto de dois elementos, o objetivo e o subjetivo, o primeiro dos quais consiste na materialidade do fato, o segundo tem em vista a imputabilidade do agente. Do exposto resulta que, embora existindo objetivamente a falsidade, quando não subsista ao mesmo tempo a imputabilidade do agente (como se este por violência física ou moral ou por erro houvesse cometido a falsidade, ou não tivesse estado *compos sui* no ato que cometeu) o juízo penal não tem mais razão de existir, porque, onde não há imputabilidade, aí não pode haver responsabilidade e contra indivíduo irresponsável nada tem a fazer a justiça punitiva. Além disso, pois que não há juízo sem ação, se esta extinguiu-se (como pela morte do réu ou pela prescrição), ainda em tal caso não tem mais razão de ser o juízo criminal. E, finalmente, este não pode subsistir se o autor do fato for desconhecido. Mas do ponto de vista civil bem diversamente corre a coisa, *porém não se considera da falsidade senão o elemento objetivo*, não se faz qualquer indagação (que seria descabida) sobre a imputabilidade e a responsabilidade do agente, mas somente se tem em vista a mate-rialidade do fato. Esse conceito é expresso com breves mas eficazes palavras por *Ricci*, quando diz: o processo civil não vai em busca do réu; preocupa-se tão-somente em repelir um meio que prejudica a descoberta da verdade, e que pode levar o juiz a aceitar, com toda a boa-fé, a falsidade em lugar da verdade: esta por isso caminha diretamente ao seu escopo sem de forma alguma cuidar de indagar a vontade daquele que deu a vida à falsidade" (sublinhamos)[178].

Conclui-se, portanto, que para os efeitos específicos do processo civil (logo, também o do trabalho), interessa unicamente o elemento objetivo da falsidade, ou seja, a materialidade do fato, desprezando-se o elemento subjetivo, que desperta interesse apenas no direito e no processo penais.

Isto quer dizer que mesmo não tendo o agente a intenção de falsificar o meio de prova em que se baseou a sentença rescindenda, o fato não prejudicará o exercício da rescisória, desde que a falsificação esteja patentemente comprovada.

Falsidade e simulação, entretanto, não se confundem; embora a falsidade sempre encerre uma simulação, a recíproca não é verdadeira. O ponto comum entre ambas é a desconformidade do fato verdadeiro com o fato alegado. A diferença está, contudo, em que, na falsidade, essa desconformidade ocorre em prejuízo dos direitos ou interesses de uma das partes; na simulação, essa falta de correspondência do fato real com o fato relatado vem em detrimento dos direitos ou interesses de terceiro.

Bueno Vidigal, pondo à frente a regra da imutabilidade das decisões passadas em julgado, entende que a simulação não pode servir de base à ação rescisória, "pois devem entender-se restritivamente os casos do art. 485 do CPC"[179].

---

(178) Verb. Falso, *materia civile*, vol. XI, parte II de Il Digesto Italiano, Torino, 1895, p. 186.
(179) Ob. cit., p. 132.

Divergimos dessa opinião.

Ora, se o que caracteriza a simulação é o prejuízo acarretado ao terceiro, por ato das partes, e se o art. 487, II, do CPC, atribui ao terceiro legitimidade para ajuizar ação rescisória, não vemos como se possa negar, doutrinariamente, a este, o exercício de um tal direito, sendo bastante, para isso, que demonstre possuir interesse jurídico em ver desconstituída a *res iudicata*.

A não se pensar assim, de que meio jurídico disporia o terceiro, cujos direitos ou interesses foram afetados pelo fenômeno da coisa julgada material?

Presunções e indícios

O inc. VI do art. 485 do CPC admite, como estamos vendo, o uso da rescisória quando a sentença fundar-se em meio de prova declarado falso. A conseqüência prática dessa regra legal reside no fato de não ser rescindível a sentença que se haja baseado em algo que não constitua meio probante, como os indícios e as presunções.

Originário do latim *praesumptio*, o vocábulo *presunção* significa, na terminologia jurídica, a dedução(180), a inferência que se extrai de um fato conhecido para se admitir como verdadeira a existência de um outro, ignorado.

A presunção não constitui, porém, meio de prova — em que pese à existência de pareceres doutrinários divergentes; trata-se, como o seu próprio conceito indica, de mero raciocínio lógico, realizado pelo juiz, mediante o qual, a partir de um fato conhecido (probante), deduz a existência de um outro, desconhecido (probando) ou duvidoso.

É certo que o CPC de 1939, em consonância com o disposto no art. 136, V, do Código Civil, a tinha, de maneira expressa, como um meio de prova, tanto que, no Livro II, a matéria estava disciplinada pelo Cap. VI do Título VIII, que versava sobre as provas. O CPC atual, acertadamente, assim já não a classifica, como se percebe pelo fato de não havê-la incluído no Cap. VI do Título VIII, Livro I — sabendo-se que a ela faz referências esparsas em Capítulos e Livros distintos (arts. 285, 319, 803).

Do latim *indicium*, o termo indício espelha as circunstâncias conhecidas que autorizam, por um processo indutivo, a concluir-se pela existência de outras circunstâncias. O indício pode ser apontado como

---

(180) Pensamos que o método seja dedutivo e não indutivo porque parte de um fato geral para o particular, do complexo para o simples.

o componente material, concreto, da presunção, justamente porque esta e deduzida daquele.

O indício, em si mesmo, vale dizer, isoladamente considerado, pouco representa para o processo: a sua eficácia ou importância só existe quando ele é correlacionado com outras circunstâncias ou elementos dos autos.

Pode-se dizer que o indício é a mera probabilidade de ser verdadeiro o fato; representa, pois, o vestígio do fato, o sinal palpável de sua existência no mundo sensível.

Distingue-se, todavia, o indício da presunção: enquanto esta decorre da conclusão de um fato conhecido para a prova de um fato ignorado ou duvidoso, aquele revela as circunstâncias que conduzem à admissibilidade de outras circunstâncias, que, em seu conjunto, constituem a presunção. Essa particularidade levou *João Monteiro* a afirmar que o indício é o meio e a presunção, o resultado(181).

Ademais, os indícios podem se formar seja por intermédio de circunstâncias observadas, ou seja, de ilações abstratas oriundas de aspectos de fato, seja por intermédio de circunstâncias concretas, deduzidas de princípios de prova. Daí *Pestana de Aguiar* dizer que "Seja nascido de um elemento concreto de informação componente dos autos, seja de um raciocínio indutivo, puro, o indício é sempre meio caminho para a apuração da verdade, pelo que pode ser situado na faixa do livre convencimento do Juiz. Inclusive só receberá algum valor e convulsionará o campo da prova ao neste penetrar, se estiver coerente, preciso e concordante com outros elementos de convicção dos autos"(182).

Não constituindo, portanto, as presunções e os indícios meios de prova, temos que não poderá ser objeto a sentença que neles se fundar, ainda que um e outro tenham sido produto de raciocínio imperfeito, por parte do juiz. Devemos ressaltar que não estamos concebendo aqui a rescisória baseada no inc. VI do art. 485 do Código; é provável, no entanto, que, em determinados casos, as presunções e os indícios possam ensejar a rescisória com fulcro no inc. IX do mesmo dispositivo legal (erro de fato).

Falsidade e meios de prova

Demonstrado que as presunções e os indícios não representam meios de prova, vejamos, a seguir, o problema da falsidade relativa aos meios de prova autênticos.

(181) "Programa do Curso de Processo Civil", 3ª ed.
(182) "Comentários ao Código de Processo Civil", São Paulo: Revista dos Tribunais, 1977, p. 43.

a) Confissão

Para *Jorge Americano*, apenas se poderia pensar em ação rescisória fundada em falsidade de confissão quando ajuizada pelo próprio confitente, sob o argumento de que a retratação lhe aproveitaria[183]; mas nesta hipótese única — prossegue o grande jurista — não seria jurídico permitir-lhe que viesse a juízo retratar-se, para beneficiar-se da falsidade a que ele próprio deu causa[184].

A despeito de bem compreendermos os motivos que levaram *Jorge Americano* a recusar a possibilidade de a ação rescisória ser aforada pelo próprio confitente, dele divergimos. É preciso não esquecer que o atual CPC permite o uso da rescisória de sentença que se haja baseado em confissão, sem restringir um tal interesse ao terceiro (art. 487, II). Nem faz sentido consentir-se que o confitente possa ingressar com ação anulatória ou com ação rescisória, para revogar confissão emanada de erro, dolo ou coação (CPC, art. 352, I e II), e se lhe negue esse direito quando a rescisória estribar-se não em confissão inválida (como nos casos citados), e, sim, em confissão falsa, exceto se esta houver decorrido de manifesta má-fé, por parte do confitente.

Do binômio confissão/ação rescisória voltaremos a falar na oportunidade dos comentários ao inc. VIII do art. 485 do CPC.

b) Documental

O substantivo documento tem origem em *documentum*, do verbo latino *docere* (ensinar, instruir, mostrar).

Segundo conceito que emitimos em outra obra, documento é todo meio idôneo e moralmente legítimo, capaz de comprovar, materialmente, a existência de um fato[185].

É erro grave afirmar-se que documento seja algo que "contenha escritos"; conquanto, no mais das vezes, os documentos efetivamente possuam algo grafado, a generalização dessa particularidade poderia incorrer na imprudência de negar-se a qualidade de documento à fotografia (CPC, art. 385, §§ 1º e 2º) e as outras peças, como, *v. g.*, as reproduções cinematográficas e os registros fonográficos.

Quanto à origem, classificam-se os documentos em públicos e privados.

O documento público faz prova não apenas da sua formação, mas também dos fatos que o escrivão, tabelião ou funcionário declara-

(183) "Estudo Teórico e Prático da Ação Rescisória dos Julgados no Direito Brasileiro", 3ª ed., São Paulo: Saraiva, 1936, pp. 185/186.
(184) *Idem, ibidem.*
(185) "A Prova no Processo do Trabalho", São Paulo: LTr, 5ª ed., 1989, pp. 180/181.

rem que se passaram na sua presença (CPC, art. 364). Os fatos ocorridos na presença do oficial público podem referir-se não somente àqueles que foram relatados pelas partes (consistentes nas declarações que elas pretenderam constassem do documento), mas também outros, não provenientes de declarações, como, p. ex., o pagamento de certa quantia. A circunstância, porém, de o oficial trasladar para o papel os fatos narrados pelas partes (declarantes) não significa que esses fatos sejam verdadeiros; deste modo, deve-se entender que o documento público prova que as declarações foram feitas (ou seja, a sua formação) e não que sejam verdadeiras, até porque o escrivão, o tabelião, o funcionário não têm condições de saber se as declarações que lhes são prestadas são sinceras ou insinceras. Por esse motivo, ditas declarações, apesar de estarem inseridas em documento público, podem ser desmentidas mediante prova em contrário.

Se o documento for elaborado por oficial público que não possuía competência (ou atribuição) para isso, ou, se competente, não atendeu às formalidades legais, terá a mesma eficácia dos documentos particulares, contanto que seja subscrito pelas partes (CPC, art. 367). Trata-se, como se nota, de convenção legal de documento público em documento particular; isso somente será possível, entretanto, se o ato a que se refere o documento público (inservível como tal) poderia também ser objeto de documento particular.

Dizem-se particulares dos documentos que foram confeccionados sem a participação de oficial público.

Se o documento particular contiver declaração de ciência a respeito de determinado fato, provará apenas a declaração e não o fato que constituiu o seu objeto, incumbindo, conseguintemente, o ônus da prova à parte interessada na demonstração da veracidade do fato (CPC, art. 368, parágrafo único). Essa disposição é aplicável, *e. g.*, nas suspensões disciplinares impostas aos empregados: embora ele aponha, como de praxe, o seu "ciente" no documento, não está, só por isso, concordando com o fato que lhe é imputado e com a conseqüente penalidade que lhe foi infligida. Caberá ao empregador comprovar em juízo — se este for o caso — serem verdadeiros os fatos que motivaram a imposição dessa penalidade ao empregado.

Por autor do documento particular se designa a pessoa a quem se atribui a sua formação. Sob esse aspecto, autor não é somente aquele que forma, pessoalmente, o documento, como também o é quem determina seja a formação realizada por terceiro, embora para si. A autoria do documento particular apresenta relevantes repercussões de ordem prática, como, *p. ex.*, no campo do *onus probandi*, pois de acordo com o art. 389, II, do CPC, quando se tratar de contestação de assinatura, o encargo da prova recai na parte que produziu o documento e não naquela que o assinou.

Tanto em relação ao documento público quanto ao particular cessará a sua fé ao ser judicialmente declarada a falsidade (CPC, art. 387, *caput*), que consistirá em: a) formar documento não verdadeiro; ou b) alterar documento verdadeiro.

Doutrinariamente, como vimos, separa-se a falsidade material da ideológica: a primeira se caracteriza com o elaborar ou utilizar documento falso, ou com o adulterar, suprimir ou ocultar documento verdadeiro; a segunda diz respeito ao conteúdo do documento, motivo por que também é denominada de falsidade intelectual.

Para obter um pronunciamento jurisdicional acerca da autenticidade ou da falsidade de documento poderá a parte valer-se da ação declaratória (CPC, art. 4º, II), ou suscitar o incidente de falsidade (CPC, arts. 390 a 395), conforme seja a hipótese.

A argüição *incidenter tantum* de falsidade de documento apenas poderá ter como objeto a material, a única que pode ser destinatária de exame pericial (CPC, art. 392, *caput*). A falsidade ideológica (derivante, quase sempre, de simulação, erro etc.) pode ser demonstrada pelos meios ordinários de prova, inclusive o testemunhal.

c) Testemunhal

Os diversos sistemas processuais cometem às testemunhas — notadamente as *in facto* ou históricas — o dever de relatar, em juízo, com o máximo de fidelidade, os fatos que ficaram retidos em sua memória e que interessam à causa.

Nem sempre, todavia, se verifica a desejável conformidade entre os fatos e o resultado da manifestação das percepções sensórias das testemunhas; de modo geral, podem ser classificadas em três ordens as causas desse descompasso, importa dizer, da inverdade das declarações por elas prestadas: a) intenção deliberada de falsear a verdade; b) firmeza com que os fatos controvertidos são narrados, embora a testemunha não tivesse certeza quanto à verdade dos mesmos; c) suposição de que as suas declarações eram, efetivamente, verdadeiras.

Nesse último caso, a deflexão da verdade poderá ter origem na denominada "memória falsa", que, para ser mais bem compreendida, requer uma pequena incursão pelos domínios da psicologia individual.

A lembrança, ou o fato de memória, pressupõe cinco condições: a) a fixação; b) a conservação; c) a revogação da lembrança; d) o reconhecimento; e) a localização dos estados de consciência passados[186]. Daí por que os fatos que tenham sido mal fixados, do ponto de vista fisiológico, pela pouca elasticidade dos tecidos nervosos, ou mesmo sob o aspecto psicológico, pelo pouco interesse que despertaram na pessoa (observador, ouvinte), acabam não sendo lembrados; quando não, o são de maneira imperfeita, máxime se entre a fixação (a) e a renovação (c) decorreu largo período de tempo.

A sentença, que se houver baseado em prova testemunhal falsa, é rescindível.

Bueno Vidigal sustenta que a rescisória, calcada em falsidade da prova, somente seria admissível se não tiverem sido apreciados pela decisão rescindenda os motivos de suspeita da falsidade[187]. Desse entendimento discrepa, com razão, *Pontes de Miranda*: "Que a falsidade tenha sido alegada, durante a ação privativa, cuja sentença se quer rescindir, ou que tenha sido descoberta após a prolação da sentença, não importa para a rescisão. Nenhuma lei cogita disso"[188].

Com efeito, em nenhum momento o inc. VI do art. 485 do CPC exige, para o cabimento da rescisória, que não tenha sido suscitada, perante o órgão de proferimento da sentença rescindenda, a questão da falsidade, do mesmo modo como não exige que o interessado não tenha podido suscitá-la no juízo primitivo.

O que importa, pois, para o exercício da pretensão rescisória, é que haja prova inequívoca do falso testemunho, sendo despiciendo o fato de a parte interessada não haver suscitado essa questão no juízo emissor da sentença rescindenda (pressupondo-se que tinha conhecimento da falsidade dessa prova, àquela época).

d) Pericial

Determinados fatos da vida somente podem ser percebidos e interpretados, adequadamente, por pessoas que possuam certos conhecimentos técnicos ou científicos: os peritos.

A perícia visa não apenas à verificação de tais fatos, mas também à sua apreciação pelo experto; o laudo pericial, por isso, contém um parecer acerca dos fatos constatados e interpretados tecnicamente, por quem possua habilitação profissional para fazê-lo.

De nada valeria, *e. g.*, o juiz proceder a uma inspeção de pessoas ou coisas (CPC, art. 440) se os fatos com elas relacionados não pu-

---

(186) *Baudin*, "Psychologie", 5ª ed., *apud Raphael Cirigliano*, "Prova Civil", São Paulo: Revista dos Tribunais, 1979, pp. 269/270.

(187) Ob. cit., p. 136.

(188) Ob. cit., pp. 307/308.

dessem ser captados por suas faculdades sensórias; ainda que, eventualmente, o juiz possuísse conhecimentos técnicos sobre o assunto, não lhe seria permitido agir como perito, porquanto estaria, na realidade, declinando de seu ontológico dever de neutralidade (CPC, art. 125, I). Esses conhecimentos técnicos ou científicos o juiz poderia utilizar na apreciação do laudo, a fim de convencer-se, ou não, do acerto quanto à conclusão a que chegou o perito. A possibilidade de o juiz atuar como se perito fosse está, aliás, renteada pelo art. 145 do CPC, ao declarar que "Quando a prova do fato depender de conhecimento técnico ou científico o Juiz *será assistido por perito,* segundo o disposto no art. 421" (sublinhamos).

Ao apreciar o laudo, o juiz não julga os fatos em sua essência, mas apenas o resultado da investigação realizada pelo perito; este surge, pois, como uma espécie de tradutor especializado de tais fatos. Daí a razão de falar-se, na doutrina, em perito percepiente, ou seja, aquele cuja função é a de substituir o juiz na percepção dos fatos — em sentido oposto ao perito judicante, que se destina a indicar ao juiz as regras de experiência ou a aplicá-las; nesta última função, o perito subministra assistência ao magistrado, a quem incumbirá constatar, de maneira pessoal, os fatos, como se dá na inspeção judicial (CPC, art. 441).

Em sede de ação rescisória, a falsidade da prova pericial não está restrita ao reconhecimento do falso (em virtude do laudo pericial), "e sim qualquer dos laudos dos assistentes técnicos, bastando que o juiz haja formado sua convicção com elementos constantes dos trabalhos técnicos dos assistentes"(189).

Juízo de apuração da falsidade

Dispõe o inc. VI do art. 485 do CPC que a falsidade da prova poderá ser apurada em processo criminal ou provada na própria ação rescisória. Em rigor, essa prova poderá ser também produzida no juízo civil (ou trabalhista) que não seja o da rescisória.

Há, pois, três juízos onde a falsidade da prova pode ser demonstrada; sobre eles, agora discorremos.

a) Juízo criminal

Se a sentença criminal houver: 1) declarado a falsidade da prova; ou b) negado que a prova seja falsa (previamente ao ingresso da res-

(189) *Luís Eulálio de Bueno Vidigal,* ob. cit., p. 145.

cisória no juízo civil), essa sentença repercutirá diretamente e em caráter definitivo na rescisória, dispensando o autor em face disso de produzir prova, perante este juízo, quanto à falsidade da prova, ou o réu de comprovar a autenticidade, segundo seja a hipótese.

Estamos cogitando aqui de a sentença criminal haver passado em julgado; caso ela ainda penda de recurso, quer nos parecer que o autor deverá provar, na ação rescisória, a falsidade alegada, embora entendamos ser lícito ao relator da rescisória sobrestar o andamento do processo, até que o recurso criminal seja julgado (CPC, art. 110, *caput*). A não se reconhecer essa faculdade ao relator, poderiam ocorrer decisões conflitantes (do juízo criminal e do juízo civil) sobre o mesmo fato, com desagradáveis repercussões no prestígio dos pronunciamentos jurisdicionais.

De igual maneira, aceitamos a possibilidade de o relator da rescisória suspender o processo até que o juízo criminal de primeiro grau se manifeste a respeito da falsidade, ou não, da prova, com fundamento no precitado art. 110, do estatuto processual civil.

Dissemos que se a sentença criminal houver declarado a falsidade da prova, o autor estará dispensado, na rescisória, de produzir prova quanto a essa falsidade; isto não significa, entretanto, que ele esteja liberado do ônus de comprovar a existência da sentença criminal, o seu conteúdo e o conseqüente trânsito em julgado. No que toca ao réu, é elementar que lhe será defeso discutir o merecimento da sentença criminal — por força da *res iudicata* —, nada obstante possa alegar (e comprovar), p. ex., que a sentença rescindenda não se baseou na prova que o juízo criminal afirmou ser falsa.

Como sublinha *Frederico Marques*, a falsidade, quando apurada no juízo criminal, deve estar consubstanciada em sentença lançada em processo condenatório, em revisão criminal ou em outra sentença definitiva, arrematando que "Se a declaração de falsidade provém do incidente de igual nome (Código de Processo Penal, art. 145), cumpre que se corrobore a prova de falsidade no curso da rescisória, como se infere do disposto no art. 148 do Código de Processo Penal"(190).

Mais algumas observações se impõem, a respeito do tema *sub examen*:

1) É absolutamente desnecessário que a apuração da falsidade haja sido realizada em processo penal instaurado "contra" o autor da falsidade.

---

(190) Ob. cit., p. 262.

2) Havendo arquivamento dos autos do inquérito policial ou das peças de informação, ou se a sentença criminal declarar extinta a punibilidade, ou a sentença absolutória disser que o fato não constitui crime (CPP, art. 67), "nenhuma influência haverá no que se relaciona com a apuração da falsidade no juízo rescindente"[191].

3) Havendo ação penal em curso, a parte interessada não está obrigada a aguardar o trânsito em julgado da correspondente sentença, para ingressar com a ação rescisória. Basta lembrar que o próprio CPC permite que a comprovação da falsidade da prova seja realizada nos autos da própria ação rescisória (inc. VI do art. 485).

De qualquer forma, seria algo injusto se o autor devesse aguardar o trânsito em julgado da sentença criminal, seja em decorrência de certos constrangimentos pessoais ou patrimoniais que a sentença rescindível estivesse a acarretar-lhe, seja em virtude do prazo decadencial de dois anos, para o exercício da rescisória, que se poderia expirar sem que a sentença criminal houvesse passado em julgado. Procurando contornar semelhantes situações de injustiça, *Pontes de Miranda* opina que o prazo de dois anos, fixado pelo art. 495 do CPC, somente começa a fluir do dia em que transitou em julgado a sentença criminal declarativa da falsidade, "salvo se ocorreu antes do trânsito em julgado da sentença cível"[192]. Não concordamos com isso. Em primeiro lugar, o critério sugerido pelo notável jurista não afasta a situação de constrangimento pessoal ou patrimonial do interessado na rescisória — a que há pouco nos referimos; em segundo, esse critério colide, de certo modo, com o inc. VI do art. 485 do CPC, que, como tantas vezes assinalamos, permite comprovar a falsidade da prova (em que se baseou a sentença rescindenda) nos autos da própria rescisória.

Indaga *Sérgio Rizzi* se tendo sido ajuizada ação rescisória que tenha como núcleo a falsidade de prova que está sendo também objeto de ação penal e vindo a ocorrer o trânsito em julgado da sentença criminal (declarando a falsidade), antes da fase de instrução da rescisória, o autor estaria dispensado de produzir a prova a que se propôs, ou, ao contrário, deveria, mesmo assim, produzi-la?[193]. O mesmo pensador responde, acertadamente, que o autor poderia abster-se de provar o que alegara na inicial[194].

Com efeito, como asseveramos no início deste item, a sentença criminal transitada em julgado — qualquer que seja o seu resultado —

(191) Ob. cit., p. 149.
(192) Ob. cit., p. 150.
(193) Ob. cit., p. 323.
(194) *Idem, Ibidem*.

tem repercussão direta e definitiva no juízo rescisório; pouco importa que ao tempo em que a ação rescisória foi aforada a sentença criminal nem sequer houvesse sido proferida: assim que o for e revestir-se da autoridade de coisa julgada material, a sua inflexão no plano da rescisória será inevitável. Dá-se aí uma vinculação do juízo rescisório ao juízo criminal — vinculação que não envolve submissão deste àquele e sim respeito à coisa julgada.

Essa influência da sentença penal declaratória da falsidade — passada em julgado — ocorreria ainda que a instrução relativa à rescisória estivesse concluída; é óbvio que não se poderia cogitar dessa influência na hipótese de a sentença rescindente já houver sido emitida, ou *a fortiori*, já se encontrasse submetida ao fenômeno da *res iudicata* material.

b) Juízo civil

Estatui o inc. VI do art. 485 do CPC que a falsidade da prova pode ser apurada em processo criminal ou provada na própria ação rescisória. Deve-se interpretar essa disposição legal como excludente da possibilidade de o falso ser comprovado em processo civil, que não seja o da ação rescisória?

Certamente que não.

Se, por exemplo, transitar em julgado sentença civil declaratória da falsidade de um documento, é indiscutível que o interessado poderá, com base nela, ingressar com a rescisória para desconstituir a sentença que se fundou na prova falsa. Seria verdadeiramente absurdo negar-se essa possibilidade, sob o argumento simplista de que o precitado inciso do art. 485 não a prevê. Ora, é curial que houve, aí, inadvertência do legislador, pois não se concebe que uma sentença passada em julgado, que haja pronunciado a falsidade de certo documento, não possa render ensejo ao exercício de uma pretensão rescisória.

Não podemos ignorar que o respeito à coisa julgada constitui, em nosso sistema, uma garantia constitucional (art. 5º, XXXVI); sendo assim, a rejeitar-se que a sentença civil declaratória de falsidade possa valer como fundamento para o ajuizamento de ação rescisória estar-se-ia, antes de mais nada, desrespeitando a referida garantia constitucional, pois uma tal sentença seria algo que corresponderia a simples preceito, com ser destituída de qualquer autoridade. O que estamos a afirmar é a necessidade de o juízo da rescisória subordinar-se ao império da *res iudicata*, em cujo âmago se abriga uma declaração de falsidade de certo meio probante.

Discordamos, por isso, de *Pontes de Miranda*, quando diz que admitir-se a rescisória estribada em sentença civil passada em julgado (declarativa da falsidade de documento, *e. g.*) "seria criar o intérprete outro caso de rescisão por falsa prova, fora, portanto, da letra do art. 485, VI..."(195). *Data venia*, inferência nesse sentido é produto de um legismo estrábico, que pretende colocar o senso literal da norma acima da própria Constituição — onde, como acentuamos, se encontra soberanamente insculpido o princípio-garantia do acatamento à coisa julgada. Demais disso, é ilógico concluir-se — com obstinado apego à expressão literal do inc. VI do art. 485 — que somente a sentença criminal possa constituir ponto de apoio para a rescindibilidade da sentença calcada em falsa prova, negando-se essa aptidão à sentença civil declaratória da falsidade.

Para esse fim, é irrelevante se se cuida de sentença civil proferida entre partes que são as mesmas na rescisória, ou entre partes distintas: os efeitos do pronunciamento jurisdicional passado em julgado são *erga omnes*.

Em sentido inverso, se a sentença civil declarou ser autêntico o documento, ficará prejudicado o exercício da pretensão rescisória baseada na falsidade do mesmo documento. Para que a rescisória seja viável, neste caso (e mesmo quando a sentença reconhecer a falsidade do documento), torna-se imprescindível que dita sentença seja desconstituída, para que, apenas depois disso, o interessado possa ingressar com a rescisória.

Devemos entender, portanto, que o inc. VI do art. 485 não limita a rescisória às hipóteses de falsidade demonstrada no juízo criminal ou no próprio juízo rescindente, sendo perfeitamente cabível também a hipótese de falsidade pronunciada por sentença civil proferida em processo diverso daquele em que se processa a rescisória, sob pena, como advertimos, de atrevida ofensa ao texto e aos princípios constitucionais.

Sérgio Rizzi perfilha o mesmo ponto de vista: "inobstante o art. 485, VI, do Código, não se refira à decisão civil que apure a falsidade material do documento em processo autônomo de ação declaratória (art. 4º, II), ou em processo de incidente de falsidade no curso de outro feito (art. 395), desde que transitada em julgado, pode servir de fundamento à ação rescisória, porque a autoridade da coisa julgada cria para o juízo rescindente um vínculo que o impede de rejulgar o mesmo fato, reafirmando a falsidade do documento ou declarando a sua autenticidade"(196). Só um reparo às palavras do eminente jurista: há pleonasmo

(195) Ob. cit., p. 325.
(196) Ob. cit., p. 153.

vicioso na sua expressão "processo de incidente de falsidade instaurado no curso de outro feito", porquanto o caráter incidental do processo de falsidade advém, por definição, de haver sido suscitado no curso de outro processo.

c) Juízo rescisório

Caso a falsidade da prova não tenha sido apurada em processo criminal ou em processo civil anterior, poderá sê-lo na própria ação rescisória, como faculta o tantas vezes citado inc. VI do art. 485 do CPC.

É oportuno lembrar que, por força da Lei n. 70, de 20.8.47, o CPC de 1939 aludia à falsidade "inequivocamente apurada na própria ação rescisória" (art. 798, II). Com grande descortino jurídico e lingüístico, entretanto, o Senado Federal, mediante a Emenda n. 390 ao Projeto do atual estatuto processual civil, eliminou o advérbio inequivocadamente, por ser desnecessário à intelecção perfeita do texto.

Havendo conveniência, o relator da rescisória poderá delegar competência ao juízo de primeiro grau para produzir a prova da falsidade alegada, assinando a este prazo que variará de 45 a 90 dias (CPC, art. 492). Essa atribuição de competência tópica não subtrai, como é evidente, o ônus da prova do autor, a quem incumbirá comprovar a falsidade do meio provativo em que se fundou a sentença rescindenda (CLT, art. 818).

Em alguns casos, a prova da falsidade poderá ser produzida no próprio tribunal, perante o relator, como ocorrerá se se tratar de falsidade material de documento, desde que, é certo, o tribunal possua um setor de perícias, apto à realização do necessário exame técnico (CPC, art. 393). Nunca é inútil destacar que unicamente a falsidade material propiciará a feitura de exame pericial (grafotécnico), na medida em que a ideológica (ou intelectual) pode ser demonstrada por outros meios de prova (testemunhal, documental, confissão).

O julgamento feito pelo *iudicium rescindens* não se submete ao fenômeno da coisa julgada material: serve, apenas como fundamento para a pronúncia a ser realizada pelo *iudicium rescisorium* acerca dos pedidos formulados pelo autor.

Havendo diversos pedidos, e o tribunal entender que a falsidade somente afeta a parte desses pedidos, tem-se uma situação de característica rescisão parcial do julgado, pois as demais partes da sentença rescindenda, que se basearam em provas declaradas autênticas, não são contaminadas pelo falso reconhecido pelo acórdão rescisório.

Documento novo (CPC, art. 485, VII)

Introdução

No regime do Regulamento Imperial n. 737 permitia-se o oferecimento de embargos infringentes do julgado, na execução, "com prova produzida incontinenti, sendo opostos pelo executado com documentos havidos ou obtidos depois da sentença" (arts. 577, § 8º, n. 3, e 579, § 4º, n. 3).

O CPC de 1939 nenhuma importância atribuía ao fato de a parte conseguir, após a sentença, documento capaz de influir no resultado do julgamento.

É verdade que alguns Códigos estaduais admitiam a rescisória estribada em documentos obtidos ulteriormente ao julgamento da lide; dentre eles, destacamos o do Ceará (Lei n. 1.593, de 30.12.21), que estabelecia em seu art. 1.303, IV, ser cabível essa ação "Quando (...) o condenado obtiver *documentos novos*, ou dele desconhecidos na causa, ou ocultos pela parte contrária, e tais que destruam a prova que serviu de base à sentença rescindenda" (sublinhamos).

Obtenção do documento

Uma interpretação subserviente à literalidade do inc. VII do art. 485 do CPC levaria à inevitável ilação de que somente se obtido depois do proferimento da sentença é que o documento poderia ser utilizado como fulcro da ação rescisória.

Vez mais, porém, estamos diante de um daqueles casos em que, por ironia, a expressão meramente literal de um preceito de lei representa uma camisa-de-força do exato alcance de suas disposições. Realmente, se devêssemos aceitar o fato de que apenas o documento conseguido após a emissão da sentença serviria de apoio à rescisória, haveríamos de conviver com situações no mínimo absurdas, reveladas pela realidade prática, como aconteceria, p. ex., na hipótese de o documento ser obtido quando os autos já se encontrassem com o juiz, para proferir a sentença: não seria admissível, mais tarde, a rescisória, sob a alegação de que o documento surgiu antes da sentença. Ora, a absurdidade de semelhante conclusão está em que, de um lado, não se teria permitido à parte juntar o documento por encontrar-se já encerrada a fase de instrução do processo; de outro, essa juntada também não seria possível em grau de recurso, pois o documento foi obtido antes da sentença — e a Súmula n. 8 do TST somente autoriza a junção no caso de o documento ser posterior ao pronunciamento jurisdicional de que se recorre. De tal arte, na espécie em exame, o interessado: a) não poderia juntar o documento aos autos, em primeiro grau, porque a instrução estava encerrada (ou os autos se encontravam com o juiz, para o julgamento); b) não teria sucesso em sua intenção de anexá-lo à petição de recurso, porquanto, como dissemos, o documento foi conseguido antes da sentença impugnada; c) não poderia usá-lo como fundamento da ação rescisória, pelo mesmo motivo. Em suma: de nada lhe valeria o documento, pelo simples fato de haver sido obtido antes da proferição da sentença!

Como pontifica *Barbosa Moreira*, escudado nas lições de *Andrioli, Giudiceandrea* e *De Stefano*, a locução legal "depois da sentença" deve ser entendida como posteriormente ao último momento de que poderia a parte valer-se do documento, no processo onde foi proferida a sentença rescindenda[197].

Há mais a ser esclarecido. Quando a norma processual cogita da obtenção de documento novo, pelo autor (inc. VII do art. 485) não está, como se possa imaginar, se referindo à parte que figurou no pólo passivo da relação jurídica processual encerrada com o proferimento da sentença rescindenda, e sim àquela que é autora na ação rescisória. Desta forma, se o documento novo for obtido pelo réu (como tal qualificado na relação processual já extinta), este poderá ingressar com a ação rescisória, para tentar desconstituir a *res iudicata* que se formou contra os seus direitos e interesses. Vamos mais. Autor, para os efeitos da rescisória, é também o terceiro que possua interesse jurídico em ajuizá-la, em virtude de um seu direito haver sido afetado pela sentença rescindenda (CPC, art. 487, II).

Retomemos o assunto concernente à exegese da expressão legal "depois da sentença", em razão de sua extraordinária relevância para o exercício da rescisória. Como afirmamos há pouco, a circunstância de o documento ser obtido antes da sentença não deve constituir embaraço ao aforamento da rescisória; o que se deve ter em mira, à conta de critério doutrinário, é o fato de a parte não ter podido fazer uso oportuno do documento, perante o juízo proferidor da sentença rescindenda. A locução sublinhada está, a *contrario sensu*, a indicar que se a parte não utilizou o documento, no instante oportuno (por motivo juridicamente injustificável), vedada lhe estará a via rescisória, sob pena de consagrar-se convenientes artimanhas engendradas pela parte, que sonegou o documento à cognição do juízo de emissão da sentença rescindenda.

---

(197) Ob. cit., p. 121.

A respeito de o não uso oportuno do documento haver decorrido, ou não, de ato da parte que ingressou com a rescisória, iremos pronunciarmo-nos no próximo item.

Por ora, reafirmemos o nosso parecer de que o bom senso doutrinário está a alvitrar que se dê uma interpretação extensiva ao inc. VII do art. 485 do CPC, com vistas a possibilitar o exercício de uma pretensão rescisória baseada em documento conseguido antes ou depois da sentença rescindenda, contanto que a parte demonstre não ter podido usá-lo no momento apropriado, ou seja, na fase de instrução do processo anterior.

Não influência da vontade do autor

Em nome do conteúdo ético do processo, como método estatal de solução dos conflitos de interesses, as partes se encontram jungidas a um dever de lealdade e boa-fé (CPC, art. 14, II). Desse modo, não se admite, *e. g.*, que o autor — por algum motivo ardiloso — deixe de juntar aos autos determinado documento importante para a composição da lide, para vir, mais tarde, produzir essa prova no juízo rescisório. Quanto a ser-lhe vedada essa prática, parece não haver dúvida.

A mesma solução deve ser dada à parte que deixa de juntar o documento, no juízo de origem, não por deslealdade, e sim por mera negligência?

Entendemos que sim.

Se a parte possuía o documento, mas deixou de juntá-lo aos autos no prazo fixado pelo juiz (ou, em sentido mais amplo, quando a instrução ainda não se achava encerrada), por motivo que lhe possa ser irrogado (esquecimento, contagem equivocada do prazo etc.), parece-nos evidente que esse documento não poderá servir de fundamento para a ação rescisória, sob pena de criar-se perigoso estímulo à negligência processual. Ainda que o documento se encontrasse em poder de terceiro, isso não poderia constituir razão para que, mais tarde, servisse de base à ação rescisória: a parte poderia ter exigido a exibição do documento mediante a utilização de procedimento acautelatório nominado (CPC, arts. 844 e 845) ou em caráter incidental, na forma dos arts. 355 a 363 do CPC. Logo, se não obteve o documento, para efeito de instruir a petição inicial, ajuizada em primeiro grau de jurisdição, esse fato deve ser debitado a uma sua incúria ou ignorância. É o quanto basta para tolher-lhe a possibilidade de, vindo a consegui-lo posteriormente, erigi-lo em fundamento da ação rescisória.

Cremos que uma regra doutrinária deve ser agora enunciada a respeito desse assunto: sempre que o interessado deixar de produzir a prova documental nos autos do processo primitivo, por ato que lhe possa ser imputado, o documento, obtido tempos depois, não deve ser admitido como fulcro da ação rescisória; se, em sentido inverso, a não juntada do documento deveu-se a fato que não possa ser assacado (motivo de força maior; subtração do documento pela parte adversa etc.) à parte, esta poderá, obtendo-o depois, usá-lo como supedâneo da ação rescisória.

Na precisa advertência de *Sérgio Rizzi*, se fosse facultado ao autor da rescisória produzir o documento no juízo rescindente, mesmo quando, por culpa sua, deixou de fazê-lo no processo em que foi proferida a sentença rescindenda, "estaria criado um expediente fácil e artificioso de ataque à coisa julgada"(198).

Em rigor, essa atitude da parte encobre algo mais do que o objetivo de arrostar a coisa julgada, pois antes de mais nada estará empreendendo esse ataque à *res iudicata* fundada em um ato a que ela própria deu causa.

O critério, que estamos a sugerir, com relação à produção de prova documental no juízo rescindente, quando a parte tenha deixado de realizá-la no juízo de origem da sentença rescindenda, não é arbitrário nem cerebrino. Em primeiro lugar, decorre da preocupação de evitar que a parte acabe se beneficiando, mais tarde, de um ato culposo ou negligente, por ela praticado; em segundo, essa ausência de culpa do litigante está insinuada nas expressões "cuja existência ignorava" e "de que não pôde fazer uso", constantes do inc. VII do art. 485 do CPC.

Não fosse intenção do legislador ressalvar os casos em que o documento deixou de ser produzido no juízo anterior por ausência de culpa da parte, por que motivo teria empregado as precipitadas locuções ao redigir essa norma processual?

Ainda que ditas ressalvas não estivessem presentes no inciso em questão, nada recomendaria abandonar-se o critério de vincular-se a faculdade de produzir prova documental no juízo rescindente desde que a parte não a tenha podido produzir no juízo de proferimento da sentença rescindenda.

Documento novo

Fala o inc. VII do art. 485 do CPC em documento novo; em que consiste, todavia, essa novidade?

---

(198) Ob. cit., p. 178.

Para *José Alberto dos Reis*, "A novidade do documento há de referir-se ao processo anterior; o documento é novo, no sentido de que não foi produzido no processo de que emanou a sentença cuja revisão se requer"[(199)].

A definição apresentada pelo insigne jurista, embora esteja correta, não elucida certos aspectos obscuros da disciplina. Documento novo não é, necessariamente, aquele que se formou após a sentença rescindenda, e sim todo aquele que, a despeito de já existir ao tempo em que se encontrava em curso o processo anterior, não foi juntado pela parte, em virtude da impossibilidade de consegui-lo ou mesmo de ignorar a sua existência.

Exatamente por isso é que cabe a crítica à expressão legal "documento novo", porquanto a novidade, aí, concerne, verdadeiramente, não ao documento considerado em si mesmo, e sim ao conhecimento quanto à sua existência ou localização.

Alguns escritores, como *Sérgio Rizzi*, opinam que apenas em casos excepcionais se deve admitir como novo o documento constituído após a prolação da sentença rescindenda, "porque, ao contrário, integraria os extremos de um fato superveniente, para ser feito valer em sede de execução ou noutro processo de conhecimento, não em ação rescisória"[(200)].

Não estamos propensos a adotar essa lição — ao menos no plano do processo do trabalho.

Digamos, p. ex., que o autor haja pedido a sua reintegração no emprego, sob a alegação de possuir estabilidade concedida por ato do empregador; não provando o fato afirmado, o autor vê a sentença rechaçar a sua pretensão. Ulteriormente, no entanto, o empregador produz um documento, no qual reconhece que o empregado (autor) possuía a estabilidade alegada em juízo e por este repelida por falta de prova. Conquanto esse documento não existisse ao tempo em que foi proferida a sentença, nada impede que o empregado, com base nele, ingresse com a ação rescisória a fim de obter do *iudicium rescindens* o desfazimento da sentença e do *rescissorium* a declaração do seu direito à estabilidade no emprego.

Temos aqui um dos casos — não raros — em que a rescisória trabalhista se fundaria em documento formado (= constituído) depois do proferimento da sentença rescindenda.

---

(199) *Apud Barbosa Moreira*, ob. cit., pp. 133/134, nota 152.
(200) Ob. cit., pp. 180/181.

A nosso ver, para os efeitos da ação rescisória é despicienda a circunstância de o documento — em que ela se apóia — haver sido constituído antes ou depois da sentença rescindenda: o que realmente importa é o fato de que o autor não o juntou aos autos pertinentes ao processo anterior por motivos que não lhe podem ser legitimamente imputados, vale dizer, sem que isso houvesse derivado de culpa sua.

Ainda, pois, que se trate de documento particular, não se deve recusar — generalizadamente — a sua utilização como fundamento da rescisória pelo simples fato de a sua existência ser posterior à da sentença rescindenda.

De modo geral, a jurisprudência entende como novo, para efeito de exercício da ação rescisória, somente o documento que preexistia à decisão rescindenda. A Orientação Jurisprudencial n. 20, da SDI-II, do TST, é corolário disto: "Ação rescisória. Documento novo. Dissídio coletivo. Sentença normativa. Documento novo é o cronologicamente velho, já existente ao tempo da decisão rescindenda, mas ignorado pelo interessado ou de impossível utilização à época no processo. Não é documento novo apto a viabilizar a desconstituição do julgado: a) A sentença normativa proferida ou transitada em julgado posteriormente à sentença rescindenda; b) A sentença normativa preexistente à sentença rescindenda, mas não exibida no processo principal, em virtude de negligência da parte, quando podia e deveria louvar-se de documento já existente e não ignorado quando emitida a decisão rescindenda".

Pertinência com o fato alegado

O "documento novo" deve estar relacionado com o fato alegado no juízo anterior e com o que se pretende provar no rescindente. Se o réu alega, *e. g.*, pagamento, mas não consegue produzir prova (documental: CLT, art. 464) nesse sentido, vindo a obter o necessário documento após o trânsito em julgado da sentença (condenatória, por suposto), poderá, com espeque nele, aforar a rescisória, porquanto esse documento guarda pertinência com o fato afirmado no juízo anterior (pagamento).

Na hipótese, contudo, de o réu haver requerido, na contestação, compensação quanto à parte dos valores que viessem a ser reconhecidos em prol do autor (CLT, art. 767), mas não provasse os fatos que originariam seu direito à compensação pretendida, é certo que a sentença não acolheria o seu pedido; vindo o réu, depois do trânsito em julgado desta, a obter documento comprobatório do pagamento integral das quantias que a sentença deferiu ao autor (documento que inexistia à época em que a decisão rescindenda foi proferida), essa novidade em nada o beneficiaria, vez que na contestação requerera compensação e agora, em sede rescisória, está a alegar pagamento, como fator de extinção da obrigação.

A situação examinada foi objeto de questão apresentada aos participantes do III Curso de Especialização em Direito Processual Civil, promovido pela Pontifícia Universidade Católica de São Paulo, coordenado por *Arruda Alvim*, cuja solução coincide com a que ora adotamos.

O essencial a assinalar-se, todavia, é o princípio (ou requisito) de que o documento pelo qual se busca comprovar o fato afirmado na rescisória deve manter absoluta relação com o fato alegado no juízo anterior, sob pena de a rescisória nada mais representar do que subreptícia tentativa de ofensa à coisa julgada.

Decisão favorável

Para que o documento seja apto a motivar o exercício da ação rescisória — com apoio no inc. VII do art. 485 do CPC — não é suficiente que: a) o autor o tenha obtido após a prolação da sentença rescindenda; b) a sua não utilização oportuna, no juízo anterior, não tenha decorrido de culpa do autor; c) seja "novo"; d) tenha pertinência com os fatos alegados: impõe-se, ainda, que seja capaz, por si só, de assegurar um pronunciamento favorável ao autor (CPC, *ibidem*).

A exigência é lógica: se se tratar de documento destituído de aptidão para modificar o resultado do julgamento, tornando-o favorável ao autor, é elementar que nenhuma importância ele possuirá, daí por que a pretensão rescisória deverá ser repelida.

Não se quer com isso dizer que o documento deve provocar uma alteração radical no resultado do julgamento, ou seja, que por força dele o autor, outrora vencido, agora se torne vencedor na causa. Embora isso possa ocorrer em muitos casos, o que se deve considerar é a possibilidade de o documento acarretar a modificação do julgado quanto a um ou alguns dos pedidos formulados perante o juízo emitente da sentença rescindenda. Isso é algo freqüente no processo do trabalho, onde as iniciais contêm diversos pedidos. Se o autor pediu aviso prévio, indenização, horas extras e adicional noturno e a sentença lhe rechaçou todos esses pedidos, ele poderá rescindi-la somente na parte relativa, digamos, ao aviso prévio e à indenização, caso venha a obter documento "novo", pelo qual comprove haver sido demitido sem justa causa legal. O fundamental é que o documento seja capaz ("por si só", como expressa a lei) de propiciar-lhe uma decisão favorável, no que tange aos fatos a que se refere.

Se o documento não for provido dessa aptidão, o processo da rescisória deverá ser extinto, sem exame do mérito, por ser o autor carecente da ação, em virtude de sua manifesta falta de interesse de agir em juízo.

Em que pese à particularidade de o Código permitir que, em princípio, o autor prove, na própria rescisória, os fatos em que ela se baseia (art. 492), estamos convencidos de que, quanto à prova documental, especificamente, a soberania é da regra estampada no art. 787 da CLT, conforme a qual "A reclamação (*sic*) escrita deverá ser formulada em duas vias e *desde logo acompanhada dos documentos em que se fundar*" (sublinhamos), regra que é igualmente adotada pelo processo civil, no art. 283: "A petição inicial *será* instruída com os documentos indispensáveis à propositura da ação" (sublinhamos), e reiterada pelo art. 396 do mesmo álbum processual.

Antecipemo-nos à crítica para esclarecer que a nossa opinião, no particular, não dispensa a incidência da norma de temperamento inserida no art. 284, *caput* do CPC. Desta forma, se o relator verificar que a inicial não se fez acompanhar de documento indispensável ao ajuizamento da demanda, deverá conceder ao autor o prazo de dez dias para que a falta seja suprida; não sendo atendido o despacho, aquela será indeferida (*ibidem*, parágrafo único).

Não se pode aceitar, portanto, que o autor pretenda produzir a prova documental nos autos da própria rescisória, ainda que sob a forma de exibição incidental, no caso de o documento encontrar-se em poder da parte contrária ou de terceiro. Se o documento existe, mas o autor não o possui, que cuide de obtê-lo via procedimento cautelar específico (CPC, arts. 844 e 845), perante o próprio tribunal a que competir o julgamento da rescisória, pois o juízo de proferimento da sentença rescindenda será incompetente para isso.

No mais, mesmo em sede rescisória atua o art. 830 da CLT, cuja autenticação pode ser também realizada por tabelião.

Confissão, desistência e transação (CPC, art. 485, VIII)

Introdução

O nosso direito anterior era omisso em relação à matéria; o uso da rescisória para invalidar confissão, desistência ou transação constitui, pois, inovação do atual Código de Processo Civil.

Cabe observar, contudo, que o Anteprojeto do mencionado Código estabelecia, no art. 534, VIII, ser cabível a ação rescisória "Quando foi revogada, ou houve fundamento para revogar, confissão, desistência ou transação, em que se fundou a sentença". Essa disposição foi mantida, em sua essência, no Anteprojeto, como revela a redação do seu art. 489, VIII, a seguir reproduzida: "Quando foi invalidada, ou houve fundamento para invalidar, confissão, desistência ou transação, em que se fundou a sentença".

O inc. VIII do art. 485, do texto em vigor, mais objetivamente se refere à existência de "fundamento para invalidar confissão, desistência ou transação, em que se baseou a sentença".

Confissão

Sempre que uma das partes admitir a verdade de um fato contrário aos seus interesses configura-se, na ordem processual, a confissão (CPC, art. 348).

Essa nota característica da confissão levou a communis opinio doctorum a elegê-la como a "rainha das provas" (*regina probationum*) e a proclamar que não existe prova maior do que a confissão pela própria boca (*nulla est maior probatio quam proprio ore confessio*), porquanto confessar em juízo é o mesmo que se condenar (*confessus in iure pro condemnato habitur*).

O conceito legal de confissão foi tomado à doutrina de *Chiovenda* ("Principios de Derecho Procesal Civil", tomo II, p. 291), de acordo com a qual "La confesión es la declaración que hace una parte de la verdad de los hechos afirmados por el adversario y favorable a éste" Rigor à frente, porém, o conceito chiovendiano está a merecer um pequeno reparo, pois não é inteiramente aplicável à denominada ficta confessio, onde não existe uma declaração da parte (confitente), sendo a verdade dos fatos presumida em virtude do silêncio daquela.

Boa parte da doutrina tem sido escrava do equívoco inveterado de considerar a confissão como "pena"; ela nada mais representa do que um reconhecimento (tácito ou expresso) da veracidade dos fatos alegados pela parte adversa. Mesmo no caso da ficta confessio não se deve cogitar de "pena", pois essa confissão presumida apenas traduz uma regra de ordem prática, adotada por alguns sistemas processuais (como o trabalhista e o civilista) para superar, objetivamente, as dificuldades derivantes da ausência injustificada de um dos contendores à audiência em que seria interrogado.

No processo do trabalho, as partes estão presas ao dever de comparecimento a juízo (CLT, art. 843, *caput*), inexistindo, quanto a isso, qualquer obrigação; logo, quando uma delas quebra esse dever, não se pode pensar em "pena" (confissão), pois esta somente se liga às obrigações. Convém realçar que o vocábulo pena, na terminologia jurídica, designa, em geral, qualquer tipo de "imposição, de castigo ou de aflição, a que se submete a pessoa por qualquer espécie de falta cometida"[(201)], razão por que atribuir-se à confissão o caráter de castigo (pena) implica utilização inadequada do termo.

Pontes de Miranda também reconhece que "Pena, propriamente dita, não há mais; há a *cominação*" (sublinhamos)[(202)].

Em nome do rigor científico, portanto, anatematize-se para sempre o emprego da locução "pena de confissão".

Podem ser identificados na confissão três elementos, que se acham intimamente interligados: a) o objetivo; b) o subjetivo; e c) o intencional — que dizem respeito ao seu objeto, ao seu sujeito e à intenção, respectivamente.

a) Elemento objetivo

O objeto da confissão são os fatos desfavoráveis ao confitente e favoráveis ao adversário; é óbvio que tais fatos, para serem alcançados pela confissão, devem ter sido alegados pela parte a quem ela aproveita.

Moacyr Amaral Santos relaciona, como condições para que o fato possa ser confessado, as seguintes[(203)]:

1. Que seja própria e pessoal do confitente, vale dizer, se o fato se referisse a terceiro o seu reconhecimento pela parte não poderia valer como confissão e sim como testemunho.

2. Que seja favorável à parte que o invoca e desfavorável ao confitente, a significar que a confissão prejudicará apenas o confitente e não terceiros ou os demais compartes (litisconsórcio facultativo), pois os compartes e os litisconsortes são considerados, em confronto com a parte adversa, como litigantes distintos; sendo assim, os atos e omissões de um não prejudicarão nem beneficiarão os outros (CPC, art. 48), exceto se se tratar de litisconsórcio do tipo unitário.

3. Que o fato seja suscetível de renúncia. A confissão só é viável se os fatos disserem respeito a direito a que o confitente poderia renunciar ou sobre ele transigir, pois a confissão concernente a direitos

---

(201) *Caldas Aulete*, ob. cit., p. 1.138.
(202) "Comentários...", p. 401.
(203) "Prova Judiciária no Cível e Comercial", São Paulo: Saraiva, vol. I, 1983, pp. 382/383.

indisponíveis é ineficaz (CPC, art. 351). Desse modo, estará desapercebida de validade, p. ex., a confissão (ainda que feita em juízo) do empregado, no sentido de que concordou em receber salário inferior ao mínimo legal, embora cumprisse jornada normal de trabalho.

4. Que o fato seja de natureza a não exigir que sua prova se realize sob forma especial. Em determinados casos, a CLT impõe forma especial (e específica) para a comprovação do fato; citemos como exemplo o art. 464, por força do qual o pagamento de salários deve ser efetuado mediante recibo assinado pelo empregado. Segue-se que por princípio deve ser afastado qualquer outro meio que não seja o documental, destinado a comprovar o pagamento de salários, salvo se houver, quanto a isso, confissão do empregado.

b) Elemento subjetivo

O ponto de referência, aqui, não é o fato confessado, e sim a pessoa do confitente, a quem se exige possuir capacidade e legitimação. Capacidade, porque há de verificar-se se ele é capaz e maior de idade; sendo menor, a confissão, para alguns autores, é inadmissível. Pela nossa parte, todavia, entendemos que somente não possa confessar o menor de 16 anos de idade, vez que abaixo dessa faixa etária não se permite que trabalhe, exceto como aprendiz, a contar dos catorze anos (CF, art. 7º, XXXIII). Não estamos, com isso, revelando ignorância quanto à distinção entre capacidade para confessar e capacidade para agir: apenas estamos procurando adequar as normas do direito comum às singularidades do direito material do trabalho e à própria determinação constitucional.

Conquanto a confissão seja ato próprio da parte, a lei permite que seja feita por intermédio de representante — que, no processo do trabalho, comumente é o preposto do empregador —, desde que tenha poderes para isso (CPC, art. 349, parágrafo único); julgamos, contudo, que nesse processo especializado os poderes do preposto, para confessar, se encontram implícitos no art. 843, § 1º, da CLT, ao estatuir que as suas declarações (em juízo) "obrigarão o proponente".

O advogado, para confessar na qualidade de mandatário da parte, deve receber, deste, o necessário poder (CPC, art. 38), de maneira expressa, porquanto a cláusula ad iudicia não o compreende.

c) Elemento intencional

Vem afirmando a doutrina, em opinião praticamente uniforme[204], que a confissão pressupõe a vontade de o confitente reconhecer como

---

(204) *Moacyr Amaral Santos*, ob. cit., p. 383; José *Frederico Marques*, ob. cit., p. 198; *Arruda Alvim*, ob. cit., p. 311.

verdadeiros os fatos contrários aos seus interesses, narrados pela outra parte (*animus confitendi*). Acreditamos, entretanto, que essa afirmação não pode ser feita de maneira genérica, pois se é certo que o elemento intencional preside a confissão espontânea, não menos verdadeiro é que ele está ausente na confissão provocada e na fictícia. Não concebemos como se possa sustentar, com êxito, que o *animus confitendi* se verifique nestas últimas duas modalidades, quando se sabe que, na provocada, a confissão é extraída e na fictícia, presumida; nada obstante em ambos os casos os efeitos processuais se assemelhem ao da confissão "espontânea", é notório que neles não ocorre a intenção de confessar.

A confissão pode ser judicial ou extrajudicial (CPC, art. 348, parte final).

d) Confissão judicial

Como a expressão está, didaticamente, a demonstrar, é a que se realiza em juízo. Compreende: 1. a espontânea; 2. a provocada; e 3. a fictícia.

1. *Espontânea*. Também dita voluntária, é a que litigante em regra efetua por meio de petição; daí por que é também designada de confissão por petição.

É necessário esclarecer-se que essa espécie de confissão não se resume à forma escrita (letrada), embora seja largamente a mais utilizada, pois petição quer dizer o ato de pedir — e isso pode ser também feito oralmente, em audiência.

A espécie de confissão em exame se aplica tanto ao autor quanto ao réu. Da confissão espontânea se lavrará um termo nos autos, como ordena o art. 349, *caput*, do CPC.

2. *Provocada*. É a que se origina do depoimento pessoal da parte (CPC, *Idem*, *ibidem*).

Preferimos falar em interrogatório — e não em depoimento — das partes, no processo do trabalho, em face do caráter fortemente inquisitivo deste (CLT, arts. 765 e 848).

A "provocação" para que a parte confessa se realiza mediante perguntas formuladas pelo magistrado, pelos juízes classistas e pelo advogado do adversário — embora, em situações acidentais, a confissão acabe por ocorrer em conseqüência de perguntas dirigidas ao confitente por seu advogado (naqueles juízos que permitem ao advogado perguntar ao próprio constituinte).

3. *Fictícia*. Ao contrário da espontânea e da provocada, é a confissão não expressa, não manifestada; enfim, à qual falta o elemento de exteriorização. Sempre que a parte deixar de comparecer a juízo, para ser interrogada, ou de manifestar-se sobre fato alegado pelo adversário, tais omissões (quando injustificadas) são legalmente interpretadas como confissão. Não nos parece apropriado falar-se, nesses casos, em confissão "tácita", pois em nenhum momento a parte pensou em admitir como verdadeiros os fatos contrários aos seus interesses, alegados pelo litigante oposto; o que há, isto sim, é confissão presumida (pela norma legal) — expressão que não fica comprometida (como fica a anterior) com o pressuposto da participação da vontade do confitente.

A jurisprudência trabalhista tem entendido, de maneira correta, que a confissão apta a ensejar o exercício da ação rescisória não é a "fictícia", ou presumida, e, sim, a real. A Orientação Jurisprudencial n. 108, da SDI-II, do TST, bem espelha essa posição: "Ação rescisória. Fundamento para invalidar confissão. Confissão ficta. Inadequação do enquadramento no art. 485, VIII, do CPC. O art. 485, VIII, do CPC, ao tratar do fundamento para invalidar a confissão como hipótese de rescindibilidade da decisão judicial, refere-se à confissão real, fruto de erro, dolo ou coação, e não à confissão ficta resultante de revelia". Lembremos, apenas, que a confissão real, efetuada em juízo, se subdivide em: 1) espontânea; 2) provocada.

e) Confissão extrajudicial

O CPC prevê a confissão realizada extrajudicialmente, atribuindo-lhe a mesma eficácia da judicial (art. 353, *caput*); sendo feita a terceiro, será livremente apreciada pelo juiz (*ibidem*).

Nada obstante essa modalidade de confissão incida, em tese, no processo do trabalho, a sua admissibilidade, em concreto, deve ocorrer com muita reserva quando o confitente for o empregado; assim haverá de ser porque, quase sempre, o documento que contém a sua confissão foi obtido na vigência do contrato de trabalho, ou seja, quando o trabalhador se encontrava em um ontológico estado de sujeição à vontade do empregador. Destarte, qualquer confissão do trabalhador somente deverá ser amplamente aceita quando ocorrida em juízo, pois aqui ele poderá manifestar, com liberdade, ou seja, sem os constrangimentos, pressões e outras modalidades de injunções que, não raro, contaminam as suas confissões obtidas extrajudicialmente.

Daí vem que não apenas a confissão do trabalhador feita a terceiro deverá ser livremente examinada pelo juiz, como declara o art. 353 do CPC, mas de igual modo a efetuada extrajudicialmente, cabendo ao magistrado apreciá-la segundo seu prudente arbítrio.

Já a confissão extrajudicial realizada oralmente (CPC, art. 353, parágrafo único) deverá ser confirmada em juízo, por testemunhas, extraindo-se dessa particularidade a conclusão de que ela, na verdade, se converte em prova testemunhal — o que corresponde a afirmar que, considerada em si mesmo, é de eficácia nenhuma.

Os arts. 352, II, e 485, VIII, do CPC

Ressabe-se que o art. 485, inciso VII, do diploma processual civil inovou ao prever a possibilidade de ser rescindida a sentença que se tenha estribado em confissão (para nos limitarmos, por ora, a ela). Por outro lado, o inciso II do art. 352 do mesmo Código declara que a confissão, quando proveniente de erro, dolo ou coação, pode ser revogada "por ação rescisória, depois de transitada em julgado a sentença, da qual constituir o único fundamento".

Diante dos termos da norma processual transcrita, não seriam desnecessárias as disposições do inc. VIII do art. 485, por sua evidente redundância?

Embora, do ponto de vista da seqüência numérica de ambos os artigos mencionados, se justifique a pergunta formulada (pois o 485 é posterior ao 352, daí a suspeita de ser inútil), devemos advertir que, em rigor, a indagação que impende ser feita é no sentido de haver sido acertada, ou não, a atitude do legislador de cuidar, no inc. II do art. 352, de assunto respeitante à ação rescisória.

Colocada a questão em seus devidos termos, devemos dizer que nenhum mal causaria à disciplina da ação rescisória a supressão do inc. II do art. 352, eivado por duas falhas: a primeira, consistente em, sendo uma norma integrante do Capítulo relativo às provas, ocupar-se em indicar qual o meio jurídico apto para invalidar a confissão (matéria tipicamente estranha a ele) em que se tenha calcado a sentença passada em julgado; a segunda, caracterizada por uma injustificável restrição às causas que levaram a parte a confessar (erro, dolo ou coação), deixando à margem outras, encontradiças na realidade prática.

A Comissão Revisora, aliás, atenta a essa anomalia, chegou a sugerir a supressão dos dois incisos do art. 353, argumentando, relativamente ao II, que com essa providência a matéria ficaria regulada exclusivamente no Capítulo pertinente à ação rescisória. Lamentavelmente, no entanto, essa sugestão saneadora foi rejeitada, passando o Código a disciplinar a rescisória fundada em confissão também em um artigo pertencente ao Capítulo das provas, em uma assombrosa heterotopia.

Bem ou mal, no entanto, está em vigor o inc. II do art. 352 do CPC, não sendo lícito ao intérprete, em face disso, ignorá-lo. A partir desse reconhecimento, parece-nos que se deve tirar a seguinte conclusão acerca do assunto: sempre que se desejar invalidar confissão oriunda de erro, dolo ou coação, a rescisória terá como fundamento o inc. II do art. 352; na hipótese de a confissão haver decorrido de causas que não as enumeradas nesse artigo, como, *v. g.*, de fraude, de falta de poderes do mandatário para confessar etc., essa ação deverá fundar-se no inc. VIII do art. 485, o único que deveria tratar da matéria.

Bueno Vidigal reputa serem ociosos o inc. II do art. 352 e o inc. VIII do art. 485, diante do disposto nos incs. III e VI, respectivamente, do mesmo Código, argumentando: "O art. 352 dispõe que a confissão quando emanada de erro, dolo ou coação, pode ser 'revogada'. O item VIII, que estamos comentando, alude à possibilidade de ser invalidada a confissão. Tratar-se-ia de situações diferentes? Parece-nos que não. É certo que quem revoga a confissão é o próprio confitente e quem a invalida é o juiz. Não se pode, porém, supor que o juiz invalide a confissão *ex officio* ou à revelia do confitente. Portanto, o que ocorre normalmente é a revogação feita pela parte, que melhor se denominaria retratação e, em seguida, a declaração de invalidade pelo juiz. Se a confissão se retrata por erro, dolo ou coação, é difícil conceber um caso de retratabilidade que não se enquadre em um dos itens III e VI do art. 485. Quanto à obtida por dolo, é Incontestável. Quanto ao erro e à coação, é evidente que geram prova falsa. Em suma, encarada a confissão como meio de prova, a primeira parte do item VIII do art. 485 é ociosa. Se, ao arrepio de todos os princípios da oralidade em que procurou inspirar-se o Código, considerarmos a confissão como meio de disposição de direitos, não se vê por que motivo o legislador lhe dispensou tratamento diferente do de outros meios de disposição"[205].

Não nos convencemos, *venia concessa*, do acerto, das objeções levantadas pelo ilustre jurista, embora rendamos homenagem à sua cultura jurídica e à sua argúcia.

Sucede que o dolo previsto no inc. III do art. 485 não é o mesmo do inc. II do art. 352: lá, o seu conteúdo é essencialmente processual, ao passo que aqui os seus contornos são traçados pelo direito material. Como demonstra *Sérgio Rizzi*, o dolo, no plano do direito privado, é causa eficiente do ato (assim, a confissão não teria existido sem o expediente doloso); ao contrário, a sentença rescindenda não existe por causa do dolo da parte vencedora, pois é determinada pelo pedido formulado pelo autor: "Pode-se afirmar que o conteúdo da sentença, sem

(205) Ob. cit., pp. 145/146.

o dolo, poderia ser diverso, ou, noutras palavras, que o dolo determinou o conteúdo da sentença, mas, nunca a existência desta"[(206)].

Ainda: a exigência de que o ato doloso tenha sido praticado pela parte vencedora está somente no inc. III do art. 485; ergo, esse requisito não pode ser imposto à revogação da confissão emanada de dolo (art. 352, II).

No que toca a incluir-se a confissão (oriunda de erro ou coação) no conceito de falsa prova (art. 485, VI), isso decorre de uma equivocada interpretação do elemento subjetivo (que examinamos em item anterior), cuja presença é exigida unicamente na confissão, e não na prova falsa. Além do mais, enquanto nesta se verifica uma desconformidade entre o fato real e o fato falsamente provado, naquela há (ou pode haver) uma perfeita harmonia (= conformidade) entre um e outro: confessa-se um fato verdadeiro, mas em decorrência de algum vício (erro, dolo, coação, fraude etc.).

Demonstrado, por um ângulo, que bem teria agido o legislador se suprimisse o inc. II do art. 352, do CPC (e até mesmo o I, conforme alvitrara a Comissão Revisora), e, por outro, que esse inciso não pode ser ignorado quando se estuda o problema relativo à rescisória destinada a invalidar confissão na qual se apoiou a sentença rescindenda, vejamos quais as repercussões práticas dessa disciplina legal dicotômica e esdrúxula:

a) no caso do art. 352, II: 1. a confissão deve emanar de dolo, erro ou coação; 2. a confissão deve constituir o único fundamento da sentença rescindenda; 3. terá legitimidade para ajuizar a ação apenas o confitente (parágrafo único), "mas, uma vez iniciada, passa aos seus herdeiros" (*ibidem*);

b) no caso do art. 485, VIII: 1. a confissão deve provir de outros vícios, que não os provocados por erro, dolo ou coação (como fraude, ausência de poderes do mandatário para confessar, referir-se o fato confessado a direito indisponível e o mais); 2. também aqui a legitimação para aforar a rescisória será somente do confitente (ou seus herdeiros, se for necessário).

Reconhecimento do pedido

Confissão e reconhecimento do pedido constituem expressões sinônimas?

(206) Ob. cit., p. 157.

Seguramente que não.

A distinção básica que há entre essas figuras não reside, singelamente, no fato de a primeira haver sido regulada no Capítulo relativo às provas (arts. 348 a 354), e a segunda, no Capítulo pertinente à extinção do processo com julgamento do mérito (art. 269, II), sendo determinada, isto sim, pela inteligência doutrinária. Efetivamente, enquanto a confissão diz respeito a fatos (dos quais se origina o pedido), o reconhecimento tem como objeto o próprio pedido.

Sem razão, contudo, *Sérgio Rizzi* ao sustentar que "a confissão compõe o fundamento da decisão de mérito, e o *reconhecimento a parte dispositiva*" (sublinhamos)[(207)], pois este último integra também a motivação da sentença, sob pena de a sua aparição apenas no *decisum* acarretar a nulidade desse ato jurisdicional.

Não se pode igualmente asseverar, de modo generalizado, que nem sempre a confissão faz com que o juiz decida contra o confitente, porquanto, se tal afirmação é verdadeira, ela não serve como critério para separar a confissão do reconhecimento sabendo-se que também em relação a este o juiz poderá decidir a favor de quem o efetuou: o réu reconhece o pedido formulado pelo autor, mas esse pedido é juridicamente impossível, ou o juízo é absolutamente incompetente para apreciar a ação.

O ponto comum, a unir a confissão ao reconhecimento, é que em ambos os casos haverá extinção do processo com exame do *meritum causae*, a despeito de o art. 269 do CPC não fazer menção a este último.

Naquilo que nos interessa, em especial, devemos dizer que o reconhecimento do pedido, embora se distinga da confissão, deve ser também admitido como causa de rescindibilidade dos julgados, sendo necessário, para isso, que se dê ao vocábulo confissão (CPC, art. 485, VIII) um sentido mais largo do que a sua expressão literal está a sugerir.

É oportuno consignar que a Comissão Revisora propôs que o sobredito inciso fizesse alusão igualmente ao reconhecimento do pedido, em virtude de o seu conceito, *stricto sensu*, diferir do de confissão. Essa judiciosa proposta não foi, contudo, aceita, passando a norma processual a fazer referência apenas à confissão; a doutrina deve consertar o desacerto do legislador, mediante argumentos que tendam à solução de considerar-se o reconhecimento do pedido compreendido no conceito de confissão — exclusivamente para os efeitos da ação rescisória.

---

(207) Ob. cit., p. 160.

Confissão e coisa julgada

Em princípio, a confissão não faz coisa julgada, em virtude da regra ditada pelo inc. II do art. 469 do CPC; é que a confissão, para esse efeito, se equipara à "verdade dos fatos, estabelecida como fundamento da decisão".

Nossa opinião não estaria, porém, em contraste com o inc. II do art. 352 do mesmo Código, que dispõe ser cabível ação rescisória para revogar a confissão (decorrente de erro, dolo ou coação)? De maneira alguma. Os efeitos da confissão e a sua imutabilidade ficam circunscritos ao processo em que ela ocorreu, permitindo, assim, que venha a ser reexaminada em outro processo.

Interpretando à risca o inc. II do art. 352 do CPC constataremos que a rescisória, aí, não tem como apoio a confissão viciada, e sim a sentença de mérito, que nela se fundou; já no inc. I do mesmo artigo a ação visa, diretamente, à confissão: tanto é assim que a ação anulatória deve ser ajuizada na pendência do processo em que a confissão foi realizada.

Ação anulatória e ação rescisória

A alusão feita à ação anulatória inspira-nos a dedicar item específico ao assunto, para sobre ele discorrermos com maior amplitude.

Segundo o critério lógico enunciado pelo art. 352 do CPC, a confissão derivante de erro, dolo ou coação poderá ser revogada: a) por ação anulatória, se pendente o processo em que ocorreu; b) por ação rescisória, se transitada em julgado a sentença da qual figure como o único fundamento.

a) A ação anulatória deverá ser apreciada pelo mesmo juízo perante o qual se deu a confissão que agora se pretende revogar, dada a prevenção deste (CPC, arts. 106 e 219), reunindo-se, em conseqüência, os autos, *ex vi* da conexão existente entre as respectivas causas (CPC, art. 103), que, por isso, serão decididas simultaneamente (CPC, art. 105). Nesta hipótese, a ação anulatória, apesar de ser posterior à outra, será examinada em primeiro lugar, em virtude do caráter de "prejudicialidade" da matéria nela versada (desfazimento da confissão).

Caso a ação anulatória, ao ser aforada, encontre a sentença já proferida e impugnada por recurso, deve o juiz suspender o processo relativo àquela ação, até que o tribunal se pronuncie acerca do recurso. É irrelevante, para isso, que os autos, contendo o recurso, estejam ainda em primeiro grau ou já tenham sido remetidos ao órgão de revisão: a suspensão do processo de ação anulatória é medida que se imporá, a fim de evitar virtual conflito entre o que decidiriam os juízos de primeiro e de segundo graus: aquele, na anulatória; este, no recurso.

Pensamos, todavia, que se a ação anulatória ingressou quando o prazo para a interposição de recurso estava aberto, mas a parte vencida não o interpõe, ela deverá ser extinta, porquanto: a) não se admite ação anulatória de sentença passada em julgado; b) sua eventual conversão em ação rescisória seria impossível, na esfera da Justiça do Trabalho, onde a competência para julgar esta ação é originária (e exclusiva) dos tribunais. O autor deveria, na espécie trazida à baila, ser declarado carecente da ação, por faltar-lhe o indispensável interesse de agir — sendo prudente registrar que a presença dessa condição da ação deve ser apurada no momento de proferir-se a sentença, e não com vistas ao momento em que a parte ingressou em juízo.

b) A ação rescisória não oferece maiores dificuldades, no que toca ao seu cabimento, com fulcro no inc. II do art. 352 do CPC. Devemos reiterar, apenas, que quando se desejar desfazer confissão não proveniente de erro, dolo ou coação, o fundamento será o inc. VIII do art. 485 do citado Código.

Se a sentença, que fez da confissão o seu único fundamento, já transitou em julgado, não faz sentido jurídico pensar-se em ação anulatória, pois os efeitos inerentes à *res iudicata* somente podem ser desconstituídos por obra de ação rescisória.

Como dissemos há pouco, a rescisória não tem em mira, diretamente, a confissão, e sim a sentença passada em julgado, que nela se estribou; desconstituída que seja, aquela também desaparece, por via oblíqua ou reflexa: é o quanto basta aos interesses do autor.

Desistência

Está no art. 267, VIII, do CPC, que a desistência é causa de extinção do processo sem pronunciamento sobre o mérito, e no art. 485 desse Código que unicamente a sentença de mérito é rescindível. Diante disso, como se justifica o fato de o inc. VIII do art. 485 permitir o uso da rescisória para invalidar desistência? Estaria aí configurada uma desarmonia, uma contradição interna e insuperável no sistema construído pelo legislador de 1973, ou a desistência deve ser encarada como exceção ao princípio que se esplende do art. 485?

No fundo, nem uma coisa nem outra.

Na verdade, essa situação foi motivada por inadvertida falha acirológica do legislador, que provavelmente empregou o vocábulo desistência para designar aquilo que seria, no rigor da técnica e da terminologia jurídica, a renúncia ao direito em que se baseia a ação. Assim pensamos não só pelo fato de a desistência implicar a extinção do processo sem exame do *meritum causae*, mas, acima de tudo, em razão da particularidade de o inc. V do art. 269 do CPC mencionar a renúncia "ao direito sobre em que se funda a ação" como um dos motivos de cessação do processo mediante julgamento do mérito, explicitando — ou, no mínimo, insinuando —, assim, a possibilidade de a sentença dissolutória do processo, com espeque nessa causa, ser objeto de ação rescisória.

Traço sutil separa a renúncia em foco do reconhecimento do pedido: aquela, no geral, é ato do autor; este, ato próprio do réu; demais, a renúncia concerne ao direito de quem a manifesta, ao passo que o reconhecimento tem como destinatário o direito da parte contrária.

Uma e outro, porém, conduzem à via rescisória, e isso é o que importa.

É elementar que o direito seja disponível, para que a renúncia seja possível. Esta poderá ser total ou parcial, exigindo-se sempre da parte capacidade para renunciar. Destaque-se ainda que a renúncia não é presumida nem pode ser tácita: impõe-se que seja manifestada por escrito, em decorrência da repercussão, que provoca no direito do renunciante. No campo do direito material e processual do trabalho a renúncia deve ser encarada com acentuadas restrições, considerando-se que o princípio aqui imperante é o da irrenunciabilidade, pelo trabalhador, aos seus direitos (pouco importando a fonte de que se originaram), máxime os de natureza material. Os arts. 9º, 117 e 468, da CLT, podem ser apontados como algumas das vigas de sustentação do eficiente sistema protectivo que a lei concebeu em benefício da classe trabalhadora do nosso país.

Transação

Os conflitos de interesses submetidos ao conhecimento da Justiça do Trabalho são sempre sujeitos à conciliação (CLT, art. 764, *caput*), que poderá ser realizada mesmo depois de encerrado o juízo conciliatório (*ibidem*, § 3º). Com vistas ao atingimento de tal escopo medular dessa Justiça Especializada, a lei determina que o juiz formule, no mínimo em duas oportunidades, propostas tendentes à conciliação (CLT, arts. 846, *caput*, e 850, *caput*, parte final).

A investigação fundamental, que nos cumpre efetuar neste momento, é no sentido de saber se a conciliação (melhor: transação), quando for o caso, deverá ser desfeita por ação anulatória ou por ação rescisória.

Antes de nos lançarmos a essa tarefa, devemos dizer que a despeito de os vocábulos conciliação e transação virem sendo largamente utilizados pela doutrina e pela jurisprudência, como se sinônimos fossem, na verdade há entre eles uma linha divisória, embora tênue. A transação representa autêntico negócio jurídico bilateral, por meio do qual as partes extinguem obrigações duvidosas ou litigiosas, via concessões recíprocas; já a conciliação traduz a pacificação dos espíritos, a concórdia que se estabelece entre os contendores, daí por que pode haver conciliação sem transação (hipótese mais rara) e vice-versa (hipótese mais freqüente): no primeiro caso, apesar de as partes desarmarem os seus espíritos de litigiosidade, não compõem a lide mediante negócio jurídico (transação); no segundo, transacionam sem se harmonizarem em suas relações pessoais.

Pois bem. Enfrentemos agora o problema relativo ao meio jurídico adequado para invalidar transação.

Aparentemente, seria a ação anulatória, pois o art. 486 do CPC a reserva para o desfazimento de atos que não dependem de sentença, ou em que esta seja meramente homologatória. A corrente de opinião que conclui pelo cabimento da ação anulatória argumenta, de um lado, que a transação não está sujeita à homologação judicial, porquanto de acordo com o art. 158, *caput*, do CPC, "Os atos das partes, consistentes em declarações unilaterais ou *bilaterais* de vontade, produzem imediatamente a constituição, a modificação ou a extinção dos direitos patrimoniais" (sublinhamos); de outro, que mesmo havendo necessidade de sentença esta seria "meramente homologatória", razão por que, ainda assim, seria aplicável a regra do art. 486 do CPC.

Alguns autores, como *Sérgio Rizzi*, se empenharam em separar os casos em que o processo onde ocorreu a transação ainda se acha pendente daqueles em que já se verificou o fenômeno da coisa julgada: "a ação do art. 486 será admissível enquanto pendente o processo em que ocorreu o reconhecimento, a renúncia e a transação. Transitada em julgado a decisão homologatória, somente será viável a ação rescisória, que terá por objeto (no juízo rescindente) a própria decisão; logo, não mais o ato-base como teria ocorrido na hipótese de ter sido ajuizada a ação anulatória"[(208)].

---

(208) Ob. cit., p. 90.

A solução preconizada pelo ilustre jurista não se quadra, porém, às peculiaridades do processo do trabalho. Sem embargo de outros argumentos, cabe-nos chamar a atenção ao fato de que o art. 831, parágrafo único, da CLT, considera o "termo" de conciliação decisão irrecorrível, importa dizer, esse "termo" é equiparado a um pronunciamento jurisdicional assinalado, já ao nascer, pelo veto da irrecorribilidade, salvo no que respeita às contribuições devidas à Previdência Social. Não se há que cogitar aqui, portanto, de decurso de eventual prazo para a impugnação desse ato: ele, simplesmente (por força da vontade legal), é inatacável pela via recursal, observada a ressalva feita há pouco.

A praxe forense, além disso, consagrou a emissão de sentenças homologatórias de transação — sentenças irrecorríveis, diga-se. A existência dessa classe de sentenças não é, aliás, arbitrária, pois a elas o inc. III do art. 584 do CPC atribui a qualidade de título executivo judicial.

Em síntese, da conjugação dos arts. 831, parágrafo único, da CLT, e 269, III, 485, VIII, e 584, III, do CPC, se conclui ser rescindível a sentença homologatória de transação — até porque seria desarrazoado pensar-se em ação anulatória de um ato que a lei equipara à sentença irrecorrível (CLT, artigo citado).

Precisa, por isso, a orientação jurisprudencial sedimentada pela Súmula n. 259, do TST: "Só por ação rescisória é impugnável o termo de conciliação previsto no parágrafo único do art. 831 da CLT".

Erro de fato
(CPC, art. 485, IX)

Introdução

No direito federal brasileiro, anterior ao CPC de 1973, não encontramos nenhuma referência ao erro de fato como causa de rescindibilidade dos julgados.

O Anteprojeto do Código atual cuidou da matéria no art. 534, IX, e o Projeto no art. 489, IX; a redação de ambas as normas era praticamente a mesma e foi reproduzida, com pequenas nuanças literais, pelo inc. VI do art. 485 do CPC em vigor.

Esse inciso constitui, a propósito, uma reprodução piorada do art. 395, § 4º, do Código italiano, porquanto o legislador brasileiro não foi feliz ao traduzir a expressão "errore di fatto risultante dagli atti o documenti della causa". Com efeito, o emprego do vocábulo resultante, pelo legislador de nosso país foi equivocado, na medida em que, no texto peninsular, ele não apresenta o sentido de proveniente, de oriundo, que se imaginou. *Risultante*, no Código alienígena, sugere a acepção de algo que transparece, que ressalta dos autos ou documentos da causa.

Essa observação nos conduz, aliás, à formulação de outro reparo ao legislador brasileiro: é que o termo "atti", constante da expressão "atti o documenti della causa" não foi lá utilizado com o senso de ato e sim de autos. Desta forma, o erro de fato, de que fala o art. 485, IX, de nosso diploma processual civil, é o que ressalta, que transparece dos autos da causa e não o que "resulta de atos" (*sic*). Como sintetiza *Barbosa Moreira*, "Trata-se, em suma, de erro de fato suscetível de ser verificado à vista dos autos do processo e dos documentos deles constantes. Essa a inteligência que se deve dar, também, ao texto pátrio, mediante reconstrução da *mens legis*, à luz do modelo inspirador, desprezada a letra enganosa do dispositivo. É imperioso, aliás, até por uma razão de ordem sistemática, pôr de lado aqui a interpretação literal: se se tratasse de erro de fato a que o órgão judicial houvesse sido induzido em conseqüência de documento ou de outra prova constante dos autos, isso significaria que tal prova era falsa, e a hipótese recairia sob a influência do n. VI"[(209)].

Realmente, se o erro de fato emanasse, decorresse de atos ou documentos da causa, não haveria nenhum sentido lógico para a presença do inc. IX do art. 485 do CPC, pois a hipótese estaria perfeitamente amoldada ao inc. VI do mesmo dispositivo, que provê a falsa prova como causa para a rescisão da sentença. Irrefutáveis, conseguintemente, as críticas que a doutrina vem fazendo ao legislador brasileiro, no particular.

Conceito e requisitos

Segundo a lição de *Liebman*, o erro de fato não é um erro de julgamento e sim de percepção do juiz, consistente em uma falha que lhe escapou à vista, no momento de compulsar os autos do processo; falha essa relativa a um ponto decisivo da controvérsia[(210)].

Podemos dizer que essa espécie de erro advém de falta ou de excesso de visão do magistrado: no primeiro caso, ele não vê um fato efetivamente ocorrido (e alegado nos autos); no segundo, ele vê um ato que verdadeiramente não existiu. Tanto lá como aqui, entretanto, a sentença estará comprometida por essa eiva, por essa falha de percepção visual e renderá ensejo ao exercício de uma pretensão rescisória.

---

(209) Ob. cit., p. 129.
(210) "Manuale...", vol. III, p. 117.

Digamos que o órgão jurisdicional declara haver o autor cometido a falta grave de abandono de emprego, quando, na realidade, em nenhum momento o autor deixou de prestar serviços ao réu: há erro de fato em virtude de a sentença haver admitido um fato inexistente. Se, por outro lado, o juízo condenar o réu a pagar aviso prévio, embora o autor tenha sido previamente avisado (na forma da lei) quanto à dissolução do contrato e à data em que isso ocorreria, a sentença, após o trânsito em julgado, será rescindível, porquanto não admitiu um fato efetivamente acontecido: o oferecimento do aviso prévio.

São cinco, basicamente, os requisitos do erro de fato, como causa de rescindibilidade dos pronunciamentos jurisdicionais:

a) deve ter como objeto essencial os fatos da causa em que foi proferida a sentença rescindenda;

b) o erro deve ser apurável por meio de exame dos documentos e demais elementos dos autos, não sendo admitido que o autor procure, na rescisória, provar a existência ou a inexistência do ato, conforme seja a hipótese;

c) o fato deve ter influenciado, diretamente, o resultado do julgamento;

d) sobre esse fato não tenha havido controvérsia;

e) ou pronunciamento jurisdicional.

Examinemos esses requisitos.

a) O erro, para autorizar o uso da rescisória, deve referir-se a fatos da causa; sendo assim, se ele disser respeito a fatos que não tenham pertinência com a causa, não se poderá pensar em ação rescisória, por mais relevantes que sejam tais fatos por mais grave que tenha sido o erro do juiz. Além disso, o fato, objeto do erro, deve ser relevante; erro concernente a fatos inexpressivos, despiciendos, que não tenham nenhuma importância para a solução da lide, não ensejam o exercício da ação rescisória.

b) Como dissemos, na oportunidade das críticas à tradução que o legislador brasileiro fez da matriz italiana (art. 395, § 4º), o erro de fato não é o que resulta dos atos (ou documentos) da causa, e sim o que ressalta dos autos ou documentos neste contidos. Essa distinção é de extrema importância para os efeitos práticos, porquanto permite demonstrar que ao autor não será lícito procurar fazer prova do erro judicial (se assim se permitisse, estar-se-ia fazendo letra morta o inc. VI do art. 485, que cuida da falsa prova): essa falha de percepção do julgador deve ser naturalmente detectada pelo tribunal, mercê de alerta feita pelo autor.

c) O erro de fato deve ser o motivo determinante da decisão, vale dizer, que a sentença se haja fundado nele. Isso quer dizer, de outra parte, que se houve realmente erro de fato, praticado pelo órgão jurisdicional, mas a sentença nele não se baseou, impossibilitado ficará o acesso à via rescisória, porquanto dito erro nenhuma influência exerceu no resultado do julgamento.

d) Existindo, nos autos em que foi proferida a sentença rescindenda, controvérsia acerca do fato em que a rescisória se apóia, ela não deverá ser admitida: a lei é clara quanto a isso (CPC, art. 485, § 2º). De modo geral, são três os casos em que um fato fica incontroverso: 1) quando não é alegado por nenhuma das partes (mas invocado pelo juiz); 2) quando é confessado pelo adversário; 3) quando a alegação não é contestada.

1) Pode parecer estranho estarmos a falar de fatos não alegados pelas partes, como causa para a rescisão da sentença com fundamento no inc. IX do art. 485, presumindo-se que teria ocorrido aí violação à literal disposição de lei (sentença ultra ou extra petita) e, por isso, o ponto de sustentação seria o inc. V do mesmo Código.

Não é bem assim. Há certos fatos que o juiz, como sabemos, pode conhecer *ex officio*. É precisamente aí que ele pode perpetrar erro de fato, que venha a ensejar o ajuizamento da rescisória. É oportuno insistir em que versando a prescrição extintiva, no direito do trabalho, sobre direitos disponíveis, dela o órgão jurisdicional não poderá conhecer por sua incoação, sob pena de desrespeito à regra inserida no art. 219, § 5º, do CPC, de incidência supletória no processo do trabalho (CLT, art. 769).

2) Se uma das partes confessou a existência ou a inexistência de ato contrário aos seus interesses, não pode a sentença, em princípio, ir de (e não ao) encontro à confissão, exceto se a tanto o autorizar outros elementos existentes nos autos. Note-se que a confissão tornou o fato incontroverso, dispensando-o, assim, de prova (CPC, art. 334, II), e tornando-o cônsono com o requisito da lei (CPC, art. 485, § 2º).

3) O princípio da impugnação especificada dos fatos impõe ao réu o dever de "manifestar-se precisamente sobre os fatos narrados na petição inicial" (CPC, art. 302, *caput*), presumindo-se verdadeiros os que não sejam impugnados (*ibidem*). A CLT declara que se o réu não responder à ação (revelia), considerar-se-ão verdadeiros os fatos alegados pelo autor (art. 844, *caput*), salvo, é certo, se se verificar uma das situações previstas nos incisos I a III do art. 320 do CPC.

Em todos esses casos, inexistiu controvérsia sobre os fatos, motivo por que eventual erro do juízo, na apreciação destes, fará surgir para o interessado a oportunidade de valer-se da rescisória, com fulcro no inc. IX, do art. 485 do CPC.

e) Se a sentença rescindenda se manifestou (na fundamentação) quanto à existência ou à inexistência de determinado fato da causa, vedada estará a utilização da rescisória, em face do art. 485, inc. IX, parte final, do CPC.

Pouco importa que, sob a óptica particular dos litigantes, o fato tenha ficado incontroverso: a pronúncia do órgão da jurisdição sobre ele é o quanto basta para cortar cerce a possibilidade de manejo da rescisória.

Anota *Barbosa Moreira* que a hipótese *sub examen* não é a de que o juízo haja tirado certa ilação em decorrência de raciocínio em cujas premissas figure, de maneira expressa, a afirmação de que o fato não ocorrido ocorreu, ou de que o ocorrido não ocorreu: "O que precisa haver é incompatibilidade lógica entre a conclusão enunciada no dispositivo da sentença e a existência ou a inexistência do fato, uma ou outra provada nos autos mas não colhida pela percepção do juiz, que, ao decidir, pura e simplesmente saltou por sobre o ponto, sem feri-lo. Se, ao contrário, o órgão judicial, errando na apreciação da prova, disse que decidia como decidiu porque o fato ocorrera (apesar de provada nos autos a não ocorrência), não se configura o caso do inc. IX. A sentença, embora injusta, não será rescindível"[(211)].

A exigência feita pelo CPC de que o fato não tenha sido objeto de pronunciamento jurisdicional é plenamente justificável, vez que se, *a contrario sensu*, o juízo sobre ele se manifestou, o que houve aí foi, talvez, má apreciação da prova ou injustiça da sentença, e não erro do órgão jurisdicional a respeito do fato, com haver declarado existente o que nunca existiu, ou inexistente o que verdadeiramente existe.

É proveitoso lembrar, nesta altura, o teor da Orientação Jurisprudencial n. 103, da SDI-II, do TST: "Ação rescisória. Contradição entre fundamentação e parte dispositiva do julgado. Cabimento. Erro de fato. É cabível a rescisória para corrigir contradição entre a parte dispositiva do acórdão rescindendo e a sua fundamentação, por erro de fato na retratação do que foi decidido". Acrescentamos nós: O fato de a parte haver deixado de oferecer embargos declaratórios para eliminar a contradição entre esses dois capítulos do acórdão não impede o exercício da ação rescisória, fundado nessa discrepância interna do pronunciamento jurisdicional.

---

(211) Ob. cit., p. 134.

Nota final sobre as causas de rescindibilidade examinadas

Para que a pretensão rescisória seja exercida é suficiente que se verifique apenas uma das causas previstas nos incisos I a IX do art. 485 do CPC.

Isso não quer dizer que o autor não possa invocar dois ou mais desses fundamentos, desde que esse seja o caso; vindo isso a ocorrer, o tribunal poderá acolher ou rejeitar a rescisória por um ou por mais de um fundamento. Se a rescisória foi ajuizada por um fundamento, sendo rejeitada, o trânsito em julgado do acórdão não obstará a que o autor ingresse com outra ação rescisória da mesma sentença, agora por fundamento diverso, pois a motivação não se submete ao fenômeno da coisa julgada (material), "ainda que importante para determinar o alcance da parte dispositiva da sentença" (CPC, art. 469, I).

Por derradeiro, entendemos ser taxativo o rol de causas para a rescindibilidade dos julgados, feito pelo art. 485 do CPC, razão pela qual nenhuma rescisão será possível fora desse elenco; nosso ponto de vista não deve, porém, ser interpretado como obstativo da possibilidade de buscar-se descobrir o verdadeiro sentido do preceito legal (incisos I a IX), podendo-se, nessa investigação, ampliar-se a mens legis, para revelar-lhe o real alcance — sem que isso implique um alargamento das causas enumeradas pelo citado dispositivo.

Demonstramos isso, aliás, ao discorrermos sobre a desistência (inc. VIII), cujo vocábulo foi equivocadamente empregado pelo legislador para designar a renúncia ao direito em que se estriba a ação (CPC, art. 269, V). O mesmo pode ser dito quanto à confissão, que deve ser entendida como abrangente, também, do reconhecimento do pedido (CPC, art. 269, II).

Capítulo XVI

SENTENÇA INJUSTA, MÁ APRECIAÇÃO DA PROVA E ERRÔNEA INTERPRETAÇÃO DO CONTRATO

Comentário

No sistema do CPC de 1939 havia disposição expressa no sentido de que "A injustiça da sentença e a má apreciação da prova ou errônea interpretação do contrato" não autorizavam o exercício da ação rescisória (art. 800, *caput*).

Sentença injusta não é a que ofende a norma jurídica apta a reger a situação concreta (pois nesse caso a sentença seria ilegal), e sim a que, dentre outras coisas, aplica a regra jurídica com rigor excessivo, extremado, que não se afina com o próprio objetivo do preceito; a que não leva em consideração certas condições particulares dos litigantes, ou as circunstâncias que tenham ditado o seu comportamento contrário ao direito, decidindo contra eles como se ditas particularidades ou circunstâncias inexistissem.

Há má apreciação da prova quando a sentença avalia, valora, de maneira inadequada, o conjunto probatório formado nos autos; considera inidôneo um meio de prova que idôneo era ou vice-versa; não leva em consideração as provas produzidas por uma das partes; enfim, estará configurada a má apreciação da prova toda vez que o juiz fizer uso distorcido do princípio da persuasão racional, ou do livre convencimento motivado, que se abriga no art. 131, do CPC.

A errônea interpretação de negócio jurídico se caracteriza quando se abandona, injustificadamente, certas regras pertinentes à interpretação dos contratos; quando a vontade dos contratantes não é captada com fidelidade etc.

O estatuto processual civil em vigor não reproduziu a declaração constante do art. 800, *caput*, do Código revogado. Esse vazio deve ser entendido como uma intenção de o legislador de 1973 consentir que a sentença injusta, a má apreciação da prova ou a errônea interpretação do contrato possam ser invocadas como causas de rescindibilidade dos julgados? Evidentemente que não. Em primeiro lugar, a rescisória somente será cabível nos casos previstos pelos incisos I a IX do art.

485 do CPC atual, cuja enumeração, como afirmamos anteriormente, é taxativa. E em nenhum desses incisos há menção, ainda que implícita, à sentença injusta, à má apreciação da prova e à equivocada interpretação dos negócios jurídicos; em segundo, ainda que inexistisse, no art. 485 do Código, um rol de causas para a rescindibilidade dos pronun-ciamentos jurisdicionais, haver-se-ia de concluir que o texto vigente recepcionou, por força da tradição, a regra contida no art. 800 do CPC de 1939.

Fique claro, portanto, que no regime do Código vigente uma sentença que se afirme ser, p. ex., injusta, por haver-se baseado em falsa prova, será rescindível não em virtude da alegada injustiça, e sim do fato de haver-se amoldado à situação mencionada no inc. VI do art. 485. A eventual injustiça da sentença, na hipótese, é absolutamente descipienda para os efeitos de sua rescindibilidade.

Argumenta *Pontes de Miranda* que "As sentenças em que se infringe direito em tese são injustas e rescindíveis. As sentenças em que se viola a coisa julgada formal são rescindíveis, se bem que possam não ser injustas. As sentenças que se apóiam em falsa prova são injustas e rescindíveis, ou justas, se o fundamento na falsa prova não é o único, e irrescindíveis. As sentenças injustas que não caibam numa das espécies do art. 485 ou do art. 486 do Código de Processo Civil são injustas, porém não rescindíveis. Uma das espécies de sentenças injustas não rescindíveis é a das sentenças que apreciaram, sem exalidão, a prova"(212).

Sabemos que o anseio de justiça constitui um dos sentimentos mais preciosos para o gênero humano; por isso, seria de concluir-se que as sentenças injustas deveriam ser rescindíveis. Num plano ideal, *de lege ferenda*, talvez. No terreno da realidade normativa, entretanto, como se viu, não há possibilidade de isso ocorrer. O que hoje se tem de concreto é a possibilidade de uma sentença injusta ser impugnada em sede de recurso ordinário.

(212) Ob. cit., p. 395.

Capítulo XVII

AÇÃO ANULATÓRIA

Comentário

No Capítulo anterior, tivemos oportunidade de tecer algumas considerações superficiais acerca da ação anulatória e de demonstrarmos o acerto da orientação jurisdicional compendiada pela Súmula n. 259, do TST, que indica a ação rescisória como o remédio jurídico adequado para desconstituir a sentença que se haja fundado em transação. Pelo interesse que a matéria desperta e levando em conta que a ação anulatória apresenta certas áreas fronteiriças com a ação rescisória, voltamos ao assunto, desta feita para examiná-lo com maior profundidade.

Ação anulatória

Diz o tortuoso art. 486 do CPC que "Os atos judiciais, que não dependem de sentença, ou em que esta for meramente homologatória, podem ser rescindidos, como os atos jurídicos em geral, nos termos da lei civil".

Essa regra constitui uma reprodução quase literal do parágrafo único do art. 800 do CPC de 1939, cujo *caput* dispunha sobre o não cabimento de ação rescisória de sentença que houvesse: a) sido injusta; b) apreciado mal a prova; c) interpretado erroneamente o contrato.

O que era, pois, um simples parágrafo, no Código de 1939, foi elevado à categoria de cabeça de artigo, no de 1973.

Tanto antes como agora, todavia, incidiu-se no erro de aludir a rescisão da sentença, quando o caso é, tipicamente, de anulação.

São de duas classes os atos judiciais que comportam anulação, na forma do art. 486 do CPC: a) os que não dependem de sentença; b) aqueles em que a sentença for meramente homologatória. Como exemplo de atos integrantes do primeiro grupo temos a procuração outorgada a uma das partes; do segundo, a desistência da ação, a renúncia ao direito em que se funda a ação, a transação etc., que requerem, para sua validade, homologação por sentença.

A circunstância de a procuração ser passada pela parte não impede o seu reconhecimento como ato judicial, para os fins do art. 486, porquanto ao ser juntada aos autos tornou-se, efetivamente, um ato dessa natureza.

Por outro lado, a particularidade de o ato (em geral) ser componente do processo não pode, por si só, conduzir à elaboração de critério equívoco, segundo o qual o seu desfazimento somente seria possível por ação rescisória. Ora, o fato de o próprio art. 486 cogitar de atos que não dependam de sentença demonstra que seria insensato pensar-se em ação rescisória onde não existe sentença — e quanto menos sentença de mérito. Na hipótese de a sentença ser "meramente" homologatória, o Código a faz susceptível de ação anulatória. Neste caso, o ato homologado — e não a sentença — é o objeto da ação; desfeita que seja, a sentença, como elemento continente (envoltório do ato), perde o seu conteúdo e se torna inoperante, sem que haja necessidade, para isso, de ser atacada pela rescisória.

Lembra *Barbosa Moreira* que a investigação pertinente a saber quando são anuláveis os atos que independam de sentença ou em que esta seja apenas homologatória é algo que respeita ao direito material e não ao processual: "No que concerne aos atos homologados, o fato de aludir o texto legal à 'sentença meramente homologatória' pode dar a impressão de que o dado essencial seja a natureza da sentença: ter-se-iam de separar, dentre as decisões homologatórias, aquelas que o fossem 'meramente', e só então caberia a ação do art. 486. Ao (*sic*) nosso ver, pelo contrário, o dado essencial é a natureza do ato homologado: o que cumpre averiguar é se, em relação a este, há que cogitar se de anulabilidade por alguma causa prevista em regra de direito material (*v. g.*, vício do consentimento). No caso afirmativo, a sentença é 'meramente homologatória', no sentido do art. 486"(213).

Como a anulabilidade dos atos judiciais é matéria afeta ao direito substancial, não se justifica a restrição imposta pelo art. 486, de serem anuláveis tais atos "nos termos da lei civil"; entenda-se, pois, que a anulabilidade será determinada pelo direito material, seja este civil, comercial, trabalhista etc.

Sentença homologatória de transação

Muito se discutiu, na doutrina, sobre ser cabível ação anulatória ou ação rescisória da sentença que homologa transação.

---

(213) Ob. cit., p. 139.

Os que defendiam o uso exclusivo da anulatória argumentavam que, em primeiro lugar, a CLT não exige a emissão de sentença homologatória dessa modalidade de negócio jurídico; em segundo, que a sentença, de qualquer modo, é meramente homologatória — a sustentar, com isso, que em ambos os casos seria inevitável a aplicação do art. 486 do CPC.

Esses argumentos, contudo, jamais foram irrefutáveis.

Dizer que a CLT não condiciona a validade e os efeitos da transação à existência de sentença homologatória é, a um só tempo, imaginar que a CLT seja um texto cientificamente perfeito, ao qual não teria escapado a disciplina e a sistematização de nenhum dos institutos ou figuras processuais, que ela contempla, e ignorar a força da praxe, que consagrou o proferimento de sentença homologatória de transações. A incidência supletiva do art. 584, III, do CPC, a propósito, faz ressaltar, com nitidez, a necessidade dessa espécie de sentença, a que a precitada norma do processo civil atribui eficácia de título executivo (judicial).

Pontificar que a sentença, de qualquer modo, é meramente homologatória, não é algo que impressione, porquanto dimana de interpretação agudamente simplista do art. 486 do CPC, ao alheá-lo de outras disposições concernentes, inseridas no mesmo Código.

De efeito, a primeira observação a ser formulada é de que sendo a transação matéria intimamente ligada ao *meritum causae* é elementar que a sentença homologatória, *ipso facto*, provoca a extinção do processo mediante julgamento do mérito (CPC, art. 269, III), sendo indispensável iterar que o art. 831, parágrafo único, concede ao "termo de conciliação" (leia-se: sentença homologatória de transação) o atributo da irrecorribilidade, faltando, por isso, base científica àqueles que ainda advogam o uso da ação declaratória para desfazê-la: como é possível o uso dessa ação se a sentença está protegida, constitucionalmente (art. 5º, XXXVI), pelo pálio da coisa julgada material?

Nem se perca de vista o fato — sobre o qual já alertamos — de o inc. III do art. 584 apontá-la como um dos títulos executivos judiciais.

Essa nota é de elevada importância para a defesa de nosso ponto de vista, sabendo-se que em se tratando de execução de título judicial o devedor somente pode alegar as matérias previstas nos arts. 884, § 1º, e 741, do CPC (excluído, quanto a este, o inc. I), tornando, assim, impossível introduzir-se a sentença homologatória de transação no art. 486 do CPC. Expliquemos. A citada norma diz que as sentenças meramente "homologatórias" podem ser desfeitas (e não "rescindidas") como os atos jurídicos em geral; ocorre que estando a sentença homologatória de transação incluída no elenco dos títulos judiciais, a subtração de sua eficácia somente será possível em sede de embargos do devedor.

Parece-nos fundamental, entretanto, insistir em que chega a afrontar princípios seculares de Direito a afirmação de que a sentença homologatória de transação (feita irrecorrível pela CLT e suscetível de passar em julgado, pelo CPC) pode ser eliminada por ação anulatória.

Sem saber se foram exatamente esses os fundamentos adotados pelo TST para declarar, via Súmula n. 259, que "Só por ação rescisória é impugnável o termo de conciliação previsto no parágrafo único do art. 831 da CLT", devemos elogiá-lo por mais esse momento de descortino jurídico, que teve ainda o merecimento de trazer a necessária pacificação doutrinária e jurisprudencial a respeito desse assunto.

Capítulo XVIII

PRAZO PARA O AJUIZAMENTO

Comentário

Estatui o art. 495 do diploma processual civil em vigor que o direito de aforar ação rescisória se extingue em dois anos, contados do trânsito em julgado da sentença ou do acórdão.

O CPC de 1939 nada dispunha a respeito, provavelmente porque o prazo se encontrava estabelecido (em cinco anos) pelo Código Civil (art. 178, § 10, VIII).

Tanto no Projeto quanto no Anteprojeto do atual CPC, porém, o prazo estava fixado em um ano (arts. 535 e 499, respectivamente).

Pensamos que a despeito de o estatuto processual civil vigente haver ampliado, numericamente, os casos de rescindibilidade dos pronunciamentos jurisdicionais (conquanto tenha, por outro lado, restringido o uso da correspondente ação às decisões de mérito), melhor teria agido se, a exemplo do Anteprojeto e do Projeto, estabelecesse em um ano o prazo para o exercício da pretensão rescisória, porquanto se nos depara injustificadamente longo o de dois anos, previsto pelo art. 495. Assim pensamos porque se o substrato político-jurídico da coisa julgada repousa na preocupação do legislador com o manutenimento da estabilidade e da segurança das relações sociais, a possibilidade de a *res iudicata* ser desconstituída em período temporal tão largo (dois anos) faz com que, enquanto não ocorrer a exaustão do prazo, o predomínio seja da instabilidade teórica dessas mesmas relações — ou, quando menos, da incerteza quanto a essa estabilidade e essa segurança.

Fica aqui, portanto, a sugestão para que o processo do trabalho, de lege ferenda, adote prazo menos dilatado para o ajuizamento da ação rescisória, não vindo a ser ferido nenhum princípio ou regra jurídica se tal prazo for fixado, *e. g.*, em seis meses.

Lançados esses escólios, cumpre-nos perquirir se o prazo para o exercício da pretensão rescisória é prescricional ou decadencial.

O Código Civil considerava prescricional o prazo em questão, bastando destacar que o incluíra, expressamente, no rol do art. 178 (§ 10, VIII), que tratava de prescrição. O Código Civil atual não se ocupa com a matéria, pois esta passou a ser regulada pelo CPC (art. 495).

Não foram poucos, todavia, os autores que, na vigência do CPC de 1939, sustentaram ser decadencial esse prazo — opinião que foi constantemente prestigiada pela jurisprudência da época, inclusive, a oriunda do Supremo Tribunal Federal (Ac. de 30.8.57, RE 26.220, RTJ, 6:3, de 9.5.63, RE 46.806, DJ de 18.7.63, p. 547).

Em que pese à tendência doutrinária e jurisprudencial noticiada, o Anteprojeto e o Projeto do atual CPC não hesitaram em declarar que o prazo seria prescricional; o diploma em vigor, aparentemente não desejando assumir uma clara posição doutrinária acerca do problema, fala em extinção do direito de ajuizar a rescisória. É lícito concluir-se, por isso, que o verbo extinguir apresenta, no texto da atualidade, caráter veladamente anfibológico, porquanto satisfaz a ambas as correntes em disputa: a que tem o prazo da rescisória como prescricional e a que o considera decadencial.

Para nós, o prazo é de decadência, pois esta atinge de maneira direta o direito e só por efeito reflexo extingue a ação, exatamente como ocorre com o prazo da rescisória; já a prescrição afeta diretamente a ação e só por via transversa, o direito. Além disso, na decadência o direito é concedido para que seja exercitado dentro de certo prazo, sob pena de extinção; na prescrição, inversamente, pressupõe-se a inércia do titular, que não exerce o seu direito de ação no prazo legalmente estabelecido.

Chlovenda, com base na concepção predominante na Itália, quanto a ser a ação um direito autônomo, que não se confunde com o direito material a que ele se destina a proteger, desenvolveu a teoria dos direitos potestativos[214]; para isso, separou os denominados direitos subjetivos em duas classes: a) direito a uma prestação, que se refere a um bem ou a uma utilidade da vida a obter-se por intermédio da prestação positiva ou negativa de outrem; b) direitos potestativos, que visam à modificação do estado jurídico existente[215].

Os direitos potestativos não se caracterizam pela exigência de uma prestação, motivo por que se desassemelham dos integrantes desta categoria.

Em *Chiovenda*, a definição de direito potestativo é apresentada como sendo "o poder que tem uma pessoa de influir sobre a situação jurídica de outra, sem que esta possa ou deva fazer alguma coisa senão sujeitar-se, como, *v. g.*, o poder de revogar a procuração (...), de despedir empregado. Por declaração unilateral de vontade, o titular cria, modifica ou extingue situação jurídica em que os outros são interessa-

(214) "Instituições...", ob. cit., p. 10.
(215) *Idem, ibidem*.

dos"[216]. A potestatividade é, pois, o traço peculiar desse direito, que não tem como objeto nenhuma obrigação, esgotando-se, isto sim, no poder jurídico de produzir efeitos também jurídicos, sendo exercidos por meio de simples manifestação volitiva, porquanto a presença de pronunciamento jurisdicional não constitui elemento indispensável à sua realização.

Unicamente os direitos a uma prestação, por serem passíveis de lesão e originadores de pretensões, sujeitam-se à prescrição. Os direitos potestativos, ao contrário, por serem insuscetíveis de lesão e destituídos de pretensões, conduzem à decadência.

É conveniente repisarmos o assunto: no caso dos direitos a uma prestação, o seu titular tem o poder de exigir de outrem a prestação, que pode ser de natureza positiva ou negativa, razão por que se o adversário recusar-se a isso poderá ser levado a satisfazê-la por ato jurisdicional; já no âmbito dos direitos potestativos, o seu titular vai a juízo não para pedir que a parte oposta se submeta a uma prestação, e sim para criar, modificar ou extinguir uma situação jurídica e para isso basta a sua vontade, unilateralmente manifestada. A referência feita à criação, modificação ou extinção de situações jurídicas revela que essa categoria de direitos deve ser exercitada via ação constitutiva.

Como afirma *Clelierthal*, a prescrição atinge a exigibilidade dos direitos subjetivos, ao passo que a decadência afeta os direitos potestativos e não qualquer direito.

No caso específico da ação rescisória, o direito pelo qual ela é exercida é tipicamente potestativo, tendo essa ação natureza constitutiva; como essa espécie de direito não é suscetível de lesão, ficam a dever-nos uma explicação os que julgam ser prescricional e não decadencial o prazo para o ajuizamento da rescisória. Só os direitos a uma prestação se sujeitam à prescrição extintiva.

O direito à desconstituição dos efeitos inerentes à *res iudicata* já surge com prazo preestabelecido para o seu exercício; sendo assim, se o titular não o exercer nesse prazo, o fenômeno que aí se verificará será, indiscutivelmente, o da decadência, nunca o da prescrição.

A Súmula n. 100 do TST demonstra haver perfilhado esse entendimento doutrinário, ao dispor que "I — O prazo de decadência, na ação rescisória, conta-se do dia imediatamenrte subseqüente ao trânsito em julgado da última decisão proferida na causa, seja de mérito ou não. II — Havendo recurso parcial no processo principal, o trânsito em julgado dá-se em momento e em tribunais diferentes, contando-se o prazo

---

(216) *Apud Orlando Gomes*, "Introdução ao Direito Civil", 2ª ed., Rio de Janeiro, 1965.

decadencial para a ação rescisória do trânsito em julgado de cada decisão, salvo se o recurso tratar de preliminar ou prejudicial que possa tornar insubsistente a decisão recorrida, hipótese em que flui a decadência a partir do trânsito em julgado da decisão que julgar o recurso parcial. III — Salvo se houver dúvida razoável, a interposição de recurso intempestivo ou a interposição de recurso incabível não protrai o termo inicial do prazo decadencial".

A separação — que nos empenhamos em realizar — dos prazos em prescricionais e decadenciais apresenta algum interesse de ordem prática, ou deve ser atribuída a mero capricho da doutrina?

Capricho não há, porquanto o interesse nessa separação é concreto. Vejamos. Por princípio, os prazos decadenciais, ao contrário dos prescricionais, não se interrompem nem se suspendem (Cód. Civil, art. 207). É verdade que essa assertiva não é absoluta, pois a citação do réu, para responder à ação rescisória, impede que a decadência se consume; por outro lado, embora o prazo decadencial não se prorrogue, há julgados considerando tempestiva a inicial da rescisória posta em juízo no primeiro dia útil posterior ao término do prazo, se nessa ocasião não havia expediente forense (CPC, art. 184, § 1º, I). No mesmo sentido, a OJ n. 13, da SDI-II, do TST: "Ação rescisória. Decadência. *Dies ad quem*. Art. 775 da CLT. Aplicável. Prorroga-se até o primeiro dia útil subseqüente o prazo decadencial para o ajuizamento de ação rescisória quando expira em férias forenses, feriados, finais de semana ou em dia em que não houver expediente forense. Aplicação do art. 775, da CLT".

Entendemos que a citação do réu, na rescisória, ordenada pelo relator, é causa interruptiva da decadência, em virtude do disposto no art. 220 do CPC, que esclarece ser o art. 219 do mesmo Código aplicável "a todos os prazos *extintivos* previstos na lei" (sublinhamos). O art. 219 trata, no art. 1º, da interrupção do prazo prescricional. Em termos práticos, isso significa que, nos dez dias subseqüentes ao proferimento do despacho, pelo relator, deverá o autor promover a citação do réu (art. 219, § 2º). Não sendo citado o réu, o juiz prorrogará o prazo até o máximo de noventa dias, desde que a parte assim requeira nos cinco dias seguintes ao término do prazo mencionado no parágrafo anterior (§ 3º). Não sendo efetuada a citação, nos prazos referidos, haver-se-á por não interrompida a decadência (§ 4º).

É óbvio que a conseqüência cominada no § 4º do art. 219 do CPC apenas atuará se a citação do réu não for realizada por culpa do autor.

Em face da atual tendência jurisprudencial, portanto, já não nos parece possível proclamar-se, em tom professoral, que os prazos decadenciais em nenhuma hipótese se suspendem ou se interrompem, embora não estejamos, com isso, procurando negar o seu caráter de fatalidade e de peremptoriedade.

Por outros motivos mais se justifica separar-se, no plano dos conceitos, a prescrição da decadência: somente o prazo prescricional é renunciável (CC, arts. 191 e 209); a decadência deve ser pronunciada de ofício (CC, art. 210), enquanto a prescrição, para ser conhecida, deve ser alegada pelo interessado, no caso de direitos patrimoniais (CPC, art. 219, § 5º). Tanto a prescrição quanto a decadência convencional, entretanto, podem ser alegadas em qualquer temo e grau de jurisdição (CC, arts. 193 e 211). Como a decadência pertinente à ação rescisória, não é convencional, se não que legal, isto significa que deve ser alegada, exclusivamente, na contestação, como prejudicial de mérito.

Com habitual mestria, *Carlos Maximiliano* contribui para demarcar os domínios territoriais da prescrição e da decadência: "a) As duas pessoas que figuram em caso de decadência, são ambas titulares de direito: o de uma permanente; o da outra, contingente, efêmero, sujeito a desaparecer quando não exercido dentro de certo prazo. Nas hipóteses de prescrição, ao contrário, só se nos depara um portador de direito; a outra parte nenhum direito tem, na espécie; sobre ela pesa antes um dever, uma obrigação, a qual se extingue em conseqüência da negligência ou bondosa inércia do credor (...). b) A prescrição é a definitiva consolidação de um estado de fato de que uma pessoa está gozando, oposta ao direito de outras; a decadência conserva e corrobora um estado jurídico preexistente. c) A primeira extingue um direito; a segunda respeita a um direito em via de formação. d) A prescrição favorece a quem tinha um estado de fato, convertido, depois, pela inação de outrem, em estado de direito; com a decadência aproveita quem estava já fruindo um direito e tinha como adversário o igualmente titular de direito, de uma ação que se extinguiu e era destinada a aniquilar o outro estado de direito. e) A primeira só vem da lei; a segunda pode também advir de determinação de Juiz ou de ato jurídico (unilateral ou bilateral, gratuito ou oneroso). f) O escopo da prescrição é pôr fim a um direito que, por não ter sido utilizado, deve supor-se abandonado; o da decadência é preestabelecer o tempo em que um direito possa ser utilmente exercido. g) A prescrição visa apenas ações; a decadência nem sempre: compreende ações e direitos; refere-se também a prazos que se não relacionam com ações (...). h) A prescrição só é alegada em exceção, *i. e.*, como matéria de defesa; a decadência pode dar lugar à ação. i) Aquela, em regra, abrange obrigação ou direito real, somente: compreende, pois, os elementos do patrimônio, apenas (...). j) O direito sujeito à decadência já surge como uma faculdade limitada no tempo;

o subordinado, a prescrição abrolha em caráter ilimitado, quanto ao tempo. l) Em regra, os prazos estipulados em artigos de código não colocados no capítulo referente à prescrição e nos quais não se declara explicitamente versarem sobre tal instituto, dizem respeito à decadência. A recíproca, entretanto, não é verdadeira..."[217].

Gustavo Lanat P. de Cerqueira procurou sistematizar o prazo para o ajuizamento da rescisória, levando em consideração as seguintes situações:

a) se a sentença for irrecorrível (Lei n. 5.584/70, art. 2º, § 4º), a data da publicação será o *dies a quo* da contagem do prazo para o aforamento da rescisória;

b) se a sentença era recorrível, mas o recurso não foi interposto, o trânsito em julgado ocorre no termo *ad quem* do prazo recursal;

c) se o recurso foi interposto fora de prazo, a sentença passa em julgado também no termo final do prazo do recurso;

d) se a sentença era recorrível e o recurso foi manifestado em tempo, mas decorreu em branco o prazo para o preparo, a coisa julgada se forma no *dies ad quem* do prazo para o preparo;

e) se houve desistência do recurso, o *dies ad quem* do prazo decadencial firma-se no instante em que é regularmente requerida;

f) se a parte renuncia ao direito de recorrer, ou aceita a decisão, esta faz coisa julgada no momento da renúncia ou da aceitação, correndo daí o prazo para a rescisória[218].

Coqueijo Costa acrescenta:

g) se houve sucumbência recíproca, a parte que não recorreu pode propor ação rescisória, embora tenha havido recurso do adversário e então o trânsito em julgado, para ela, dá-se no termo *ad quem* do prazo recursal[219].

Pela nossa parte, incluímos:

h) se houve transação (acordo), o prazo para a rescisória se conta da data da sentença homologatória.

Como vimos, o prazo decadencial, para o exercício da ação rescisória, flui a partir do trânsito em julgado da última decisão proferida

(217) "Hermenêutica e Aplicação do Direito", Rio de Janeiro: Freitas Bastos, 6ª ed., 347-F.
(218) "Trânsito em Julgado e Ação Rescisória", conf. no VII Encontro de Juízes do Trabalho da 5ª Região, Salvador, 17-11-76.
(219) Ob. cit., p. 135.

na causa, ainda que não seja de mérito (TST, Súmula n. 100). Exemplifiquemos: da sentença de mérito, emitida pelo órgão de primeiro grau, o vencido interpõe recurso ordinário, que não é conhecido pelo tribunal, em decorrência da falta de algum pressuposto (subjetivo ou objetivo) exigido por lei; nesta hipótese, o *dies a quo* da contagem do prazo para o ajuizamento da rescisória se inicia após o do trânsito em julgado do acórdão, que não admitiu o recurso, exceto se este não foi admitido por intempestividade. Ocorre que, nesta hipótese, o recurso teria sido interposto de sentença já transitada em julgado. Merece ser lembrado o critério de contagem dos prazos, expresso no art. 775 da CLT: não se iniciam nem se findam em dias desúteis. A primeira Súmula adotada pelo TST esclarece, por sua vez, que "Quando a intimação tiver lugar na sexta-feira, ou a publicação com efeito de intimação for feita nesse dia, o prazo judicial será contado da segunda-feira imediata, salvo se não houver expediente, caso em que fluirá do dia útil que se seguir".

É de extrema importância advertir que são coisas distintas o dia em que a intimação é realizada (*dies a quo*) e o dia em que se inicia a contagem do prazo, pois somente aquele é excluído (*dies a quo non computatur*).

Os problemas envolvendo o prazo decadencial para o exercício da ação rescisória são de tal magnitude, que a SDI-II, do TST, adotou um considerável número de Orientações Jurisprudenciais acerca da matéria. Vejamos: *OJ n. 12:* "Ação rescisória. Decadência. Consumação anterior à edição da MP n. 1.577/97. A regra ampliativa do prazo decadencial para a propositura de ação rescisória, em favor de pessoa jurídica de direito público, não se aplica se, ao tempo em que sobreveio a MP n. 1.577/97, já se exaurira o biênio do art. 485, do CPC. Preservação do direito adquirido da parte à decadência já consumada sob a égide da lei velha"; *OJ n. 16:* "Ação rescisória. Decadência. Exceção de incompetência. A exceção de incompetência, ainda que oposta no prazo recursal, sem ter sido aviado o recurso próprio, não tem o condão de afastar a consumação da coisa julgada e, assim, postergar o termo inicial do prazo decadencial para a ação rescisória"; *OJ n. 17:* "Ação rescisória. Decadência. Não-consumação antes da edição da MP n. 1.577/97. Ampliação do prazo. A vigência da MP n. 1.577/97 e de suas reedições implicou o elastecimento do prazo decadencial para o ajuizamento da ação rescisória a favor dos entes de direito público, autarquias e fundações públicas. Se o biênio decadencial do art. 495 do CPC findou após a entrada em vigor da referida medida provisória e até sua suspensão pelo STF em sede liminar de Ação Direta de Inconstitucionalidade (ADin n. 1.735-2), tem-se como aplicável o prazo decadencial elastecido à rescisória"; *OJ n. 18:* "Ação rescisória. Decadência. União. Lei Complementar n. 73/93, art. 67. Lei n. 8.682/93, art. 6º. O art. 67 da

Lei Complementar n. 73/93 interrompeu todos os prazos, inclusive o de decadência, em favor da União no período compreendido entre 14.2.93 e 14.8.93"; *OJ n. 79:* "Ação rescisória. Decadência afastada. Imediato julgamento do mérito. Inexistência de ofensa ao duplo grau de jurisdição. Não ofende o princípio do duplo grau de jurisdição a decisão do TST que, após afastar a decadência em sede de recurso ordinário, aprecia desde logo a lide, se a causa versar questão exclusivamente de direito e estiver em condições de imediato julgamento"; *OJ n. 80:* " Ação rescisória. Decadência. *Dies a quo*. Recurso deserto. Enunciado 100/TST. O não-conhecimento do recurso por deserção não antecipa o '*dies a quo*' do prazo decadencial para o ajuizamento da ação rescisória, atraindo, na contagem do prazo, a aplicação do Enunciado n. 100 do TST"; *OJ n. 104:* "Ação rescisória. Decadência. Sentença homologatória de acordo. Momento do trânsito em julgado. O acordo homologado judicialmente tem força de decisão irrecorrível, na forma do art. 831 da CLT. Assim sendo, o termo conciliatório transita em julgado na data da sua homologação judicial"; *OJ n. 122:* "Ação rescisória. Decadência. Ministério Público. *Dies a quo* do prazo. Contagem. Colusão das partes. Na hipótese de colusão das partes, o prazo decadencial da ação rescisória somente começa a fluir para o Ministério Público que não interveio no processo principal, a partir do momento em que tem ciência da fraude".

No passado, *Carvalho de Mendonça* defendeu a possibilidade de a rescisória ser ajuizada na pendência da demanda[220]. Essa posição, contudo, é insustentável diante do atual digesto processual civil, cujo art. 485, *caput*, faz rescindível apenas a sentença de mérito transitada em julgado. Conforme procuramos mostrar no Cap. IX, o trânsito em julgado do pronunciamento jurisdicional constitui pressuposto inarredável para o regular exercício da ação rescisória; antes disso, a apresentação da rescisória é precipitada, pois a decisão é ainda recorrível ou pende de recurso. Por outras palavras: não passou em julgado.

(220) "Da Ação Rescisória das Sentenças e Julgados", Rio de Janeiro: Freitas Bastos, 2ª ed., 1940, p. 309.

Capítulo XIX

DECISÃO RESCINDENDA

Comentário

O adjetivo *rescindendo* não está dicionarizado. Não se pode deixar de reconhecer, entrementes, que se encontra consagrado pela tradição da terminologia processual. *Rescindendo* é aquilo que se rescinde, é o objeto da ação rescisória; *rescindente* é o que tem o poder de rescindir, é o instrumento da ação rescisória.

Segundo deixamos exarado em linhas anteriores, somente são rescindíveis, por princípio legal (CPC, art. 485, *caput*), os pronunciamentos jurisdicionais decisórios (sentença, acórdão, decisão) que tenham examinado o *meritum causae* (e hajam transitado em julgado); sendo assim, não são suscetíveis de impugnação pela rescisória, p. ex., as sentenças extintivas do processo, nos casos previstos pelo art. 267 do CPC, excetuado o inc. V, *ex vi* do art. 268 do mesmo Código.

Neste ponto, a ruptura do CPC de 1973 com o sistema vigorante no de 1939 foi radical.

A regra inscrita no art. 485, *caput*, do atual CPC, deve receber, todavia, o necessário temperamento, para que não se torne fator de gritante injustiça. Admitamos que a parte haja interposto recurso ordinário da sentença proferida pelo órgão de primeiro grau (Vara do Trabalho, Juiz de Direito), cujo apelo não é conhecido pelo tribunal por estar deserto: se o acórdão declaratório do não-conhecimento do recurso tivesse o condão de retrotrair os seus efeitos à data em que este foi interposto (para que a rescisória pudesse, assim, dirigir-se à sentença de mérito e, com isso, atender ao pressuposto referido no art. 485 do Código), isto poderia, em muitos casos, trazer prejuízos processuais irreparáveis ao recorrente, bastando pensar-se na possibilidade de o recurso ser julgado em prazo superior a dois anos, da data do proferimento da sentença de primeiro grau. Nesta hipótese, publicado o acórdão que não admitiu o recurso, o prazo para o exercício da rescisória — que é, como vimos, decadencial — teria irreversivelmente se escoado. Por esse motivo é que, na espécie trazida à colação, o prazo para o ajuizamento da rescisória é contado não da data em que foi prolatada a sentença recorrida, e sim do trânsito em julgado do acórdão (embora este não seja, em rigor, de mérito, pois espelha o não-conhecimento do recurso), na medida em que foi "a última decisão proferida na causa", como está na dicção da Súmula n. 100, do TST.

Situação interessante pode ocorrer no caso de o acórdão declaratório do não-conhecimento do recurso quadrar-se em um (ou mais) dos incisos do art. 485 do CPC (teria sido dado por prevaricação, concussão ou corrupção do relator; por juiz impedido ou absolutamente incompetente; violado literal disposição de lei etc.). Conquanto esse acórdão não seja verdadeiramente de mérito, estamos convencidos da necessidade de a doutrina tirar, à vista do fato, uma interpretação extraordinária do citado art. 485, para permitir que o interessado possa atacar o acórdão pela via rescisória, sob pena de tolerar-se que a circunstância de ele não haver ferido o mérito da causa constitua poderoso estímulo à ofensa impune a normas legais — sejam de natureza material, processual e — o que é mais grave — até mesmo constitucional!

Nesta hipótese, o prazo para o exercício da ação rescisória seria igualmente contado da data em que passou em julgado o acórdão, como ocorreria se este, ao não admitir o recurso, o fizesse sem nenhuma agressão à lei. Embora o critério para o início da fluência desse prazo decadencial seja o mesmo, em ambas as situações, torna-se relevante ressaltar que, na primeira (inadmissibilidade do recurso com infringência do art. 485 do CPC), a rescisória teria como objeto o próprio acórdão, opostamente, pois, à segunda, em que a ação visaria à sentença de mérito, anteriormente impugnada pelo recurso.

Se a sentença não era recorrível (Lei n. 5.584/70, art. 2º, § 4º), mas a parte — ao arrepio da lei — dela recorre e o juízo *a quo* (por suposta inadvertência) admite o apelo, deverá a adversa aguardar o trânsito em julgado do acórdão, que diga do não cabimento do apelo; ingressar com a rescisória antes disso será atitude precipitada, pois ainda que de maneira irregular, forçada mesmo, a sentença, por ato da parte, pende de recurso, a despeito de sua ontológica irrecorribilidade. Como fizemos alusão às sentenças irrecorríveis, é aconselhável observarmos que a Lei n. 5.584/70, que instituiu as ações de alçada exclusiva dos órgãos de primeiro grau, da Justiça do Trabalho, foi implicitamente recepcionada pela Constituição Federal de 1988. Assim sendo, "não se aplica a alçada em ação rescisória" (TST, SDI-I, OJ n. 8), porquanto a referida norma legal veda (em princípio) a interposição de recurso — sendo certo que a rescisória não constitui recurso, mas ação.

Vindo a sentença a rejeitar parte dos pedidos formulados pelo autor e este não a impugnar, nesse ponto, mas o réu recorrer do conteúdo do julgado que lhe foi desfavorável, teremos o seguinte desdobramento processual: a) o réu poderia recorrer da sentença, naquilo em que ficou vencido e o autor promover, dessa mesma parte, a execução provisória, com fulcro nos arts. 899, *caput*, da CLT, e 587, do CPC); b) o autor poderia ajuizar ação rescisória da sentença, relativamente ao ponto em que sucumbiu e não recorreu; c) sendo o recurso do réu desprovido, e passando em julgado o acórdão, abre-se-lhe-ia a oportunidade para atacá-lo por meio de ação rescisória. Se o acórdão não houvesse conhecido do recurso, a rescisória, que viesse o réu a aforar, só poderia dirigir-se à sentença de mérito recorrida, valendo aqui o acórdão como a última decisão emitida na causa, para os efeitos da contagem do prazo pertinente ao exercício da rescisória, nos termos da — tantas vezes mencionada — Súmula n. 100, do TST.

No peculiar terreno do processo do trabalho, são passíveis de desconstituição, pela rescisória, as decisões proferidas nas ações individuais e nas ações coletivas (quanto a estas, só as de natureza econômica). Reclama atenção especial, no estudo que estamos realizando, o problema da rescindibilidade dos acórdãos dirimentes dos conflitos coletivos, em decorrência da normatividade que lhes é imanente.

Dispõe o § 6º, do art. 7º, da Lei n. 7.701, de 21 de dezembro de 1988, que "A sentença normativa poderá ser objeto de *ação* de cumprimento a partir do 20º (vigésimo) dia subseqüente ao julgamento, fundada no acórdão ou na certidão de julgamento, salvo se concedido efeito suspensivo pelo Presidente do Tribunal Superior do Trabalho" (sublinhamos). Duas observações se impõem: a) de maneira insólita, o legislador brasileiro permite que um direito ainda não tornado efetivo (pois o acórdão, que o instituiu, pode estar pendente de recurso) constitua fundamento de uma ação (de cumprimento). A Súmula n. 246, do TST, que é anterior à Lei n. 7.701/88, já declarava ser "dispensável o trânsito em julgado da sentença normativa para propositura da ação de cumprimento"; b) a Lei n. 7.788, de 3 de julho de 1989, ao estabelecer, no art. 7º, que "Em qualquer circunstância, não se dará efeito suspensivo aos recursos interpostos em processo de dissídio coletivo", revogou o § 6º do art. 7º da Lei n. 7.701/88, na parte em que esta aludia à concessão de efeito suspensivo ao recurso, por ato do Presidente do TST(221).

Não foi por essas razões, entretanto, que fizemos alusão, há pouco, à modalidade *sui generis* dos acórdãos normativos, e sim para podermos examinar as repercussões que o seu ataque, pela ação rescisória, possa acarretar no plano das ações de cumprimento, deles derivantes.

(221) Essa Lei foi revogada pela Lei n. 8.030, de 12 de abril de 1990, cujo art. 11, que mantinha o princípio de que os recursos interpostos dos acórdãos proferidos em ações coletivas não possuíam efeito suspensivo, foi vetado pelo Sr. Presidente da República.

É evidente que se a ação rescisória do acórdão normativo for ajuizada quando a ação de cumprimento encontrar-se em curso, não impedirá, por si só, que esta prossiga, por força da incidência analógica do preceito inserto no art. 489 do CPC ("A ação rescisória não suspende a execução da sentença rescindenda"); sendo o acórdão desconstituído sem que a ação de cumprimento tenha sido julgada, ou, tendo sido, a sentença ainda não transitou em julgado, o processo em que esta ação vinha se desenvolvendo deverá ser extinto, com apreciação do mérito, porquanto eliminado do mundo jurídico o direito material (acórdão normativo) em que o autor apoiava as suas pretensões. Seria impróprio cogitar-se, na espécie, de carência da ação, como se o processo aqui se extinguisse sem pronunciamento sobre o *meritum causae*.

Na hipótese de a rescisória (do acórdão normativo) ser posta em juízo antes do trânsito em julgado da sentença prolatada nos autos de ação de cumprimento, mas vindo esta a passar em julgado antes que a rescisória seja apreciada, qual a solução a ser adotada? Tudo dependerá do resultado do julgamento da rescisória: a) se ela não obtiver êxito ("improcedente", como dizem a lei, a doutrina e a jurisprudência, contra nossa opinião), permanecerá íntegra a sentença concernente à ação de cumprimento, embora possa, por sua vez, ser atacada por ação rescisória específica; b) se a rescisória do acórdão normativo for acolhida ("procedente", portanto), poderá surgir dúvida no sentido de saber-se se, automaticamente, desaparecerá também a sentença passada em julgado (que acolhera pedido baseado no acórdão rescindendo), ou haverá necessidade de essa sentença, para isso, ser especialmente atacada por outra rescisória.

Aparentemente, a resposta correta seria a que sugerisse o uso da rescisória, pois a autoridade e a intangibilidade da coisa julgada que se irradia da sentença não seriam afetadas pela desconstituição do acórdão normativo. Cabe-nos, no entanto, indagar: qual seria, nesse caso, o fundamento da rescisória, sabendo-se que as causas de rescindibilidade são as enumeradas pelos incisos I a IX do art. 485, do CPC? Em ofensa à coisa julgada não se poderia pensar, vez que a *res iudicata* relativa à sentença é anterior à do acórdão; não menos impróprio seria invocar-se o inc. V do sobredito dispositivo legal, pois a sentença não teria violado nenhuma norma legal; absolutamente despropositado seria cogitar-se de erro de fato, pois o acórdão nem sequer existia ao tempo em que a sentença foi emitida. Alguns poderiam argumentar com a analogia, para fundar a rescisória no inc. VII, que versa sobre a obtenção de documento novo — considerando como novidade o acórdão rescindido. Ora, ainda que se admitisse, apenas por amor ao raciocínio, essa possibilidade, haveríamos de questionar o que fariam os adeptos dessa corrente do pensamento diante de uma situação concreta em que a rescisória da sentença fosse rejeitada (exatamente por entender-se que ela não havia incorrido em nenhuma das previsões do art. 485 do CPC): subsistiria a sentença, mesmo que o acórdão normativo em que se fundara o pedido do autor houvesse sido desconstituído? Enfim, contrariando postulados das leis físicas, o efeito sobreviveria à causa? Não conduziria semelhante parecer a um perigoso desequilíbrio da ordem jurídica, a uma quebra da sua harmonia? E se outros trabalhadores, após a rescisão do acórdão normativo, ajuizassem ação de cumprimento, o pedido por eles formulado deveria ser rejeitado, em virtude da eliminação, pela rescisória, da fonte geratriz do direito (acórdão normativo) em que a ação se baseou, ou deveria ser acolhido?

Na primeira hipótese, como justificar o fato de o acórdão valer para aqueles que aforaram a ação de cumprimento antes que ele fosse rescindido, mas não valer para os que vieram a juízo posteriormente à sua rescisão? Na segunda — absurda —, como se iria acolher uma pretensão calcada em acórdão cortado muito antes de ela ser deduzida em juízo?

Pelo quanto até esta parte expusemos, tranqüiliza-nos a convicção de que, diante do problema suscitado, o direito e o bom senso alvitram que se conclua pela direta repercussão, na coisa julgada supostamente produzida pela sentença que apreciou a ação de cumprimento, dos efeitos provenientes da rescisão do acórdão em que ela se fundou. Dissemos supostamente produzida porque, na verdade, a *res iudicata* relativa à sentença tinha a sua constituição efetiva condicionada à sobrevivência do acórdão normativo — sem o qual ela jamais poderia ter existido ou continuado a existir. Não nos parece desassisado esse ponto de vista, que traz em si o propósito zetético de conduzir a uma revisão doutrinária do fenômeno jurídico da coisa julgada material, em face de certas situações singulares ao processo do trabalho, seguramente não imaginadas pelo processo civil.

Se a coisa julgada que marca os pronunciamentos da jurisdição trabalhista, no plano das ações coletivas, fosse algo verdadeiramente imutável, segundo a concepção dogmática do instituto, perderiam a sua razão de ser as cláusulas *rebus sic stantibus*, que soem dar conteúdo aos acórdãos normativos, pois vedada ficaria a possibilidade de serem revistas as condições que motivaram a introdução dessas cláusulas — como faculta o art. 873 da CLT.

O próprio processo civil — nada obstante o seu reacionarismo — permite ao juiz apreciar questões já decididas, quanto à mesma lide, toda vez que, em se tratando de relação jurídica continuativa (ou de trato sucessivo), sobrevier modificação ao estado de fato ou de direito, hipótese em que poderá a parte interessada solicitar a revisão do que se contém na sentença (CPC, art. 471).

As decisões providas de cláusulas *rebus sic stantibus* podem ser, por isso, perfeitamente denominadas de mutáveis ou de instáveis, pois sendo elas produto de determinadas circunstâncias, haverão de ser revistas sempre que tais circunstâncias forem alteradas. Ao proceder à revisão do acórdão normativo, o tribunal não altera o anterior, em sua essência, mas apenas o adapta às novas circunstâncias, porquanto as primitivas se podem ter tornado "injustas ou inaplicáveis" (CLT, art. 873).

Demonstrada a plasticidade da *res iudicata*, no campo dos pronunciamentos normativos trabalhistas, não há por que se repelir a idéia de uma classe especial de coisa julgada, a que bem poderíamos designar de sob condição ou mesmo de aparente, na medida em que ligada e sujeita às condições ou circunstâncias que ditaram a sua formação. A partir daí, não vemos dificuldade em inserir a coisa julgada relativa às sentenças proferidas em ações de cumprimento no grupo das sob condição ou aparentes, na medida em que a sua efetiva constituição depende da sorte que tiver o acórdão normativo, que se apresenta como o próprio pressuposto da existência dessa espécie de ação.

Capítulo XX

ACÓRDÃO RESCINDENTE. NATUREZA JURÍDICA. EFEITOS

Comentário

Em princípio, o acórdão emitido pelo *iudicium rescindens* é de natureza constitutiva, porquanto provido de eficácia para modificar a relação jurídica existente entre as partes. Devemos reconhecer, contudo, que o pronunciamento desse juízo, nos casos em que conclui pelo não cabimento da rescisória, é de coloração acentuadamente declaratória, pois estará asseverando (= declarando) a falta de adequação do direito lesado com o meio jurídico escolhido para buscar a correspondente reparação.

Já as decisões oriundas do *iudicium rescissorium* possuem natureza múltipla (declaratória, constitutiva ou condenatória), que se definirá conforme seja o pedido formulado pelo autor ou o resultado da entrega da prestação jurisdicional rescisória. Em tema de relação de emprego, p. ex., será declaratório o acórdão que não admitir a existência dessa relação jurídica material; declaratório-constitutivo aquele que admitir uma tal relação, assim como a estabilidade no emprego, afirmada pelo autor; condenatório o que impuser ao réu o pagamento de determinadas quantias, postuladas na inicial.

A possibilidade de cumulação dos dois juízos — *rescindens* e *rescissorium* — está prevista no inc. I do art. 488 do CPC. Dita cumulação só se justifica em certas situações, pois seria ilógico, *e. g.*, que o autor devesse realizá-la quando a rescisória ataca o processo como um todo e não apenas a sentença: se se diz que o processo é nulo (por falta de citação, digamos), não faz sentido invocar-se o *iudicium rescissorium*, dado que inexistirá aí possibilidade de novo julgamento da lide. A locução legal "se for o caso", aliás, é bem elucidativa quanto a isso.

Observa *Pontes de Miranda* que não é possível atribuir-se à sentença rescisória os mesmos efeitos que aos recursos, na medida em que aquela é ação; se recurso fosse, a prestação jurisdicional não teria sido entregue, mas apenas apresentada[222].

---

(222) Ob. cit., p. 539.

O efeito do acórdão rescindente é desconstituir o pronunciamento jurisdicional anterior e, se for o caso, realizar um novo julgamento.

O acolhimento da rescisória conduz, invariavelmente, ao desfazimento da decisão atacada, mas não necessariamente ao exercício do *iudicium rescissorium*, como acabamos de afirmar. Se o fundamento dessa ação for a ofensa à coisa julgada, a sua "procedência" fará com que, afastada a decisão que estava a molestar a *res iudicata*, se torne desnecessário um novo julgamento; isso já não se dará, p. ex., na hipótese de o fundamento ser a falsa prova, porquanto rescindida a sentença, caberá ao tribunal rejulgar a lide.

É proveitoso vincar, porém, que a indisponibilidade do objeto do *iudicium rescindens* impede que o réu possa "reconhecer a procedência (*sic*) do pedido do autor" (CPC, art. 269, II). Seria aberrante supor que a manifestação de vontade de um dos litigantes tivesse eficácia para influir, soberanamente, na sorte de um ato jurisdicional: a decisão rescindenda. É exatamente essa indisponibilidade que torna inaplicável, no plano da ação rescisória, o efeito da revelia (CPC, arts. 319 e 320, II).

Tendo sido a rescisória rejeitada, nada obsta a que o autor ajuíze uma outra, agora por fundamento diverso, ainda que para formular os mesmos pedidos anteriormente deduzidos; para tanto, é necessário que não se tenha esgotado o prazo decadencial de dois anos. Se o processo da rescisória é extinto sem exame do mérito, faculta-se ao autor voltar a juízo com a mesma ação, exceto se fora acolhida alegação de perempção; litispendência ou coisa julgada (CPC, art. 268).

Capítulo XXI

RECURSOS INTERPONÍVEIS

Os recursos interponíveis em sede de ação rescisória variarão segundo seja o pronunciamento jurisdicional que se pretenda impugnar, assim, caberá:

a) *agravo regimental*, do despacho (melhor: decisão) do relator, que indeferir a petição inicial. Essa espécie de agravo constitui, na verdade, recurso *sui generis*, pois, em regra, não é previsto em lei; é julgado pelo próprio órgão ao qual se encontra integrado o juiz proferidor do despacho agravado; é apresentado em mesa; não comporta contrarazões nem sustentação oral. Na sessão em que é colocado em julgamento, o relator que emitiu a decisão impugnada não vota, pois o que o tribunal nada mais faz, nessa oportunidade, é dar continuidade à votação, que se iniciara com aquela decisão. O TST prevê, em seu Regimento Interno (art. 243, VIII), a interponibilidade de agravo regimental da decisão do Relator que indeferir inicial de ação de competência originária do Tribunal, em cujo conceito se insere a rescisória.

Desse agravo se ocupam, igualmente, as normas *interna corporis* dos Tribunais Regionais, onde se verificam pequenas oscilações quanto aos seus pressupostos e ao seu processamento. Como diretriz doutrinária, podemos dizer que o agravo em questão é cabível dos despachos prolatados pelo relator, relativamente aos quais a lei não preveja um meio impugnativo específico;

b) *embargos de declaração*, na hipótese de o acórdão apresentar-se omisso, obscuro ou contraditório. O prazo para o oferecimento é de cinco dias (CLT, art. 897-A). Particularmente, entendemos que os embargos declaratórios não representam modalidade genuína de recurso, conforme procuramos demonstrar em outro trabalho(223). É de inegável importância prática chamar a atenção à circunstância de que, sendo os embargos em tela aviados com fundamento em omissão do acórdão, o seu acolhimento poderá acarretar efeitos inteiramente modificativos dessa decisão, como atestam o art. 463, II, do CPC, e a Súmula n. 278, do TST — único momento em que se percebe nessa figura um traço recursal;

---

(223) "Sistema dos Recursos Trabalhistas", São Paulo: LTr, 3ª ed., 1989, pp. 246/247.

c) *recurso ordinário*, dos pronunciamentos dos Tribunais Regionais em ação rescisória, sendo competente para apreciá-lo a Seção Especializada em Dissídios Individuais ou em Coletivos, do TST, conforme seja o caso (Súmula n. 158, do TST). Sendo a ação rescisória da competência originária dos tribunais, isso significa que estes atuam, no trato dessa matéria, como se fossem órgãos do primeiro grau de jurisdição, daí por que das decisões por eles emitidas será interponível recurso ordinário, no prazo de oito dias. Impende assinalar que esse tipo de meio recursal é dotado de efeito meramente "devolutivo" (CLT, art. 899, *caput*), a despeito de nossa pessoal opinião de que já não se justifica o emprego desse adjetivo nos tempos modernos, vez que nada se devolve, em rigor, ao tribunal, com a interposição do recurso(224). Cabe ser destacada a advertência feita pela Súmula n. 99 do TST, de que "Ao recorrer de decisão condenatória em ação rescisória, é ônus do empregador vencido efetuar, no prazo, no limite e nos termos da legislação vigente, sob pena de deserção, o depósito recursal". O depósito, na espécie, é o exigido pelo art. 899, §§ 1º e 2º, da CLT;

d) recurso adesivo, na forma do art. 500, do CPC. Mais uma atitude particular: essa inovação do estatuto processual civil de 1973, contrariando as matrizes alienígenas em que se inspirou, vem sendo utilizado em nosso meio como sucedâneo arbitrário da ação rescisória, pois a sua interposição tem sido largamente admitida (inclusive por setores respeitáveis, mas pouco atentos, da doutrina) nos casos em que já precluíra (ou seja, já se formara, contra ela, a coisa julgada material) para a parte o prazo destinado à apresentação do recurso principal. A princípio, aliás, a Súmula n. 175 do TST declarara ser o recurso adesivo incompatível com o processo do trabalho; a de n. 196, contudo, derrogando essa orientação, viu compatibilidade desse meio recursal com o processo especializado, cancelando, com isso, a anterior. Melhor teria feito o TST se não houvesse adotado a Súmula n. 196, pois, com isso, acabou prestigiando a corrente doutrinária que, inadvertidamente, vem permitindo que o recurso adesivo seja um substituto sub-reptício da ação rescisória. Essa Súmula acabou sendo cancelada pela Resolução Administrativa n. 121, de 28.10.2003, do Pleno do TST, em decorrência de a matéria estar prevista na Súmula n. 283, do mesmo Tribunal.

e) recurso extraordinário, das decisões proferidas em sede de ação rescisória, que contrariarem dispositivo da Constituição Federal.

O art. 143, da Constituição Federal de 1967, com a Emenda n. 1, de 1969, somente previa recurso extraordinário (para o STF) "Das decisões do Tribunal Superior do Trabalho". A atual, porém, admite esse

---

(224) Ob. cit., pp. 144/151.

recurso das decisões proferidas "em única ou última instância", desde que essas decisões contrariem a Constituição da República, declarem a inconstitucionalidade de tratado ou de lei federal, julguem válida lei ou ato de governo local contestado em face da Constituição (art. 102, inciso III, alíneas *a* a *c*). Isto significa dizer que será possível a interposição de recurso extraordinário das sentenças proferidas nas ações de alçada exclusiva das Varas do Trabalho, instituídas pela Lei n. 5.584/70. Cuida-se, portanto, de um recurso extraordinário *per saltum*, pois é interposto diretamente da sentença para o Excelso Pretório. Diante disso, deverá o recorrente tomar o cuidado de, sempre que for o caso, prequestionar o tema, como exigem as Súmulas ns. 282 e 356, do STF.

Dos atos praticados pelo relator, na instrução da rescisória, ou pelo juízo de primeiro grau, no exercício de função delegada para esse fim (CPC, art. 492), não será cabível agravo de instrumento (CPC, art. 522), porquanto no processo do trabalho a finalidade do meio impugnativo que recebe esse *nomen iuris* está ligada, exclusivamente, às decisões monocráticas denegatórias da admissibilidade de recursos (CLT, art. 897, *a*). A similitude que possa haver, conseqüentemente, entre o instituto civilista e o do processo do trabalho não vai além da simples denominação; teleologicamente, a diferença é profunda.

Capítulo XXII

RESCISÃO DE RESCISÓRIA

Comentário

Lia-se no art. 799 do CPC de 1939: "Admitir-se-á, ainda, ação rescisória de sentença proferida em outra ação rescisória, quando se verificar qualquer das hipóteses previstas no n. I, letras *a* e *b* ou no caso do n. II, do artigo anterior".

Isso quer dizer que no regime do Código revogado os pronunciamentos rescisórios eram rescindíveis, desde que fundados em:

a) decisão proferida por juiz peitado, impedido, ou incompetente *ratione materiae*;

b) com ofensa à coisa julgada;

c) prova declarada falsa em juízo criminal, ou em falsidade inequivocamente apurada na própria ação rescisória.

Recusava-se, portanto, a rescisória de rescisória calcada em ofensa à literal disposição de lei (art. 798, I, *c*). Nenhuma razão verdadeiramente jurídica havia, porém, para essa exclusão, que correspondia, na visão de *Pontes de Miranda*, ao estabelecimento do dogma da infalibilidade dos juízos rescindentes quanto à tese de direito, à existência ou inexistência da regra jurídica[225], cuja conseqüência seria levar a uma impossibilidade de conjurar-se eventual falha desses juízos.

Os assentamentos históricos estão a revelar que mesmo antes da vigência do diploma processual civil de 1939 parcela expressiva da doutrina vinha admitindo o uso da ação rescisória para desconstituir decisões proferidas pelos juízos rescindentes passadas em julgado, pois se a legislação do período não a autorizava de ,maneira expressa, é certo que também não a vedava. O argumento de proa, que para isso se empregava, era de que seria insensato pensar que os pronunciamentos dos juízos rescisórios estivessem isentos de falhas, de imperfeições — que, desse modo, deveriam ser extirpadas mesmo após o trânsito em julgado.

---

(225) Ob. cit., p. 264.

Essa manifestação doutrinária acabou prevalecendo, como evidencia o art. 799 do Código da época.

A instante indagação que se deve formular, nesse momento, é se o CPC de 1973 admite, ou não, rescisória de rescisória, sabendo-se que, inversamente ao de 1939, nada dispõe a respeito.

Uma objeção que se poderia fazer quanto a essa possibilidade é que sendo a ação rescisória um instituto de direito processual, os pronunciamentos, dela emanados, nunca seriam de mérito, com o que estaria desatendido o requisito fundamental constante do *caput* do art. 485 do CPC em vigor. Redargúa-se, todavia, que isso aconteceria, quando muito, no *iudicium rescindens* (onde se corta a decisão anterior), jamais no *rescissorium* (onde se realiza um novo julgamento da lide, fazendo com que haja necessária prospecção do *meritum causae*).

Não formamos com os que entendem ser impreterível, para o ajuizamento de rescisória que tenha por objeto decisão rescindente passada em julgado, a existência, no Código de 1973, de regra permissiva expressa. Nosso parecer se baseia não no princípio — algo ardiloso — de que o que não é proibido é permitido, e sim no fato de que as decisões oriundas do juízo rescisório, por serem obra humana, são naturalmente suscetíveis de imperfeições — que, em casos mais graves, podem traduzir-se em ofensa à coisa julgada ou violação à letra da lei. Não seria prudente consentir que pronunciamentos jurisdicionais eivados por falhas tão agudas pudessem continuar a existir e a produzir efeitos na ordem legal e na esfera jurídica das pessoas. Nem se omita a possibilidade de o acórdão rescisório estar a agredir a própria Constituição da República.

Nenhum argumento de considerável monta jurídica ainda se apresentou para inibir o uso de rescisória com o escopo de desconstituir decisão rescindente anterior. Se um tal manejo era permitido no sistema do Código de 1939, nada desaconselha a sua continuidade no do estatuto processual vigente, pois nenhum fato novo existe, que possa romper essa tradição em nosso meio. O silêncio do atual CPC, como dissemos, não pode ser considerado, por si só, como obstáculo à aceitação do ponto de vista que — com outros nomes mais ilustres — estamos a defender. O Código de 1973, a propósito, não repetiu a regra estampada no art. 800, *caput*, do de 1939, no sentido de que a injustiça da sentença, a má apreciação da prova ou a errônea interpretação do contrato não autorizavam o exercício da rescisória: nem por isso, entretanto, se há de concluir que o texto da atualidade permite o aforamento dessa ação quando o acórdão for injusto, tenha apreciado mal a prova ou interpretado equivocadamente o negócio jurídico.

A possibilidade de haver ação rescisória de decisão emitida em ação rescisória, após um período de hesitação, acabou sendo admitida pela jurisprudência trabalhista, como evidencia a Orientação Jurisprudencial n. 95, da SDI-II, do TST: "Ação rescisória. Decisão rescindenda proferida em anterior ação rescisória. Possibilidade. É admissível a propositura de segunda ação rescisória, visando desconstituir acórdão de mérito proferido em ação rescisória anterior, desde que sejam apontados vícios atinentes ao acórdão indicado como rescindendo".

O mandamento central a ser observado é de que a rescisória de rescisória seja posta em juízo no prazo decadencial fixado pelo art. 495 do CPC de 1973 e se valha de um (ou mais) dos fundamentos indicados nos incisos I a IX do art. 485. No tocante a este último requisito, cabe esclarecer que a segunda ação rescisória, nos termos da OJ 95, da SDI-II, do TST, pressupõe a existência de "vício" no acórdão rescindendo. Quer-se dizer com isso que a segunda rescisória não pode ter como objeto as mesmas matérias que constituíram objeto da anterior, sob pena de injustificável repetição de ações. Observa, por outro lado, *Ulderico Pires dos Santos*: "De notar-se, porém, que os pressupostos de rescisão inscritos no ordenamento não podem ser invocados como suportes de pedidos de rescisão a ser esteada em ordenamento posterior. Logo, não é lícito arrimar o pedido em provas ou fatos pretéritos, já colacionados na rescisória anterior"[(226)].

(226) "Teoria e Prática da Ação Rescisória", Rio de Janeiro: Forense, 1978, p. 52.

Capítulo XXIII

AÇÃO RESCISÓRIA E RECURSO EXTRAORDINÁRIO

Comentário

Ação rescisória e recurso extraordinário são institutos processuais que possuem certos traços comuns, como, *v. g.*, o serem ambos previstos constitucionalmente: aquela, no art. 102, I, *j*; este, no inc. III do mesmo artigo.

De resto, desassemelham-se tais institutos quanto: a) à origem; b) à natureza; c) aos pressupostos; d) à finalidade; e) aos prazos; e f) à competência.

a) *Origem*. A ação rescisória é oriunda da *querela nullitatis* romana, mais a concepção de *sententia nulla*, perante o juiz privado (recompostas pelos canonistas e glosadores do séc. XIII), mais a correção efetuada pelo princípio germânico da força formal da sentença[227]; o recurso extraordinário (assim como o controle jurisdicional da constitucionalidade das leis e dos atos normativos do Poder Público) é criação norte-americana, como atesta o Judiciary Act de 24.9.1789, editado para organizar a justiça da União. Na América do Sul, coube à Argentina a primazia de incorporar ao seu direito positivo a figura do recurso extraordinário norte-americano.

b) *Natureza*. A rescisória é ação, pois faz surgir uma nova relação jurídica processual, que em nada se identifica com aquela que se encerrou com a decisão rescindenda. Outrora, alguns autores de nomeada, como *Lopes da Costa, Cândido de Oliveira Figueiredo, Costa Carvalho, Filadelfo Pereira Braga* e outros, chegaram a afirmar, em manifesto erro de percepção científica, que a rescisória era recurso; o máximo que se pode admitir nesse campo, todavia, é que ela possua "alma" de recurso, vez que, essencialmente, de ação se trata; já o recurso extraordinário — como a própria expressão denuncia — é modalidade (embora singular) de meio impugnativo de pronunciamento jurisdicional, que pertence ao Direito Processual Constitucional[228].

---

(227) *Pontes de Miranda*, ob. cit., p. 28.
(228) *José Frederico Marques*, ob. cit., p. 256.

Como recurso, ele se desenvolve na mesma relação jurídica processual que deu causa à sentença impugnada.

c) *Pressupostos*. O exercício da ação rescisória pressupõe: 1) a existência de decisão (acórdão, sentença) de mérito; 2) passada em julgado. Desta forma, se há sentença de mérito não transitada em julgado ou sentença passado em julgado que não haja apreciado o *meritum causae*, obstado estará o ajuizamento da rescisória, por estarem ausentes os pressupostos mencionados. O requisito do prequestionamento, em tema de ação rescisória (exigido pela Súmula n. 298 do TST), é, porém, inadequado, conforme pudemos mostrar no Cap. IX, *retro*; o recurso extraordinário — como os meios recursais em geral — pressupõe um pronunciamento jurisdicional ainda não tornado imutável e indiscutível pela autoridade da coisa julgada material (CPC, art. 467); mais: esse pronunciamento deve estar em contraste com a Constituição Federal (art. 102, III, *a*). Se a decisão que se encontra em antagonismo com a letra ou com os princípios consagrados pelo Texto Supremo já transitou em julgado, o desfazimento de seus efeitos deve ser intentado por meio de ação rescisória (CPC, art. 485, V). O requisito do prequestionamento é justificável no plano do recurso extraordinário (Súmulas ns. 282 e 356, do Supremo Tribunal Federal), porquanto a Suprema Corte apenas poderá (re)examinar questões que tenham sido, antes, ventiladas perante os órgãos jurisdicionais secundários.

d) *Finalidade*. Destina-se a ação rescisória a desconstituir sentença ou acórdão que haja incorrido em uma das hipóteses previstas pelos incisos I a IX, do CPC, podendo limitar-se a cortar essa decisão (*iudicium rescindens*) ou avançar para um novo julgamento da lide (*iudicium rescissorium*); o recurso extraordinário tem como objetivo "reformar" (= substituir: CPC, art. 512) acórdão (e, eventualmente, sentença) que esteja a contrariar a Constituição da República.

e) *Prazo*. A ação rescisória deve ser posta em juízo no prazo decadencial de dois anos, contado da data do trânsito em julgado da decisão rescindenda (CPC, art. 495); o recurso extraordinário deve ser interposto no prazo preclusivo de quinze dias (CPC, art. 542).

f) *Competência*. A competência para apreciar ação rescisória integra o elenco das que são originárias dos tribunais: têm-na, assim, os Tribunais Regionais do Trabalho, o Tribunal Superior do Trabalho (para nos atermos à Organização Judiciária trabalhista) e o Supremo Tribunal Federal; já a competência para julgar recurso extraordinário é privativa do Supremo Tribunal Federal (CF, art. 102, III), conquanto a Constituição atual tenha atribuído ao Superior Tribunal de Justiça competência para julgar, em recurso especial, as causas decididas em única ou última instância, pelos Tribunais Regionais Federais ou pelos Tribunais dos Estados, do Distrito Federal e Territórios, quando a decisão recorrida, dentre outras coisas, "contrariar tratado ou lei federal, ou negar-lhes vigência" (art. 105, III, *a*).

Há, naturalmente, outros pontos de dissimilitude entre a ação rescisória e o recurso extraordinário, como, p. ex., os relativos aos aspectos procedimentais; os que acabamos de destacar bem se prestam, contudo, para — cotejados esses institutos do processo brasileiro — ensejar uma razoável noção de seus contornos gerais e de suas notas características.

Devemos aditar, apenas, que os acórdãos emitidos em ação rescisória serão impugnáveis pelo recurso extraordinário toda vez que implicarem ofensa à Constituição Federal (única hipótese, a nosso ver, admissível quanto aos pronunciamentos da jurisdição trabalhista) — embora o Regimento Interno do Supremo Tribunal possibilite a interposição desse recurso nos casos de patente divergência com Súmula daquela Corte ou relevância da questão federal (art. 325, V, *a*). Pela Constituição Federal anterior, a interponibilidade de recurso extraordinário só era possível de acórdão proferido pelo Tribunal Superior do Trabalho e, ainda assim, condicionada à plena exaustão dos meios recursais previstos no processo do trabalho ou na norma *interna corporis* deste sodalício. Pela Constituição em vigor, o recurso extraordinário pode ser interposto, até mesmo, de sentenças (art. 102, inciso III), como as proferidas nas ações de alçada exclusiva das Varas do Trabalho (Lei n. 5.584/70, art. 2º, § 4º).

De qualquer modo, o recurso extraordinário em ação rescisória deve ter como objeto os pressupostos da decisão emitida nessa ação e não os fundamentos invocados pela decisão rescindenda, segundo posição já externada pelo Excelso Pretório(229). Note-se, porém, que o exaurimento dos recursos, no juízo de origem do pronunciamento jurisdicional atacado, só é requisito para a admissibilidade do recurso extraordinário, não para os efeitos da ação rescisória, como dispõe a Súmula n. 514 do Supremo Tribunal Federal: "Admite-se ação rescisória contra sentença transitada em julgado, ainda que contra ela não se tenham esgotado todos os recursos". Essa orientação jurisprudencial é acertada, porquanto sendo próprio da rescisória instaurar uma nova relação jurídica material, não faz sentido exigir-se que a relação anterior tenha sido submetida a todos os meios impugnativos que, em razão dela, poderiam ser utilizados; o que se requer, unicamente, é que a relação jurídica pretérita já não possa ser apreciada no processo em que se formou, em virtude da *res iudicata*.

---

(229) Ac. TP, RE-91.704-7-RJ, DJU de 8-2-80, p. 505, Rel. Min. Rafael Mayer.

Capítulo XXIV

EXECUÇÃO DA DECISÃO RESCINDENDA E SUA SUSPENSÃO

Comentário

A expressão "sentença rescindenda" contém duas impropriedades, nada obstante devamos reconhecer que por ela a doutrina e a jurisprudência vêm manifestando especial afeição: a) em primeiro lugar, o substantivo sentença é restritivo (*minus dixit quam voluit*), pois segundo o didatismo que provém do art. 162, § 1º, do CPC, identifica apenas os pronunciamentos decisórios (extintivos do processo) emanados dos órgãos de primeiro grau de jurisdição (Varas do Trabalho e Varas da Justiça Comum estadual); se se pretender referir aos provimentos oriundos dos demais graus de jurisdição, melhor será que se fale em decisão, vez que, em seu sentido genérico, se compreendem igualmente os acórdãos (CPC, art. 163); b) em segundo, o vocábulo rescindenda, como dissemos em linhas pretéritas, constitui criação arbitrária da doutrina, pois destituído de previsão léxica; com esse neologismo se quer exprimir a decisão que está sendo atacada pela via rescisória, e não aquela que já foi desconstituída, pois, neste caso deveríamos empregar o adjetivo rescindida.

Em respeito a uma tradição que não chega a ser afrontosa da pureza lingüística, continuaremos a fazer uso dos termos rescindenda e rescindente, sem abdicarmos, entretanto, das ressalvas exaradas; não há negar que ditos neologismos constituem profícua homenagem à síntese.

Tivemos oportunidade de deixar assentado, em páginas anteriores, que a ação rescisória não tem efeito suspensivo da execução baseada na sentença (ou acórdão) rescindenda; essa é a regra que se irradia, cristalinamente, do art. 489 do CPC.

Em outro trabalho, contudo, defendemos — em opinião algo heterodoxa — a possibilidade de a suspensão da execução da sentença rescindenda ser conseguida por meio de medida cautelar inominada, concebida, inclusive, liminarmente[230]. Reiteremos, agora, os argumentos que, naquela ensancha, havíamos lançados em prol dessa idéia.

(230) "As Ações Cautelares...", pp. 128/132.

Fundamentalmente, dois empecilhos legais poderiam, em tese, ser levantados em oposição ao nosso entendimento. O primeiro está contido no art. 5º, XXXVI, da Constituição Federal, que, como sabemos, ordena à própria lei o acatamento à coisa julgada; por mais forte razão — dir-se-ia — essa obediência deve ser exigida do Poder Judiciário, a quem compete não apenas aplicar a norma legal aos casos concretos submetidos à sua cognição, mas, acima de tudo, velar pela ordem jurídica e pela supremacia constitucional; o segundo repousa no próprio art. 489 do CPC, que proclama não ser a ação rescisória provida de efeito paralisante da execução.

Tais objeções são, aparentemente, irrefutáveis; examinando, contudo, com o necessário espírito científico e zetético o alcance das normas legais citadas, veremos que o obstáculo que elas representam não é real.

Comecemos por observar que a coisa julgada material não é, como se vem divulgando a mancheias e com certo caráter retórico, algo absolutamente intangível e imutável. Os que dissentem de nosso parecer não conseguem se desvencilhar da dificuldade de justificar o fato de o mesmo texto constitucional — que impõe o respeito à *res iudicata* — fazer menção expressa à ação rescisória como remédio jurídico especificamente criado para desconstituí-la (art. 102, I, *j*). Ninguém, por isso, haveria de sentir-se em boa sombra para argüir de inconstitucional o art. 485 do CPC, que dispõe sobre a rescisória e enumera os casos em que essa ação pode ser exercida.

A primeira ilação a tirar-se, portanto, é esta: a coisa julgada não é imutável nem perpétua, assim como inexiste colidência do art. 485 do CPC com o texto da Suprema Carta.

É provável que se venha a redargüir que a concessão de providência acautelatória inominada, com o fito de sobrestar a execução da sentença rescindenda, equivaleria a atribuir preeminência a um simples *fumus boni iuris*, em confronto com a autoridade da coisa julgada; como se poderia, enfim, reconhecer, no processo cautelar, uma "aparência" de bom direito do autor se o réu possui, em seu benefício, a certeza do direito, consubstanciada no pronunciamento jurisdicional passado em julgado e, em face disso, já convertido em título executivo?

Esse argumento, não podemos negar, é judicioso — mas não insuperável.

É dogmático, sem dúvida: a) o princípio de que a coisa julgada tem prevalência jurídica em relação a qualquer outro ato (administrativo, jurisdicional ou legislativo) que a ela se contraponha; b) o argumento de que o fenômeno da coisa julgada material encontra em motivos de ordem político-legal a sua razão de ser nos textos normativos; daí, a eficácia que, há séculos, se lhe atribui de transformar o preto em branco e o quadrado em redondo (*facit de albo nigrum et de quadratum rotundum*).

Não menos verdadeira, entrementes, é a descomedida exaltação, que se vem fazendo da autoridade da *res iudicata*, a ponto de conferir-lhe uma auréola quase sacrossanta, que tem sido responsável, em grande parte dos casos, não só pela adoção de atitudes exageradamente dogmáticas diante da viabilidade da outorga de medidas cautelares atípicas tendentes a sobrestar a execução calcada na sentença exeqüenda, como pelo entrave reacionário ao desenvolvimento dos estudos científicos acerca do instituto cautelar.

Em situações como essa, deve ser sempre aviventada a percuciente admoestação feita por *Pimenta Bueno* de que "É sem dúvida de mister consagrar a autoridade da coisa julgada, mas não é menos essencial consagrar o império da verdade e da justiça, quando se patenteia tal que não se pode dele duvidar"[231].

Vetar, pois, de modo genérico e com extremada intransigência, a possibilidade de serem concedidas, em determinadas situações particulares, providências acautelatórias inominadas, com o escopo de suspender a execução da sentença rescindenda, traduz não apenas imprudente abstração da realidade prática (onde, muitas vezes, a incidência de medidas dessa natureza se faz imperativa, a fim de combater certas atitudes de má-fé, de parte de um dos contendores), como boa dose de insciência a propósito da finalidade dessas medidas.

À declaração enfática do art. 489 do CPC se oponha o argumento de que sendo a rescisória uma ação (em que pode haver ampla margem de conhecimento), ela enseja, como as ações em geral, a sobreposição de pretensões acautelatórias, ainda que do tipo inominado — decorrentes, por excelência, do poder geral de cautela do magistrado (CPC, art. 798). Essa discricionariedade que é própria do juiz, no terreno cautelar, representa "o momento mais alto e amplo da criação do direito concreto pela jurisprudência, em sistema codificado, de direito continental, como o nosso. Claro que o juiz não cria, aí, o direito material abstrato. Mas as providências variadas e imprevisíveis, impostas pela força dos fatos, fazem com que os decretos do magistrado assumam o caráter de normas e imperativos concretos de conduta, que significam, na verdade, autêntica obra de descoberta (*sic*) e criação singular do direito, emanada do fato, colada ao fato, nascida para o fato. Nesta perspectiva, rasga-se a imagem tradicional do juiz preso e

(231) "Apontamentos", 3ª ed., p. 256.

manietado do sistema continental, e dá-se ao juiz moderno dos países codificados o mesmo horizonte criador e novo do pretor romano e dos magistrados anglo-americanos. O direito cautelar, se nos permitem o neologismo, a todos nivela, aos juízes de todos os tempos e lugares, acima da História e dos sistemas diversificados de elaboração jurídica, numa identidade imposta pelas necessidades permanentes e universais de proteção direta e imediata do homem contra a ameaça, o perigo, o risco, o conflito"[232].

Não estamos a preconizar aqui — como se possa imaginar — a utilização sistemática, indiscriminada e até mesmo abusiva das providências cautelares inominadas como instrumento de investida contra a irrecusável autoridade da coisa julgada; está em nosso objetivo, isto sim, demonstrar que, em certas situações especiais, será juridicamente lícito emitir-se medidas acautelatórias dirigidas ao sobrestamento da execução, sem qualquer vilipêndio aos verdadeiros motivos que ditaram a instituição, em nosso sistema de direito codificado, da coisa julgada. Nem ignoremos a particularidade de o CPC vigente haver ampliado, numericamente, de maneira considerável, o elenco das causas de rescindibilidade dos julgados, fazendo-o "como compensação ao rigor com que semeou presunções, em especial na revelia, presunções que, como é notório, com acelerar a solução do litígio, propiciam, de outra parte, maior freqüência no erro, na injustiça e na ilegalidade das sentenças"[233].

Isso quer dizer, em termos objetivos, que o elastecimento dos casos que autorizam a rescisão dos julgados deve ser interpretado como um contrapeso à profusão com que o legislador deitou presunções ao longo do texto do atual Código; por outras palavras: esse fato representou, em última análise, uma implícita redução do grau de autoridade da coisa julgada material, que se tornou agora suscetível (exatamente por isso) de ataque mais amplo pela rescisória.

Não se pense ser meramente cerebrina a necessidade de conceder-se, em determinadas situações extraordinárias, providências cautelares com a finalidade de sobre-ser a execução baseada na sentença (ou acórdão) rescindenda; essa necessidade é real e palpável. Temos ainda vivo na memória um caso concreto que pode ser apontado como corolário expressivo do que acabamos de afirmar. Um empregado havia ingressado em juízo, formulando pretensões relativas a aviso prévio, indenização, férias, 13º salário, horas extras, adicional noturno

---

(232) *Galeno Lacerda*, "Comentários ao Código de Processo Civil", vol. III, tomo I, Rio de Janeiro: Forense, 2ª ed., 1981, p. 157.
(233) *Galeno Lacerda*, ob. cit., p. 63.

e o mais; oferecida pelo réu a contestação e realizada a instrução processual, o juízo de primeiro grau rejeitou, integralmente, os pedidos formulados pelo autor. Da sentença ele não recorre; logo, esta passa em julgado. Dias depois, o mesmo empregado constitui outro advogado que, desconhecendo a existência da *res iudicata* formada contra o seu constituinte, ajuíza ação onde efetua pedidos rigorosamente idênticos aos anteriores. O réu — um pequeno estabelecimento comercial —, ao receber, pelo correio, o instrumento de citação para a nova ação, supõe tratar-se de comunicação concernente ao processo anterior, já findo (no qual fora vencedor), e, em razão disso, deixa de comparecer à audiência inicial. A Vara procede, então, ao julgamento antecipado da lide (CPC, art. 330, II), e como a matéria constante da inicial é toda de fato, considera o réu confesso (além de revel), acolhendo, assim, totalmente os pedidos deduzidos pelo autor. Da sentença o réu não recorre, embora intimado (CLT, art. 852): vez mais, supõe que essa comunicação diga respeito ao processo anterior.

Uma nova coisa julgada, então, se constitui, em inconciliável antagonismo com a outra, que a antecedeu; ou melhor, a segunda sentença transita em julgado em gritante desrespeito à *res iudicata* que se formara de maneira absolutamente regular.

O empregado — agora convolado para credor — promove a execução da sentença (por quantia certa) que lhe foi favorável; apenas ao ser citado para essa execução é que o réu (devedor) se dá conta de que havia uma segunda ação (onde os pedidos eram idênticos aos da primeira), uma segunda sentença — só que esta o condenara ao pagamento de certas quantias, que a anterior declara serem indevidas.

Refeito do golpe de deslealdade praticado pelo empregado, o devedor constitui advogado, que ingressa com a rescisória no tribunal; enquanto isso, era realizada a penhora de todos os seus bens, pois a ação rescisória, considerada em si mesma, não suspende a execução da sentença rescindenda (CPC, art. 489). Meses depois, o tribunal acolhe o pedido rescisório, fazendo, com isso, desaparecer do mundo jurídico o título judicial em que a execução se fundava. Apesar desse sucesso, o devedor não encontrou motivos para regozijar-se, na medida em que, àquela altura, os seus bens já haviam sido judicialmente expropriados (arrematados por terceiro), cujo produto pecuniário fora entregue ao credor, que se encontrava em lugar desconhecido.

Houvesse, todavia, o devedor ajuizado, no tribunal, concomitantemente com a rescisória (ou logo depois desta), ação cautelar inominada e o relator teria emitido, inclusive em caráter liminar, no mais alcandorado momento de exercício do poder geral de cautela que lhe outorga a lei, medida suspensiva da execução. Para isso, seria necessário que o relator estivesse bafejado por um mínimo de bom senso e de discernimento jurídico. O decreto cautelar, que ele expedisse (*in limine*), se justificaria não tanto pelo fato de ser imperativo para tutelar um direito do devedor (autor, na rescisória), mas, sobretudo, pela necessidade de combater uma execrável velhacada do credor (réu, na rescisória), consistente em afrontar a coisa julgada (formada contra os seus interesses), em indiscutível proveito pessoal.

Só mesmo o espírito monolítico dos leguleios atrever-se-ia a recusar a possibilidade de ser emitida, em situações como a relatada, medida cautelar atípica destinada a suspender a execução fundada na sentença rescindenda — vinda ao mundo para tripudiar sobre a legítima coisa julgada, anteriormente constituída.

Capítulo XXV

RESCISÓRIA DE ACÓRDÃO QUE NÃO ADMITE RECURSO

Comentário

Ao longo dos capítulos anteriores, viemos afirmando que somente podem ser objeto de ação rescisória as sentenças ou os acórdãos que hajam examinado o mérito da causa, entendido este como a pretensão (geralmente de direito material) *in iudicio deducta*. Inferência, nesse sentido, é absolutamente lógica, em face do disposto no *caput* do art. 485, do CPC; por esse motivo, em torno dessa conclusão se formou uma unanimidade, tanto na doutrina quanto na jurisprudência.

O que escreveremos a seguir constitui, portanto, uma profunda ruptura com a dogmática tradicional, porquanto estaremos sustentando a possibilidade de exercício da rescisória para desconstituir acórdão que tenha deixado de admitir determinado recurso, ao fundamento de que este não satisfez os pressupostos legais correspondentes. Por outras palavras, estaremos nos empenhando em demonstrar a necessidade de ser consentido, embora em caráter excepcional, o uso da ação rescisória para desfazer acórdãos que não tenham ingressado no exame do *meritum causae*. Trata-se, pois, de uma tese, de um ensaio atrevido, cuja motivação decorre da dinâmica dos fatos da vida, dessas situações extremamente dramáticas, enfim, com que a realidade prática sói tocar a sensibilidade dos juristas e de todos aqueles que se preocupam com as injustiças que as ocasionais imperfeições de nosso sistema processual possam produzir.

Argumentemos com uma dessas situações.

Um Tribunal Regional do Trabalho não admite certo recurso (o ordinário, por exemplo), por entendê-lo intempestivo ou deserto, quando, na verdade, fora interposto no prazo legal e se encontrava regularmente preparado. Fatos como este, aliás, têm ocorrido com freqüência. Pois bem. Se a parte interpuser recurso de revista desse acórdão, argumentando, digamos, que houve violação dos arts. 895, *a*, ou 899, da CLT, e, nisso, obtiver êxito, estará corrigido o erro perpetrado pelo Tribunal Regional. Caso, porém, a parte deixe de ingressar com o recurso de revista, o referido acórdão passará em julgado e, não sendo admissível o seu ataque pela via rescisória (por não haver tocado no mérito da causa), os danos acarretados ao seu direito se tornarão irreparáveis.

Ao contrário das opiniões doutrinais assentes, entendemos que, em situação como a narrada, deve ser permitido o uso da ação rescisória, a despeito da dicção do art. 485, *caput*, do digesto de processo civil. Nossa convicção se estriba, essencialmente, em um elemento ético, segundo o qual nenhuma decisão judicial equivocada, que tenha causado danos de considerável monta ao direito da parte, pode ficar imune à ação rescisória.

Dir-se-á, contudo, que, diante de situações como a descrita, deve a parte valer-se do recurso de revista, por meio do qual poderia obter a "reforma" do acórdão, em, em razão disso, fazer com o que o seu recurso ordinário fosse apreciado, no mérito, pelo Tribunal Regional. Ora, um tal argumento não só deixa de enfrentar o núcleo da questão, representado pela viabilidade do emprego da ação rescisória, como insinua, contra os princípios, a ocorrência de preclusão pela não-utilização do recurso de revista, além de perder o fundamento em que se apóia, na hipótese de o recurso de revista não ser admitido, por qualquer motivo.

É necessário ressaltar que a ação rescisória provoca o estabelecimento de uma nova relação jurídica processual, que não se subordina àquela que foi encerrada pelo acórdão rescindendo. Tanto é verdadeira a assertiva, que não estarão impedidos de participar do julgamento desta ação os juízes que, porventura, tenham participado do julgamento que deu origem ao acórdão rescindendo (Súmula n. 252, do Supremo Tribunal Federal).

Jamais se poderá cogitar, conseguintemente, de preclusão do exercício da ação rescisória, em decorrência da não-impugnação, mediante recurso, da sentença ou do acórdão, cujos efeitos se visa a desconstituir. No mesmo sentido, a jurisprudência do Supremo Tribunal Federal, como revela a sua Súmula n. 514. Cabe-nos reparar, apenas, que a *res iudicata* não traduz efeito, e, sim, qualidade do pronunciamento jurisdicional não mais sujeito a recurso.

Devemos, a esta altura de nossa exposição, fazer um esclarecimento oportuno: não estamos a preconizar a possibilidade de manejo da ação rescisória em todos os casos em que a sentença ou o acórdão deixarem de investigar o mérito da demanda. O campo de nossa observação está restrito aos acórdãos que não admitirem recursos, em virtude de suposta ausência dos pressupostos legais, subjetivos ou objetivos. Não nos abalançaríamos a estender o nosso ponto de vista às sentenças que não tenham adentrado no mérito, por um motivo elementar: permite, a lei (CPC, art. 268), que o autor, neste caso, intente outra vez a ação (sem prejuízo de preferir interpor recurso ordinário da sentença), com o que lhe devolve a oportunidade de invocar, agora sem as falhas anteriores, a prestação da tutela jurisdicional indispensável para assegurar-lhe um bem ou uma utilidade da vida. Essa reabertura de oportunidade, entretanto, não ocorre no tocante ao recurso não admitido, ou seja, o sistema processual, por motivos plenamente justificáveis, não concede à parte a possibilidade de recorrer, novamente, da mesma decisão.

Devemos insistir neste ponto: o simples fato de a parte deixar de interpor recurso de revista do acórdão do Tribunal Regional, que não admitiu o recurso (ordinário), não pode ser invocado como razão jurídica para impedir-lhe o uso da ação rescisória, exceto se se estiver a considerar, contra os princípios e a lógica, como dissemos, que a falta de interposição daquele recurso implicaria preclusão ao exercício da rescisória. Demais, esse argumento, se admitido, deveria valer para todas as situações, de tal maneira que, mesmo no caso de o acórdão haver examinado o mérito, deveria ser inibido o uso da rescisória se a parte deixasse de impugnar aquela decisão mediante recurso de revista — o que é inconcebível. Por outro lado, o recurso de revista poderia não vir a ser admitido, tornando, com isso, irreparável o erro cometido pelo Tribunal Regional.

Se a situação-tipo de que estamos a nos ocupar não for suficiente para sensibilizar quanto à necessidade de haver uma ruptura — ainda que tópica — com a dogmática tradicional e com a irracionalidade da lei (CPC, art. 485, *caput*), de modo a permitir-se o exercício da ação rescisória de acórdãos que não tenham admitido recursos, apresentaremos uma outra, que, talvez, consiga tocar, no espírito dos juristas, aquele diminuto ponto ainda sensível. Ei-la: o Tribunal Regional nega provimento a agravo de instrumento interposto de decisão de juiz de primeiro grau, que não admitiu recurso ordinário. Tanto o juízo a quo quanto o ad quem incidiram no erro de afirmar que o recurso ordinário era intempestivo ou se encontrava deserto, quando, em rigor, havia sido interposto no prazo legal ou estava devidamente preparado. Muito bem. Neste caso, a parte prejudicada nem mesmo poderia interpor recurso de revista do acórdão proferido pelo Tribunal, pois, nos termos da Súmula n. 218, do Tribunal Superior do Trabalho: "É incabível recurso de revista interposto de acórdão regional prolatado em agravo de instrumento". Isto significa, sem rebuços, que a parte nem sequer teria oportunidade de tentar submeter o acórdão regional à apreciação do Tribunal Superior do Trabalho. Com isso, o equívoco do Tribunal Regional, ao negar provimento ao agravo de instrumento, por haver incorrido no mesmo erro do juiz de primeiro grau (de supor que o recurso ordinário não atendia aos pressupostos legais), se tornaria imutável, perpétuo, pois o art. 485, *caput*, do CPC, não permitiria que a parte se socorresse da ação rescisória, vez que o acórdão regional não penetrou o mérito.

Sejamos sensatos. E justos. A situação mencionada demonstra, com clareza e dramaticidade inegáveis, a necessidade de a doutrina e a jurisprudência trabalhistas, impulsionadas por essa vocação transformadora, zetética, que as colocou numa posição de excelência, no universo jurídico, romperem com a rigidez do art. 485, *caput*, do estatuto de processo civil, para consentir o uso, em situações especiais, da ação rescisória, com a finalidade de desfazer acórdãos transitados em julgado, que, em patente equívoco, não tenham admitido recursos, e, com isso, provocado consideráveis danos à parte. Se bem refletirmos, veremos que o uso da rescisória, na espécie, se destina a resgatar o prestígio dos pronunciamentos da jurisdição, ocasionalmente turvado por acórdãos derivantes de erros nitidamente perceptíveis. É óbvio que este é um argumento de segundo plano, pois a tudo sobreleva a necessidade de ser reparado o dano que essa decisão causou ao direito da parte.

Não há dúvida de que todos devemos acatamento às leis do país; quando, porém, por inadvertência do legislador, a norma legal figura como obstáculo à correção de um erro praticado pela magistratura, devem, doutrina e jurisprudência, encontrar, nos princípios gerais e no bom senso, argumentos capazes de possibilitar a reparação do erro, sem, com isso, negar vigência à lei, por tratar-se de uma solução extraordinária. Pressupõe-se, dessa forma, que, se a situação dramática, socorrida pela providência da doutrina e da jurisprudência, tivesse sido imaginada pelo legislador, este, seguramente, teria redigido a norma de tal modo que situações dessa natureza não ficassem fora do alcance de suas disposições.

Certamente, não foi pela voz indolente dos leguleios que o Direito evoluiu em direção aos seus verdadeiros objetivos, e, sim, pelos ditames das consciências insopitáveis dos pensadores de bom senso, que souberam, em determinado momento, encontrar razões ponderáveis para que a lei não fosse aplicada, com a frieza de sua letra, para impedir a reparação de erros notórios, cometidos pelos juízes.

Nas edições anteriores deste livro escrevemos: Nos dias atuais, a propósito, imperante, ainda, a opinião dogmática — que presta subserviente homenagem ao art. 485, *caput*, do CPC — de que a ação rescisória não pode ser empregada contra acórdão que não tenha admitido recurso, o que se tem presenciado, na realidade do foro, é uma desesperada utilização dos embargos declaratórios, com o escopo de fazer com que o recurso venha a ser admitido. Pede-se, no caso, que o próprio Tribunal (Pleno, Turma etc.) proferidor do acórdão embargado declare haver incorrido em erro ao não admitir o recurso ordinário. Ora, a impropriedade dos embargos de declaração para esse fim é gritante, pois, tirante raríssimas exceções, não se verifica nenhum dos motivos previstos nos incisos I e II, do art. 535, CPC, que justifiquem a apresentação desses embargos. De qualquer modo, o problema acarretado pelo acórdão que não admitiu o recurso ficaria sem solução se os embargos declaratórios fossem rejeitados, ou nem sequer admitidos.

O uso desses embargos, para modificar o acórdão, na situação de que estamos a cuidar, se presta, contudo, para demonstrar a compreensível angústia da parte que não teve o seu recurso admitido, conquanto seja patente o erro do Tribunal, ao assim decidir.

Cabe, aqui, um esclarecimento.

Diante da incerteza se a nossa tese sobre a possibilidade de utilização da ação rescisória para desfazer acórdão transitado em julgado, que não houvesse examinado o mérito, seria colhida, ou não, no âmbito da doutrina e, em especial, da jurisprudência, e levando em conta as situações dramáticas que a realidade estava a revelar a todo momento (inadmissibilidade equivocada de recursos), passamos, sem renunciar àquela tese, a defender a utilização dos embargos declaratórios para corrigir os erros dos Tribunais, cometidos no exame dos pressupostos de admissibilidade dos recursos. Se é certo que os embargos de declaração não foram instutídos para finalidades que tais, não menos verdadeiro é que a doutrina está politicamente autorizada a dar uma interpretação à norma legal sem dissociá-la da realidade e dos fins sociais a que se destina. Colocado à frente esse critério, não nos foi difícil aceitar a possibilidade de os embargos declaratórios serem utilizados para a correção de equívocos dos Tribunais, cometidos no exercício de seu inerente juízo de admissibilidade de recursos. Tão relevantes são os argumentos em que se apóia esse corrente doutrinal, que o legislador a consagrou. Referimo-nos à Lei n. 9.957, de 12.1.2000, que acrescentou à CLT o art. 897-A, cujo *caput* estabelece que os embargos declaratórios podem ser dotados de efeito modificativo, inclusive, nos casos de "manifesto equívoco no exame dos pressupostos extrínsecos do recurso". Pressupostos extrínsecos ou os objetivos compreendem: a) recorribilidade do ato; b) regularidade formal do ato; c) adequação; d) tempestividade; e) depósito pecuniário (quando exigido); f) pagamento de custas. Nada justifica, entrementes, o fato de o legislador haver restringido o uso dos embargos declaratórios, para o fim em estudo, às situações de manifesto equívoco no exame dos pressupostos objetivos dos recursos. Essa possibilidade deveria abranger, também, os pressupostos subjetivos ou extrínsecos, que abarcam: a) a legitimidade; b) o interesse; c) a capacidade; d) a representação. Ao conceber a tese, a doutrina não limitou esses embargos aos pressupostos objetivos. Destarte, embora, nos dias de hoje, *legem habemus* (CLT, art. 897-A), nada obriga a doutrina a renunciar à sua posição original.

O Direito deve estar a serviço da vida, e, não, esta, necessariamente, a serviço daquele. Sobraram razões, por isso, a *Oliver Wendell*, ao advertir que a vida do Direito não foi a lógica, mas a experiência ("The Common Law"). E, quando a experiência demonstrar que o Direito falhou, que o império seja daquela, sob pena de o Direito converter-se em um elemento monolítico, fincado na contramão da dinâmica dos fatos que brotam da realidade — viva, palpitante, e, não raro, dramática.

É conveniente lembrar que, na vigência do Código de Processo Civil de 1939, admitia-se, na doutrina e na jurisprudência, o exercício da ação rescisória tendo como objeto sentenças ou acórdãos que não se houvessem pronunciado sobre o mérito. Em que pese ao fato incontestável de ter ocorrido significativa alteração na matriz legislativa, com o advento do atual estatuto de processo civil, a verdade é que a vida não se modificou. As dificuldades existentes no passado persistem no presente e, de certo modo, com mais intensidade, em face, exatamente, da complexidade das relações sociais e das exigências do próprio Direito. A ninguém é dado ignorar essas transformações e a sua repercussão no plano da interpretação das leis.

Aceita a utilização da rescisória para a finalidade que estamos a propor, é elementar que o fundamento do pedido haverá de ser um dos incisos do art. 485, do CPC. Particularmente, não vemos como possa calcar-se nos incisos I (prevaricação, concussão, corrupção); II (impedimento ou suspeição); III (dolo ou colusão); IV (ofensa à coisa julgada) e VIII (invalidar confissão, desistência ou transação), vez que, como tantas vezes assinalamos, o que estamos a defender é o exercício da rescisória diante de acórdão que não tenha admitido recurso.

Será, todavia, algo freqüente o seu ajuizamento com fulcro nos incisos V (violação de literal disposição de lei) e IX (erro de fato), e, em menor intensidade, nos incisos VI (falsa prova) e VII (documento novo), do referido texto legal.

Nossa alusão ao inciso V, feita há pouco, tem especial significado, porquanto se o acórdão deixar de admitir um recurso (*v. g.*, o ordinário), por entender ausente um dos pertinentes pressupostos, quando, na realidade, todos esses pressupostos foram satisfeitos, haverá, nisso, violação de literal disposição de lei, como, por exemplo, dos arts. 895, a (tempestividade) e 899, da CLT (depósito pecuniário), segundo seja a hipótese.

Queremos deixar sublinhado, porém, o nosso entendimento de que a lei, cuja transgressão literal enseja o uso da rescisória, tanto pode ser de natureza material, quanto processual. Os exemplos acima referidos, aliás, invocam leis de caráter processual.

Em outras situações, a inadmissibilidade do recurso, pelo acórdão, pode derivar de erro de fato, como quando, *e. g.*, o Tribunal afirma que o advogado do recorrente não possui procuração nos autos (nem se configura o mandato tácito), embora o correspondente instrumento tenha sido oportunamente juntado. Nesta hipótese, o Tribunal teria alegado a inexistência de um fato (documento), que, na verdade, existe, caracterizando, com essa falha de percepção, o erro de fato, de que trata o inciso IX, do art. 485, do CPC. Como ficou visto no Capítulo XV, *retro*, para que o erro de fato possa ser apontado como fundamento para a rescindibilidade do acórdão, impõe-se a concorrência dos seguintes requisitos: a) deve ter como objeto essencial fatos da causa em que foi proferido o acórdão; b) o erro deve ser apurável por meio de exames de documentos e de outros elementos dos autos, não sendo admissível que o autor procure provar, na rescisória, a existência ou a inexistência do fato, com outros meios; c) o fato deve ter influenciado, diretamente, o resultado do julgamento; d) sobre esse fato não deve ter havido controvérsia ou pronunciamento jurisdicional.

Cumpridos esses requisitos, não há razão jurídica, nem ética, para obstar-se o uso da rescisória, ainda que dirigida a acórdão que não tenha ingressado no exame do mérito, como se dá, designadamente, com o que não admite recurso.

Enfim, as particularidades de cada situação concreta é que determinarão o inciso do art. 485, do CPC, a ser indicado como fundamento da ação rescisória. O importante é que esta possa ser exercida, sem as limitações impostas pela expressão literal do citado dispositivo de lei.

Vamos além: permitido o emprego da rescisória, com a finalidade que estamos a sugerir, nada impede que, em situações especiais, se invoque, mediante petição específica, o exercício do poder geral de cautela, que o art. 798 do CPC atribui ao magistrado, para efeito de ser suspensa a execução da sentença impugnada por meio do recurso ordinário não admitido, equivocadamente, pelo Tribunal, sempre que for o caso. Sobre a possibilidade de obtenção de um provimento acautelatório tendente a sobrestar a execução da sentença, e a indicação dos fundamentos em que se apóiam as nossas razões, pudemos discorrer, mais detidamente, no capítulo anterior (XXIV).

Em resumo, os fatos da vida estão a revelar que, muitas vezes, os Tribunais, ainda que por falha involuntária, não têm admitido recursos, fazendo com que, esgotada a possibilidade de impugnação do acórdão pelo recurso de revista (ainda assim, quando este seja admissível), fique a parte prejudicada sem qualquer instrumento jurídico dotado de aptidão para desfazer o acórdão regional, conquanto possa estar patente o erro que o contamina. É absolutamente inaceitável, em face de situações como esta, que se vede à parte o acesso à via rescisória, sob o argumento de que o acórdão não examinou o mérito da causa.

Leis mal elaboradas comprometem o prestígio do ordenamento jurídico; leis interpretadas com abstração da realidade produzem uma jurisprudência postiça e submissa a um legulismo que nada constrói.

Por isso, depositamos, neste capítulo, o nosso modesto contributo para a obra de integração da lei à realidade, e, ao mesmo tempo, a nossa esperança de que essa integração venha pela voz de uma doutrina e de uma jurisprudência de vanguarda, capazes, até mesmo, de influenciar, pela força dos seus argumentos, o próprio legislador.

Infelizmente, entretanto, a jurisprudência trabalhista parece haver preferido manter-se em cômoda atitude dogmática, dando as costas à realidade que há além dos muros escolásticos em que se confinam alguns magistrados. A Orientação Jurisprudencial n. 47, da SDI-II, do TST, parece haver adotado essa atitude: "Ação rescisória. Sentença de mérito. Violação do art. 896, *a*, da CLT. Incabível ação rescisória, por violação do art. 896, *a*, da CLT, contra decisão que não conhece de recurso de revista, com base em divergência jurisprudencial, pois não se cuida de sentença de mérito".

Tendo em conta o dogmatismo dessa OJ, consistente em subordinar o exercício da ação rescisória à existência de um pronunciamento sobre o mérito, cumpre-nos reforçar os argumentos opostos, que temos sustentado. Com vistas a isso, devemos, desde logo, formular uma indagação essencial: por que motivo o legislador teria, por exemplo, previsto o uso dessa ação quando a decisão violasse literal disposição de lei (art. 485, inciso V)? Certamente, para restabelecer a supremacia da ordem legal (e constitucional), contravinda por um pronunciamento jurisdicional. Sendo assim, fica claro que o *valor* a ser protegido, por meio da rescisória, nesta hipótese, é a mencionada supremacia da ordem constitucional. Pois bem. Sob esta perspectiva, que relevância tem o fato de alguma decisão judicial não haver ingressado no exame do mérito, embora fique evidente a violação por ela perpetrada à Lei ou à Constituição da República? Posta à frente, enfim, a finalidade da ação rescisória, na situação em exame, que importância teria a particularidade de a sentença ou o acórdão não haver solucionado o conflito de interesses, se, a despeito disso, ficou patente o espezinhamento do ordenamento legal, assim como o prejuízo irreparável acarretado à parte (recurso não admitido)?

Se o legislador, ao redigir o *caput* do art. 485, do CPC, por falta de sensibilidade, não se deu conta de que poderia, *v. g.*, haver violação a literal disposição de lei, mesmo sem exame da lide, é necessário que a doutrina corrija essa inadvertência legislativa, dando à norma uma interpretação compatível com a sua finalidade, que é, como se salientou, a de preservar a supremacia da ordem legal.

Capítulo XXVI

HONORÁRIOS DE ADVOGADO

Comentário

Se considerarmos o ponto de vista exclusivo do processo civil, haveremos de concluir ser plenamente possível a condenação do vencido, em sede de ação rescisória, no pagamento de honorários de advogado. Assim dizemos porque o art. 494, parte final, do CPC, faz remissão expressa o art. 20, do mesmo estatuto processual, onde está dito que a sentença imporá ao vencido o pagamento dessa espécie de honorários, em prol do vencedor.

Entendemos, porém, que os arts. 20 e 494, do CPC, são inconciliáveis com determinados princípios medulares do processo do trabalho, conforme procuraremos demonstrar, a seguir.

Com efeito, o processo do trabalho — em sentido amplo —, desde as suas origens, recusou a idéia de o vencido ser condenado ao pagamento de honorários de advogado, em benefício do adversário. Não se suponha que essa atitude do legislador estaria ligada ao fato de ele próprio haver atribuído capacidade postulatória às partes, por força da qual estas podem (melhor: poderiam) invocar, pessoalmente, a prestação da tutela jurisdicional, vale dizer, sem a presença de advogado. Ora, o art. 791, da CLT, cujo *caput* atribui (ou atribuía?) esse *ius postulandi*, prevê a possibilidade de os litigantes atuarem por meio de advogado, e, nem por isso, esse texto legal cogitou da condenação do vencido ao pagamento dos honorários correspondentes.

O princípio estabelecido no processo do trabalho, portanto, é o de que as partes responderão pelos honorários dos advogados que contratarem. Assim tem sido, como vimos, desde o início dos tempos. Pretendeu o legislador, com isso, sem dúvida, proteger o trabalhador contra eventuais condenações no pagamento de honorários de advogado, em prol da parte contrária.

A 26 de junho de 1970, entretanto, advém a Lei n. 5.584, para dispor, pela primeira vez, sobre honorários de advogado, no processo do trabalho. Se bem verificarmos, veremos que essa norma legal não constitui exceção ao princípio vigente neste processo, há pouco referido, de que cada litigante responderá pelos honorários do seu advogado, porquanto os honorários mencionados na Lei n. 5.554/50 não se destinam ao trabalhador, e, sim, ao sindicato que lhe estiver ministrando assistência judiciária gratuita. O titular do direito, no tocante a esses honorários, é, pois, o sindicato, não o trabalhador. Há razões jurídicas e políticas para que assim o seja. É que, exigindo a precitada norma legal que os sindicatos prestem assistência judiciária aos integrantes da categoria, que recebam salários iguais ou inferiores a duas vezes o mínimo legal, sob pena de sanções pecuniárias a serem aplicadas aos dirigentes (art. 19), essa imposição faria com que as entidades sindicais tivessem de contratar advogados (ou ampliar o número dos já existentes) para atender a essa obrigação. Com isso, como é elementar, as despesas dessas entidades seriam consideravelmente aumentadas, motivo por que o legislador destinou a elas os honorários de advogado, pagos pelos empregadores, como uma espécie de contrapartida à obrigação de prestarem, gratuitamente, assistência judiciária.

Fique claro, assim, que a introdução dos honorários de advogado, no processo do trabalho: a) não foi em caráter geral, mas circunscrita aos casos de assistência judiciária gratuita, e compulsória, por parte das entidades sindicais; b) não decorreu da aplicação do princípio da sucumbência, consagrado pelo art. 20, do CPC, e, sim, da necessidade de os sindicatos serem compensados pelos gastos que teriam de contrair, com a contratação de advogados, para atender à obrigação de ministrar a sobredita assistência judiciária.

Um certo setor da jurisprudência, contudo, vem entendendo que os honorários de advogado são devidos na ação rescisória, sob os argumentos de que: a) é uma ação "especial" ou *sui generis*; b) o vencedor não pode sofrer redução em seu patrimônio; c) a condenação no pagamento desses honorários tem o efeito prático de desestimular o ataque à coisa julgada material.

Não concordamos com nenhum desses argumentos.

Em primeiro lugar, o fato de a rescisória constituir uma ação especial não tem a mínima relevância, pois, a prevalecer esse argumento, teríamos de admitir a imposição do pagamento de honorários de advogado, também, nas ações de prestação de contas, de depósito, de consignação em pagamento, nos embargos de terceiro, e outras mais, que são, igualmente, "especiais". Não nos consta que os defensores da opinião de que estamos a dissentir tenham sustentado o cabimento de honorários de advogado em tais ações.

Em segundo, não desconhecemos a antiga e sempre proveitosa observação do *Chiovenda*, no sentido de que a condenação no pagamento desses honorários se justifica não só pelo fato objetivo da derrota, senão como medida necessária para evitar que o vencedor sofra uma redução em seu patrimônio, "por ser interesse do Estado que o emprego do processo não se resolva em prejuízo de quem tem razão, e por ser, de outro lado, interesse do comércio jurídico que os direitos tenham um valor tanto quanto possível nítido e constante" ("Instituições de Direito Processual Civil", São Paulo, 1ª ed., vol. III, 1942, pp. 285/286).

A lição desse notável mestre peninsular teve como objeto, porém, o processo civil, onde o princípio da sucumbência recebeu larga consagração. O processo do trabalho, como ficou demonstrado, repeliu esse princípio, motivo por que, só por isto, seria de colocar-se de lado o argumento civilista que procura justificar a condenação do vencido ao pagamento de honorários como providência tendente a evitar que o vencedor sofra um desfalque patrimonial. De qualquer modo, não vemos como se possa defender a aplicação do princípio da sucumbência, no processo do trabalho, apenas, em sede de ação rescisória e negá-lo nos demais casos, nomeadamente, nas ações características deste processo especializado. Desta forma, quer nos parecer que, ou se aplica o mencionado princípio em todas as ações (máxime as condenatórias) apreciadas pela Justiça do Trabalho, ou não se aplica a nenhuma delas, aí incluída a rescisória, pois, afinal de contas, em nenhuma dessas situações seria concebível — segundo a doutrina de que estamos a divergir — que houvesse perda patrimonial por parte do vencedor, vale dizer, daquele com o qual o pronunciamento da jurisdição reconheceu estar o direito disputado.

Mais do que isso, a alegação de que os honorários de advogado deveriam ser admitidos, na ação rescisória trabalhista, para evitar que o vencedor tivesse um dano em seu patrimônio, não resiste à força dos próprios fatos que ela tenta explicar. Digamos, por exemplo, que o empregado tenha sido vencedor em primeiro grau de jurisdição, sendo o empregador condenado a pagar-lhe determinadas quantias. Só não houve condenação em honorários de advogado, porque o trabalhador não fazia jus a essa verba. Passando em julgado a sentença, o empregador ingressa com ação rescisória, fundada, e.g., no impedimento do magistrado que participou do julgamento em que foi proferida a sentença rescindenda. O Tribunal, diante das evidências, desconstitui a *res iudicata* e condena o trabalhador (réu, na ação) no pagamento de honorários de advogado. Retornando os autos ao primeiro grau, nova sentença é proferida (desta feita, por juiz desimpedido), que, todavia, como a anterior, condena o empregador no pagamento de determinadas quantias, mas não em honorários de advogado, por entender que o trabalhador não faz jus a eles. Teríamos, com isso, uma situação em que o trabalhador, embora vencedor (em virtude da segunda sentença), não teria como se reembolsar dos honorários que pagou em decorrência do acórdão emitido na ação rescisória. Teríamos, em última análise, um caso em que o trabalhador, conquanto vencedor, sofreu um desfalque patrimonial, exatamente porque se entendeu que, em sede de ação rescisória, mesmo no plano do processo do trabalho, é possível a condenação do vencido ao pagamento de honorários de advogado.

Em terceiro lugar, dizer-se que os honorários de advogado, na ação rescisória, têm o escopo de desestimular o ataque à coisa julgada material, é cometer dois equívocos numa só afirmação.

Realmente, o pressuposto dessa assertiva é que o autor, na rescisória, fique vencido, e, em razão disso, deva pagar os honorários do advogado do adversário. *Data venia*, esse pressuposto é falso, pois há inúmeros casos em que o autor, na rescisória, obtém êxito, não fazendo sentido, por isso, falar-se, nesta hipótese, em desestímulo às ofensivas contra a coisa julgada material. No exemplo que formulamos há pouco, não só o trabalhador era réu na ação (logo, a iniciativa de ajuizá-la foi do empregador), como nem sequer deu causa ao vício que contaminou a sentença rescindida. A despeito disso, foi condenado ao pagamento de honorários, sem qualquer possibilidade de ser reembolsado, futuramente, como procuramos demonstrar.

Por outro lado, o mecanismo legal instituído para desestimular o exercício infundado da ação rescisória é a multa pecuniária, de que cuida o art. 488, inciso II, do CPC (5% sobre o valor da causa), nunca, os honorários de advogado. Cumpre-nos lembrar, no entanto, que a Lei n. 7.351, de 27.8.85, que deu nova redação ao art. 836, da CLT, para admitir a ação rescisória no processo do trabalho, excluiu, expressamente, aquela multa. Essa particularidade revela, aliás, que o legislador procurou manter-se fiel à regra de não onerar as partes, no processo do trabalho, com despesas (*lato sensu*) e outras sanções pecuniárias próprias do processo civil, dada a absoluta heterogeneidade das relações jurídicas materiais a que um e outro processo visam a tutelar.

A presença do trabalhador, na relação jurídica processual, é, designadamente, o principal motivo por que o processo do trabalho instituiu um procedimento muito menos oneroso, economicamente, do que o do processo civil, fazendo, *v. g.*, com que as custas somente sejam pagas no final (CLT, art. 789, § 1º) e que os oficiais de justiça não cobrem pelas diligências realizadas, *ex officio* ou a requrimento do interessado.

Destarte, aqueles que pretendem prover o processo do trabalho de expedientes legais capazes de desestimular o ataque à coisa julgada material, pela via rescisória, deverão, talvez, bater-se pela aplicação, *de lege ferenda*, a este processo, da penalidade pecuniária prevista no art. 488, II, do CPC, e, não, insistir na possibilidade da condenação do vencido ao pagamento de honorários de advogados — até porque, como vimos, muitas vezes não é o vencido quem se arremete contra a *res iudicata*, mas o vencedor.

Para que não nos lancem a pecha de intransigentes — se for equivocado não transigir em tema de princípios —, o máximo que poderíamos admitir é quanto à possibilidade de haver condenação no pagamento de honorários de advogado, em ação rescisória, nos casos de assistência judiciária regulada pela Lei n. 5.584/70. Em rigor, não haveria, aqui, de nossa parte, transigência, mas coerência, pois se o trabalhador estiver recebendo o benefício da assistência judiciária gratuita, pelo sindicato, os honorários impostos pelo acórdão rescisório reverterão em prol da entidade sindical (art. 16).

O que não nos parece possível é sustentar, de um lado, e de modo geral, o princípio de que, no processo do trabalho, cada parte responde pelos honorários do advogado cujos serviços contratar, e, de outro, que esse princípio não deve ser respeitado em sede de ação rescisória, de tal modo que prevaleça, aqui, a regra da sucumbência, inscrita no art. 20, do CPC. A nosso ver, são duas posições inconciliáveis, cujo antagonismo não consegue ser disfarçado pelo sofisma que se insinua na afirmação de tratar-se, a rescisória, de uma ação "especial" ou *sui generis*.

O que se deve pôr em frente, e acima de tudo, é o truísmo da presença inevitável do trabalhador na relação jurídica processual — particularidade que levou o legislador trabalhista a não consagrar a cláusula civilista da sucumbência (CPC, art. 20). Não vemos nenhuma razão relevante para que essa atitude axiológica do legislador seja desacatada em tema de ação rescisória, onde, como tantas vezes assinalamos, aceita a condenação do vencido no pagamento de honorários de advogado, isso poderá significar não só a insensata possibilidade de o trabalhador vir a ser destinatário dessa condenação, mesmo sendo réu na ação e não havendo dado causa ao vício que contaminou a sentença rescindida, mas traduzir manifesta injustiça, como quando não lhe for possível reembolsar-se dos honorários que pagou, em situações como a que narramos anteriormente.

Menos comprometedor dos princípios que dão conteúdo ideológico ao processo do trabalho será deixar o trabalhador sem receber honorários de advogado, quando for vencedor na ação rescisória (como autor ou réu), do que lhe impor a condenação no pagamento desses honorários, toda vez em que ficar vencido. E, como não será possível condenar-se, apenas, o empregador no pagamento dessa verba, quando vencido na causa (exceto nos casos, já ressalvados, de assistência judiciária gratuita ao trabalhador, pelo sindicato), pois isso implicaria uma aplicação discriminatória do art. 20, do CPC, a solução, que melhor atende às particularidades do processo do trabalho, será não se condenar nenhuma das partes ao pagamento desses honorários, pois esse é, precisamente, o princípio que informa o mencionado processo.

As lides trabalhistas não podem ser tratadas como se fossem lides civis, nem o processo civil ser utilizado, de maneira sub-reptícia, para solucionar aquelas. Por isso, é absolutamente indispensável que, ao serem aplicados ao processo do trabalho, determinados institutos ou figuras do processo civil, estes se submetam à necessária adaptação às marcantes singularidades deste processo especializado, sob pena de graves perturbações de sua identidade teleológica.

Dir-se-á, contudo, que nossos argumentos já não se sustentam, em decorrência da Lei n. 8.906, de 4-7-94 (que instituiu o denominado "Estatuto dos Advogados"), cujo art. 22 declara pertencerem ao advogado os honorários da sucumbência.

Data venia de alguns intérpretes afoitos desse texto, ele não afirma, em nenhum momento, que o princípio da sucumbência seja aplicável ao processo do trabalho; o que se deve inferir é que somente haverá sucumbência onde esse princípio for admissível. Esta conclusão se harmoniza com o art. 23, da mesma norma legal.

Logo, mesmo com o advento da Lei n. 8.906/94, deve ser mantido o judicioso entendimento jurisprudencial compendiado pela Súmula n. 329, do TST, reiterado pela Orientação Jurisprudencial n. 27, da SDI-II, do TST: "Ação rescisória. Honorários advocatícios. Incabível condenação em honorários advocatícios em ação rescisória no processo trabalhista, salvo preenchidos os requisitos da Lei n. 5.584/70". Ou seja, nossa opinião foi prestigiada.

Capítulo XXVII

REMESSA *EX OFFICIO* EM AÇÃO RESCISÓRIA

Comentário

Por força do disposto no art. 1º, inciso V, do Decreto-lei n. 779, de 21 de agosto de 1969, inscrevem-se, dentre as prerrogativas processuais concedidas à Fazenda Pública, a do "recurso ordinário *ex officio* das decisões que lhe sejam total ou parcialmente contrárias".

Um pequeno reparo, de ordem técnica, a essa dicção legislativa: cuida-se, no caso, não de um canhestro recurso, mas de remessa obrigatória (*ex officio*), a fim de que o Tribunal competente proceda ao reexame necessário da matéria que a decisão apreciou em desfavor da Fazenda Pública. A expressão legal: "recurso *ex officio*" soa a ilogismo, pois seria desarrazoado imaginar que o juiz devesse recorrer de uma sentença por ele próprio proferida. Recurso é recurso, remessa é remessa. Tanto isto é verdadeiro, que nas ações da alçada exclusiva dos órgãos de primeiro grau, instituídas pela Lei n. 5.584, de 26 de junho de 1970, ainda que a sentença aí emitida seja irrecorrível (exceto se violar disposição constitucional), caberá remessa *ex officio*, desde que a decisão seja contrária à Fazenda Pública. Por outras palavras: mesmo que a Fazenda Pública esteja abarcada pelo veto legal à impugnação dessa sentença, cumprirá ao juiz remeter os autos ao Tribunal, para efeito de reexame da matéria.

Todavia, com o advento da atual Constituição Federal, chegou-se a argumentar que o Decreto-lei n. 779/69 teria sido implicitamente revogado pelo art. 5º, *caput*, da Suprema Carta, segundo o qual todos são iguais perante a lei, "sem distinção de qualquer natureza". Destarte, ao conceder à Fazenda Pública determinadas prerrogativas (dentre as quais a consistente na remessa *ex officio*), o precitado Decreto-lei estaria em antagonismo com o art. 5º, *caput*, da Constituição, porquanto essa prerrogativa traduziria — do ponto de vista dessa corrente de opinião — uma discriminação entre pessoas.

Data venia, a existência de cláusula assecuratória da igualdade de todos perante a lei, constitui uma tradição constitucional, em nosso meio. Tradição que, a propósito, teve início antes mesmo no período republicano, bastando lembrar que a Constituição Imperial, de 1824, já a continha (art. 179, inciso XIII). Logo, essa declaração de isonomia não representa nenhuma novidade trazida pelo texto em vigor. Este, apenas, enfatizou estar assegurando a igualdade sem distinção de qualquer natureza. Esta ressalva, entretanto, não tem o alcance que se lhe pretende atribuir. Se essa igualdade devesse ser absoluta, linear, então haveríamos de concluir, desde logo, que toda a legislação material trabalhista também teria sido implicitamente revogada pelo sobredito dispositivo constitucional, pois se sabe que essa legislação é protetiva do trabalhador, ou seja, concede-lhe um tratamento diferenciado, antiigualitário, e favoravelmente discriminatório, para compensar a sua ontológica inferioridade econômica em face do empregador. Demais, ninguém ignora que o interesse público não se confunde com o interesse particular, nem pode negar a preeminência política e jurídica daquele. A própria Constituição Federal em vigor, aliás, colocou à frente o interesse público, como quando dispôs sobre a execução forçada contra a Fazenda Pública, declarando que deve ser realizada por meio de precatório-requisitório (art. 100), em razão da impenhorabilidade dos bens públicos, observadas a Emenda Constitucional n. 37/2002 e a Orientação Jurisprudencial n. 1, do Pleno do TST.

Enfim, o que se deve deixar assinalado é que o Decreto-Lei n. 779/69 continua a viger, porquanto as suas disposições não são incompatíveis com a ordem constitucional, como se supôs. Podemos, até mesmo, admitir uma discussão a respeito da conveniência de manter-se, ou não, esse Decreto-Lei em nosso sistema; o que não podemos aceitar é a afirmação de que ele foi revogado, de maneira tácita, pelo art. 5º, *caput*, da Constituição Federal de 1988. Argumento nesse sentido, com todo o respeito aos que o perfilham, é desapercebido de qualquer peso jurídico.

O CPC, por seu turno, também prevê a remessa *ex officio*, conquanto exclua a autarquia do campo de sua incidência (art. 475). Estabelece, a esse respeito, a Súmula n. 620, do Supremo Tribunal Federal: "A sentença proferida contra autarquia não está sujeita a reexame necessário, salvo quando sucumbente em execução de dívida ativa". O Decreto-lei n. 779/69, entretanto, estende, de modo expresso, às autarquias as prerrogativas nele mencionadas (art. 1º, *caput*).

Lançadas essas considerações, cumpre-nos, agora, verificar se a remessa *ex officio* deve ser efetuada, também, na ação rescisória, sempre que a pertinente decisão for desfavorável à Fazenda Pública.

Para logo, contudo, devemos observar que, no âmbito da Justiça do Trabalho, a ação rescisória é da competência originária dos Tribunais. Por isso, não falaremos aqui em sentença, senão que em acórdão rescisório (CPC, art. 163).

Podemos asseverar que, em princípio, o acórdão rescisório, quando contrário aos interesses da Fazenda Pública, está sujeito à remessa *ex officio*. Assim dizemos porque o art. 1º, inciso V, do Decreto-lei n. 779/69 não faz nenhuma distinção entre sentença e acórdão, aludindo, isto sim, a decisão, cujo conceito é mais amplo, pois nele se abrigam os de sentença e acórdão. A regra legal, pois, é de que toda decisão desfavorável à Fazenda Pública deve ser objeto de remessa *ex officio*.

Esta nossa conclusão, porém, não pode ser considerada com abstração das diversas situações que são produzidas pela realidade prática, sob pena de ser mal interpretada. Estamos a afirmar, portanto, que a necessidade da remessa *ex officio*, em sede de ação rescisória, será determinada pelas particularidades de cada caso concreto, sendo, por isso, desaconselhável formular-se regra genérica acerca do assunto. O tema, como se vê, é multifacetado, não se prestando, por esse motivo, a solução uniforme.

Demonstremos isso mediante a especificação e o conseqüente exame de algumas dessas situações.

a) Sentença desfavorável e remessa provida

Nesta hipótese, a sentença proferida pela Vara do Trabalho foi desfavorável à Fazenda Pública, ré na ação, mas o Tribunal deu provimento à remessa *ex officio*. A Fazenda Pública, portanto, foi vencedora na causa. Se o autor ingressar, mais tarde, com ação rescisória e o acórdão aqui proferido for desfavorável à Fazenda Pública não caberá remessa *ex officio*, porquanto a lide (conflito intersubjetivo de interesses) já foi submetida a uma dupla apreciação jurisdicional (sentença da Vara e acórdão do Tribunal, na remessa *ex officio*).

Com vista à exigência legal da remessa de ofício, devemos ter sempre em mente a noção de que o legislador procurou fazer com que a primeira decisão desfavorável à Fazenda Pública só se submeta ao fenômeno jurídico da coisa julgada material se a causa for reapreciada pelo Tribunal. O art. 475, do CPC, neste particular, é muito elucidativo: a sentença proferida contra a Fazenda Pública está sujeita ao duplo grau de jurisdição, e, sem que isso ocorra, não produzirá nenhum efeito. Deve ser lembrada, ainda, a advertência contida na Súmula n. 423, do Supremo Tribunal Federal, de que "Não transita em julgado a sentença pòr haver omitido o recurso (*sic*) *ex officio*, que se considera interposto *ex lege*". Isso não significa, no entanto, que toda vez que, em decorrência da mesma relação jurídica material controvertida, houver uma decisão contrária à Fazenda, se torne obrigatória a remessa *ex officio*.

Para resumir: o nosso entendimento é de que a prerrogativa legal da remessa de ofício se esgotará, tanto que seja realizada uma única vez. Para esse fim, devemos considerar não a relação jurídica processual, mas a relação jurídica material. Expliquemo-nos. Se a satisfação da exigência dessa remessa só ocorresse quando realizada na mesma relação processual, deveríamos concluir que se o acórdão rescisório fosse desfavorável à Fazenda Pública (na situação factual de que estamos cogitando) a remessa *ex officio* seria exigível, porquanto a remessa anterior se deu em relação processual diversa, embora envolvendo as mesmas partes e a mesma matéria. Assim, o que se deve verificar é se a relação de direito material foi objeto de duplo exame jurisdicional (na mesma relação processual), ou não. Se foi, não se deverá pensar em remessa *ex officio* quando o acórdão for desfavorável à Fazenda Pública, sob pena de haver duas ou mais remessas, em decorrência da mesma relação de direito material.

b) Sentença desfavorável e remessa não-provida

Se a sentença foi contrária à Fazenda Pública e o Tribunal negou provimento à remessa de ofício, não caberá outra remessa na ação rescisória. Conquanto, nesta hipótese, a Fazenda Pública tenha ficado vencida na causa, devemos chamar a atenção ao fato de que a referida causa foi submetida ao duplo grau de jurisdição. Como dissemos, a intenção do legislador foi fazer com que as decisões contrárias à Fazenda Pública só transitassem em julgado se confirmadas pelo Tribunal — justamente o que se deu no exemplo em estudo.

Desta forma, se a Fazenda Pública não obtiver êxito na ação rescisória que vier a ajuizar, não se determinará a remessa *ex officio* ao Tribunal Superior do Trabalho, pois a causa foi reapreciada pelo Tribunal Regional. A propósito, a condenação da Fazenda Pública não foi imposta pelo acórdão proferido na ação rescisória (que rejeitou o pedido formulado na correspondente petição inicial), mas pela sentença da Junta, que foi "confirmada" pelo Tribunal, ao reexaminar a causa.

c) Sentença favorável e recurso provido

Neste caso, a sentença da Vara foi favorável à Fazenda Pública, mas o Tribunal deu provimento integral ao recurso ordinário interposto pelo autor.

Poder-se-ia supor, em razão disso, que se a Fazenda Pública ingressasse com ação rescisória, e nisso não obtivesse êxito, os autos deveriam ser obrigatoriamente remetidos ao Tribunal Superior, para efeito de reexame necessário. Afinal, o acórdão foi contrário a ela. Dissentimos dessa presumível opinião. Devemos alertar, mais uma vez, para o fato de, na situação em foco, a causa (lide) haver sido apreciada por dois graus da jurisdição (Vara e Tribunal Regional). A particularidade de a condenação haver derivado do acórdão emitido pelo Tribunal Regional é, por isso mesmo, irrelevante.

Seria de objetar-se que o art. 475, do CPC, exige que a decisão seja confirmada por outro órgão jurisdicional, como condição para que passe em julgado. Cabe-nos redargüir, todavia, em caráter proléptico, primeiramente, que a norma a ser aplicada no processo do trabalho não é a do art. 475, do CPC, e, sim, a do art. 1º, inciso V, do Decreto-lei n. 779/69, que não alude à confirmação da decisão — permitindo, deste modo, a construção de um entendimento específico, acerca de seu alcance; segundamente, que a mesma lógica que imporia a remessa *ex officio* na ação rescisória deveria justificar essa remessa com relação ao próprio acórdão emitido pelo Tribunal Regional ao julgar o recurso ordinário interposto pelo autor. Afinal, como dito, foi esse acórdão que, em rigor, impôs (pela primeira vez) a condenação à Fazenda Pública. Ora, as mesmas razões, lógicas e jurídicas, que não determinaram a remessa *ex officio* do acórdão proferido no recurso ordinário, rechaçam a idéia de que deverá haver remessa dessa natureza na ação rescisória, cujo acórdão foi desfavorável à Fazenda Pública.

Seria muito mais coerente, por esse motivo, que se impusse a remessa *ex officio* dos autos contendo o acórdão regional que deu provimento ao recurso ordinário interposto pelo autor. Essa possibilidade, contudo, é obstada pelo art. 1º, inciso V, do Decreto-lei n. 779/69, que faz referência a "recurso ordinário". Malgrado saibamos que não se trata de recurso, senão que de remessa, o fato é que essa expressão legal permite inferir que a remessa só se impõe no processo de conhecimento e quando for o caso de caber recurso ordinário (e, não, de revista) da decisão desfavorável à Fazenda Pública.

d) Sentença favorável e recurso não-provido

Cogita-se, nesta altura, de sentença favorável à Fazenda Pública, a cujo recurso ordinário, interposto pelo autor, se negou provimento. Neste caso, como se percebe, a Fazenda Pública foi vitoriosa na causa.

Se o autor ingressar com ação rescisória do acórdão regional (pois este substituiu a sentença, nos termos do art. 512, do CPC), e nisto obtiver sucesso, a remessa *ex officio* deverá ser efetuada — ao contrário, portanto, do que aconteceu nas situações anteriormente examinadas. Justifiquemo-nos.

Em que pese ao fato de, na hipótese, a causa haver sido submetida ao duplo grau de jurisdição (Vara e Tribunal Regional), devemos considerar que, em ambas ocasiões, as decisões foram favoráveis à Fazenda Pública. Conseqüentemente, não houve remessa *ex officio*. Segue-se, que a primeira condenação que se lhe impôs, no tocante à relação de direito material, decorreu do acórdão proferido na ação rescisória. Esta nota singular, a nosso ver, atrai a incidência do inciso V do art. 1º do Decreto-Lei n. 779/69.

Incumbirá, portanto, ao Tribunal Regional, que julgar a ação rescisória de modo contrário aos interesses da Fazenda Pública, ordenar, *ex officio*, a remessa dos autos ao Tribunal Superior, independentemente de haver interposição de recurso, por parte desta. Não o fazendo, o Presidente daquela Corte Superior poderá avocar os autos (CPC, art. 475, parágrafo único).

É evidente que, em uma atitude mais radical, se poderia negar a possibilidade de haver remessa *ex officio* na ação rescisória, em qualquer caso, ao argumento de que essa remessa estaria circunscrita ao processo original, que se encerrou com a sentença (ou com o acórdão) que se quer rescindir. Preferimos, contudo, ficar com a opinião que manifestamos nas linhas anteriores, por nos parecer a que capta com mais sensibilidade o objetivo do Decreto-lei n. 779/69, sem frustrá-lo, por um lado, nem exacerbá-lo, por outro.

Parece-nos ser à luz destas nossas considerações que se deva inteligir a Orientação Jurisprudencial n. 71, da SDI-I, do TST, conforme a qual: "Remessa *ex officio*. Ação rescisória. Decisões contrárias a entes púbicos (art. 1º, inc. V, do Decreto-lei n. 779/69 e inciso II, do art. 475, do CPC). Cabível."

Capítulo XXVIII

ANTECIPAÇÃO DOS EFEITOS DA TUTELA RESCISÓRIA

Comentário

Alguns juristas têm sustentado a opinião quanto a ser possível antecipar-se os efeitos da tutela jurisdicional, em ação rescisória, com a finalidade de suspender a execução fundada na decisão rescindenda.

Divergimos desse entendimento por, quando menos, duas razões jurídicas. A primeira, de ordem técnica; a segunda, de ordem lógica.

Ordem técnica. A possibilidade de antecipação dos efeitos da tutela rescisória esbarraria no art. 489, do CPC, conforme o qual a ação rescisória não suspende a execução da decisão rescindenda. Realmente, como a antecipação é realizada nos autos da própria rescisória, seria inevitável o entrechoque com o mencionado dispositivo do CPC, de forma que impedisse o uso dessa antecipação como estratégia destinada a suspender a execução do pronunciamento jurisdicional que se pretende rescindir. A este respeito, é conveniente lembrar que o veto contido no art. 489, do CPC, fez, no passado, com que muitos estudiosos, preocupados com a necessidade de ser suspensa, em determinadas situações, a execução da decisão rescindenda, elegessem as medidas cautelares inominadas, derivantes do poder geral de cautela que o art. 789, do mesmo Código, atribui aos juízes, para obter essa suspensão. Em suma, a utilização de providências cautelares inominadas, com o escopo de sobre-ser a execução da decisão que era objeto de uma ação rescisória, decorreu da consciência de que essa suspensão não seria possível de obter-se nos autos da própria ação rescisória, por força da regra vedatória contida no art. 489, do Estatuto Processual Civil. Destarte, colimar-se, agora, suspender a execução da decisão rescindenda por meio de antecipação dos efeitos da tutela rescisória seria procurar repetir uma tentativa frustrada; seria, enfim, cometer a imprudência de esquecer as lições do passado. A Orientação Jurisprudencial n. 121, da SDI-II, do TST, acrescenta outros argumentos: "Ação rescisória. Pedido de antecipação de tutela. Descabimento. Não se admite tutela antecipada em sede de ação rescisória, na medida em que não se pode desconstituir antecipadamente a coisa julgada, com base em juízo de verossimilhança, dadas as garantias especiais de que se reveste o pronunciamento estatal transitado em julgado". Na verdade, a OJ em foco desprezou o melhor argumento e valeu-se de outro, algo preocupante. Com efeito, o melhor argumento, desprezado, foi o de que a antecipação dos efeitos da tutela, na rescisória, colidiria com o art. 489, do CPC; já o argumento adotado pela OJ é preocupante, porque, ao afirmar que o juízo de verossimilhança não poderia se sobrepor às "garantias especiais de que se reveste o pronunciamento jurisdicional transitado em julgado", insinua a impossibilidade de a suspensão da execução da decisão rescindenda ser obtida, inclusive, por meio de medida cautelar inominada.

Ordem lógica. É elementar que não se pode pedir, na inicial da ação rescisória, a suspensão da execução da decisão rescindenda, em face do disposto no art. 489, do CPC. Sendo assim, seria ilógico imaginar-se a possibilidade de antecipar-se algo que não se poderia pleitear ou que não se pleiteou na rescisória, vale dizer, a mencionada suspensão da execução. Ademais, se nem mesmo se pode, nos termos da OJ n. 121, da SDI-II, do TST, postular na ação rescisória a antecipação da tutela, quanto menos será possível pedir-se essa antecipação para suspender a execução da decisão rescindenda, que nem sequer pode ser objeto da sobredita ação desconstitutiva.

Em resumo, estamos firmemente convencidos de que a suspensão da execução da decisão rescindenda, quando for o caso, deve seguir sendo buscada mediante o uso de medidas cautelares inominadas, pois, com isso, de um lado, contorna-se o obstáculo representado pela literalidade insensível do art. 489, do CPC; por outro, não se deixa desamparado um direito violado pelo pronunciamento jurisdicional rescindendo. Em algumas situações, a cautelar atípica se destina, também, a preservar a incolumidade e a supremacia da ordem legal, contravindas pela decisão rescindenda.

Capítulo XXIX

RESTITUIÇÃO DE QUANTIAS PAGAS POR FORÇA DA DECISÃO RESCINDIDA

Comentário

Não raro, quem busca a rescisão de um pronunciamento jurisdicional que lhe foi desfavorável não se contenta em obter, apenas, a desconstituição da coisa julgada material: deseja, também, fazer com que o seu patrimônio econômico, desfalcado em virtude de uma execução fundada da decisão rescindida, seja restabelecido. A simples rescisão, portanto, não lhe basta, porque nem sempre possui eficácia para reparar o direito, em toda a sua dimensão. Imagine-se, por exemplo, um empregador que tenha pago determinada quantia a um empregado, por força de decisão transitada em julgado — que, mais tarde, veio a ser rescindida: esse empregador, por certo, desejará receber de volta aquilo que pagou. Diante disso, passou-se a controverter, na doutrina e na jurisprudência, de que meios jurídicos esse vencedor, na ação rescisória, deveria valer-se para recuperar o que lhe foi retirado em decorrência da execução calcada na decisão rescindida.

Basicamente, três correntes de opinião se formaram, a respeito do tema. A primeira sustentava que essa cobrança deveria ser realizada nos autos da ação ("reclamação") que deu origem à decisão rescindida, ou seja, da ação promovida pelo trabalhador; a segunda, que deveria ser objeto de ação autônoma, na qual se obteria uma sentença reconhecedora do crédito e que se converteria em título executivo; a terceira, que a cobrança deveria ser realizada nos autos da própria ação rescisória. Encontrava-se ainda acesa a discussão sobre o assunto, quando a Medida Provisória n. 2.180-35, de 24.8.2001, acrescenta ao art. 836, da CLT, o parágrafo único, assim redigido: "A execução da decisão proferida em ação rescisória far-se-á nos próprios autos da ação *que lhe deu origem*, e será instruída com o acórdão da rescisória e a respectiva certidão de trânsito em julgado" (destacamos). Prevaleceu, assim, a *primeira* das correntes de opinião, por nós há pouco mencionadas.

Do ponto de vista prático, entretanto, qual o procedimento a ser adotado pela parte, vencedora na ação rescisória, que desejar recuperar a quantia paga em decorrência da execução (consumada, portanto) que se processou com base na decisão rescindida?

Pensamos que esse procedimento seja o da execução, até porque o parágrafo único do art. 836, da CLT, faz expressa referência à "execução da decisão proferida em ação rescisória". O título executivo (CPC, art. 583), no caso, será o acórdão rescisório (CPC, art. 584, inciso I, combinado com o art. 163, do mesmo Código). Deste modo, mediante petição escrita, instruída, no mínimo, com cópia do acórdão rescisório e com certidão do trânsito em julgado deste, o credor (vencedor na ação rescisória) requererá ao juízo de primeiro grau (no qual se processou a execução em que figurou como devedor) a atualização dos valores por ele pagos, e que os deseja ver restituídos. Feita a atualização, o juiz dará vista ao devedor, que poderá impugnar os cálculos. Decidido o incidente, o devedor será citado para, em 48 horas, pagar (CLT, art. 880) ou oferecer bens à penhora (CLT, art. 882). Decorrido esse prazo, sem que nem uma coisa nem outra tenha sido feita, o oficial de justiça procederá à penhora de bens (CLT, art. 883). Da intimação da penhora o devedor disporá de cinco dias para oferecer embargos à execução (CLT, art. 884), que serão resolvidos mediante sentença (CLT, art. 885). O recurso interponível será o de agravo de petição (CLT, art. 897, letra *a*), admitindo-se, quando for o caso, o agravo de petição adesivo (TST, Súmula n. 283).

Cuida se, portanto, de uma execução *sui generis*, em que o trabalhador figurará como devedor, quando o vencedor na ação rescisória for o empregador.

Segunda Parte

DO PROCEDIMENTO

Capítulo I

INTRODUÇÃO

Comentário

Não se confundem os conceitos jurídicos de processo e de procedimento: o primeiro — como tantas vezes afirmamos neste livro — é o método, a técnica adotada institucionalmente pelo Estado para solucionar, por essa forma heterônoma, os conflitos subjetivos de interesses ocorrentes entre os indivíduos em geral, sabendo-se que, em nosso sistema legal, é defesa a autotutela de direitos (CP, art. 345); já o segundo representa a maneira pela qual o processo se revela ao mundo sensível.

É evidente que se as partes possuíssem ampla liberdade para atuar em juízo, praticando os atos que bem entendessem, no lugar, no tempo e pela forma que melhor lhes conviessem, isso conduziria a um incontrolável tumulto do procedimento, além de favorecer ao litigante mais astuto e afeito a atitudes de má-fé, e de subtrair do juiz a direção do processo, colocando, assim, em risco esse instrumento estatal de composição das lides forenses.

Foi precisamente para evitar o surgimento e a proliferação de situações como as conjecturadas que o legislador concebeu um relativamente rígido e complexo conjunto de exigências, de requisitos ligados à atuação dos contendores em juízo, disciplinando, inclusive, a forma, o momento e o meio segundo os quais devem praticar os atos procedimentais. Trata-se do moderno sistema da legalidade das formas, vigente em grande número de países do Ocidente.

Ao conjunto de atos realizados no processo pelas partes, pelo juiz, pelo Ministério Público, por terceiros, se dá, portanto, o nome de procedimento. Esse conjunto não é, todavia, desordenado, caótico, centrífugo; ao contrário, é integrado por atos que se inter-relacionam harmonicamente, que se interdependem e formam uma unidade lógica e teleológica. Postas em realce tais características, podemos conceituar o procedimento como a série de atos, legal e cronologicamente preordenados, e em regra preclusivos, inter-relacionados e interdependentes, que se encaminham a um ponto de atração comum: a sentença de mérito.

A circunstância de, em alguns casos, o processo findar-se sem exame do *meritum causae* não significa que não tenha existido aí o procedimento; a alusão que fizemos acima à sentença de mérito pressupunha o desenvolvimento integral do processo e do procedimento que lhe corresponde.

O procedimento representa, pois, a manifestação extrínseca e formal do processo, podendo mesmo ser visto como o envoltório do qual o processo é a íntima substância, de acordo com a metáfora atribuída a *Von Bülow* — o primeiro pensador a abrir o caminho para criar uma ciência construtiva do processo, como reconhece *James Goldschmidt*: "La teoría de la relación jurídica procesal y de sus presupuestos forma la base de todos los sistemas del proceso, siendo indudable que a partir de Bülow, y no antes, comienza a formarse una Ciencia propia del Derecho Procesal"(234).

Cabe lembrar que processo e procedimento também se distinguem quanto à classificação: aquele se triparte em: a) de conhecimento; b) de execução; e c) cautelar; este se biparte em: a) comum; e b) especial, subdividindo-se o primeiro em: a.a.) ordinário; a.b.) sumário (Lei n. 5.584/70); e a.c.) sumariíssimo, este traçado pelos arts. 852-A a 852-I, da CLT.

Duas breves notas, sendo uma crítica: 1) todos os adjetivos que possuem consoante antes de io formam o superlativo com dois ii; logo: sumariíssimo, como grafamos, e não sumaríssimo, como está na lei (CPC, art. 275); 2) o procedimento trabalhista, por princípio, é o ordinário; o sumário foi trazido, muito tempo depois do advento da CLT, pela antedita Lei n. 5.584/70 e consiste, basicamente, na pálida faculdade de dispensar-se o resumo dos depoimentos, para fazer-se constar da ata a conclusão do colegiado quanto à matéria de fato. Os que supõem ser o procedimento trabalhista, no geral, sumário, chegam a essa inferência mediante um equivocado cotejo com o processo civil; investigada a questão sob esse critério, é elementar que o trabalhista, por ser mais célere que o ordinário do processo civil, parece ser do tipo sumário. A comparação, porém, é imperfeita. A definição sobre a espécie do procedimento trabalhista característico deve ser procurada exclusivamente em seus elementos endógenos, equivale dizer, naqueles que integram o contexto desse processo especializado, sendo, por isso, impróprio e distorcido qualquer critério que se estribe numa correlação com o processo civil. O procedimento sumaríssimo foi introduzido pela Lei n. 9.957, de 12.1.2000. Em síntese: o procedimento trabalhista traçado pelos arts. 763 a 855 da CLT é ordinário, sendo sumário o estabelecido pelo art. 2º, § 3º, da Lei n. 5.584/70 e sumaríssimo, o previsto nos arts. 852-A a 852-I.

---

(234) "Teoría General del Proceso", Madrid: Labor, 1936, pp. 14/15.

Capítulo II

PETIÇÃO INICIAL

Comentário

Embora o Estado seja detentor do monopólio da administração da justiça e exerça esse poder-dever por intermédio dos juízes, estes não podem tomar a iniciativa de solucionar os conflitos subjetivos de interesses, que acaso saibam existir entre os indivíduos. A tal incoação os inibe o princípio doutrinário da demanda (ou da inércia jurisdicional), consagrado pelo art. 2º do CPC, supletivamente aplicável ao processo do trabalho (CLT, art. 769).

Sendo assim, a tutela jurisdicional somente poderá ser prestada quando a parte ou o interessado a requerer, nos casos e forma legais.

Vista por esse ângulo, a petição inicial representa o instrumento específico de que se utiliza o indivíduo para provocar o exercício da função jurisdicional — cognitiva, executiva ou cautelar — do Estado, nela manifestando pretensões que encontrem amparo no ordenamento jurídico, sob pena de extinção do processo com julgamento do mérito, a despeito da grave falha doutrinária que está a comprometer a declaração contida no art. 267, VI, do CPC. Por outro lado, a petição inaugural delimita a extensão da prestação jurisdicional a ser entregue e define a própria natureza desta (CPC, art. 128), pois a norma adverte que o juiz não pode proferir sentença, em prol do autor, de natureza diversa da solicitada, nem condenar o réu em quantidade superior ou em objeto diverso do que lhe foi demandado (CPC, art. 460).

Em razão disso, tem-se dito em doutrina que essa peça de deflagração dos atos processuais corresponde a uma espécie de projeto do provimento jurisdicional que o autor deseja obter — conquanto esse "projeto" possa vir a ser alterado — com maior ou menor intensidade — ou mesmo eliminado pela resposta do réu, contanto que prestigiada pela sentença.

Requisitos

Por sua notável importância para o processo, a petição inicial tem a sua validade condicionada a certos requisitos de ordem formal, que, se desatendidos, podem motivar o seu indeferimento, por inépcia (CPC, art. 295, I, e parágrafo único). Nada obstante os princípios informativos do processo do trabalho imponham um abrandamento dessas exigências, isto não significa que as iniciais nele praticadas não possam ser ineptas.

Na petição inicial, o autor formula requerimentos e pedidos, que são coisas distintas: aqueles se referem à relação jurídica processual (como o juiz ou tribunal a que a petição é dirigida; os nomes, prenomes, estado civil, profissão, domicílio e residência do autor e do réu; o valor da causa; as provas com que pretende demonstrar a verdade dos fatos alegados; o requerimento de citação do réu); estes, ao libelo, ao mérito (como os fatos e os fundamentos jurídicos do pedido e as especificações deste).

No que respeita à ação rescisória — objeto de nosso estudo —, dispõe o art. 488 do CPC que a petição inicial será elaborada com observância dos requisitos essenciais do art. 282 do mesmo diploma, devendo o autor: I — cumular ao pedido de rescisão, se for o caso, o de novo julgamento da causa; II — depositar a importância de 5% sobre o valor da causa, a título de multa, na hipótese de a ação vir a ser, por unanimidade de votos, declarada inadmissível ou improcedente, elucidando estarem dispensados desse depósito a União, o Estado, o Município e o Ministério Público (parágrafo único).

Conjugando-se as determinações feitas pelo art. 282 do CPC com as emanadas do art. 488 do mesmo Código, temos que a petição inicial de ação rescisória deverá indicar:

a) o juiz ou tribunal, a que é dirigida

Na Justiça do Trabalho a competência para apreciar ação rescisória é dos tribunais (sendo, portanto, originária), nunca dos órgãos de primeiro grau de jurisdição; desse modo, o cabeçalho da inicial jamais fará alusão a juiz (como está no art. 282, I, do CPC), e sim ao tribunal competente. Aproveitamos a oportunidade para dizer, sem embargo da observação feita há instantes, que o juiz, enquanto juiz, não é alguém que detenha, como pessoa, o poder de julgar; ele é, antes de tudo um órgão da jurisdição. Reflete, por isso, reprovável culto ao personalismo o hábito — inúmeras vezes constatado — de a inicial ser dirigida nominalmente ao juiz e não a ele como órgão, impessoalmente considerado. Também aqui calham, com perfeição, as sentenciosas palavras do jovem *Hamlet*: "É um desses hábitos, cuja quebra honra mais do que a observância".

Versando sobre matéria pertinente do direcionamento da petição inicial, dispõe a Orientação Jurisprudencial n. 70, da SDI-II, do TST: "Ação rescisória. Manifesto e inescusável equívoco no direcionamento.

Inépcia da inicial. Extinção do processo. O manifesto equívoco da parte em ajuizar ação recisória no TST para desconstituir julgado proferido pelo TRT, ou vice-versa, implica a extinção do processo sem julgamento do mérito por inépcia da inicial".

Segundo essa OJ, a inépcia residiria, por suposto, no fato de a inicial haver descumprido a regra inscrita no art. 282, inciso I, do CPC, combinada com o art. 488, do mesmo Código. Sob o rigor técnico, entretanto, a precitada OJ encerra duas impropriedades: em primeiro lugar, considera inepta uma petição inicial, sem que ocorra qualquer das situações previstas no art. 295, do CPC; b) em segundo, insinua um indeferimento liminar dessa peça processual, sem oferecer, ao autor, a possibilidade de emendá-la, como ordena o art. 284, do CPC, cuja insensibilidade da OJ em foco se torna tanto mais injustificável quanto se tem em conta que se está a cogitar de processo do trabalho, no qual sobressai o *ius postulandi* (CLT, art. 791, *caput*), de incidência, inclusive, no âmbito da ação rescisória. Destarte, ainda que devêssemos admitir que a norma do art. 284, do CPC, não incide em tema de inépcia, esse entendimento só seria sustentável em face de situações legalmente descritas como de inépcia, jamais em casos não previstos em lei, como ocorre no tocante à OJ n. 70, da SDI-II, do TST.

b) nomes, prenomes, estado civil, profissão, domicílio e residência do autor e do réu

A exigência de que a peça exordial mencione o nome, prenome, estado civil e profissão das partes se destina não só a identificá-las, com vistas ao exame da legitimidade, mas também a evitar certos transtornos ou inconvenientes oriundos de eventual homonímia; o endereço dos litigantes se justifica pela necessidade de serem aí realizadas determinadas comunicações de atos processuais (intimação do autor, citação e intimação do réu). A este respeito, é oportuno mencionar a exigência contida no art. 39, do CPC, de que, dentre outras coisas, o advogado ou a parte (esta, quando postular em causa própria) declare, na inicial, o endereço em que receberá intimação. Sendo a inicial omissa, neste ponto, deverá o juiz, antes de ordenar a citação do réu, intimar o autor a suprir a falta, no prazo de 48 horas, sob pena de indeferimento da incial (*ibidem*, parágrafo único). Se o endereço do autor ou de seu advogado constava da inicial, mas foi alterado sem que se desse ciência ao juízo da causa, considerar-se-ão válidas as intimações remetidas, mediante carta registrada, a esse endereço (*ibidem*).

c) os fatos e os fundamentos jurídicos do pedido

Fatos, para os efeitos do inc. III do art. 485 do CPC, não são apenas os acontecimentos da vida, mas aqueles acontecimentos que se encontram previstos abstratamente na lei; são, pois, fatos jurídicos, cuja subsunção à norma legal incidente é obra que compete ao juiz (*da mihi factum, dabo tibi ius*). A causa de pedir é algo mais do que isso, pois é o produto da conjugação do fato jurídico, da relação (igualmente jurídica) que em virtude dele se estabelece, e daquilo que pretende o autor. Esses elementos são indispensáveis para a definição da *causa petendi*, motivo por que de nenhum deles a inicial pode prescindir[235].

A Orientação Jurisprudencial n. 32, da SDI-II, do TST, com elogiável sensibilidade, abrandou a exigência do art. 282, inciso III, do CPC: "Ação rescisória. Petição inicial. Causa de pedir. Ausência de capitulação, ou capitulação errônea no art. 485 do CPC. Princípio *iura novit curia*. Não padece de inépcia a petição inicial de ação rescisória apenas porque omite a subsunção do fundamento de rescindibilidade no art. 485, do CPC, ou o capitula erroneamente. Contanto que não se afaste dos fatos e fundamentos invocados como causa de pedir, ao tribunal é lícito emprestar-lhes a adequada qualificação jurídica (*iura novit curia*)".

A OJ n. 33, da mesma Seção, entretanto, repele a incidência do princípio *iura novit curia* quando se tratar de petição inicial de ação rescisória especificamente fundada no inciso V, do art. 485, do CPC, vale dizer, em violação a literal disposição de lei — caso em que exige a expressa indicação, nessa peça processual, do dispositivo legal violado.

Narrados os fatos, passará o autor à apresentação dos fundamentos jurídicos do pedido (ou do que pedirá); o pedido tem, portanto, origem nos fatos expostos. À falta de pedido ou da causa de pedir, impõe-se o indeferimento da inicial, por inépcia (CPC, art. 295, parágrafo único, I); igual sorte essa peça merecerá quando da narração dos fatos não decorrer, de maneira lógica, a conclusão (II). O mesmo se diga quando a inicial for ininteligível.

Como escreveu *Pontes de Miranda*, a causa de pedir supõe o fato ou série de fatos dentro de categoria ou figura jurídica com que se compõe o direito subjetivo ou se compõem os direitos subjetivos do autor e o seu direito público subjetivo de demandar[236].

Dissemos, linhas atrás, que ao juiz incumbe realizar a subsunção dos fatos à regra de direito incidente porque "A tipificação dos fatos pelo autor é irrelevante, pois se ele categorizou mal, do ponto de vista do direito, os fatos que narrou, pouco importa, pois o juiz conhece o

(235) *Calmon de Passos*, "Comentários ao Código de Processo Civil", Rio de Janeiro: Forense, vol. III, 3ª ed., 1979, p. 218.

(236) "Comentários ao Código de Processo Civil" (1939), Rio de Janeiro: Forense, 2ª ed., 1958, vol. II, p. 418.

direito e deve categorizá-los com acerto. E se os fatos, corretamente categorizados, autorizam o pedido que foi feito, nenhum prejuízo pode decorrer para o autor do deslize técnico de seu advogado. Inversamente, se categorizou bem e pediu mal, em nada lhe aproveita ter sido exato na categorização dos fatos, pois que o juiz está adstrito ao pedido formulado, sem poder corrigi-lo de ofício"(237).

É errado pensar que o fundamento jurídico da demanda seja a norma legal (ou o preceito normativo, *lato sensu*), apontada como sustentáculo do pedido; tal fundamento é, na verdade, a natureza do direito que se pleiteia em juízo.

Nos domínios da doutrina, formaram-se duas correntes a respeito da causa de pedir, que desaguaram nas teorias: a) da *substanciação*; e b) da *individuação.* A primeira entende que a *causa petendi* corresponde ao fato, ou conjunto de fatos capazes de sustentar as pretensões do autor, porquanto é deles que deriva a conclusão; a segunda considera que a causa de pedir é a relação ou estado jurídico afirmado pelo autor como base de sua pretensão, colocando-se, assim, o fato em posição secundária, exceto quando imprescindível para individualizar a relação jurídica.

O atual Código de Processo Civil, ao introduzir no grupo dos requisitos de validade da inicial o indigitamento dos fatos e dos fundamentos jurídicos do pedido (art. 282, III), confessa haver perfilhado a teoria da *substanciação* da *causa petendi* — o que não constitui novidade em nosso sistema, porquanto essa teoria já encontrara ressonância no inc. III do art. 158 do Código de 1939, onde se impunha que tais fatos e fundamentos jurídicos fossem "expostos com clareza e precisão, de maneira que o réu possa preparar a defesa". Em que pese ao fato de o CPC em vigor não conter declaração expressa, nesse sentido, fica evidente que o motivo pelo qual está a exigir que a inicial refira os fatos e os fundamentos jurídicos do pedido está intimamente ligado à garantia constitucional da ampla defesa (Const. Federal, art. 5º, inciso LV) — e, também, à cognição do magistrado, com vistas à entrega da prestação jurisdicional.

d) o pedido com suas especificações

Estatui o art. 286 do CPC que o pedido deve ser "certo ou determinado", embora seja permitido ao autor formular pedimento genérico, nas hipóteses de que cuidam os incisos I a III do sobredito dispositivo legal. Queremos crer que o emprego do disjuntivo ou, pelo legislador, tenha sido equivocado, pois o pedido, em rigor, deve ser certo e deter-

(237) *Calmon de Passos*, ob. cit., p. 220.

minado. Certeza e determinação não são elementos que se contrapõem e sim que se fundem, formando um só corpo, para os efeitos do art. 286, *caput*.

Certo é o pedido apto a expressar, com clareza, aquilo que o autor pretende obter em juízo, não só em qualidade, mas também em quantidade e extensão; determinado, o que tem em mira um bem ou uma utilidade da vida perfeitamente caracterizados[238]. Somente em situações excepcionais a lei admite a formulação de pedidos genéricos (CPC, art. 286, incisos I a III). Tirante essa situações, contraria o princípio estampado no *caput* desta norma legal pedido visando, por exemplo, a condenação do réu "nas penas previstas em lei".

A doutrina costuma separar os pedidos segundo a sua repercussão no tempo; assim, fala-se em pedido mediato e em pedido imediato. O primeiro se refere à modalidade de tutela jurisdicional que se deseja alcançar (declaratória, constitutiva, condenatória); o segundo, ao obtenimento de um bem da vida que diz lhe estar garantido pelo direito invocado.

Caso o autor, descumprindo o mandamento impresso no *caput* do art. 286 do CPC, deduza pedidos que não sejam certos nem determinados, ou apenas certos, ou apenas determinados, estará, com tais imperfeições, impedindo o proferimento de sentença de mérito certa e determinada; constando a falha da inicial, caberá ao juiz ordenar à parte que a corrija, no prazo de dez dias (CPC, art. 284, *caput*), pena de ser indeferida (*ibidem*, parágrafo único), com a conseqüente extinção do processo sem pronunciamento acerca do *meritum causae* (CPC, art. 267, I).

Há, porém, erro no parágrafo único do art. 459 do estatuto processual civil ao asseverar que quando o autor fizer pedido certo o juiz estará proibido de proferir sentença ilíquida; o que pretendeu o legislador afirmar, isto sim, é que quando o pedido constante da peça inaugural apresentar-se líquido (e não certo), o juiz estará obrigado a emitir sentença também líquida. Essa é a única exegese logicamente possível do preceito, pois não seria côngrua qualquer tentativa de correlacionar os termos certo (o pedido) e líquida (a sentença).

No que tange, especificamente, à ação rescisória, o pedido imediato reside na consecução da tutela jurisdicional rescindente e o mediato na efetiva desconstituição da *res iudicata* (pronúncia constitutiva negativa), seguida, em alguns casos, de novo julgamento da causa (pronúncia virtualmente condenatória). Recordemos que o art. 488, I, do CPC, determina que o autor cumule ao pedido de rescisão, se for o

(238) José *Frederico Marques*, "Instituições...", vol. III, n. 559.

caso, o de rejulgamento da lide. Na esfera da ação rescisória, a pretensão do autor pode restringir-se à atuação do *iudicium rescindens*, como ampliar-se para impetrar um provimento do *iudicium rescissorium*, que corresponde, sob este aspecto, a um plus jurisdicional, pois se realiza sobre os escombros da decisão desfeita pelo *rescindens*.

Dissemos, há pouco, que em situações excepcionais a lei autoriza a formulação de pedido genérico; talvez tivesse andado melhor o legislador se substituísse o adjetivo genérico por indeterminado, a fim de que pudesse ser harmoniosa a relação desse vocábulo com o determinado, no qual se concentra o princípio inscrito no *caput* do art. 286 do Código. Obviamente, que estamos a cogitar de uma relativa indeterminação, dado que a absoluta representaria praticamente o *nihil* postulatório. Essa indeterminação relativa — é prudente esclarecer — concerne exclusivamente ao elemento quantitativo do pedido (*quantum debeatur*, para fazermos uso da fórmula que esteve no gosto dos antigos praxistas), jamais dizendo respeito à existência desse pedido (*an debeatur*).

É à luz das orientações gerais, até aqui enunciadas, que se deve inteligir o requisito do "pedido com suas especificações", constante do inc. IV do art. 282 do CPC, ao qual faz remissão o art. 488 do mesmo diploma processual.

É possível, todavia, formular-se na ação rescisória pedidos em ordem sucessiva, com fulcro no art. 289, do CPC, como afirma a Orientação Jurisprudencial n. 78, da SDI-II, do TST: "Ação rescisória. Cumulação sucessiva de pedidos. Rescisão da sentença e do acórdão. Ação única. Art. 289 do CPC. É admissível o ajuizamento de uma única ação rescisória contendo mais de um pedido, em ordem sucessiva, de rescisão da sentença ou acórdão. Sendo inviável a tutela jurisdicional de um deles, o julgados está obrigado a apreciar os demais, sob pena de negativa de prestação jurisdicional".

Nada obsta, ainda, a que a parte formule, na ação rescisória, mais de um pedido, de maneira aglutinada, mesmo que entre eles não haja conexão, desde que atendidos os requisitos do art. 292, do CPC.

e) as provas com que o autor pretende demonstrar a verdade dos fatos alegados

Conforme seja o fundamento da rescisória e a resposta que o réu a ela oferecer, haverá necessidade, ou não, de abrir-se, no momento procedimental oportuno, uma fase destinada à produção de provas, como prevê o art. 492 do CPC. Esse assunto será examinado de maneira mais ampla no Cap. IV. Por enquanto, limitemo-nos a informar que somente quando houver necessidade de instaurar-se a mencionada fase é que fará sentido a exigência contida no inc. VI do art. 282 do álbum processual civil, quando então deverá o autor indicar, já na inicial, os meios probantes que pretenderá utilizar para comprovar a veracidade dos fatos narrados naquela peça.

Em algumas situações, entretanto, dita fase instrutória específica é dispensável (ou mesmo desnecessária), como quando a matéria da qual o autor extrai o pedido for apenas de direito, hipótese em que eventual requerimento tendente à produção de provas orais deverá ser indeferido, tenha sido apresentado por ele ou pelo réu (CPC, art. 130). Se, p. ex., a rescisória basear-se em ofensa à coisa julgada ou em violação de literal disposição de lei, a prova dessas alegadas infrações haverá de ser feita já com a inicial, por documentos, pois estes são considerados, na espécie aventada, "indispensáveis à propositura da demanda" (CPC, art. 283). A CLT contém regra semelhante (art. 787). Nesse mesmo rumo, a Súmula n. 107 do TST. Antes de indeferir a inicial, contudo, o juiz assinará prazo de dez dias para que o autor cumpra a exigência do citado artigo; desatendido o despacho, aplica-se a sanção definida no parágrafo único do art. 284. A OJ n. 84, da SDI-II, do TST, todavia, não admite esse suprimento em grau de recurso.

f) o requerimento para a citação do réu

Deixamos assentado, em página pretérita, que os conceitos de pedido e do requerimento são inconfundíveis na ordem processual e que este se vincula à relação jurídica processual, não com ao objeto da ação (pedido).

Uma leitura atenta do art. 840, § 1º, da CLT, revela, no entanto, que aí não se inclui como requisito da peça vestibular o requerimento de citação do réu. Aceito o cabimento da ação rescisória no processo do trabalho (CLT, art. 836), esse requisito será aqui exigível? Em um primeiro momento, a resposta negativa parece ser a que melhor se harmonize com o conteúdo do art. 840, § 1º, da CLT, onde, como ressaltamos, nenhuma referência se faz ao requerimento para a citação do réu. Se refletirmos de modo mais científico, porém, perceberemos que o art. 836 da CLT estabelece que a ação rescisória será admitida "*na forma do disposto no Capítulo IV do Título X da Lei n. 5.869, de 11 de janeiro de 1973*" (sublinhamos), ou seja, do Código de Processo Civil. Ora, o art. 488 desse Código — que integra o precitado Capítulo IV do Título X — manda que a petição inicial seja confeccionada com observância dos requisitos essenciais do art. 282, onde a alusão ao requerimento destinado à citação do réu é absolutamente clara.

Concluímos, pois, que, a despeito do art. 840, § 1º, da CLT, a petição inicial de rescisória trabalhista deve trazer, expresso, o requerimento para a citação do réu, por força da integração do Capítulo IV do Título IX, Livro I, do Código de Processo Civil em vigor, ao processo do trabalho, feita pelo art. 836 da CLT (que sintetizou as Súmulas ns. 144 — cancelada — e 194 do TST).

Ausente esse requisito, incumbirá ao relator adotar a providência ditada pelo art. 284 do CPC, pena de a inicial ser indeferida. Nada obsta, de outra parte, a incidência do art. 285 desse Código, pelos motivos anteriormente expostos;

g) o valor da causa

Na enumeração dos requisitos de validade da inicial, empreendida pelo art. 282 do CPC, o valor da causa (V) antecede à indicação das provas a serem produzidas (VI) e ao requerimento para a citação do réu (VII), o que contrasta com a praxe forense, onde esse valor vem sempre colocado no final da petição.

O valor da causa constitui requisito da inicial de rescisória trabalhista? Em um primeiro lançar de olhos, não, pois a ele o art. 840, § 1º, da CLT, não faz nenhuma referência. Com efeito, o princípio estadeado no processo do trabalho é o de que o valor da causa não representa requisito essencial à validade da peça vestibular; tanto isso é verdadeiro, que o art. 2º, *caput*, da Lei n. 5.584/70, declara que se esse valor não constar da inicial o juiz o fixará, para a determinação da alçada. Logo, se a inicial for omissa nesse ponto, a atitude que o juiz deverá adotar não será a de ordenar que o autor complete aquela peça, suprindo suposta irregularidade, e sim consistirá em arbitrar, ele próprio, um tal valor. Fique certo, pois, que embora toda causa trabalhista deva ter um valor, este, necessariamente, não precisa estar expresso na petição inaugural.

A despeito dessas considerações, devemos dizer que no caso particular da ação rescisória a inicial correspondente deverá mencionar o valor atribuído à causa, em virtude da remissão integrativa que o art. 836 da CLT faz a todo o Capítulo IV do Título X, Livro I, do CPC de 1973. A única ressalva que a norma trabalhista efetua é quanto ao depósito pecuniário, assunto de que nos ocuparemos mais adiante.

Definido esse entendimento, qual o valor a ser atribuído à inicial da rescisória? Dever-se-á atender aos critérios estabelecidos pelos arts. 258 a 260 do CPC? Conquanto possa parecer que a resposta deva ser afirmativa, não podemos deixar de levar em conta o fato de que a rescisória visa sempre a um pronunciamento jurisdicional (passado em julgado) emitido em uma causa a que se atribuíra um valor; desta forma, em princípio, o valor a ser dado à inicial da rescisória deve ser o mesmo que foi atribuído à demanda anterior, onde foi proferida a decisão rescindenda. É óbvio que essa identidade de valores não poderá ser a mesma quando, *e. g.*, a rescisória tiver por objeto apenas parte da decisão atacada. É oportuno registrar o fato de a jurisprudência vir manifestando tendência de adotar o entendimento de que o valor da causa, na rescisória, deverá ser o da ação anterior (em que se produziu a decisão rescindenda), corrigido monetariamente, desde que se esteja buscando a rescisão integral. Deste modo, se o autor pretender rescindir apenas em parte a sentença ou o acórdão, sugere-se que o valor da rescisória, seja estabelecido proporcionalmente ao da causa anterior.

Seja como for, o réu poderá, no prazo da contestação, impugnar o valor da causa; essa impugnação será autuada em apenso, embora julguemos não traduzir erro crasso o fato de ela ser feita na própria peça de contestação, como "preliminar". O autor será ouvido, em cinco dias, sobre a impugnação; decorrido esse prazo, com ou sem manifestação deste, o relator suspenderá o processo e proferirá decisão em dez dias, ou seja, fixará um valor à causa, sendo facultado, para isso, valer-se de perito (CPC, art. 261). Não impugnando o réu o valor dado à causa, pelo autor, presume-se que o aceitou (*ibidem*, parágrafo único). Fora dos casos de ação rescisória, temos sustentado a opinião de que, em situações excepcionais, o juiz poderá alterar, *ex officio*, o valor atribuído à causa, em nome do conteúdo ético do processo. Seria o caso, por exemplo, de os pedidos líquidos, constantes da própria inicial, perfazerem montante equivalente a cem salários mínimos, mas o autor atribuir à causa valor, apenas, de um salário mínimo, objetivando, com isso, tornar irrecorrível a sentença que viesse a ser aí proferida (Lei n. 5.584/70). No plano da ação rescisória, contudo, essa estratégia do autor não surtiria efeito, porquanto a OJ n. 8, da SDI-I, do TST, afirma não ser aplicável à ação rescisória a regra da alçada única, introduzida pela sobredita norma legal. Não queremos dizer, com isso, que em sede de ação rescisória o relator não possa alterar, por sua iniciativa, o valor dado à causa, quando o conteúdo ético do processo estiver sendo manifestamente contravindo pelo autor. Desde que o relator esteja convencido de que teria sido este o escopo do autor, aberta estará a possibilidade de modificar o valor atribuído por este à causa, pela razão já exposta, mesmo que o réu não o tenha impugnado. É necessário advertir que, no terreno processual, nem sempre tudo se resolve sob a perspectiva privada, ou seja, da manifestação ou da ausência de manifestação das partes, pois, para além de método estatal de solução de conflitos, o processo está a serviço do próprio interesse público, sendo, por isso, intolerável qualquer transgressão ao seu conteúdo ético.

O indeferimento da inicial

A petição inicial da ação rescisória será indeferida quando:

a) for inepta;

b) a parte for manifestamente ilegítima;

c) o autor carecer de interesse processual;

d) o juiz verificar, desde logo, a decadência ou a prescrição;

e) não forem atendidas as prescrições dos arts. 39, parágrafo único, primeira parte, e 284, do CPC;

f) não efetuado o depósito exigido pelo art. 488, II, do CPC.

Apreciemos, individualmente, essas causas de indeferimento da peça exordial; observemos, antes, que as mencionadas nas letras *a* a *e*, *supra*, atinem às petições iniciais em geral, ao passo que a da letra *f* é específica da rescisória.

a) Inépcia (CPC, art. 295, I)

Uma petição inicial será inepta quando:

1) lhe faltar o pedido ou a causa de pedir. A *causa petendi* é o conjunto dos fatos que motivaram o ingresso do autor em juízo e com base nos quais formulou um ou mais pedidos. Se na inicial ele pede a desconstituição da sentença rescindenda sem indicar os fatos em que funda a sua pretensão, a inépcia dessa peça é manifesta; inepta igualmente será se limitar-se à narração dos fatos, sem formular os pertinentes pedidos. Sem estes, a própria ação fica sem objeto e a peça inaugural se converte em simples texto literário. Pensamos, entretanto, que a inépcia não decorre unicamente da circunstância de faltar à inicial a causa de pedir ou o pedido: inépcia também haverá quando uma e outro forem confusos, ininteligíveis, não permitindo à parte contrária e ao juiz saberem ao certo do que consta; seria pouco sensato afirmar que essa obscuridade não autorizaria a emissão de um decreto de inépcia pelo mero fato de o inc. I do parágrafo único do art. 295 não a haver pronunciado de maneira expressa. Ora, se não se pode saber o que em verdade está a pretender o autor, como poderá o juiz prestar-lhe a tutela jurisdicional invocada? Não é bastante que o autor ponha em juízo a rescisória: é indispensável que, com clareza, aponte os fatos que reputa serem constitutivos do seu direito e deduza os pedidos correspondentes: desconstituição da sentença ou do acórdão e eventual rejulgamento da lide;

2) da narração dos fatos não decorrer logicamente a conclusão. Tem-se dito, a mancheias, que a petição inicial encerra um silogismo, em que a premissa maior são os fundamentos jurídicos; a premissa menor, os fundamentos de fato e a conclusão, o pedido. De tal arte, para que esse silogismo seja aceito, há necessidade que as suas três partes sejam harmoniosas entre si, ou melhor, que se apresentem logicamente interligadas. Se o autor narra, na inicial, determinados fatos e, em seguida, formula pedidos que não possuem nexo lógico com a pertinente *causa petendi*, aí estará configurado um caso de inépcia.

João Mendes, aliás, já ensinava, com base na legislação vigente à época, que uma inicial era inepta quando: a) para o fato narrado não existe direito aplicável; b) o direito invocado não é aplicável ao fato alegado; c) da aplicação do direito invocado não se infere a procedência do pedido(239).

A causa da inépcia em exame pressupõe que o autor haja narrado e tipificado corretamente um fato jurídico mas o tenha dotado de repercussões jurídicas que não guardam relação lógica com ele. Acreditamos não ser esse tipo de deslize muito freqüente em sede de ação rescisória, onde, regra geral, o pedido é de desconstituição da *res iudicata*, eventualmente cumulado com o de novo julgamento da causa. Com isso, estamos dizendo, sob outro aspecto, que se o autor alegar, como fundamento da rescisória, que houve erro de fato, mas apoiar o pedido do inc. VIII do art. 485 do CPC (confissão, desistência ou transação a serem invalidadas), essa sua falha de cunho técnico não deverá conduzir à declaração de inépcia da inicial, porque o pedido, na hipótese, decorreu de maneira lógica da *causa petendi*: o que houve foi simples erro de fundamentação. Atua, aqui, o *vetusto brocardo latino da mihi factum dabo tibi ius* e não o inc. II do parágrafo único do art. 295 do CPC. A OJ n. 32, da SDI-II, do TST, consagrou este nosso entendimento;

3) o pedido for juridicamente impossível. A possibilidade jurídica do pedimento posto em juízo forma, segundo o art. 267, VI, do CPC, ao lado da legitimidade *ad causam* e do interesse de agir, o conjunto a que a doutrina Liebmaniana denominou de condições da ação. Há algum tempo, no entanto, vínhamos criticando em parte o pensamento de *Liebman* a propósito do assunto, pois sempre entendemos que a impossibilidade jurídica do pedido era causa de extinção do processo com julgamento do mérito, sabendo-se que em sua teoria a falta dessa condição, assim como da legitimidade *ad causam* e do interesse de agir, conduziam à extinção do processo sem exame do mérito (CPC,

(239) "Direito Judiciário Brasileiro", p. 477.

art. 267, VI), autorizando, assim, a que o autor voltasse a juízo para formular os mesmos pedidos (CPC, art. 268). *Data venia*, se há no ordenamento jurídico um veto à formulação de certo pedido, é elementar que o reconhecimento desse fato, pela sentença, faz cessar o processo mediante pronúncia acerca do *meritum causae*, a prevalecer ocasional opinião contrária, estaríamos permitindo que o autor intentasse outra vez a ação mesmo que a norma legal proibitiva da pretensão continuasse a viger: o novo ingresso em juízo implicaria, portanto, uma afronta à dicção da lei. De qualquer forma, estas nossas objeções possuem atual-mente interesse apenas histórico, porquanto o próprio *Liebman*, revendo a sua doutrina, neste ponto, terminou por excluir a possibilidade jurídica do pedido do elenco das condições da ação, como atestam estas suas palavras: "Le condizioni dell'azione, poco fa menzionate, sono l'interesse ad agire e la legittimazione. Esse sono, come gia accenato, i requisiti di esistenza dell'azione, e vanno percio accertate in giudizio (anche se, di solito, per implicito) preliminarmente all'esame del mérito. Solo si ricorrono questi condizioni, può considerarsi esistente l'azione e sorge per il giudice la necessità di provedere sulla domanda, per accoglierla o respingerla"[(240)]

Em suma: se o tribunal, por alguma razão que possa juridicamente invocar, convencer-se de que há um veto, um obstáculo legal às pretensões deduzidas pelo autor, deverá rejeitar os pedidos por ele apresentados e não declará-lo carecente da ação, em que pese à equivocada previsão do art. 267, VI, do CPC. A espécie será regida, pois, pelo art. 269, I, do mesmo álbum processual;

4) contiver pedidos incompatíveis entre si. Essa possibilidade somente poderá acontecer quando houver, à evidência, mais de um pedido. Cumpre assentar que o art. 292 do CPC permite a cumulação de pedidos, no mesmo processo e em face do mesmo réu, desde que: a) sejam compatíveis entre si; b) seja competente para conhecer deles um mesmo juízo; c) seja adequado para todos os pedidos o tipo de procedimento. A cumulação, aqui, é objetiva (= de pedidos) e não subjetiva (= de partes). O requisito medular para a sua admissibilidade não é, em rigor, a compatibilidade lógica e sim a jurídica.

Por outro lado, mesmo que os pedidos sejam conciliáveis entre si, a inicial merecerá o decreto de inépcia de um deles, p. ex., quando não decorrer logicamente dos fatos narrados.

Como estamos falando de inépcia da peça inaugural, torna-se conveniente verificarmos agora que efeitos provoca o ato jurisdicional

(240) "Manuale di Diritto Processuale Civile", Milano: Giuffrè, 1973, 3ª ed., vol. I, p. 120.

que a decreta. Em caráter antepredicamental, esclareçamos que sendo a rescisória da competência originária dos tribunais trabalhistas, o seu indeferimento se dá por decisão (motivada) do relator, do qual caberá agravo regimental para o Tribunal a que ele se encontra integrado. É possível, porém, que alguns Regimentos Internos disciplinem de modo diverso a matéria. O efeito principal da decisão monocrática denegatória da peça vestibular da rescisória é a extinção do processo sem exame do mérito — exceto se for o caso de pedido juridicamente impossível, hipótese em que, a nosso ver, a extinção será com pronúncia respeitante ao *meritum causae.*

O art. 284 do CPC, ao dispor que "Verificando o juiz que a petição inicial não preenche os requisitos exigidos nos arts. 282 e 283, ou que apresenta defeitos e irregularidades capazes de dificultar o julgamento de mérito, determinará que o autor a emende, ou a complete, no prazo de dez (10) dias" e, no parágrafo único, que se o autor não cumprir a diligência o juiz indeferirá a petição inicial, pode conduzir à errônea ilação de que a inicial somente poderá ser indeferida, por inepta, se o autor não atender ao despacho de que trata a norma processual sobredita. Assim afirmamos porque a inépcia (juntamente com a ilegitimidade de parte e a falta de interesse de agir) caracteriza irregularidade substancial, que, por isso, não podem ser sanadas. Como adverte *Calmon de Passos*, "Nem se diga que essa distinção entre defeitos substanciais e defeitos não substanciais é descabida, por força da nova sistemática. É o próprio Código, neste art. 295, que autoriza fazê-la. Como se observa de seu texto, uma das hipóteses de indeferimento da inicial é a mencionada no inciso VI — 'quando não atendidas as prescrições dos arts. 39, parágrafo único, primeira parte, e 284'. Logo, as previsões dos incisos I a V do art. 295 não se contêm no art. 284, nem podem ser inferidas como por ele abrangidas"(241).

É de nossa convicção, no entanto, que em se tratando de *suposta* inépcia, ou seja, de situação não prevista no art. 295, parágrafo único, do CPC, o relator deve assinar prazo para que a parte emende a inicial, na forma determinada pelo art. 284, do CPC.

b) Ilegitimidade manifesta da parte (CPC, art. 295, II)

No geral, encontram-se legitimadas para a ação rescisória as mesmas pessoas que figuraram como partes no processo em que foi proferida a decisão rescindenda (CPC, art. 487, I). Legitimados também se encontram os sucessores daquelas partes, a título universal ou singular (*ibidem*). Além disso, como vimos no Cap. VIII, a lei atribui

(241) Ob. cit., p. 294.

legitimidade ativa ao terceiro juridicamente interessado e ao Ministério Público (CPC, art. 487, II e III).

O exame dos conceitos de capacidade de ser parte e de capacidade processual, tão necessário ao estudo da relação processual, perde, em larga medida, a sua importância no campo da ação rescisória, pois, segundo acabamos de asseverar, a regra, quanto a esta, é de que a legitimidade tanto ativa quanto passiva coincide com aquela que marcou o processo anterior, extinto por força da sentença (de mérito) rescindenda.

No caso dos arts. 295, II e 487, I, ambos do CPC, a legitimidade de que falam é exclusivamente a ativa, vez que essa condição da ação é focalizada do ponto de vista do deferimento ou indeferimento da petição inicial. É evidente que se a ilegitimidade disser respeito ao réu, o problema se desloca da inicial para a resposta que este vier a oferecer (CPC, arts. 301, X e 491), e, sendo manifesta a sua falta de legitimidade, o processo será igualmente extinto sem pronunciamento sobre o mérito da ação.

No plano da ação rescisória, cabe destacar, o juiz (relator) terá condições mais concretas para verificar se a ilegitimidade é, ou não, patente, porquanto para isso será suficiente um exame de algumas peças relativas ao processo que culminou com a sentença rescindenda — peças que o réu, certamente, tratou de juntar à sua contestação, dentre as quais são importantes para essa finalidade a petição inicial, a resposta a ela e a sentença rescindenda.

Para que a ilegitimidade seja declarada, não é indispensável que a parte interessada a alegue (na espécie, o réu), pois sendo a legitimidade uma das condições da ação, a sua falta pode (e deve) ser pronunciada pelo juiz, *ex officio* (CPC, art. 267, § 3º). Desta forma, se o relator, compulsando peças da própria inicial concernente à causa em que foi prolatada a decisão rescindenda (supondo-se que estas tenham sido juntadas pelo autor à inicial da rescisória), ficar convencido de que há manifesta ilegitimidade do autor, indeferirá a referida peça inicial, antes mesmo de ordenar a citação do réu (CPC, art. 490, I), cuja decisão será impugnável (quase sempre) por agravo regimental, no prazo fixado pelo Regimento Interno do Tribunal a que pertencer o relator.

Devemos indagar, neste momento, contudo, qual teria sido a intenção do legislador ao aludir, no art. 295, II, do CPC, à ilegitimidade manifesta: não bastaria falar em ilegitimidade? Como as leis não contêm termos inúteis — embora esse princípio não seja necessariamente dogmático —, quer nos parecer que o advérbio manifestamente, utilizado na redação da norma legal, esteja a significar, *a contrario sensu*, que se o juiz tiver dúvida quanto à legitimidade do autor, não deverá indeferir a inicial, aguardando, portanto, a resposta a ser oferecida pelo réu, para certificar-se, em definitivo, se há, ou não, legitimidade. Cremos ter sido essa a única razão para o emprego do mencionado advérbio.

c) Falta de interesse processual (CPC, art. 295, III)

No passado, por influência da teoria civilista da ação (*Savigny*, *João Monteiro*), o interesse de agir em juízo era considerado como uma espécie de simples repercussão do interesse protegido pelo direito material; com isso, se dizia que quando o direito subjetivo era ameaçado ou lesado, o que nele estava contido recebia a denominação de interesse de agir.

Modernamente, todavia, em decorrência do reconhecimento da autonomia do direito de ação, já não se confunde o interesse que é próprio do direito substancial com o interesse processual.

Debruçando-se sobre o problema do interesse de agir, a doutrina cindiu-se em duas correntes: a primeira entende que dito interesse emana da necessidade de obter-se um pronunciamento jurisdicional sobre a *res in iudicio deducta*; a segunda sustenta que tal interesse é caracterizado pela utilidade que o decreto judicial proporciona ao autor, com ser eficiente para solver, em seu benefício, o conflito de interesses em que se encontra envolvido. Dizendo-se por outras palavras: pela primeira opinião doutrinária, o interesse existirá sempre que o indivíduo invocar a tutela jurisdicional do Estado, com o objetivo de solucionar o litígio que não pôde ser dirimido extrajudicialmente; pela segunda, o interesse se relaciona com o pressuposto de que o provimento da jurisdição seja efetivamente eficaz para a resolução do conflito.

Com propriedade, pondera *Moniz de Aragão* que conforme seja o ponto de vista que se adote, o atual CPC parece haver incorporado uma e outra dessas teorias, argumentando com o parágrafo único do art. 4º, a teor do qual é admissível a ação declaratória ainda que tenha ocorrido a lesão do direito: "Se a lei reputasse válida a opinião dos que se filiam à primeira corrente, não haveria necessidade da regra inscrita no art. 4º, parágrafo único, pois para estes é evidente que basta a simples necessidade de ingressar em juízo para estar preenchido o requisito do interesse; se a lei faz o esclarecimento referido no mencionado texto, é porque reconhece que, sem essa ressalva, a ação declaratória não poderia ser proposta. Logo, esse dispositivo cria exceção à regra geral, a qual consiste na segunda teoria acima indicada"(242).

(242) "Comentários ao Código de Processo Civil", II vol., Rio de Janeiro: Forense, 1974, p. 436.

No passado, entretanto, não era convergente a posição da doutrina acerca da existência de um interesse de agir em juízo. Já em 1928 *Invrea* refutava todas as concepções sobre o tema. A seu ver, a idéia de interesse era supérflua, redundante, porquanto o interesse estaria relacionado intimamente com a propositura da ação. Deitou críticas contundentes à teoria de *Mortara* (da utilidade) e de *Chiovenda* (da necessidade). Partindo da afirmação de que a liberdade jurídica não deve receber restrições desnecessárias, conclui ser imprescindível que exista uma razão jurídica — e não um mero interesse — para ser aceita essa restrição. Para ele, a razão jurídica se configurava pelo fato de o réu haver perpetrado uma lesão de direito (motivo por que deveria arcar com as conseqüências jurídicas do seu ato) ou pela necessidade de o autor obter um provimento jurisdicional para fazer valer o seu direito (considerando que o limite da liberdade jurídica é o direito alheio).

Carnelutti também anatematiza o conceito de interesse de agir, julgando-o "morto, e, se não está morto, moribundo"[(243)]. Essa conclusão do ilustre jurista italiano se encontra em harmonia com o seu entendimento de que o conteúdo do processo não é a ação e sim a lide, que surge quando alguém deseja a tutela de um interesse, em oposição ao interesse de outrem, que manifesta resistência. *Carnelutti* reputa ser o interesse simples reflexo da existência da lide; inexistindo esta, o interesse representa uma daquelas situações que devem ser objeto de um processo, a fim de fazer aflorar o direito: "Quando se diz, pois, que existe uma lide (ou uma destas situações) e que, respeito a ela, se deve encontrar naquela relação, que constitui a *legitimatio*, já se disse tudo; e o interesse de agir não representa senão a quinta roda do carro... Se, pois, se considera o próprio processo, não só a lide é uma condição do interesse de agir, mas a sua existência absorve esse inútil requisito: os pressupostos da ação são portanto estes dois: a lide e a legitimação"[(244)].

Divergimos da opinião de *Carnelutti*.

Em primeiro lugar, a lide, por si só, não justifica o interesse; basta imaginar-se o recurso interposto pela parte que foi integralmente vencedora na causa: embora esteja presente a lide, é saliente o seu desinteresse (tomado o vocábulo em sua acepção estritamente processual) em deduzir uma pretensão recursal, pois a impugnação da sentença não lhe traria nenhuma utilidade, nem teria sido motivada por suposta necessidade de vê-la modificada. Somente em casos excepcionais — que para os efeitos de nossos argumentos não entram, por ora, em consideração — é que se admitiria a existência de um interesse

---

(243) "Lite e Processo", *in Studi di Diritto Processuale*, vol. III, p. 21.
(244) *Carnelutti*, *Idem*, *ibidem*.

em recorrer, no exemplo citado. Fora disso, a sua falta seria manifesta. Em segundo, há situações em que não se verifica a presença de lide, mas o interesse de agir, nada obstante, não apenas é concreto como está previsto em lei. Invoquemos, como exemplo, a ação declaratória, cujo pressuposto é precisamente a incerteza quanto à relação que constitui objetivo do litígio; incerteza objetiva e atual, vale dizer, capaz de provocar uma fundada hesitação relativa à verdadeira vontade da lei e ser existente (e não apenas aleatória). Essa situação de dubiedade deve ser ainda de natureza jurídica e apta a produzir danos ao autor.

O interesse de agir em juízo (ou interesse processual) não é conseqüentemente, algo inútil ou desnecessário, como imaginou *Carnelutti*; ao reverso, ele espelha a mais característica das condições da ação, para não afirmarmos que é, na realidade, a única.

Escapa aos objetivos deste livro, contudo, efetuar uma profunda prospecção doutrinária acerca do interesse de agir. Queremos apenas lembrar que no sistema do CPC de 1939 se exigia que o interesse fosse, além de legítimo, econômico ou moral (art. 2º, *caput*), em consonância, pois, com o art. 76 do Código Civil. O estatuto processual civil de 1973, em atitude acertada, suprimiu do interesse a adjetivação com que vinha marcado no Código anterior, de tal maneira que hoje se requer que haja somente interesse (CPC, art. 3º), a despeito de sabermos que ele deve ser de caráter jurídico.

Para demonstrarmos, ainda mais, o equívoco da teoria carnelutiana, ao recusar qualquer importância ao interesse de agir, como categoria autônoma, devemos acrescentar que deverá ser declarado carecente da ação rescisória o autor que a puser em juízo com o escopo de desconstituir pronunciamento jurisdicional passado em julgado que lhe foi totalmente favorável: qual seria, na hipótese a necessidade ou a utilidade de desfazer uma tal decisão? Com base em situações como esta, pode-se perceber que o interesse de agir não é alguma coisa vaga, imprecisa, diáfana, e sim palpável e relevante, quando menos para evitar que a impetração da tutela da jurisdição não seja motivada por simples capricho do autor.

d) Ocorrência de prescrição ou decadência (CPC, art. 295, IV)

Em Capítulo transato, procuramos deixar claro que os conceitos de prescrição extintiva (ou liberatória) e de decadência não se confundem. Reiteradas aquelas considerações, observemos agora que o legislador incluiu ambas como causa de indeferimento da petição inicial.

Sob uma apurada óptica doutrinária, porém, logo se percebe ter sido falho esse procedimento do elaborador da norma, pois se o princípio que norteia a extinção do processo sem julgamento do mérito é dar ao autor a oportunidade de regressar a juízo com a mesma ação (CPC, art. 268), isso não será possível quando houver indeferimento na inicial em virtude de prescrição ou decadência — embora essas matérias não tenham sido alcançadas pela ressalva feita pelo referido art. 268.

Assim pensamos porque quando o juiz decreta o fim do processo, por força de prescrição ou decadência por ele constatadas, vai nisso uma penetração no *meritum causae*, ainda que por vias oblíquas, de tal sorte que o autor não mais poderá voltar a juízo para deduzir as mesmas pretensões formuladas no processo extinto.

Teria o legislador brasileiro prestado, portanto, saudável homenagem à inteligência da doutrina se houvesse introduzido a prescrição e a decadência no rol do art. 269, ou seja, se as houvesse considerado como causas de extinção do processo com exame do mérito. Apesar dessa escorregadela legislativa, será perfeitamente possível, na prática, agir o órgão jurisdicional segundo os ditames da orientação doutrinária, para efeito de declarar que, na hipótese em questão, dar-se-á o fim do processo mediante envolvimento do mérito.

Tenhamos em mente a inicial da rescisória, que haja sido ajuizada após o decurso do prazo de dois anos, fixado pelo art. 495 do CPC: seria nimiamente absurdo supor-se que a despeito de já estar consumada a decadência, o autor poderia aforar, novamente, a ação, com espeque no art. 268 do CPC, combinado com o art. 267, I, do mesmo diploma. À conclusão semelhante chegaríamos se o caso fosse de prescrição do direito: indeferida a peça inaugural, tangido estaria, inexoravelmente, o mérito da causa, de modo a cortar cerce a tentativa de o autor fazer-se em juízo, vez mais. O art. 810 do CPC, que versa sobre medidas cautelares, robustece os nossos argumentos, ao declarar que o indeferimento da medida não obsta a que a parte intente a ação (principal), nem, influi no julgamento desta, "salvo se o juiz, no *procedimento cautelar*, acolher a alegação de decadência ou de prescrição do direito do autor" (sublinhamos). Ressabemos que, em princípio, os provimentos oriundos da jurisdição cautelar não se enastram com o mérito da causa principal; caso, entretanto, se acolha, no processo acautelatório, as alegações de prescrição ou de decadência, abre-se nessora significativa exceção àquela regra, porquanto o processo será extinto com repercussão no mérito da ação dita principal.

Enfim, o art. 810 do CPC serve para mostrar que também no terreno cautelar a extinção do processo em virtude de prescrição liberatória ou de decadência acarreta inevitáveis reflexos no *meritum causae*.

O esclarecimento que se faz indispensável, neste instante, é no sentido de que a decadência pode ser conhecida *ex officio* pelo juiz; já a prescrição concernente a direitos patrimoniais deve ser alegada pelo interessado (se os direitos não forem patrimoniais o juiz conhecerá da praescriptio por sua iniciativa) — sendo didática, nesse ponto, a remissão que o art. 295, IV, do CPC, faz ao art. 219, § 5º, do mesmo Código.

e) Desrespeito aos arts. 39 e 284 (CPC, art. 295, VI)

É dever do advogado, ou da parte quando postular em causa própria: I — declarar, na petição inicial, o endereço em que será intimada dos atos processuais; II — comunicar ao diretor da secretaria ou escrivão qualquer mudança de endereço (CPC, art. 39).

A quebra dos deveres supracitados gera conseqüências processuais distintas: se a infração for ao primeiro deles, incumbirá ao relator da rescisória, antes de ordenar a citação do réu (CPC, art. 491), mandar que a omissão seja suprida no prazo de 48 horas, sob pena de indeferimento da inicial; se for ao segundo, considerar-se-ão como regularmente efetuadas as intimações remetidas ao endereço constante dos autos.

Há muito tempo que vimos preconizando a aplicação, ao processo do trabalho, das disposições do art. 39 do CPC, mesmo em primeiro grau de jurisdição. Os motivos que nos conduziram a esse parecer decorreram da verificação de que, em diversos casos, o processo ficava suspenso (ou o procedimento paralisado) porque o réu havia mudado de endereço, sem dar conhecimento ao juízo, e, em função disso, não se conseguia localizá-lo para, digamos, intimá-lo de determinado ato processual; quando não, procedia-se à intimação por edital. Nenhuma dessas soluções, todavia, era satisfatória: suspender-se o processo seria, em derradeira análise, premiar o próprio réu, pois foi ele quem se mudou de endereço sem indicar o novo ao juízo; intimá-lo pela forma editalícia seria, quase sempre, atribuir ao autor (inocente e, não raro, paupérrimo) os inconvenientes (deslocamentos, despesas pecuniá-rias) da publicação do edital. Por isso, sempre que for o caso, aplicamos à risca o art. 39 do CPC, de plena compatibilidade com o processo do trabalho, com remover certos obstáculos criados por uma das partes e, dessa maneira, prestar bons serviços à celeridade processual e à tarefa de desestimular práticas negligenciosas ou mal-intencionadas.

A essa disciplina deve ser submetida, por inteiro, a petição inicial da rescisória (CPC, art. 39, I) e a eventual mudança de endereço da parte ou de seu advogado (CPC, art. 39, II), notadamente a partir da vigência da Constituição Federal de 1988, cujo art. 133 — segundo nossa opinião heterodoxa — revogou o art. 791, *caput*, da CLT, atributivo de *canhestro ius postulandi* às partes. Essa capacidade postulatória vinha sendo o grande pretexto para impedir a atuação do provecto art. 39 do CPC.

Diz o art. 295 do CPC que a inicial será também indeferida quando não forem acatadas as determinações do art. 284 do mesmo estatuto processual. Em termos concretos, isso quer expressar que se o relator perceber que a inicial da rescisória não atende aos requisitos apontados pelos arts. 282 e 283, ou apresenta defeitos e irregularidades capazes de dificultar o julgamento do mérito, imporá que o autor a emende, ou a complete, no prazo de dez dias, pena de ser indeferida.

Caso o relator receba uma inicial que esteja em desacordo com o art. 282 do CPC, ou mesmo com o art. 283 (que a exige instruída pelos documentos essenciais ao ajuizamento da ação), essa sua inadvertência não impedirá que o réu denuncie tais falhas na contestação, oportunidade em que o relator, alertado sobre elas, procederá da maneira traçada pelo art. 284 do Código. Se, em situação inversa, o relator indeferir liminarmente a inicial, por entendê-la eivada de algumas irregularidades, desse despacho caberá agravo regimental, tenha ele concedido, ou não, ao autor, prazo para saná-las.

f) Erro quanto ao procedimento (CPC, art. 295, V)

O CPC indica, ainda, como causa de indeferimento da petição inicial, o haver o autor escolhido procedimento que não corresponda à natureza da causa ou ao valor da ação.

Conquanto essa causa, na enumeração feita pelo art. 295, anteceda a que foi por nós examinada na letra anterior (e), reservamo-nos, propositadamente, para falar sobre ela quase ao final deste Capítulo por uma razão justificável: é que não a consideramos possível de ocorrer no campo da ação rescisória, onde o procedimento é um só, ou seja, o que é estabelecido pelos arts. 488 a 494 do Código. Ergo, só em decorrência de graves distúrbios do senso de percepção jurídica iria o autor "escolher" para a rescisória ajuizada um procedimento que não fosse o previsto pelas anteditas normas específicas.

g) Falta de realização do depósito (CPC, arts. 488, I e 490, II)

O último dos motivos que levam ao indeferimento da petição inicial de rescisória é — segundo o art. 490, II, do CPC — a ausência do depósito de que trata o inc. II do art. 488, correspondente a 5% do valor da causa, e que valerá como multa, em prol do réu, "caso a ação seja, por unanimidade de votos, declarada inadmissível ou improcedente" (*ibidem*).

Dessa exigência estão dispensados a União, o Estado-membro, os Municípios e o Ministério Público (parágrafo único).

Não tardou a jurisprudência trabalhista em entender, contudo, que esse depósito era inconciliável com o processo do trabalho; essa orientação foi sedimentada, logo depois, pela Súmula n. 194 do TST, assim enunciada: "As ações rescisórias ajuizadas na Justiça do Trabalho serão admitidas, instruídas e julgadas conforme os arts. 485 *usque* 495 do Código de Processo Civil de 1973, sendo, porém, desnecessário o depósito prévio a que aludem os arts. 488, inciso II e 494 do mesmo Código" (sublinhamos). Essa Súmula foi adotada pela Resolução Administrativa n. 2/84, de 27 de setembro de 1984 (DJ de 4 de outubro do mesmo ano). A referência a esse elemento cronológico do fato é relevante para demonstrar que tal Súmula exerceu direito influxo em a nova redação do art. 836 da CLT, imposta pela Lei n. 7.351, de 27 de agosto de 1985 (DOU de 28 do citado mês): "É vedado aos órgãos da Justiça do Trabalho conhecer de questões já decididas, excetuados os casos expressamente previstos neste Título e a ação rescisória, que será admitida na forma do disposto no Capítulo IV do Título X da Lei n. 5.869, de 11 de janeiro de 1973 — Código de Processo Civil, dispensado o depósito referido nos arts. 488, inciso II e 494 daquele diploma legal".

Uma corrigenda: faltou a menção ao Livro I do CPC, ao qual se acham integrados o Capítulo IV e o Título X, mencionados pelo art. 836 da CLT. O Livro I dispõe sobre o processo de conhecimento (arts. 1º a 565), que engloba, sistematicamente, a ação rescisória (arts. 485 a 495).

Embora nós mesmos já tenhamos invocado o princípio da gratuidade do procedimento, para justificar a opinião de que a multa de 1% a ser aplicada à parte que oferece embargos de declaração protelatórios (CPC, art. 538, parágrafo único) é incompatível com o processo do trabalho, estamos convencidos de que, *de lege ferenda*, o depósito de 5% do valor da causa deveria ser exigido (a título de multa) ao autor, seja porque este nem sempre é o empregado, seja, principalmente, porque, ao oposto do que se passa quanto aos embargos declaratórios, a rescisória tende à desconstituição de um pronunciamento jurisdicional transitado em julgado. Não é dispensando desse depósito que a lei exercerá a sua vocação protectiva do trabalhador, e sim criando meios talentosos para que, no curso do processo (de conhecimento, de execução ou cautelar), ele possa atuar em igualdade de condições com o adversário. Insta ponderar que o requisito da unanimidade da votação (CPC, art. 488, parágrafo único) e a composição peculiarmente classista dos tribunais trabalhistas (deixemos de lado os órgãos do primeiro grau) funcionam como eficiente contrapeso às eventuais injustiças ou rigores que poderiam advir do prevalecimento do ponto de vista que estamos a expender.

Uma nótula esclarecedora: o depósito, que se dispensa na Justiça do Trabalho, em tema de ação rescisória, como demonstramos, é, apenas, aquele a que se referem os arts. 488, inciso II, e 494, do CPC (CLT, art. 836). Não se dispensa, quando for o caso, o depósito para recurso, de que tratam os parágrafos do art. 899, da CLT. A este respeito, estabelece a Orientação Jurisprudencial n. 117, da SDI-II, do TST: "Ação rescisória. Depósito recursal. Pedido rescisório procedente. Condenação em pecúnia. Instrução Normativa n. 3/1993, III. Havendo recurso ordinário em sede de rescisória, o depósito recursal prévio só é exigível quando for julgado procedente o pedido e imposta condenação em pecúnia".

Além das causas de indeferimento da petição inicial, previstas no art. 295, do CPC, devem ser mencionadas: a) a ausência de cópia da decisão rescindenda; e b) de certidão do trânsito em julgado. Acerca dessa exigência, dispõe a Orientação Jurisprudencial n. 84, da SDI-II, do TST: "Ação rescisória. Petição inicial. Ausência da decisão rescindenda e/ou da certidão do seu trânsito em julgado, devidamente autenticadas. Peças essenciais para a constituição válida e regular do feito. Argüição de ofício. Extinção do processo sem julgamento do mérito. A decisão rescindenda e/ou a certidão do seu trânsito em julgado, devidamente autenticadas, à exceção de cópias reprográficas apresentadas por pessoa jurídica de direito público, a teor do art. 24 da Lei n. 10.522/02, são peças essenciais para o julgamento da ação rescisória. Em fase recursal, verificada a ausência de qualquer delas, cumpre ao Relator do recurso ordinário argüir, de ofício, a extinção do processo, sem julgamento do mérito, por falta de pressuposto de constituição e desenvolvimento válido do feito". Quanto à certidão do trânsito em julgado, é conveniente chamar a atenção ao conteúdo da OJ n. 102, da mesma Seção: "Ação rescisória. Certidão de trânsito em julgado. Descompasso com a realidade. O juízo rescindente não está adstrito à certidão de trânsito em julgado juntada com a ação rescisória, podendo formar sua convicção através de outros elementos dos autos quanto à antecipação ou postergação do '*dies a quo*' do prazo decadencial".

Capítulo III

CITAÇÃO E RESPOSTA DO RÉU

Citação

O art. 213 do CPC define a citação como "o ato pelo qual se chama a juízo o réu ou o interessado, a fim de se defender".

A expressão "ou o interessado" foi introduzida no texto *ex vi* da Lei n. 5.925, de 1º de outubro de 1973 e teve o objetivo de separar aqueles casos em que inexiste lide (na concepção carnelutiana), mas apenas administração pública de interesses privados.

De qualquer modo, a definição trazida pelo art. 213 do Código é imperfeita, porquanto a citação não se destina, necessariamente, a "chamar" o réu a juízo para defender-se. No processo civil moderno, a presença do réu não é indispensável ao regular desenvolvimento processual: basta argumentar-se com a revelia (CPC, art. 319). Não é diferente o que se passa no processo do trabalho (CLT, art. 844, *caput*, parte final). Nem se exige que o réu, citado, se defenda. O que se busca fazer, por meio da citação, é, na verdade, dar ciência ao réu da existência de uma ação, em que ele figura como parte, evitando-se, com isso, a instauração de processos "secretos", como havia outrora (sobre os quais *Kafka* escreveu livro notável), e que tantos males causaram ao direito e à liberdade dos indivíduos e, em sentido mais amplo, aos ideais democráticos. Cientificado, pois, pela citação, da existência de ação ajuizada, o réu se defenderá se assim o desejar.

É inegável que, em regra, citado, ele comparece a juízo para formular a sua defesa (ou a sua resposta); esse elemento estatístico, porém, não poderia ser erigido pelo legislador como núcleo do conceito de citação, pois a prática demonstra que há também inúmeros casos em que o réu não responde à ação, embora citado. Daí definirmos a citação como o ato pelo qual se dá conhecimento ao réu de que foi ajuizada uma ação, em que ele se encontra colocado no pólo passivo da relação processual, para que, ciente da existência dela, aja da maneira como melhor lhe convier, desde que de acordo com o direito.

Naquilo que nos interessa, em particular, a citação do réu, na rescisória, visa a dar-lhe ciência de que alguém está em juízo pretendendo desconstituir um pronunciamento jurisdicional passado em julgado, que fora favorável a ele, réu. Em alguns casos, embora raros, as partes que figuraram como autora e como ré no processo do qual se originou a decisão rescindenda se tornam rés na ação rescisória, como quando esta á ajuizada pelo Ministério Público, com fundamento em colusão das referidas partes (CPC, art. 485, III, *in fine*).

Na sistemática do processo civil, incumbe sempre ao autor promover a citação da parte contrária (nos dez dias subseqüentes ao proferimento do despacho, pelo relator); não vemos razão relevante para que, mesmo em sede de ação rescisória, se abandone o procedimento característico do processo do trabalho, consistente em realizar-se o ato citatório: a) por iniciativa do próprio juízo (na espécie, do relator); e b) via postal (CLT, art. 841). Se o réu criar embaraços ao recebimento do instrumento de citação, ou não for encontrado, o ato será efetuado por edital, publicado no jornal oficial ou naquele que divulgar o expediente forense; na falta, será afixado na sede do tribunal (*ibidem*, § 1º).

Estando em termos a petição inicial, o relator determinará a citação do réu (CPC, art. 285); caso contrário, ordenará que o autor a emende ou complete (CPC, art. 284), desde que isso seja possível, sob pena de indeferimento (*ibidem*, parágrafo único). Vale lembrar que um dos motivos que podem conduzir ao indeferimento da inicial é a falta de documento comprobatório do trânsito em julgado da decisão rescindenda (TST, Súmula n. 299).

Ao mandar que o réu seja citado, deverá o relator assinar-lhe prazo nunca inferior a quinze dias nem superior a trinta para responder a ação (CPC, art. 491). A fixação do prazo para o oferecimento da resposta, dentro dos limites mínimo e máximo estabelecidos por lei, ficará reservada ao prudente arbítrio do relator, que no exercício dessa competência atenderá às circunstâncias de cada caso concreto. Entendemos que também aqui a Fazenda Pública deverá ter preservada a sua prerrogativa (e não "privilégio", como está na lei) de oferecer resposta no prazo em quádruplo, relativamente ao que for assinado pelo relator, pois as disposições do Dec.-lei n. 779, de 21 de agosto de 1969, não devem ser interpretadas com vistas apenas ao primeiro grau de jurisdição (art. 1º, II). O processo civil contém norma semelhante (art. 188).

Somos, igualmente, de opinião que, se os litisconsortes possuírem procuradores distintos, o prazo para responderem à rescisória deverá ser contado em dobro, pois nenhuma razão especial existe para que se iniba a incidência do art. 191 do CPC. Sem razão, a nosso ver, a Orientação Jurisprudencial n. 310, da SDI-I, do TST, ao declarar que o prazo em dobro é incompatível com o princípio da celeridade, que informa o processo do trabalho. Cremos que a perspectiva a ser considerada, na espécie, é a do art. 5º, inciso LV, da Constituição Federal, que assegura às partes a ampla defesa. Sendo assim, a fixação de prazo simples, quando os lirtisconsortes possuírem advogados diversos, fere a mencionada norma constitucional, por restringir o exercício do direito de defesa.

Como estamos a tratar de prazos, é aconselhável que nos detenhamos, por algum tempo, no exame dos princípios quinários que os informam:

a) Princípio da utilidade dos prazos

Significa que os prazos previstos em lei, ou fixados pelo juiz, devem ser úteis, ou seja, hábeis à satisfação dos objetivos processuais a que se prendem. Há, assim, uma íntima relação entre o prazo e a finalidade a que se destina — relação que, teoricamente, o legislador adotou como critério para a correspondente fixação.

Daí a existência de prazos com maior ou menor duração (a própria resposta, na rescisória, como vimos, é oferecida em prazo que pode oscilar de quinze a trinta dias).

Um efeito prático se extrai dessa regra. É que se a parte, por motivos que não lhe possam ser juridicamente irrogados, não se pôde valer, no todo ou em parte, do prazo útil que fora estabelecido em seu benefício, a solução será restituir-lhe, por igual, o faltante. Esse é o preceito que emana do art. 180, do CPC, de aplicação supletiva no processo do trabalho.

O princípio da utilidade não é, todavia, absoluto, pois são computados na fluência do prazo os dias em que, ordinária ou extraordinariamente, não houve expediente no foro. Mencionemos, como exemplo do primeiro caso, os sábados, os domingos, os feriados e o denominado recesso do judiciário federal, no período de 20 de dezembro a 6 de janeiro, instituído pela Lei n. 5.010/66; do segundo, o dia em que for determinado o fechamento do Fórum (Lei n. 1.408/51) ou em que o expediente forense for encerrado antes do horário normal (CPC, art. 184, § 1º, I e II).

Os prazos não se iniciam nem se vencem em dias desúteis: tal é a regra ditada pelos arts. 775 e parágrafo único, da CLT, e 184, *caput*, e § 2º, do CPC. Dentre dessa linha de critério, estabelece a Súmula n. 262, do TST: "Intimada ou notificada a parte no sábado, o início do prazo se dá no primeiro dia útil imediato e a contagem, no subseqüente".

Sendo contínuos e irreleváveis, os prazos somente podem ser prorrogados nos casos previstos em lei (CLT, art. 775, *caput*).

Sempre que uma das partes houver criado algum obstáculo, o prazo ficará suspenso para a outra. Isso ocorreria, *e.g.*, se um dos litigantes retirasse os autos da Secretaria, para interpor recurso da sentença ou do acórdão, sendo o prazo comum; nesta hipótese, o prazo seria restituído à parte inocente, por tempo igual ao que faltava para a sua complementação (CPC, art. 180).

O vencimento (em branco) dos prazos deverá ser sempre certificado nos autos, pelo funcionário responsável, embora essa certificação não obrigue o juiz a acatar o que nela se contém (CLT, art. 776).

b) Princípio da continuidade

Esse princípio é algo fronteiriço ao da utilidade, com o qual, em certos aspectos, se enastra.

Por ele se afirma que os prazos são contínuos, cuja suspensão, como fato excepcional, se encontra rigidamente disciplinada em lei. O princípio da continuidade se identifica, portanto, com a regra de que os prazos, uma vez iniciados, devem ter livre curso até o seu final.

Suspensão e interrupção, contudo, não se confundem: enquanto na primeira o prazo que havia fluído é aproveitado, na segunda esse aproveitamento não se verifica. Por outros termos: lá, a contagem do prazo prossegue a partir do momento em que ocorreu a suspensão; aqui, tudo se apaga, iniciando-se nova contagem. Na vigência do CPC de 1939, por exemplo, os embargos declaratórios provocavam a *suspensão* dos prazos para recurso; no sistema do atual CPC, os prazos são *interrompidos* (art. 538, *caput*).

c) Princípio da inalterabilidade

Repetindo o que havíamos dito na oportunidade do exame do princípio da utilidade, a duração do prazo guarda estreita conexão com o tempo de que necessita para ser praticado. Sob esse aspecto, tanto a redução quanto a ampliação dos prazos ferem esse equilíbrio, essa ordem harmoniosa que há entre o lapso temporal (prazo) e a finalidade que se busca (prática de determinado ato processual). Pode-se mesmo afirmar que o princípio da inalterabilidade é conseqüência direta do da utilidade, ao qual, aliás, *Moacyr Amaral Santos* reconhece base científica[245].

A proibição de alterar os prazos processuais, como sabemos, é dirigida ao juiz e às partes. A estas se torna defeso reduzir ou dilatar os

(245) Ob. cit., p. 253.

prazos peremptórios, ainda que mediante convergência de vontades. Faculta-lhes a lei, no entanto, que o façam quanto aos prazos dilatórios, desde que o requerimento seja formulado antes do vencimento do prazo e o pedido se funde em "motivo legítimo" (CPC, art. 181, *caput*).

d) Princípio da peremptoriedade

Dizem-se peremptórios daqueles prazos que são fixados sem qualquer possibilidade de serem alterados; em virtude disso, terminam, inexoravelmente, no dia do vencimento (*dies ad quem*). São, por isso, fatais.

O prazo para o exercício da ação rescisória, *v.g.*, além de decadencial é peremptório.

Registre-se que o decurso *in albis* dos prazos judiciais provoca a extinção automática — quer dizer, independentemente de declaração judicial (CPC, art. 183, *caput*) — do direito de realizar o ato pertinente, conquanto se permita à parte provar que deixou de fazê-lo em razão de força maior (CLT, art. 775, *caput*) — a que o processo civil denomina de justa causa (CPC, art. 183, *caput*). Provado o motivo de força maior, o juiz ou o Tribunal poderá prorrogar o prazo "pelo tempo estritamente necessário" (*ibidem*), ou seja, levando em conta o princípio da utilidade de que falamos há pouco. Uma ressalva, todavia, é necessária: em princípio, o prazo não poderá ser prorrogado por tempo superior ao originalmente assinado pelo juiz ou fixado por lei. Exemplifiquemos: se a parte dispunha do prazo de cinco dias para manifestar-se sobre documentos juntados pelo adversário, mas não o fez em decorrência de comprovada força maior, esse prazo poderá ser prorrogado em até cinco dias, conforme seja o caso. O que não se admite é que a prorrogação seja, digamos, por mais dez ou vinte dias.

e) Princípio da preclusão

A preclusão, *lato sensu*, se configura pela perda de uma faculdade ou de um direito ou faculdade processual, que por não haver sido exercitado no momento ou no tempo oportuno fica extinto.

É certo que esse conceito mais se aproxima da preclusão temporal, que, todavia, não é a única modalidade. Há também a lógica, que diz da incompatibilidade entre o ato que se pretende praticar e o anteriormente realizado, e a consumativa, que indica a impossibilidade de colocar-se em prática o ato, em decorrência de já haver sido realizado.

A preclusão, porém, não se confunde com a sanção. Esta corporifica a conseqüência prevista em lei para o descumprimento de alguma norma processual, pressupondo, assim, o inadimplemento voluntário de uma obrigação. Na preclusão, ao contrário, inexiste qualquer vínculo obrigacional que tenha sido desrespeitado pela parte. Quem deixa transcorrer em branco um prazo não está, nem de longe, deixando de atender ao cumprimento de uma obrigação, mas apenas renunciando, espontaneamente ou não, a uma faculdade processual. E o efeito preclusivo dessa omissão não pode ser comparado (nem corresponde) a uma sanção.

Acentua, com propriedade, *Arruda Alvim* que a preclusão não concerne à existência de um direito, e sim às faculdades processuais do indivíduo[246].

Nenhuma exposição sobre prazos processuais seria satisfatória se prescindisse de uma análise dos critérios estabelecidos para a contagem destes. Isto nos coloca diante daquela que foi a primeira Súmula, de quantas o Tribunal Superior do Trabalho já adotou até os dias da atualidade; está em seu enunciado que "Quando a intimação tiver lugar na sexta-feira, ou a publicação com efeito de intimação for feita nesse dia, o prazo judicial será contado da segunda-feira imediata, inclusive, salvo se não houver expediente, caso em que fluirá do dia útil que se seguir".

A Súmula citada, como se vê, nada mais fez do que explicitar a regra geral de que os prazos não se iniciam (nem se vencem) em dias desúteis (CLT, art. 765). Para que o curso do prazo seja iniciado é essencial que as partes sejam intimadas do ato (CPC, art. 234). Não se confunda, contudo, o dia em que a intimação foi feita (*dies a quo*) com o dia em que tem início a contagem do prazo: apenas aquele é excluído, pois *dies a quo non computatur.*

Se a intimação ocorrer em sexta-feira, o prazo somente passará a fluir da segunda-feira subseqüente, exceto se, por algum motivo, não houver expediente no foro, hipótese em que a contagem será iniciada na terça-feira, e ainda assim se esse dia for útil. Se a intimação foi realizada no sábado, o *dies a quo* será o primeiro útil, embora a contagem somente se inicie no dia subseqüente a este (TST, Súmula n. 262).

No caso de o jornal oficial contendo "a publicação com efeito de intimação" (como está na Súmula n. 1 do TST) apenas circular na parte da tarde, firmara-se a jurisprudência em acrescentar um dia à contagem, cujo procedimento *Coqueijo Costa* entendeu estar cônsono com a Lei n. 1.408/51[247]. O Supremo Tribunal Federal, entretanto, já na

(246) "Manual de Direito Processual Civil", vol. I, São Paulo: Revista dos Tribunais, 1979, p. 283.
(247) Ob. cit., p. 194.

vigência do atual CPC, considerou revogada a referida norma legal, firmando, em razão disso, posição no sentido de que o prazo "começa a fluir do dia imediato ao da intimação, mesmo quando esta se deu me-diante publicação no órgão oficial que tenha circulado apenas na parte da tarde, ressalvados apenas os casos especiais previstos no mesmo Código" (RE n. 83.874, Rel. Min. Cunha Peixoto, *in* DJU de 9.4.76, p. 2.387).

Quando a intimação for feita pela publicação do ato no jornal oficial, é necessário que dela constem os nomes das partes e de seus advogados, de maneira que permita que sejam identificados (= não confundidos com eventuais homônimos); a exigência vem do art. 236, § 1º, do estatuto processual civil. Não se quer com isso expressar que os nomes dos litigantes e de seus procuradores devam vir grafados por extenso, no jornal oficial, mas, como é do objetivo da lei, apenas de modo a propiciar que possam ser perfeitamente identificados.

Havendo erro ou omissão na publicação, uma nova deverá ser efetuada, fluindo, a contar da última, o prazo. Na hipótese de o tribunal entender que a republicação era desnecessária, o prazo será contado da primeira publicação, cuja virtual conseqüência será declarar ter sido o ato da parte praticado a destempo.

No início deste Capítulo deixamos exarado o nosso conceito de citação; é conveniente que formulemos agora algumas considerações conclusivas a respeito desse importante ato processual.

A citação do réu é indispensável para a validade do processo (CPC, art. 214, *caput*), seja de conhecimento, de execução ou cautelar, embora o comparecimento voluntário deste a juízo supra a falta da citação (*ibidem*, § 1º). Se o réu vier a juízo apenas para argüir a nulidade do processo, e vindo esta a ser decretada, reputar-se-á feita a citação na data em que ele ou seu advogado for intimado da decisão (*ibidem*, § 2º). A despeito dessa declaração legal, pensamos que somente se poderá considerar o autor citado se o seu advogado tiver poderes específicos para isso, pois o § 2º do art. 214 não pode ser interpretado com desprezo ao art. 38 do mesmo Código.

O réu será citado no lugar em que se encontrar (CPC, art. 216, *caput*); a citação do militar em serviço, porém, será feita na unidade em que estiver servindo, se for desconhecida a sua residência ou nela não for encontrado (*ibidem*, parágrafo único).

Salvo para evitar o perecimento do direito (ou seja, a decadência do prazo para o ajuizamento da rescisória), não se fará a citação: a) ao funcionário público, na repartição em que trabalhar; b) a quem estiver assistindo a qualquer ato de culto religioso; c) ao cônjuge ou a qualquer parente do morto, consangüíneo ou afim, em linha reta, ou na colateral em segundo grau, no dia do falecimento e nos sete dias seguintes; d) aos noivos, nos três primeiros dias de bodas; e) aos doentes, enquanto grave o seu estado (CPC, art. 217, I a V).

Não se efetuará, igualmente, a citação quando ficar constatado que o réu é demente ou está impossibilitado de recebê-la (CPC, art. 218, *caput*). Neste caso, incumbirá ao oficial de justiça lavrar certidão, descrevendo, com minúcias, a ocorrência, após o que o juiz nomeará um médico, a fim de examinar o citando, cujo laudo deverá ser apresentado em cinco dias (*ibidem*, § 1º). Reconhecida a impossibilidade, o juiz dará ao citando um curador, respeitando, quanto à sua escolha, a preferência estabelecida na lei civil; essa nomeação estará restrita à causa (*ibidem*, § 2º). Adotadas essas providências, a citação será realizada na pessoa do curador, a quem caberá promover a defesa do réu (*ibidem*, § 3º).

O processo do trabalho não prevê a citação com hora certa, introduzida pelo atual diploma processual civil (arts. 227/229); *de lege ferenda*, entretanto, essa modalidade citatória deveria ser admitida nesse processo especializado, nos casos em que a citação devesse ser feita por oficial de justiça.

Permite o CPC que nas comarcas contíguas, "de fácil comunicação", e nas que se situem na mesma região metropolitana, o oficial de justiça proceda à citação em qualquer delas (art. 230). A Lei n. 8.710/93 eliminou a exigência de que a residência ou lugar onde se encontre o citando seja próximo das divisas respectivas. Melhor teria sido que o legislador falasse em comarcas de fácil acesso, porquanto com o desenvolvimento dos meios tecnológicos podem ser consideradas de "fácil comunicação" comarcas que se distanciem milhares de quilômetros, uma da outra. Seja como for, o art. 230 constitui (justificada) exceção ao princípio inscrito no art. 200 do mesmo Código, conforme o qual os atos processuais serão requisitados por carta (precatória ou rogatória) sempre que tiverem de ser praticados fora dos limites territoriais da comarca (juízo deprecante ou rogante).

O processo do trabalho, com sua característica vocação vanguardeira, há muito tempo vem aceitando citações efetuadas via postal, mesmo que o réu resida ou se encontre estabelecido em comarca situada muito distante da sede da Vara em que foi ajuizada a ação. Na verdade, o processo do trabalho levou às últimas conseqüências o princípio da instrumentalidade, contido nos arts. 154 e 244 do CPC, que diz da validade do ato que, embora praticado de maneira diversa da prevista em lei, atingir a mesma finalidade, desde que inexista quanto a isso, cominação de nulidade. Assim afirmamos porque o art. 247 do álbum processual civil considera (= comina) nula a citação (bem como a intimação) quando realizada sem observância das prescrições legais. Essa atitude dos juízes trabalhistas é plenamente justificável, pois a experiência tem demonstrado que isso contribui para a simplicidade do procedimento e para a sua própria celeridade, uma vez que se dispensa o instrumento formal da carta precatória para fazer com que a citação se efetue por ato do próprio juízo por onde se processa a ação.

Somente se o réu fizer prova de que a citação pelo correio lhe trouxe manifestos prejuízos de ordem processual é que se decretará a nulidade do ato (CLT, art. 794); fora disso, a praxe que estamos a noticiar é proveitosa, devendo, em razão disso, ser mantida e até mesmo estimulada.

Declara o art. 841, § 1º, da CLT, que a citação será feita por edital se o réu criar embaraços ao seu recebimento, ou não for encontrado; esta última hipótese compreende, de certa forma, as situações aludidas pelos incisos I e II do art. 231 do CPC (ser o réu desconhecido ou incerto, ou ignorado, incerto ou inacessível o lugar em que se encontrar).

Julgamos compatível com o processo do trabalho a multa pecuniária a ser aplicada à parte que requerer a citação por edital, alegando dolosamente ser o réu desconhecido ou incerto, ou ignorado, incerto ou inacessível o lugar onde se encontre (CPC, art. 233); o conteúdo acentuadamente ético do processo se sobrepõe, no particular, ao princípio da gratuidade do procedimento trabalhista, cuja invocação tem sido utilizada para repelir a incidência de multas pecuniárias aos litigantes. Nós mesmos fizemos uso desse princípio para rejeitar a idéia de aplicar-se no processo trabalhista a multa de 1% sobre o valor da causa, quando os embargos declaratórios forem considerados manifestamente procrastinatórios (CPC, art. 538, parágrafo único). Não renunciamos a essa opinião, como se possa pensar. Ao defendermos agora a aplicação da multa instituída pelo art. 233 do CPC estamos levando em consideração dois fatos que nos parecem extremamente significativos: em primeiro lugar, trata-se de ato doloso do autor; em segundo, que é praticado com o objetivo de prejudicar a parte contrária e, em conseqüência, em proveito próprio. Não será, pois, o tíbio princípio da gratuidade procedimental que irá impedir o combate a velhacadas como essa. O processo do trabalho não pode efetuar saques contra o seu substrato ético, sob pena de descrédito e de converter-se em instrumento a serviço de partes mal intencionadas.

Admitida, por esses motivos, a atuação supletória do art. 233 do CPC, a multa pecuniária, paga pelo autor que tenha agido com dolo, reverterá em prol do citando (art. 233, parágrafo único), sem que se possa ver nessa imposição qualquer ofensa ao processo do trabalho, ainda que se tenha de aceitar a opinião de que ele deve refletir, em relação ao empregado, o mesmo espírito tuitivo, que anima o direito material a que corresponde. Não se pode proteger a quem transgride postulados éticos de conduta ou mesmo normas legais.

Já é tempo de o processo do trabalho reconhecer que em seus domínios também há litigantes de má-fé, sejam estes empregados ou empregadores (CPC, art. 17). Que o diga, eloqüentemente, a realidade cotidiana do foro.

Resposta do réu

A teor do art. 297 do CPC, a resposta do réu compreende (individual ou cumulativamente) a contestação, a exceção e a reconvenção. Há, entretanto, nessa dicção legal, duas imperfeições. Primeiramente, é sabido que do ponto de vista lógico a exceção (de incompetência, de impedimento, de suspeição) antecede a contes-tação, cuja seqüência deveria ser, pois, esta: exceção, contestação e reconvenção. Além disso, as modalidades de respostas admissíveis em juízo não são apenas aquelas três, mencionadas pelo art. 297 do CPC. Nem sempre o réu excepciona, contesta ou reconvém: há casos em que ele vem a juízo para reconhecer a "procedência" do pedido — hipótese em que estará manifestando uma espécie de resposta não prevista pelo citado dispositivo processual. A ela faz menção, porém, o art. 269, II, que se ocupa da extinção do processo com exame do mérito. Quando o réu reconhece a "procedência" do pedido, ele não está, como é óbvio, resistindo à pretensão do autor, senão que se subordinando a ela. Esse reconhecimento, contudo, nem sempre significará uma sentença favorável ao autor. Basta argumentar com o pedido juridicamente impossível: mesmo que o réu admita a sua "procedência", o juiz, por força do mandamento inscrito no art. 267, inciso VI, do CPC, deverá extinguir o processo, sem pronunciamento acerca da lide.

Há, por esse motivo, um evidente *minus* no art. 297 do CPC.

Antes de passarmos ao estudo individualizado das espécies de resposta que podem ser oferecidas pelo réu, devemos lembrar que há, no processo judicial, duas relações jurídicas distintas, que coexistem: uma, de natureza eminentemente processual, que tem como sujeitos o juiz, o autor e o réu; outra, representada pelo mérito da causa e constituída pela *causa petendi* e pelo correspondente pedido. A primeira relação, também denominada de continente, se estabelece em virtude do exercício, pelo autor, do seu direito público de ação, e se angulariza com a citação do réu, para que este tome ciência da ação ajuizada e, em conseqüência, promova a sua defesa, se assim o desejar; a segunda, dita continente, é a relação em torno da qual se desenvolve toda a atividade processual, sendo consubstanciada pela lide — que, no sistema do atual CPC, é sinônimo de mérito.

A existência dessa duplicidade de relações é importante para demonstrar que a defesa do réu pode ter como objeto a relação processual (ou o rito), ou a relação de direito material (mérito).

Quando a defesa é assentada contra a relação processual, dizemos que ela é indireta, porquanto não ataca as questões de fundo; quando, ao contrário, é dirigida ao *meritum causae*, ou seja, aos fundamentos de fato da demanda, a defesa é direta.

Com efeito, se o réu, ao apresentar a sua resposta, manifesta contrariedade apenas quanto ao processo em si, com a finalidade de impedir que o autor obtenha a prestação jurisdicional invocada, o que ele faz é defender-se de maneira indireta, na medida em que não está impugnando o mérito da causa; se assim o fizesse, a sua defesa seria direta. O que pretende o réu, ao defender-se indiretamente, nada mais é do que impedir a formação ou o desenvolvimento regular da relação jurídica processual, ou, ainda, extingui-la, caso já instaurada.

A defesa indireta pode ser realizada mediante exceção ou sob a forma de preliminar, na contestação, conforme veremos um pouco mais adiante.

Indireta será também a defesa do réu toda vez que ele alegar a ausência de quaisquer das condições da ação, que o atual CPC, absorvendo a doutrina liebmaniana, considera como sendo a legitimidade *ad causam*, o interesse de agir e a possibilidade jurídica do pedido (art. 267, VI) — e que nós reduzimos às duas primeiras.

Já a defesa direta, como dissemos, se arremete contra a relação jurídica material (substancial), constitutiva do mérito da causa, representada por um bem ou uma utilidade da vida, juridicamente tutelados. Neste caso, o réu se opõe às pretensões deduzidas pelo autor, recusando os fundamentos de fato ou de direito em que elas se apóiam, ao atribuir aos fatos integrativos da causa de pedir uma repercussão diversa da imaginada pelo autor, ou, ainda, não reconhecendo a tais fatos nenhuma aptidão para provocar efeitos jurídicos.

Em outras situações, poderá o réu aceitar como verdadeiros os fatos narrados pelo autor e reconhecer as conseqüências jurídicas por ele colimadas, mas obstar-lhes a eficácia, seja em virtude da falta de algum requisito exigido para a constituição e a validade da relação jurídica (ou pelo vício que acaso esteja a contaminar essa relação), seja pela superveniência de outros fatos capazes de impedir ou mesmo de extinguir os efeitos dessa relação jurídica. "Nessas circunstâncias, o réu deixa íntegros os fatos do autor, mas opõe fatos novos, com eficácia extintiva ou impeditiva da pretensão do demandante. Esta defesa é também defesa indireta, mas defesa indireta de mérito. Indireta, porque não se dirige aos fatos e fundamentos jurídicos aduzidos pelo autor, mas se apóia em outros fatos com eficácia extintiva ou impeditiva de sua pretensão; e de mérito, porque, diversamente da outra defesa indireta, ela não se dirige contra a relação processual, sim contra a relação de direito material em que se apóia o pedido do autor, portanto contra o objeto do processo"(248).

Por outro lado, será possível ao réu formular em face do autor uma pretensão de direito material, desde que conexa com a ação principal ou com o fundamento da defesa: é a reconvenção, verdadeira ação exercitada pelo réu, no mesmo processo e sujeita ao mesmo procedimento, que embora não prevista no processo do trabalho nele vem sendo admitida por força da incidência supletória do art. 315 e seguintes do CPC. A resposta reconvencional é admitida mesmo na ação rescisória — desde que fundada em um dos incisos do art. 485, do CPC.

Por fim, poderá o réu comparecer a juízo unicamente para dizer que reconhece o pedido feito pelo autor, vale dizer, comparece não para resistir ou defender-se (exceção, contestação) ou exigir algo (reconvenção) e sim para aceitar, para concordar com o que pede o adversário.

Em síntese, citado, o réu pode vir a juízo para apresentar: a) defesa processual indireta (ataca o rito, a relação processual); b) defesa indireta de mérito (prescrição, decadência); c) defesa direta de mérito (nega os fundamentos de fato ou de direito da pretensão deduzida pelo autor); d) reconvenção (exige do autor a satisfação de um bem ou de uma utilidade da vida); e) concordância com o pedido formulado pelo adversário (reconhecimento da "procedência").

Embora todas essas atitudes do réu constituam modalidades de resposta, a última não pode ser considerada como defensiva.

Vamos, agora, à apreciação individual dessas respostas, dando ênfase à sua formulação no plano da ação rescisória.

Exceção

Em um sentido extremamente amplo, o vocábulo exceção significa toda defesa que o réu apresenta em juízo, seja ela de natureza processual ou substancial; sob esse aspecto, portanto, as expressões

---

(248) *Calmon de Passos*, ob. cit., p. 330.

direito de defesa e direito de exceção fundem-se pela sinonímia. Também pode ser considerado — agora em uma acepção menos larga — como exceção a defesa indireta de mérito, a compreender, por exemplo, o pagamento, a novação, a prescrição, a compensação.

Interessa-nos, todavia, o estudo do termo exceção segundo seu senso estrito, ou seja, significante da defesa indireta processual, que se dirige não contra os fundamentos de fato e de direito invocados pelo autor e sim contra a relação processual. Dita modalidade de defesa é, por isso mesmo, chamada de exceção instrumental, porquanto dá origem a autos processuais distintos do principal, embora sejam a estes apensados (CPC, art. 299).

A exceção pode ter como objeto: a) a incompetência (relativa) do juízo; b) o impedimento; ou c) a suspeição de juiz. A CLT trata da matéria no art. 801, onde, em falha inescusável, inclui o parentesco por consangüinidade ou por afinidade como causa de suspeição, quando o que há, nesses casos, é nítido impedimento. Com melhor disciplina científica e metodológica, o processo civil cuida do tema nos arts. 304 a 314.

a) Incompetência

A incompetência do juízo pode ser absoluta ou relativa. A primeira se refere: 1) à matéria; 2) à pessoa; 3) à hierarquia (ou função), devendo ser declarada *ex officio*, conquanto possa ser alegada a qualquer tempo e grau de jurisdição, independentemente de exceção (CPC, art. 113, *caput*); a segunda diz respeito ao território e, como não pode ser decretada de ofício, incumbe à parte argüi-la por meio de exceção (CPC, art. 112). Na hipótese de a exceção declinatória de foro não ser formulada, a competência se desloca para o juízo que, a princípio, era incompetente (CPC, art. 114).

Se, *ab absurdum,* o autor ingressar com a ação rescisória em primeiro grau de jurisdição, caberá ao juiz, por sua iniciativa, pronunciar a incompetência *ratione materiae*, do órgão e ordenar, em conseqüência, a remessa dos autos ao tribunal (CPC, art. 113, § 2º, parte final).

De modo geral, a competência para o julgamento da ação rescisória, na Justiça do Trabalho, não oferece dificuldades de monta, pois a regra é de que a possui o tribunal (regional) sob cuja jurisdição se encontra o juízo de primeiro grau proferidor da sentença rescindenda, seja este Vara do Trabalho ou Vara da Justiça Comum estadual (CLT, arts. 668 e 669). Se o que se deseja desconstituir é acórdão emitido por tribunal regional, será competente para apreciar a ação o Pleno ou o Grupo de Turmas do próprio Tribunal, de acordo com o que dispuser o Regimento Interno da Corte. No Tribunal Superior do Trabalho como expusemos no Capítulo X, compete: a) à Seção Especializada em Dissídios Coletivos (SDC) julgar as ações rescisórias propostas contra suas sentenças normativas; b) à Seção Especializada em Dissídios Individuais (SDI), as rescisórias que tenham como objeto os acórdãos proferidos por essa Seção ou pelas Turmas do Tribunal.

No prazo fixado para o oferecimento de resposta (CPC, art. 491), o réu poderá argüir, mediante exceção, a incompetência relativa do tribunal (CPC, art. 112), em petição fundamentada e devidamente instruída, indicando o juízo para o qual declina (CPC, art. 307).

Essa petição será processada em apartado, mas apensa aos autos do processo principal (CPC, art. 299).

Conclusos os autos ao relator sorteado, este: a) poderá indeferir liminarmente a petição, quando a exceção for, às escâncaras, improcedente (CPC, art. 310), ou tiver sido oferecida fora do prazo assinado; ou b) receberá a exceção, determinando a pronta suspensão do processo principal, suspensão que perdurará até que aquela seja julgada em definitivo (CPC, art. 306).

A seguir, abrirá prazo de vinte e quatro horas para que o excepto se manifeste (CLT, art. 800); com ou sem resposta deste, providenciará para que os autos sejam incluídos em pauta de julgamento, na primeira sessão que se seguir (*ibidem*). Havendo, porém, necessidade de produção de prova testemunhal, o relator delegará competência ao juízo de primeiro grau, para essa finalidade, estabelecendo prazo de 45 a 90 dias para a devolução dos autos, com as diligências cumpridas (CPC, art. 492); ato-contínuo, colocará os autos em pauta, para julgamento.

Acolhida a exceção, os autos desta, juntamente com os do processo principal (ação rescisória), serão remetidos ao juízo competente (CPC, art. 311), quer dizer, para o qual o excipiente havia declinado (CPC, art. 307).

b) Impedimento

Se o indivíduo não pode realizar justiça por mãos próprias, uma vez que o Estado detém o monopólio dessa administração, mais do que compreensível, é indispensável que o juiz, como órgão estatal, seja neutro, imparcial. A imparcialidade constitui, por isso, um dos deveres fundamentais do julgador (CPC, art. 125, I), e corresponde, sem dúvida, a uma das pilastras de sustentação do Estado de Direito.

Pior do que inexistirem juízes, talvez seja haver juízes parciais, facciosos, assim classificados aqueles que decidem não segundo o direito, e sim em atendimento a certas predisposições de seu espírito ou inclinações ideológicas.

Preocupado com a possibilidade de os juízes, mediante quebra do dever de imparcialidade, decidirem sob a influência das circunstâncias e das vinculações de ordem geral que pudessem ter com um dos litigantes, o legislador concebeu a figura do impedimento, que representa um veto à atuação do juiz na causa, em virtude, exatamente, da possibilidade de o seu senso de justiça e de imparcialidade ser postergado por força de certos fatores particulares, que o possam tornar tendencioso.

Juiz impedido é, portanto, aquele a quem a lei reputa, abstratamente, parcial; note-se que enquanto a incompetência se refere ao juízo, o impedimento concerne ao juiz e diz da sua incapacidade subjetiva de exercitar as funções em determinados casos. Essa observação é importante porque no caso de incompetência os autos são remetidos a outro juízo, ao passo que em se tratando de impedimento a ação permanece no mesmo juízo, embora venha a ser apreciada e decidida por outro juiz.

Tão rigorosa é a proibição de juiz impedido atuar na causa que eventual desrespeito a essa ordem legal tornará a sentença por ele proferida rescindível (CPC, art. 485, II).

Com vistas a evitar inconvenientes subjetivismos quanto a estar, ou não, o juiz impedido de funcionar na causa, o legislador, em atitude precatada — e por isso elogiável —, relacionou as causas de impedimento, fazendo com que uma simples consulta a essa enumeração permita verificar, de maneira objetiva, se o impedimento está presente, ou não. Pouco importa que o juiz, no foro de sua consciência, esteja convencido de que, em nenhuma hipótese, declinará do seu dever de imparcialidade: a sua parcialidade é presumida pela norma legal, bastando, para isso, que se configurem quaisquer das situações por ela previstas.

A CLT, como já alertamos, encambulha em um só artigo (801) casos de impedimentos e de suspeição, como se fossem a mesma coisa. Esse equívoco, aliás, ela tomou por empréstimo do art. 185 do CPC de 1939, sob cuja influência tópica foi elaborada. É verdade que o eminente *Pedro Batista Martins*, autor do projeto do citado Código procurou justificar o seu ato com o argumento de que a separação entre os motivos de suspeição e de impedimento seria desapercebida de interesse prático[249]. Mas não é. Basta ver, por exemplo, que: a) se o juiz não se declarar suspeito, *ex officio*, nem houver alegação da parte quanto a isso, essa causa de imparcialidade desaparece, o que já não ocorre com o impedimento, que contamina, irremediavelmente a atuação do juiz na causa; b) somente o impedimento rende ensejo à desconstituição

(249) "Comentários ao Código de Processo Civil de 1939", Rio de Janeiro, 1940, vol. II, n. 167, p. 268.

da sentença. É oportuno destacar que o próprio CPC de 1939 excluía a suspeição como causa de rescindibilidade dos julgados (art. 798, I), tal como se passa no sistema do Código atual (art. 485, II).

A disciplina do impedimento, estabelecida pela CLT, é absolutamente precária, incompleta, pois limitada a um único motivo: parentesco por consangüinidade ou afinidade até o terceiro grau civil (art. 801, *c*). Em face disso, torna-se imperiosa a adoção supletiva das normas do CPC, regentes da matéria, em especial o art. 134, que arrola, em melhor técnica, as causas inibidoras da atuação do juiz no feito.

Antes de nos dedicarmos ao exame dessas causas, esclareçamos que o impedimento alcança não apenas o relator, mas todos os juízes do tribunal que devam participar do julgamento da ação rescisória.

Parte (art. 134, I)

Ninguém pode ser juiz em causa própria, diz o adágio popular — quanto menos o juiz da causa, se nos permitem o trocadilho.

É óbvio que se o juiz for parte na causa, nela não poderá atuar, vez que isto acarretaria ingente transgressão ao princípio da imparcialidade, pois é de supor-se que ele jamais decidiria contra os seus interesses, concretamente manifestados na causa.

Pouco importa a que título o juiz figure na relação jurídica processual: autor, réu, litisconsorte, assistente, opoente, litisdenunciado, nomeado à autoria, chamado ao processo, terceiro embargante e o mais: em todas essas hipóteses, incidirá a regra proibitiva, constante do art. 134, I, do CPC, de tal modo que outro juiz deverá ser designado para atuar no feito. A ressalvar-se, porém, o nosso entendimento de que a oposição, a nomeação à autoria, a denunciação da lide e o chamamento ao processo, tal como disciplinados no CPC, são incompatíveis com o processo do trabalho.

Interveniência como mandatário etc. (art. 134, II)

Impedido estará também o juiz que: a) interveio como mandatário da parte; b) oficiou como perito; c) funcionou como órgão do Ministério Público; ou d) prestou declarações como testemunha.

No que respeita ao último caso, cumpre reavivar a observação de que, de acordo com a disposição do art. 409 do CPC, quando o juiz for arrolado como testemunha na própria causa em que exerce as suas funções, deverá: a) declarar-se impedido, se tiver conhecimento de fatos que possam influir na decisão; b) mandar excluir o seu nome, se desses fatos não tiver ciência. A situação de que cogita o art. 134, II, do CPC, não é, portanto, a do juiz que, descumprindo o preceito do art. 409, I, do mesmo diploma processual, presta declarações como testemunha nos autos do processo em que está atuando, e sim a do juiz que testemunhou quando ainda não era juiz.

Processo em que proferiu sentença (art. 134, III)

Estatui o dispositivo processual supracitado ser defeso ao juiz exercer as suas funções em processo que conheceu em primeiro grau de jurisdição, tendo-lhe proferido sentença ou decisão.

A expressão "em primeiro grau de jurisdição" indica que o impedimento pertine à atuação do juiz no julgamento do recurso interposto da sentença ou decisão por ele emitida. Isso significa, por outro lado, que inexistirá esse impedimento quando se tratar de ação rescisória, porquanto esta instaura uma nova relação jurídica processual, que em nada se comunica com a estabelecida no processo anterior, em que foi lançada a sentença rescindenda. Não se pode pensar, aqui, em "primeiro grau de jurisdição", pois essa locução deixa transparecer o veto à atuação do juiz na mesma relação processual; demais disso, em sede de rescisória, não cabe falar-se em "primeiro grau de jurisdição", na medida em que os tribunais possuem competência para apreciar as rescisórias dirigidas aos seus próprios pronunciamentos (acórdãos) de mérito. Captando essa particularidade, o Excelso Pretório adotou a Súmula n. 252, assim redigida: "Na ação rescisória, não estão impedidos juízes que participaram do julgamento rescindendo".

Apesar disso, entendemos que a Súmula mencionada deva receber um necessário temperamento interpretativo, sob pena de a sua aplicação indiscriminada aos casos concretos conduzir a situações que comprometam a supremacia do ordenamento jurídico. Imaginemos uma rescisória ajuizada com fundamento em prevaricação, concussão ou corrupção do juiz (CPC, art. 485, I): seria no mínimo insensato e temerário sustentar-se a liceidade de esse mesmo juiz participar (talvez até mesmo como relator) do julgamento da rescisória, hipótese em que estaria, sem dúvida, decidindo não conforme o direito, e sim em consonância com os seus interesses pessoais, empenhando-se em argumentar ter sido meramente cerebrina a prevaricação, a concussão ou a corrupção alegada pelo autor. Neste caso (e ainda no de impedimento), pensamos ser absolutamente imprescindível o afastamento do juiz, como providência destinada a salvaguardar a integridade da ordem jurídica, a dignidade do Poder Judiciário e a conseqüente respeitabilidade das decisões por ele proferidas — a despeito da orientação aparentemente oposta, que vem da generalidade do enunciado da Súmula n. 252, do Supremo Tribunal Federal.

Atuação de cônjuge ou parente como mandatário (art. 134, IV)

Sempre que na causa estiver postulando, como advogado da parte, o cônjuge do juiz ou qualquer parente seu, consangüíneo ou afim, em linha reta, ou na colateral até o segundo grau, ele estará impedido de funcionar no processo.

Esse impedimento, como se nota, se origina das relações matrimoniais ou de parentesco do juiz com o advogado de um dos litigantes. O parentesco por consangüinidade ou afinidade é amplo em linha reta, mas está restrito, na colateral, até o segundo grau civil, que compreende irmãos e cunhados.

Cônjuge ou parente da parte (art. 134, V)

Sendo o juiz cônjuge ou parente, consangüíneo ou afim de alguma das partes, em linha reta ou, na colateral, até o terceiro grau, estará impedido de atuar na causa.

Na espécie em consideração, as relações do juiz são com a própria parte; na anterior, esse relacionamento é com o mandatário da parte.

Tanto lá como aqui, porém, a conseqüência é o veto legal ao exercício de suas funções no processo.

Anota *Celso Agrícola Barbi* que quando o parentesco do juiz com o advogado decorrer de adoção deste por aquele, ou vice-versa, o impedimento ficará limitado a essa pessoa, não se estendendo aos parentes naturais do adotado, porquanto a norma processual só faz menção ao parentesco natural[250]. Mesmo assim, a restrição permanece quanto aos descendentes do adotado, porque, como ensina *Clóvis Beviláqua*, eles se tornam descendentes do adotante[251].

Órgão de pessoa jurídica (art. 134, VI)

A última causa de impedimento do juiz, legalmente prevista, se configura quando ele for órgão de direção ou administração de pessoa jurídica, parte na causa.

---

(250) Ob. cit., p. 552.
(251) "Código Civil", vol. II, 6ª ed., 1943, art. 367.

Dificilmente, entretanto, esse tipo de impedimento se verificará na prática, pois não devemos nos esquecer de que a Lei Complementar n. 35, de 14-3-79 (Lei Orgânica da Magistratura Nacional — LOMAN), nos arts. 26, § 1º, e 46, incs. I e II, proíbe o magistrado de exercer cargos de administração ou de direção em sociedades mercantis ou civis, asso-ciações e fundações, de qualquer natureza ou finalidade, exceto em associações de classe (Amatra e Anamatra, no caso dos juízes do trabalho), ainda assim sem remuneração.

De qualquer forma, o não-acatamento a essa proibição dará motivo não apenas à aplicação de sanções disciplinares ao juiz, como permitirá o ajuizamento de ação rescisória da sentença por ele prolatada, em razão de seu impedimento (CPC, arts. 134, VI e 485, II).

Por fim, dilucida o parágrafo único do art. 134 do estatuto processual civil que no caso de o juiz ser cônjuge ou parente do advogado da parte, o impedimento só se caracteriza quando o mandatário já estava exercendo o seu patrocínio na causa, advertindo ainda ser vedado ao advogado pleitear no processo com o objetivo de criar o impedimento do juiz.

c) Suspeição

Como afirmamos anteriormente, embora a sentença dada por juiz suspeito não seja rescindível, a suspeição do julgador pode ser objeto de exceção, pelo réu, na ação rescisória.

O dever de abstenção do juiz, no caso de impedimento, é absoluto, pois o fato de ele não se afastar, voluntariamente, do processo, nem ser recusado pela parte, não sana o defeito; tanto isso é certo que a sentença, por ele emitida, será passível de rescisão. Em matéria de suspeição, contudo, esse dever é relativo, porquanto se o juiz não se abstiver, nem for impugnada a sua atuação pelo interessado, essa mácula não afetará a sentença que vier a ser proferida, no que tange à sua invulnerabilidade pela via rescisória.

Vejamos as situações em que a lei (CPC, art. 135) presume a suspeição do juiz.

Amizade íntima ou inimizade capital (I)

O homem é um ser gregário por natureza e, em razão disso, tem necessidade de relacionar-se com os seus semelhantes. Os anacoretas ou eremitas constituem, por isso, exceção algo anômala, patológica mesmo. O juiz, *v. g.*, está integrado a uma comunidade, é um ser como outro qualquer, sendo, portanto, compreensível que também estabeleça certos laços de amizade com outras pessoas, fora de seu círculo familiar. A simples amizade, porém, não é suficiente para obstar a sua atuação na causa; ela tem de ser íntima, vale dizer, profundamente entranhada no terreno de seus sentimentos, a ponto de fazer com que a sua influência no espírito do julgador o leve, ainda que inconscientemente, a decidir não segundo o direito e a prova dos autos, mas submisso a essa amizade fidagal.

Não se pode, no entanto, estabelecer, de modo apriorístico, quais os elementos indicativos dessa amizade íntima, cuja definição ficará reservada ao meticuloso exame de cada caso concreto. O que se pode antecipar é que há alguns fatores ou circunstâncias que fazem presumir essa amizade intensa, como o fato de o juiz realizar constantes visitas à residência da parte ou vice-versa; de estarem sempre juntos em reuniões sociais, em campos de futebol, em clubes etc.

Sendo o juiz namorado ou noivo da parte, deverá ser considerado suspeito para exercer as suas funções na causa em que a sua noiva ou namorada figurar como parte? Evidentemente que sim, pois não podemos nos esquecer de que "o amor apresenta, como as idéias fixas, fenômenos muito evidentes de obsessão e de impulsão: a obsessão implica uma restrição especial no campo de consciência, que explica o exclusivismo, que é o caráter distinto da paixão. O homem enamorado é, por conseguinte, testemunha medíocre, pela obtusidade de sua consciência para percepcionar acontecimentos estranhos ao seu amor, e pelos freqüentes erros de juízo que comete"[(252)].

O compadrio também constitui causa de suspeição. Coquanto os compadres não sejam, só por isso, parentes entre si, é elementar que alguém somente é convidado a tornar-se compadre de outrem em decorrência de uma profunda amizade entre ambos.

A amizade íntima é igualmente causa de suspeição da testemunha (CPC, art. 405, § 3º, III), a demonstrar, assim, a preocupação do legislador em evitar que certas afeições profundas do juiz ou da testemunha, em relação a um dos litigantes, possa obnubilar-lhes o senso de justiça e de verdade.

Não é apenas a amizade íntima que inibe a atuação do juiz no processo; a inimizade capital, como sentimento contrastante com aquele, também produz a mesma conseqüência legal.

Inimizade capital quer dizer a que é mortal, a que está arraigada no espírito do julgador. Pouco importa a origem dessa inimizade: familiar, política, religiosa, profissional etc.; nem interessa se ela é re-

---

(252) *Enrico Altavila*, "Psicologia Judiciária", vol. I, São Paulo: Saraiva, *Apud Jayme de Altavila*, "Origem dos Direitos dos Povos", São Paulo: Melhoramentos, 1963, p. 50.

cente ou inveterada, se é justificável ou injustificável. Provada a sua existência, pelo excipiente, o juiz estará impedido de desempenhar as suas funções na causa.

Cumpre chamar a atenção ao fato de que a tônica deve ser no adjetivo capital e não no substantivo inimizade; sendo assim, a mera inimizade é insuficiente para afastar o juiz do feito. Por mais forte motivo não terão essa eficácia a mera antipatia do juiz para com a parte, ou a sua intransigência com certas atitudes dela. Convém lembrar que, não raro, o juiz e a parte acabam se envolvendo em altercações no curso do processo, seja em audiência ou não: esse tipo de discussão, por si só, não poderá ser invocado como motivo de afastamento do juiz ou de sua impossibilidade de atuar no processo.

Não é descomedido afirmar que a inimizade capital é filha do ódio, da aversão profunda, não de simples malquerença.

Como a amizade íntima, ela é causa de suspeição da testemunha (CPC, art. 405, § 3º, III).

Credor ou devedor da parte (II)

Quando algum dos litigantes for credor ou devedor do juiz, de seu cônjuge ou de parentes deste, em linha reta ou na colateral até o terceiro grau, a lei o tem como suspeito para exercer as suas funções. Presume-se, neste caso, que o juiz terá interesse de decidir favoravelmente ao credor ou devedor, como meio de agradá-lo; pode-se até pensar que em algumas situações o interesse do juiz será mesmo de decidir contra os interesses de seu credor, como forma de vingar-se de alguns atos deste. Isso é despiciendo. O que conta, efetivamente, é o fato provado da existência de débito ou de crédito do juiz, de seu cônjuge ou parentes, junto a uma das partes.

Entendemos, contudo, que essa regra não deva receber sempre uma interpretação literal, inflexível, pois em determinadas hipóteses a circunstância de o juiz ser devedor ou credor da parte não influirá, necessariamente, no resultado do julgamento a ser por ele efetuado. Imaginemos, *e. g.*, que ele haja adquirido uma casa, mediante financiamento bancário, devendo o valor ser pago em quinze ou vinte anos em prestações mensais: se, um dia, o estabelecimento bancário (seu credor) figurar numa ação trabalhista, como réu (ou mesmo como autor, quando for possível), isso não quer dizer que o juiz (devedor) deva dar-se por suspeito, ou ser recusado pela outra parte, exceto se encontrar-se em estado de inadimplência, diante da obrigação pecuniária assumida. Fora disso, o juiz deve ser visto como um cidadão comum, que está pagando as suas prestações nos prazos e nas condições preestabelecidos, sem que o simples fato de ser devedor do réu deva constituir motivo para presumir que decidirá a favor deste (para agradá-lo) ou contra (para vingar-se).

Herdeiro, donatário ou empregador da parte (III)

O CPC considera suspeito o juiz que for herdeiro presuntivo, donatário ou empregador de alguma das partes.

No plano do direito das sucessões, herdeiro presuntivo é a pessoa que normalmente deve herdar de outrem, podendo o herdeiro ser legítimo ou testamentário.

A norma processual em questão deve ser aplicada com o devido cuidado, pois não será suspeito o juiz que, embora mantenha com a parte grau sucessível, dela não venha a herdar por existir parentes mais próximos, que o impeçam.

Suspeição igualmente inexistirá se o juiz foi, por disposição testamentária, excluído da herança.

Em princípio, haverá suspeita de imparcialidade do juiz que recebeu doação da parte, vez que esse ato pode produzir no espírito do julgador um profundo sentimento de gratidão, capaz de perturbar-lhe a noção de justiça e o dever de eqüanimidade. É claro que a doação, para produzir os efeitos previstos no art. 134, III, do CPC, deve ser de valor considerável, pois caso contrário é de supor-se que, por ser de pequena monta, não suscitará no juiz o mencionado sentimento de gratidão. De qualquer forma, pensamos que a doação, apta a tornar o juiz (donatário) suspeito, é a realizada por ato de liberalidade da parte, não devendo, em face disso, ser geradora de suspeição a que se faz mediante remuneração.

Se um dos juízes do tribunal (ou o próprio relator) for empregador de um dos litigantes, será suspeito para atuar na ação rescisória, ainda que a parte esteja a litigar com outro empregador. A suspeição, na espécie, deriva do sentimento de solidariedade ou de revolta que o juiz possa vir a manifestar em relação à parte, sua empregada.

Conquanto a lei tenha feito referência somente a ser o juiz empregador da parte, julgamos que suspeita igualmente haverá se ele for empregado de um dos contendores. O réu poderia ser, p. ex., um estabelecimento de ensino no qual o juiz lecionasse por força de contrato de trabalho. Vale rememorar que este é, a propósito, o único caso de acumulação de cargos que a Constituição Federal permite ao magistrado (art. 95, parágrafo único, I). Ora, se o juiz é empregado da parte, é muito provável que eventual impulso de lealdade ou de animosidade possa aflorar na sentença, fazendo com que decida, deliberada ou involuntariamente, a favor de quem o emprega, ou contra este; tal decisão emanaria não da aplicação da regra de direito incidente no caso concreto ou das provas produzidas nos autos e sim daqueles sentimentos a que nos referimos.

Dádivas, aconselhamento, atendimento a despesas (IV)

Será ainda suspeito o juiz que: a) receber dádivas antes ou depois de iniciado o processo; b) aconselhar alguma das partes acerca do objeto da causa; c) subministrar meios para atender às despesas processuais.

Quem recebe dádivas é, ipso facto, donatário; se assim é, como conciliar-se os incisos III e IV do art. 134 do CPC?

Ao comentarmos o inc. III, linhas atrás, dissemos que as doações devem ter como objeto bens de valor considerável; mantida essa opinião, resta-nos concluir que as dádivas concernem a bens de pequeno valor. A não se construir esse entendimento, haveríamos de admitir que o precitado inc. IV é inútil, pois a matéria de que ele trata já está disciplinada no inc. III.

Não há necessidade que a dádiva seja em virtude do processo; aliás, se o fosse, estaríamos muito mais próximos da concussão ou da corrupção do que propriamente da dádiva. Esta será motivo para a suspeição do juiz, portanto, mesmo que tenha sido concedido muito antes do aforamento da ação, mas a sua influência no espírito do juiz esteja — ou possa estar — presente no momento em que passa a atuar na causa.

Suspeito é, por igual, o juiz que aconselha, e.g., o autor ajuizar a ação (ou procura dissuadi-lo disso); que indica como obter os meios de provas necessários à demonstração dos fatos; que se pronuncia concretamente (= em audiência ou por escrito) sobre o direito da parte e o mais, antes do julgamento. Não se pode pensar, entretanto, em suspeição quando o juiz manifesta em tese, em palestra, conferência, livro, artigo doutrinário ou sala de aula o seu pensamento sobre determinada norma legal que uma das partes esteja invocando como fundamento do pedido, mesmo na hipótese de esse seu pensamento haver sido reproduzido em peça processual elaborada por uma delas. Exteriorizar uma opinião jurídica não corresponde a aconselhar a parte a respeito do litígio.

Situação mais delicada, sem dúvida, é a do juiz que fornece meios para que um dos litigantes atenda (ainda que em parte), às despesas do processo. É irrelevante investigar se a parte necessitava, ou não, desses meios, vez que, ao subministrá-los, o julgador se afastou, irresponsavelmente, do seu dever de neutralidade. Nem se alegue que o seu gesto teria sido motivado por um sentimento de comiseração, de filantropia, de humanidade, enfim, pois a despeito de essas manifestações do espírito e do caráter serem verdadeiramente nobres, revelam censurável parcialidade quando partem do juiz da causa, em benefício de um dos contendores.

Não há aberrância ao falar-se que, em certos casos, a suspeição judicial se configura com a dispensa do pagamento das despesas processuais contadas, quando, por lei, a parte não tinha direito a essa isenção. Reconhecemos, porém, que essa situação não pode ser comparada — nem equiparada — àquela em que o juiz fornece os meios materiais para que a parte possa atender às despesas decorrentes do litígio. Em todo caso, não deve ser desprezada porque, em última análise, ao dispensar do pagamento de custas, contra legem, o juiz beneficiou à parte, embora possa ter decidido a causa (com ou sem exame do mérito) de modo contrário aos interesses desta.

Suspeição por motivo íntimo (art. 135, parágrafo único)

Faculta a lei que o juiz se declare suspeito por motivo íntimo.

No projeto do CPC, havia a exigência de que a revelação desse motivo de foro subjetivo acarretasse ao juiz grave dano moral (art. 140). No sistema do CPC de 1939, o juiz não necessitava justificar o motivo, por despacho, devendo apenas comunicá-lo "ao órgão disciplinar competente", ou seja, à corregedoria (art. 119, § 1º). Não efetuada essa comunicação, ou sendo o motivo considerado improcedente (e cuja apreciação era realizada em segredo de justiça), o juiz ficaria sujeito à pena de advertência.

O Código em vigor é omisso quanto ao procedimento a ser adotado pelos juízes que se declarem suspeitos por motivo íntimo. Não há negar que essa lacuna coloca os juízes a salvo de certas situações constrangedoras (terem de revelar ao corregedor a razão pela qual se deram por suspeitos), de outro lado podem constituir um pretexto para deixarem de atuar no processo, notadamente naqueles de solução mais difícil... Quando não, o verdadeiro motivo pode ser o receio de decidir contra pessoas ou entidades de quem o juiz necessitará, mais tarde, para obter apoio visando a uma promoção por merecimento... Felizmente, no entanto, os juízes brasileiros são pessoas responsáveis, operosas e intimoratas, de tal sorte que as nossas apreensões só fazem sentido quando voltadas para situações extraordinárias.

Outros casos de impedimento e de suspeição

Dispõe o art. 136 do CPC que quando dois ou mais juízes forem parentes, consangüíneos ou afins, em linha reta, e no segundo grau na colateral, o primeiro que conhecer da causa no tribunal, impede que o outro participe do julgamento; caso em que o segundo se escusará, remetendo os autos (e não o "processo", como está no texto legal) ao seu substituto legal.

Essa dicção do Código evidencia não apenas uma inovação legislativa, mas, também, que permite a presença de parentes próximos em um mesmo tribunal, tanto que cuidou apenas de proibir que participem do mesmo julgamento.

A expressão "conhecer da causa" apresenta aqui o sentido de decidir, de proferir o "seu voto na sessão" de julgamento, seja como relator, revisor ou vogal. Somente, pois, de dado o voto é que o outro juiz estará impedido de participar do julgamento, em razão de parentesco.

Se o relator, mesmo após haver exarado o seu "ciente", deixar de participar da sessão de julgamento, por algum motivo legalmente justificável (férias, promoção, licença, aposentadoria), esse fato não causará o impedimento do juiz que seja seu parente, pois, como dissemos, é o julgamento da causa, por aquele, que impede a participação deste.

Como a espécie é de impedimento e não de suspeição, cremos que se o segundo juiz não se escusar poderá ser recusado pela parte interessada, que, para tanto, não necessitará fazer uso da exceção, podendo solicitar o afastamento do juiz por simples petição. Assim pensamos porque sendo o impedimento um defeito gravíssimo, não pode a sua argüição ficar sujeita à forma e ao prazo da exceção. Mais uma vez, alertamos para a particularidade de que unicamente o impedimento torna a sentença ou o acórdão rescindíveis; nunca, a exceção.

Os motivos de impedimento e de suspeição, constantes dos arts. 134 e 135 do CPC, aplicam-se também:

a) ao órgão do Ministério Público, quanto não for parte, e sendo-o, nos casos previstos nos incisos I a IV do art. 135;

b) ao serventuário de justiça;

c) ao perito e assistentes técnicos;

d) ao intérprete (CPC, art. 138, I a IV).

Neste caso, a parte interessada deverá argüir o impedimento ou a suspeição em petição fundamentada e devidamente instruída, na primeira oportunidade em que lhe couber falar nos autos; o relator mandará processar o incidente em separado e sem suspensão da causa, ouvindo o argüido no prazo de 5 dias, facultando a produção de provas, quando necessárias, e decidindo em seguida (CPC, art. 138, §§ 1º e 2º).

O procedimento das exceções de impedimento e de suspeição, de que tratam os arts. 134 e 135 do CPC

Como vimos, o art. 799 da CLT, repetindo o equívoco cometido pelo CPC de 1939, apenas faz menção às exceções de suspeição e de incompetência, omitindo, pois, a de impedimento. E no art. 802 traça, de maneira superficial (logo, inadequada), o procedimento relativo à de suspeição, em primeiro e segundo graus.

Essa precariedade da norma legal fez com que os tribunais do trabalho procurassem estabelecer, de modo mais minudente, o procedimento das exceções de suspeição e de impedimento.

Em linhas gerais, a disciplina ditada pelas normas *interna corporis* dos sodalícios trabalhistas é a que a seguir se descreverá:

a) Se suspeitos forem o relator ou o revisor, estes deverão manifestar a sua escusa mediante despacho nos autos. No caso, do relator, os autos irão ao Presidente da Corte, para nova distribuição; no do revisor, os autos passarão ao juiz que lhe seguir na ordem de antigüidade. Nos demais casos, o juiz declarará seu impedimento ou suspeição, verbalmente, na sessão de julgamento (da ação rescisória), registrando-se na ata a declaração.

b) A argüição de suspeição ou de impedimento deverá ser oposta até antes de ser anunciado o julgamento, quanto aos juízes que dele tiverem, necessariamente, de participar; quando o inquinado de suspeito for o substituto, o prazo passará a fluir do momento de sua intervenção nos autos.

c) A suspeição ou o impedimento deverão ser deduzidos em petição assinada pelo advogado da parte, com poderes para tanto, e dirigida ao relator, indicando os fatos que a motivaram, acompanhada de prova documental e rol de testemunhas, se houver.

d) Se o juiz inquinado de suspeito ou de impedido for o relator ou o revisor, e se reconhecer a causa que lhe é imputada, mandará juntar a petição com os documentos que a instruem e, por despacho nos autos, ordenará a remessa destes ao Presidente, que providenciará a substituição. Não aceitando a causa da suspeição ou do impedimento, o juiz permanecerá vinculado à causa, mas será suspenso o julgamento até a solução do incidente.

e) Autuada e conclusa a petição, e se reconhecida preliminarmente a relevância da argüição, o relator mandará ouvir o juiz recusado, no prazo de três dias, e, com a resposta ou sem ela, ordenará o processo, inquirindo as testemunhas acaso arroladas. Quando o averbado de suspeito ou de impedido for o relator da rescisória, será designado novo relator para o incidente. Se a recusa do juiz for de manifesta improcedência, o relator a rejeitará *in limine*.

f) Atendidas as formalidades mencionadas na letra anterior, o relator levará o incidente à mesa, na primeira sessão que se seguir, para que nela se proceda ao julgamento, sem a presença do juiz recusado.

g) Admitida a suspeição ou o impedimento do relator, ter-se-á por nulo o que houver sido processado perante ele, sendo o feito redistribuído.

Costumeiramente, os Regimentos Internos dos Tribunais, após fixarem o procedimento da exceção, reproduzem a declaração contida no art. 799, *caput*, da CLT, no sentido de que "Nas causas da jurisdição da Justiça do Trabalho, somente podem ser opostas, com suspeição do feito, as exceções de suspeição ou de incompetência"; ao fazê-lo, contudo, acabam consagrando o deslize que está a comprometer a exação científica daquele texto legal, representado pelo silêncio quanto à exceção de impedimento. O Regimento Interno do TST, felizmente, não comete essa escorregadela.

Contestação

Apresenta-se a contestação, inegavelmente, como a mais característica das formas pelas quais o réu se defende.

Como pudemos demonstrar, no início deste Capítulo, a contestação compreende: a) a defesa indireta, de caráter processual; b) a defesa indireta de mérito; e c) a defesa direta de mérito.

Declara o art. 300, do CPC, caber ao réu alegar, na contestação, toda a matéria de defesa, expondo as razões de fato e de direito, com que se opõe ao pedido formulado pelo autor e especificando as provas que pretende produzir. Trata-se do princípio doutrinário da eventualidade, incorporado, com acerto, ao texto da lei. Dito princípio decorre da "preclusão por fases", a que se referiu *Wyness Millar*[253], e traduz o dever de as partes apresentarem, de uma só vez e no momento processual oportuno, todos os meios de ataque ou de defesa, de que disponham, "ainda quando um só ou vários desses meios venham a ad-

(253) "Los principios formativos del proceso civil", pp. 96/97.

quirir importância apenas na hipótese de não ser acolhido ou não dar resultado o primeiro (principal) com que eles vão combinados"[254].

Esse princípio não se confunde com o da impugnação especificada dos fatos, que tem sede no art. 302 do CPC e sobre o qual teceremos comentários mais adiante.

Antes, porém, de discutir o mérito da causa, incumbe ao réu, por força do disposto no art. 301 do mesmo digesto processual, alegar: a) inexistência ou nulidade de citação; b) incompetência absoluta; c) inépcia da petição inicial; d) perempção; e) litispendência; f) coisa julgada; g) conexão; h) incapacidade da parte, defeito de representação ou falta de autorização; i) compromisso arbitral; j) carência da ação; l) falta de caução ou de outra prestação; que a lei exige como preliminar (incisos I a XI).

a) Inexistência ou nulidade de citação

Como afirmamos algures, a citação não é, em rigor, "o ato pelo qual se chama a juízo o réu ou o interessado, a fim de se defender" (CPC, art. 213) ,e sim o ato pelo qual se propicia ao réu a oportunidade para defender-se. Citado, ele comparecerá a juízo se assim desejar, pois nada o obriga a isso, embora dessa contumácia quase sempre lhe advenham conseqüências processuais desfavoráveis. Nem é diferente o que se passa na ação rescisória, onde a citação visa a dar ao réu ciência de que alguém (autor) está pretendendo desconstituir o pronunciamento jurisdicional passado em julgado, que solucionará um conflito de interesses em que figurara como parte.

Se a citação não foi realizada (inexistência), ou foi feita em desconformidade com o modelo previsto em lei (nulidade), competirá ao réu, quando de seu comparecimento a juízo para responder à ação, argüir a falta ou a irregularidade desse ato processual. Caso, entretanto, ele não tenha sido citado, mas ofereça resposta, o seu comparecimento a juízo, para essa finalidade, suprirá a falta daquele ato (CPC, art. 214, § 1º). Vindo o réu a juízo apenas para argüir a falta ou a irregularidade da citação, e sendo pronunciada a circunducta, considera-se efetuada a citação na data em que ele ou seu advogado for intimado da decisão (*ibidem*, § 2º). Encaixa-se aqui, todavia, uma regra de prudência: é que se o réu vier a juízo exclusivamente para alegar a nulidade do processo, por falta ou irregularidade da citação, sujeitar-se-á ao grave risco de, rejeitada essa argüição, ver precluso o seu direito de contestar o mérito da causa. É recomendável, em face disso, que ele,

(254) *Wyness Millar*, ob. cit., *ibidem*.

além de denunciar a nulidade, cuide de oferecer a resposta que desejar, sob pena de preclusão temporal.

Na hipótese de o prazo para contestar (CPC, art. 491) já se haver esgotado em branco, sem que o réu tenha sido citado, este deverá comparecer a juízo — agora sim — apenas para argüir a nulidade e, em conseqüência, ver-se citado para efeito de deflagração de novo prazo para responder (excepcionar, contestar, reconvir etc.). Por outro lado, as entidades referidas no art. 1º, *caput*, do Decreto-lei n. 779/69, dispõem de prazo em quádruplo para contestar (inciso II). Em tema de ação rescisória, isso corresponde a asseverar que esse prazo será de sessenta ou de cento e vinte dias, considerando-se o dispoto no art. 491, do CPC.

b) Incompetência absoluta

No sistema do atual CPC, somente a incompetência relativa (como, p. ex., *a ratione loci*) deve ser objeto de exceção (art. 112); a absoluta (*ratione materiae, ratione personae* hierárquica) não só deve ser declarada de ofício como pode ser alegada, em qualquer tempo e grau de jurisdição, independentemente de exceção (art. 113). Um desses momentos é o da contestação, quando a incompetência absoluta deverá ser argüida como preliminar do mérito (art. 301, II).

Esse é, igualmente, o critério a ser observado pelo processo do trabalho, mesmo no campo da ação rescisória.

Recorde-se que a competência em razão da matéria, da pessoa e da hierarquia é inderrogável pela vontade das partes, conquanto estas possam modificar a competência em razão do território (CPC, art. 111). Ao contrário do processo civil, o do trabalho rechaça a possibilidade de ser modificada a competência em razão do valor (Lei n. 5.584/70, art. 2º).

Perguntamos, entretanto: se o réu alegar a incompetência relativa não por meio de exceção e sim como preliminar do mérito, esse equívoco acarretar-lhe-á algum prejuízo de ordem processual? Não nos esqueçamos que estamos no terreno da ação rescisória. A resposta à indagação há pouco formulada deve ser negativa. Poder-se-ia dizer que se o prazo para o oferecimento de resposta fosse fixado, *v. g.*, em trinta dias e a exceção viesse a ser apresentada no mesmo prazo ela seria intempestiva, pois, para tanto, o autor-excipiente disporia apenas de quinze dias, *ex vi* do art. 305 do CPC, observando-se que a incompetência relativa deveria ter sido alegada via exceção e não preliminarmente à discussão do mérito. Ora, a fixação, pelo processo civil, do prazo de quinze dias para o ingresso da exceção de incompetência relativa se destinou a harmonizá-lo com o prazo de contestação, que é também de quinze dias, no procedimento ordinário (art. 297). O fato de o relator poder estabelecer prazo que varie de quinze a trinta dias, para efeito de oferecimento da resposta, pelo réu, à rescisória, não deve constituir fundamento para considerar-se intempestiva a exceção que vier a ser apresentada, no processo do trabalho, no trigésimo dia, seja porque o princípio imperante aqui é o de que todas as modalidades de resposta devem ser deduzidas em um só momento (CLT, art. 846), seja porque a subordinação do prazo da exceção ao da contestação (quinze a trinta dias) atende às exigências de concentração dos atos procedimentais.

Quanto à circunstância de a incompetência relativa haver sido posta em juízo como preliminar de mérito e não como exceção é algo que não deve repugnar ao processo do trabalho, que se diz informado pelo princípio da simplicidade, motivo por que poderá o relator, num justificável exercício de fungibilidade (à feição do que se verifica quanto aos recursos), conhecer dessa preliminar como exceção e, sob essa forma, processá-la. O princípio da fungibilidade, aliás, tem sido alagado nos domínios do próprio processo civil, como demonstra o art. 273, § 7º, do CPC.

Por mais forte razão, impõe-se o conhecimento, como preliminar de mérito, da incompetência absoluta erroneamente aviada sob a forma de exceção, pois neste caso nem se poderá objetar com a intempestividade, vez que essa espécie de incompetência pode ser alegada a qualquer tempo e, em particular, na contestação (CPC, art. 301, II).

c) Inépcia da petição inicial

Sempre que a inicial da ação rescisória não contiver o pedido (desconstituição da coisa julgada material e, eventualmente, novo julgamento da lide) ou a causa de pedir (narração dos fatos de que decorre o pedido); da narração dos fatos não derivar, de maneira lógica, a conclusão; o pedido for juridicamente impossível ou a peça inaugural contiver pedimentos inconciliáveis entre si, deverá o réu alegar-lhe a inépcia.

Inepta será também a inicial que não se fizer instruída com os documentos indispensáveis ao ajuizamento da demanda (CPC, art. 283), como seria o caso, p. ex., do documento comprobatório do trânsito em julgado da decisão rescindenda (TST, Súmula n. 299).

Convém repisar que o decreto de inépcia apenas poderá ser lançado nos autos após a parte não haver atendido, sem justificativa alguma, ao despacho do relator, ordenando a necessária diligência saneadora (CPC, art. 284).

De modo geral, os Regimentos Internos dos Tribunais reservam o agravo regimental para o ataque aos despachos do relator, que indeferem a inicial da rescisória. O que não se pode admitir é que esse ato judicial fique imune à impugnação.

d) Perempção

Perempção, prescrição e decadência possuem conceitos inconfundíveis. A primeira é fenômeno de natureza, essencialmente, processual, não atingindo o direito material que constitui o objeto do processo extinto; somente a segunda e a terceira são dotadas de eficácia para afetar o direito substancial deduzido em juízo.

Ao contrário da prescrição, a perempção pode ser conhecida pelo juiz, *ex officio*; demais, na perempção permanecem íntegros o direito material e a pretensão que lhe corresponde, motivo por que podem ser opostos como matéria de defesa.

Como ensina *Pontes de Miranda*, a perempção atinge apenas aquilo que foi submetido à cognição judicial nos processos anteriores, extintos sucessivamente por ato desidioso do autor. Sendo assim, ela não pode ser invocada em outras ações relativas a pretensões derivadas do mesmo direito: "o que foi atingido pela perempção na ação de anulação do ato jurídico por dolo não está inibido de propor a ação redibitória ou *a quanti minoris*, nem a de indenização pelo ato ilícito do dolo"[(255)].

São casos de perempção, no processo do trabalho, os dos arts. 731 e 732, da CLT. Diz aquele que se a parte não se apresentar ao juízo, no prazo estabelecido no art. 786, parágrafo único, para reduzir a termo a sua "reclamação", incorrerá na perda, pelo prazo de seis meses, do direito de reclamar perante a Justiça do Trabalho. Devemos dizer, de passagem, que, a nosso ver, esse dispositivo não terá aplicação prática após a vigência da atual Constituição da República, cujo art. 133 revogou o art. 791, *caput*, da CLT. De outro lado, a sanção prevista no art. 731 da CLT contrasta com a Constituição, onde, tradicionalmente, se tem inscrito a ação como um direito subjetivo público, que, por isso, não pode ter o seu exercício tolhido ou coarctado por norma infraconstitucional. O outro caso de perempção é o do art. 732 da CLT, a teor do qual na mesma pena incidirá o autor que, por duas vezes consecutivas, der causa à extinção do processo (art. 844).

O processo civil também nos fornece situações típicas de perempção, como a do art. 268, parágrafo único, que se configura pelo

(255) Ob. cit., p. 257

fato de o autor dar causa, por três vezes, à extinção do processo, em decorrência do abandono da causa por mais de trinta dias, assim entendida a sua negligência em promover os atos e diligências que lhe cabiam (art. 267, III).

Sempre que ocorrer a perempção, incumbirá ao réu alegá-la no momento em que comparecer ao tribunal para responder à ação rescisória; mesmo no silêncio deste, contudo, poderá a Corte conhecer de ofício dessa matéria, pois a restrição à iniciativa judicial, de que cuida o § 5º do art. 219 do CPC, só se aplica à prescrição — e, ainda assim, quando for o caso de direitos patrimoniais.

Deixe-se claro que o legislador, ao referir-se ao acolhimento, pelo juiz, da alegação de perempção, como causa de extinção do processo sem pronunciamento sobre o mérito (CPC, art. 267, V), não está excluindo, como se possa imaginar, a possibilidade de ela ser conhecida *ex officio*.

e) Litispendência

Caracteriza-se a litispendência toda vez que se repete ação que está em curso (CPC, art. 301, § 3º, primeira parte); a ação ajuizada perante tribunal estrangeiro, porém, não induz litispendência nem obsta a que a autoridade judiciária brasileira competente conheça da mesma causa e das que lhe são correlatas (*ibidem*, art. 90).

Dessa forma, se o autor intentar ação rescisória e, sem que esta tenha sido apreciada, ingressar com ação idêntica (inclusive quanto à *causa petendi* e ao pedido), deverá o réu alegar, preliminarmente, na contestação, a litispendência e requerer, em conseqüência, a extinção do (segundo) processo — que, de acordo com o inc. V do art. 267 do CPC, ocorrerá sem exame do mérito. Saliente-se que o fenômeno da litispendência exige, para a sua formação, uma tríplice identidade: de sujeitos, de causa de pedir e de pedido. Ausente um desses elementos, o que se tem é conexão ou continência, conforme a hipótese se amolde ao art. 103 ou ao art. 104 do CPC.

Embora o art. 219 do diploma processual civil declare que a litispendência pressuponha a citação válida, pensamos que, no processo do trabalho, será bastante para isso a entrega da petição inicial no protocolo da Secretaria do Tribunal; com isso, estamos afirmando que deverá ser extinto, em virtude de litispendência, o processo cuja peça inaugural foi protocolada em juízo por último, em que pese à eventual particularidade de, nele, a citação haver sido realizada com precedência, relativamente ao outro processo.

Em princípio, a litispendência, para configurar-se, requer identidade: a) de pessoas; b) de causa de pedir; c) de pedido. Esse requisito da tríplice identidade, entretanto, somente se aplica aos casos em que se trata de legitimidade ordinária, vale dizer, em que se encontram em juízo os titulares do direito material disputado na causa. Equivocam-se, profundamente, portanto, todos aqueles que afirmam inexistir litispendência no caso de o sindicato haver proposto ação, na qualidade de substituto processual, havendo alguns dos substituídos nessa causa também ingressado em juízo, pessoalmente, para formular os mesmos pedidos. Ora, o fato de não haver, na espécie, identidade de pessoas (pois, numa das ações, parte é o sindicato e, noutra, o trabalhador), é algo irrelavante, uma vez que, em ambas as ações, o titular do direito material é o mesmo: o trabalhador. A não se admitir a litispendência, nesta hipótese, rende-se ensejo à ocorrência de uma destas duas si-tuações surrealistas: uma das sentenças ser favorável ao empregado e, outra, desfavorável a ele; ou de o réu ser condenado duplamente.

f) Coisa julgada

O traço comum entre a litispendência e a coisa (ou caso) julgada é a reprodução de ação anteriormente posta em juízo; desassemelham-se, contudo, quanto à fase em que se encontra esta ação: se ainda em curso, temos a litispendência; se já definitivamente decidida, o que há é coisa julgada.

Note-se: se a sentença lançada nos autos do processo anterior ainda pende de recurso, o aforamento de ação idêntica configurará a litispendência, vez que esta causa ainda está em andamento e o que nela foi decidido pode ser modificado por força de recurso. Mesmo para os efeitos do art. 301, VI, do CPC, não se pode dissociar o conceito de *res iudicata* daquele que nos é fornecido pelo art. 467 do mesmo estatuto processual.

Poderá acontecer, isto sim, de o réu alegar litispendência (e de litispendência realmente ser o caso), que, mais tarde, se convola para coisa julgada, em razão de a sentença proferida no primeiro processo já se haver tornado imutável e indiscutível. Nesta hipótese, o juiz ou o tribunal deverá levar em conta esse fato novo, com fundamento (ainda que analógico) no art. 462 do CPC e decidir com os olhos concentrados nesse fato, sem prejuízo aos interesses do autor.

Por outros termos, se o réu alegar, na contestação à rescisória, litispendência, mas, no curso da ação, passar em julgado a sentença, não deverá o tribunal ater-se a um suposto rigor da técnica legal, para repelir a segunda ação ao argumento de que o autor fundara o seu pedido em litispendência e o que agora se tinha era coisa julgada. O que verdadeiramente deve ser considerado, em situações que tais, é o fato de estar comprovado o *bis in idem* representado pela reprodução de ação anteriormente intentada.

É evidente, entretanto, que não poderá o réu alegar coisa julgada com vistas à decisão rescindenda; fazê-lo, seria obra de pura ironia, pois a *res iudicata* material, como demonstramos em páginas pregressas, constitui requisito fundamental para o exercício de qualquer pretensão rescisória. A coisa julgada, que lhe compete argüir, portanto, é a que se liga à existência de ação rescisória idêntica (quanto às partes, à causa de pedir e ao pedido), já decidida e cuja sentença não pode mais ser modificada pela via recursal.

A garantia à autoridade da coisa julgada tem assento constitucional (art. 5º, XXXVI) e sua transgressão autoriza o uso da ação rescisória do ato molestador (CPC, art. 485, IV).

Via de regra, a rescisória fundada em ofensa à *res iudicata* atinge o seu objetivo apenas com a atuação do *iudicium rescindens*, pois para isso é suficiente que se desconstitua a coisa julgada que está afrontando a anteriormente formada. Não há necessidade, na espécie, de um novo pronunciamento jurisdicional (rejulgamento) a respeito da lide (*iudicium rescissorium*): o que se deseja, tão-somente, é o restabelecimento da coisa julgada, como qualidade da sentença que solucionou, regularmente, o conflito de interesses.

É sempre conveniente reiterar que não produzem coisa julgada: a) os motivos, mesmo que relevantes para determinar o alcance do dispositivo da sentença; b) a verdade dos fatos estabelecidos como fundamento da decisão; e c) a apreciação de questão prejudicial, decidida incidentalmente (CPC, art. 469, I a III) — exceto, quanto a esta, se a parte o requerer (CPC, arts. 5º e 325); o juízo for competente em razão da matéria e figurar como pressuposto indispensável ao julgamento da demanda (CPC, art. 470).

g) Conexão ou continência

A conexão e a continência são institutos afins, embora esteja a separá-los linha sutil. O que caracteriza a conexão é a existência, entre duas ou mais causas, de identidade de objeto ou de causa de pedir, ou seja, de um ou de outro e não de ambos. Sob esse aspecto, é elucidativo o disjuntivo ou, utilizado na redação da norma legal (CPC, art. 103); já a continência reclama a identidade de partes e de causa de pedir, sendo também necessário que o objeto de uma das ações, por ser mais amplo, abranja o da outra (art. 104).

A despeito de o art. 301, VII, do CPC, mencionar apenas a conexão, como matéria a ser preliminarmente alegada pelo réu, em sua contestação, é indiscutível que aí também se inclui a continência; esta até por mais forte razão, dada a sua abrangência.

Os fundamentos jurídicos e políticos de ambas as figuras em estudo radicam não somente na economia processual (concentração de procedimentos), mas também na preocupação de evitar decisões eventualmente contraditórias, sabendo-se que a *causa petendi* pode ser comum a elas.

Constatada a conexão ou a continência, poderá o juiz (o relator, na ação rescisória), de ofício ou a requerimento da parte, ordenar a reunião dos autos (e não das ações, como está mal posto na lei) respectivos, a fim de que as causas sejam apreciadas simultaneamente (CPC, art. 105).

São infreqüentes — mas não de ocorrência impossível —, em sede de ação rescisória, os casos de conexão ou de continência, em virtude do caráter peculiar das pretensões que soem ser deduzidas nessa espécie de ação.

h) Incapacidade da parte, defeito de representação, falta de autorização

A capacidade de ser parte, a regularidade da representação e a autorização, quando necessária, são pressupostos processuais subjetivos.

É oportuno observar que há pressupostos: a) de constituição; e b) de desenvolvimento da relação jurídica processual. Aqueles compreendem a existência de órgão dotado de jurisdição, a capacidade de ser parte e o pedido; estes, a figura do juiz (que deve ser competente, insuspeito e desimpedido) e as partes (capacidade, representação regular e autorização). Na verdade, tratam-se de pressupostos subjetivos, como dissemos. Os objetivos, por sua vez, se bifurcam em a) positivos (demanda apta, ou seja, petição inicial apta); e b) negativos (inexistência de litispendência ou de coisa julgada).

Detenhamo-nos na apreciação dos pressupostos subjetivos de desenvolvimento válido do processo, pois é deles que se ocupa o inc. VIII do art. 301 do CPC.

A capacidade, do ponto de vista processual, diz respeito: a) à de ser parte; e b) à de estar em juízo. Esta se refere à capacidade de ser sujeito de uma relação processual; aquela, à capacidade de ser parte.

Uma representação de país estrangeiro que possua imunidade de jurisdição não terá, *v. g.*, capacidade de ser parte, o mesmo acontecendo em relação à pessoa já falecida. Já o menor de idade não tem capacidade para estar em juízo, devendo ser representado ou assistido por quem a lei prevê. A capacidade processual das partes se encontra disciplinada nos arts. 7º a 13 do álbum processual civil.

Por princípio, cabe ao réu denunciar a incapacidade do litigante adversário, o defeito de representação ou a falta de autorização (CPC, art. 301, VIII); caso se omita quanto a isso, deverá o juiz, por sua iniciativa, adotar as providências corretivas, suspendendo o processo e marcando prazo razoável para a sanação do defeito (CPC, art. 13, *caput*). Não sendo atendido o despacho, as conseqüências processuais variarão conforme seja a pessoa a quem competisse tomar as providências saneadoras: se ao autor, o processo será extinto sem exame do mérito (afirma o Código, em má técnica, que, nesta hipótese, o juiz decretará a nulidade); se ao réu, será considerado revel; se ao terceiro, será excluído do processo (*ibidem*, incs. I a III).

i) Convenção de arbitragem

Uma das modalidades de heterocomposição dos conflitos de interesses, contempladas em lei, é a arbitragem, antes regulada pelos arts. 1.072 a 1.102, do CPC, e, atualmente, pela Lei n. 9.307, de 23.9.1996.

Na Justiça do Trabalho, a arbitragem é inadmissível no plano das ações individuais, pois somente a esse segmento do Poder Judiciário nacional compete a solução dos conflitos entre trabalhadores e empregados (CF, art. 114, *caput*). Em caráter excepcional, contudo, permite-se a arbitragem nos conflitos coletivos de trabalho; estabelece, com efeito, o § 1º do art. 114 do texto constitucional que "Frustrada a negociação coletiva, as partes poderão eleger árbitros".

De qualquer modo, a instituição de juízo arbitral traduz-se numa faculdade das categorias envolvidas na negociação coletiva, que, em face disso, poderão, ou não, valer-se da arbitragem.

Veja-se que o inc. IX do art. 301 do CPC autoriza o réu a alegar a existência de convenção de arbitragem — antes denominado de compromisso arbitral —, não sendo necessário, portanto, que à época do seu comparecimento a juízo, para oferecer contestação, já exista a correspondente sentença. Em razão disso, torna-se aconselhável exararmos algumas considerações acerca desse compromisso.

Não obtendo êxito a negociação coletiva, poderão as categorias em antagonismo (trabalhadores e empregadores), antes de ajuizar ação coletiva, mediante compromisso escrito, louvar-se em árbitros, "para dirimir litígios relativos a direitos patrimoniais disponíveis" (Lei n. 9.307/96, art. 1º). É conveniente ressaltar que a arbitragem apenas será possível se os interesses contrapostos forem pertinentes a direitos patrimoniais, sobre os quais a lei admita transação, vale dizer, disponíveis.

Conquanto o art. 114, § 1º, da Constituição Federal, deixe entrever que a arbitragem anteceda (não em caráter obrigatório) ao ajuizamento da ação coletiva, não vemos nenhum empecilho de ordem jurídica para que, mesmo aforada essa ação, se institua o juízo arbitral.

A Lei n. 9.307/96 estabelece, com minudência, dentre outras coisas: a) as espécies de arbitragens admissíveis; b) em que consiste a convenção de arbitragem, compreendendo a cláusula compromissória e o compromisso arbitral; c) quem pode ser árbitro; d) qual o procedimento a ser observado na arbitragem; e) os requisitos de validade da sentença arbitral e o mais.

A propósito, é oportuno observar que o laudo arbitral, de que falava o art. 1.093, do CPC, foi substituído pela sentença arbitral, no texto de Lei n. 9.307/96 (arts. 23 a 33).

Embora a doutrina mencione, tradicionalmente, a ausência de litispendência e de coisa julgada como exemplos de pressupostos processuais negativos de desenvolvimento regular do processo, podemos incluir como um outro exemplo típico a convenção de arbitragem, porquanto a existência desta pode inibir a desenvolução processual.

Em termos práticos, serão extremamente escassos os casos em que o réu poderá alegar, preliminarmente, na contestação à rescisória, a existência de convenção de arbitragem, pois, como vimos, a arbitragem só tem lugar nos conflitos coletivos de trabalho e, mesmo assim, ela não poderá ser adotada onde houver coisa julgada material — requisito inarredável para a viabilidade da ação rescisória.

j) Carência da ação

Aqui não é lugar para empreendermos uma aprofundada reflexão doutrinária acerca das condições da ação; interessa-nos o exame dessas condições enquanto matéria passível de ser alegada pelo réu, na contestação.

Queremos apenas lembrar que elas constituem produto do pensamento de *Liebman*, onde a ação se apresenta como um direito a um pronunciamento sobre o mérito e não como uma sentença favorável às pretensões do autor. A doutrina liebmaniana reconhece como condições da ação a legitimidade *ad causam*, o interesse de agir e a possibilidade jurídica do pedido. A respeito desta última, pudemos informar que o próprio *Liebman* acabou por excluí-la do elenco das condições da ação, vez que o juiz, ao declarar a existência de um veto legal à formulação do pedimento colocado em juízo, está, sem sombra de dúvida, emitindo um provimento de mérito, de maneira a impedir que o autor intente, outra vez, a ação.

Sobre as condições da ação em geral, e da rescisória em particular, tivemos oportunidade de discorrer longamente no Capítulo VIII, deste livro, ao qual, por amor à brevidade, remetemos o leitor.

Desejamos apenas efetuar uma correção à linguagem do inc. X do art. 301 do CPC, pois quando a parte for ilegítima, ou faltar ao autor o interesse de invocar a prestação da tutela jurisdicional, ou, ainda, o pedido por ele feito for juridicamente inatendível (sem nos esquecermos da reformulação do pensamento de *Liebman* no que respeita a esta suposta condição), o que haverá é carência da (e não de) ação, pois a preposição de sugere uma idéia ampla e abstrata, de tal sorte que o autor seria carecente de toda e qualquer ação, quando, na realidade, o é unicamente em relação àquela em que se verificou a falta de uma das correspondentes condições; logo, a carência é da ação (= daquela ação, especificamente).

Cabe acrescentar que a (manifesta) ilegitimidade de parte e a ausência de interesse de agir em juízo são legalmente apontadas como razões para o indeferimento da petição inicial (CPC, art. 295, II e III), inclusive de ação rescisória (*ibidem*, art. 490, I). Dessa decisão do relator será interponível agravo regimental.

l) Falta de caução ou de outra prestação, que a lei exige como preliminar

A exigência de que o autor preste caução (real ou fidejussória) ou realize preliminarmente qualquer outra prestação poderia interessar, em tese, ao tema da ação rescisória, em face do disposto no art. 488, II, do CPC.

No terreno do processo do trabalho, entretanto, esse interesse é nenhum, porquanto aqui o autor está dispensado de realizar o depósito prévio equivalente a 5% do valor da ação, a que se refere o art. 488, II, do CPC, e que reverterá em benefício do réu no caso de a ação ser declarada inadmissível ou rejeitada (*ibidem*, art. 494). Tal foi a posição assumida pela jurisprudência trabalhista, a que a Súmula n. 194 do TST prestou homenagem. Mais tarde, a própria norma legal trabalhista dispensou a realização desse depósito prévio (CLT, art. 836).

Estabelece o art. 302 do CPC que também compete ao réu manifestar-se precisamente sobre os fatos narrados na petição inicial, presumindo-se verdadeiros os não impugnados, salvo se: a) não for admissível a seu respeito a confissão; b) a petição inicial não estiver acompanhada do instrumento público que a lei considerar da substância do ato; c) estiverem em contradição com a defesa tomada em seu conjunto.

Esse ônus da impugnação especificada dos fatos não é aplicável, todavia, ao advogado dativo, ao curador especial e ao órgão do Ministério Público (*ibidem*, parágrafo único).

Nada obstante esse encargo de manifestar contrariedade a todos os fatos alegados pelo autor venha sendo largamente imposto aos réus, devemos ponderar que, na ação rescisória, em particular, é extremamente restrito o campo de incidência dos efeitos decorrentes do não atendimento, pelo réu, a esse ônus. Assim se dá porque, quase sempre, há o interesse público na investigação dos fatos em que o autor funda o seu pedido, pois não se pode ignorar que tal pretensão se destina a desconstituir a coisa julgada material, cuja autoridade recebe adequada proteção da própria norma constitucional (art. 5º, XXXVI).

Depois de apresentada a contestação, o réu só poderá deduzir novas alegações quando: a) relativas a direito superveniente; b) competir ao juiz conhecer delas de ofício; c) por expressa autorização legal puderem ser formuladas em qualquer tempo e juízo (CPC, art. 303, I a III).

Escreve *Calmon de Passos* que o dispositivo em questão não cuida de alegações no sentido comum de colocações de ordem doutrinária ou jurisprudencial concernentes a fatos jurídicos ou a conseqüências jurídicas que possam ser deduzidas dos fatos já postos em juízo, assim como não se vincula a raciocínios construídos com base em fatos simples ou jurídicos provados na causa: "Alegação, no texto, equivale à defesa; o que se diz é que novas defesas, quer diretas, quer indiretas, serão inadmissíveis, salvo as exceções que o art. 303 expressamente enumera"(256).

A regra do art. 303 do CPC está em harmonia com o princípio da eventualidade, materializado no art. 300 do mesmo Código, de acordo com o qual o réu deve alegar, na contestação, toda a matéria de defesa; novas alegações, posteriormente ao oferecimento da contestação, só serão possíveis nas hipóteses de que fala o art. 303.

Direito superveniente, para os efeitos da norma legal precitada, é o relativo a fato ocorrido depois do prazo da contestação e não aquele que, surgido antes da contestação, dele o réu somente venha a ter ciência depois de haver apresentado a sua resposta em juízo.

---

(256) Ob. cit., p. 387.

Apesar disso, julgamos que se o fato (ou direito) aconteceu antes do oferecimento da resposta, mas dele o réu não teve conhecimento por motivo de força maior, ser-lhe-á lícito alegar tal fato mesmo depois da contestação. Nosso convencimento, neste ponto, se baseia no art. 517 do CPC, que permite serem suscitadas no recurso as questões de fato não propostas no juízo inferior, se a parte provar que deixou de fazê-lo em virtude de força maior. Não seria justo, pois, que o réu ficasse tolhido de invocar um fato verificado antes da contestação, mas do qual somente veio a ter ciência mais tarde, por motivos que não lhe podem ser legitimamente imputados.

O conhecimento de ofício é vedado ao juiz por força do princípio dispositivo, que preside o processo civil e que se encontra em boa medida também no do trabalho. A prescrição liberatória referente a direitos patrimoniais é corolário disso (CPC, art. 219, § 5º).

Excepcionalmente, contudo, a lei consente que o juiz conheça, por sua incoação, de certas matérias, como se dá, *e. g.*, com a ilegitimidade de parte, a falta de interesse de agir, a impossibilidade jurídica do pedido, a perempção, a litispendência, a coisa julgada e com os denominados pressupostos de constituição e de desenvolvimento regulares do processo (CPC, art. 267, § 3º).

São, precisamente, alegações relativas a essas matérias que podem ser aduzidas mesmo depois de exaurido o prazo para a apresentação da resposta, pelo réu; a razão é, lógica e juridicamente, explicável: delas o juiz poderia conhecer *ex officio*.

A formulação, em qualquer tempo e juízo, de alegações, é algo que encontra, na realidade prática, um campo de aplicação bastante restrito em decorrência do princípio da eventualidade e, em especial, do princípio da preclusão. O procedimento, em si, nada mais é do que um conjunto de fases ordenadas lógica e cronologicamente, e em regra preclusivas. A incompetência absoluta, todavia, é uma dessas matérias que podem ser alegadas "em qualquer tempo e grau de jurisdição", como está na dicção permissiva do art. 113 do CPC. O impedimento do juiz pode ser mencionado como outra exceção à regra (CPC, art. 305).

Em verdade, se bem analisarmos verificaremos que há um entrelaçamento íntimo do inc. I com o II do art. 303 do CPC, pois em ambos os casos será lícito o conhecimento *ex officio* do juiz ou mediante provocação do interessado.

Revelia

No plano processual, a revelia se caracteriza pela ausência injustificada de contestação. Não, porém, de exceção ou de reconvenção, que constituem outras modalidades de resposta do réu (CPC, art. 297). Conquando doutrina e jurisprudência se tenham aferrado ao gosto de designar a revelia como "pena", essa atitude é incorreta, porquanto o vocábulo pena, na terminologia forense, se refere à sanção aplicável a quem deixe de cumprir uma obrigação. O réu, entretanto, não está obrigado a defender-se. O que a lei exige é que se lhe assegure a oportunidade, a possibilidade de apresentar defesa em juízo. Essa apresentação, todavia, insere-se no elenco das suas faculdades processuais, embora a ausência de contestação lhe acarrete algumas conseqüências.

A principal conseqüência é de serem presumidos verdadeiros os fatos alegados na petição inicial (CLT, art. 844, *caput*, parte final; CPC, art. 319). Nem sempre, contudo, a revelia conduz a essa presunção, como quando: a) estando os réus constituídos em regime litisconsorcial, algum deles contestar a ação; b) a lide versar sobre direitos indisponíveis; c) a petição inicial estiver desacompanhada de documento público, que a lei considere indispensável à prova do ato (CPC, art. 320, incisos I a III).

Não se pode confundir, portanto, a revelia com o seu efeito, que é a presunção de veracidade dos fatos narrados na petição inicial. Sendo assim, se o juiz verificar, em determinado caso concreto, não ocorrer o efeito da revelia, determinará que o autor especifique as provas que pretenda produzir em audiência (CPC, art. 324). Isto significa, pois, que, inexistente o efeito da revelia, permanece com o autor o ônus da prova (CLT, art. 818).

Lançadas estas considerações introdutórias, cumpre-nos indagar sobre ser possível haver revelia em ação rescisória.

Tecnicamente falando, nada impede a ocorrência de revelia, em sede de ação rescisória, se estivermos atentos à observação, feita há pouco, de que a revelia nada mais é do que um fato processual, que se configura pela ausência injustificada de contestação. Logo, se o réu (mesmo sendo a Fazenda Pública) deixar de contestar, será revel. O que não se admite, em tema de ação rescisória, é que a revelia produza o efeito que lhe é característico, qual seja, o de se presumirem verdadeiros os fatos postos na inicial. Assim o é, porque não se pode admitir que uma simples presunção de veracidade (efeito da revelia) se sobreponha à certeza jurídica materializada na coisa julgada material, que se visa a desconstituir (decisão rescindenda). A Orientação Jurispridencial n. 126, da SDI-II, do TST, sensata, não desbordou deste entendimento: "Ação rescisória. Ausência de defesa. Inaplicáveis os efeitos da revelia. Na ação rescisória, o que se ataca na ação é a sentença, ato oficial do

Estado, acobertado pelo manto da coisa julgada. Assim sendo e, considerando que a coisa julgada envolve questão de ordem pública, a revelia não produz confissão na ação rescisória".

Para clarificar: na ação rescisória não ocorre o efeito da revelia, ainda que não se verifique nenhuma das situações mencionadas nos incisos I a III, do art. 320, do CPC.

Reconvenção

O atual Código de Processo Civil indica, expressamente, a reconvenção como uma das modalidades de resposta do réu (arts. 297 e 315).

O instituto em questão tem raízes no direito romano, onde se firmou no período da *cognitio extraordinaria*. Nessa época, ora se exigia que a pretensão reconvencional estivesse ligada ao direito material (*eodem causa*), ora, apenas, ao processual (*eodem iudicio*): no primeiro caso, o requisito era o da conexão de causas; no segundo, o da relação exclusivamente processual, ou seja, que não implicasse nenhuma repercussão no terreno do direito substancial.

Foi no direito canônico que a reconvenção adquiriu os contornos e a própria denominação que a identificam nos textos processuais da atualidade. Os motivos que levaram tal direito a dispensar especial atenção a essa figura foram, preponderantemente, de cunho político, pois ditados pela necessidade de colocar à margem da justiça dos senhores feudais a maior quantidade possível de causas.

Da reconvenção também se ocuparam as Ordenações Afonsinas, Manuelinas e Filipinas.

Em França, todavia, razões políticas e financeiras impuseram ao direito consuetudinário daquele país repelir a reconvenção, porquanto a justiça feudal era vista como traço expressivo da soberania dos senhores, além de constituir fonte de recursos pecuniários para estes. Só em casos excepcionais — por obra e graça do soberano — permitia-se, por meio das "cartas reais", o uso da reconvenção.

Observa *Moacyr Amaral Santos* que o largo emprego dessas cartas, somado à influência do direito canônico e à atuação dos jurisconsultos, fizeram com que a reconvenção fosse admitida quando possuísse a mesma causa da ação principal ou se apresentasse como defesa do réu[257]. Cumpre acrescentar que o Código de Processo Civil

(257) Ob. cit., p. 27.

francês não fazia referência explícita à reconvenção: foi com base na interpretação de certos artigos desse estatuto que a doutrina e a jurisprudência a aceitaram como ação incidente, destinada a servir como elemento de defesa do réu.

Na Itália, inspirados na doutrina predominante em França, os Códigos da Sardenha (1854) e de Piemonte (1859) regravam o instituto, que foi mantido pelos Códigos de 1865 e 1940.

Entre nós, a reconvenção foi disciplinada em diversos Códigos estaduais, como os de Minas Gerais (art. 209), do Rio de Janeiro (art. 1.181), do Ceará (art. 130), do Rio Grande do Sul (art. 350) e de São Paulo (art. 256), dentre outros. No plano da legislação federal, o Código de 1939 autorizava a reconvenção toda vez que o réu pretendesse modificar ou excluir o pedido feito pelo autor — seguindo, assim, os trilhos estabelecidos pelo direito canônico, em prejuízo à tradição existente tanto em Portugal quanto no Brasil.

Como dissemos no início do Capítulo, o diploma processual civil de 1973 trata da reconvenção no art. 315 e seguintes. É interessante registrar, no entanto, que no Projeto preparado pelo Prof. *Alfredo Buzaid* a reconvenção seria cabível sempre que a ação principal fosse conexa com ela "ou com o título em que se funda a defesa" (art. 344); posteriormente, ao ser remetido ao Senado, o texto foi alterado, nesta última parte, para "fundamento da defesa" (art. 319), entrando em vigor com essa redação (art. 315).

No geral, o réu comparece a juízo para oferecer contestação aos pedidos formulados pelo autor, oportunidade em que adota uma atitude caracteristicamente passiva; em determinados casos, entretanto, ele assume uma posição ativa, visando a obter algo do autor: é quando reconvém a este.

Consiste a reconvenção, pois, em uma ação aforada pelo réu, em face do autor, no mesmo processo em que este se encontra a demandar-lhe: concorrem, desse modo, duas ações, que se ligam pela identidade de pessoas, e pela conexidade das causas de pedir e dos pedidos.

Não é a reconvenção espécie de contestação, de recurso ou de embargos e sim ação que a lei concede ao réu em atendimento ao princípio de economia processual — obtenível mediante a concentração, em um só processo, dos atos procedimentais de ambas as ações. Como ação, está sujeita ao atendimento das condições específicas, previstas em lei (legitimidade *ad causam*, interesse de agir e possibilidade jurídica do pedido), sob pena de o réu ser declarado carecedor dela. Quanto à legitimidade, é importante destacar que o Código proíbe o réu de, em nome próprio, reconvir ao autor quando este estiver demandando em nome de outrem (art. 315, § 1º). Em termos práticos, isso significa dizer que o réu não pode reconvir ao sindicato, quando este se encontra atuando na qualidade de substituto processual dos integrantes da respectiva categoria profissional.

Pressuposto característico da reconvenção é a existência de conexão: a) com a causa principal; ou b) com o fundamento da defesa. De conformidade com o art. 103 do CPC, consideram-se conexas duas ou mais ações quando lhes for comum o objeto ou a *causa petendi*. Comunhão pelo objeto haverá, *v.g.*, quando o trabalhador estiver pleiteando a denominada "rescisão indireta do contrato", em virtude de inadimplemento de obrigação contratual, por parte do empregador, e este oferecer reconvenção alegando a falta grave de abandono de emprego: tanto lá como aqui, o objeto das ações é o mesmo: a terminação do contrato de trabalho. Exemplo de comunhão pela causa de pedir é estar o empregado afirmando que o veículo utilizado em serviço lhe pertencia, e que o empregador não lhe pagou a "verba de quilometragem" prometida, e este objetar no sentido de que o veículo não era de propriedade do empregado e sim dele, empregador, que, em razão disso, deseja ser ressarcido pelos danos causados por aquele ao veículo; na hipótese a causa de pedir é comum a ambas as ações: o uso, pelo empregado, de um veículo, quando em serviço.

Por outro lado, a reconvenção deve manter conexidade com os fundamentos da defesa (em especial, com a contestação). Sendo assim, não pode o empregador alegar, na contestação, que o empregado se demitiu, para, na reconvenção, postular seja condenado ao pagamento do aviso prévio, em decorrência de haver abandonado o emprego. A conexão que se exige entre uma ação (principal ou primitiva) e outra (reconvenção) não pode dispensar o elemento lógico, da mesma forma como o nexo entre a reconvenção e os fundamentos da defesa não pode prescindir do fator harmônico, vale dizer, da coerência entre uma e outra.

O juiz da causa principal é o competente para apreciar a reconvenção (CPC, art. 109). Logo, se for incompetente para aquela o será para esta, ressalvada a possibilidade de prorrogação da competência, como ocorre, p. ex., em relação ao lugar (território).

Do réu se exige, para reconvir, a capacidade de ser parte, a capacidade de estar em juízo e a representação por advogado, porquanto, como já afirmamos, a nosso ver, o art. 133 da Constituição vigente revogou o art. 791 da CLT, que atribuía o *ius postulandi* às partes. Como visto, contudo, o réu não pode, em nome próprio, reconvir ao autor quando este demandar em nome de outrem (CPC, art. 315, § 1º). A despeito de formuladas com vistas ao diploma processual civil de 1939, são ainda atuais as críticas de *Pontes de Miranda* ao legislador: "O art. 191 é de péssima redação. Deveria dizer que o réu não pode reconvir contra o autor se esse demanda em nome de outrem, nem no próprio nome, se o autor demanda a outrem e ele, réu, responde em nome de outrem. O Código escreveu "Não poderá o réu (A), em seu próprio nome (de A), reconvir ao autor (B), quando este (B) demandar em nome de outrem (C)". O réu não pode reconvir ao autor quando este demandar em nome de outrem, em nenhum caso, e não apenas quando o réu reconvém em seu próprio nome. Todas essas expressões 'em seu próprio nome', 'em nome de outrem' são demasiado vagas e perigosas"[258].

Em suma, o que quer dizer o art. 315, § 1º, do CPC de 1973, é que as partes devem apresentar-se sempre na mesma qualidade pessoal, por força do princípio da identidade bilateral. Essa identidade — convém esclarecer — não se refere à pessoa natural dos litigantes, e sim ao direito, em seu aspecto subjetivo. Segundo essa regra, está impedido de reconvir em nome de outrem aquele que foi acionado em nome próprio, do mesmo modo como está quem se encontra em juízo na qualidade de simples representante de outrem.

Escreve, ainda, *Pontes de Miranda* que o veto insculpido no § 1º do art. 315 do CPC não alcança os casos em que, havendo pluralidade de réus, um só oferece reconvenção, ou que existindo litisconsórcio ativo, somente contra um dos autores o réu reconvenha[259].

Cremos, porém, que em se tratando de regime litisconsorcial do tipo unitário não será possível reconvir-se apenas em relação a um dos autores, porquanto, por definição, a decisão aí emitida deve ser igual para todos os compartes (CPC, art. 47, *caput*); segue-se, que essa reconvenção parcial só é admissível ao litisconsórcio simples (CPC, art. 46). Assim também pensa *Galeno Lacerda*[260].

A pretensão reconvencional deve ser deduzida — como as demais respostas do réu — no momento oportuno, sob pena de preclusão temporal (CPC, art. 297). No processo do trabalho, essa oportunidade, em primeiro grau, é o da audiência (inicial) pertinente à ação principal (CLT, art. 844), quando o réu, antes de reconvir deverá — nesta ordem — excepcionar o juízo ou apresentar contestação, se for o caso. Nada obsta, a propósito, a que o réu reconvenha ao autor sem haver oferecido contestação, embora a inexistência desse ato de defesa lhe acarrete conseqüências processuais específicas e algo graves (CLT, art. 844).

(258) "Comentários", vol. III, pp. 182/183.
(259) *Idem, ibidem.*
(260) Ob. cit., p. 422.

Ainda que revel (e confesso, por suposto), poderá o réu: intervir na causa a qualquer tempo, conquanto receba o processo (melhor: os autos) no estado em que se encontra (CPC, art. 322). Mesmo que essa intervenção não ocorra, ele poderá, em situações particulares, tornar-se vencedor na ação em que se configurar a revelia (como quando a matéria, nela suscitada, fosse exclusivamente de direito) e na própria reconvenção, em que pese ao fato de, estatisticamente, dar-se o contrário.

Nos tribunais, a reconvenção deve ser apresentada no mesmo prazo da contestação, para esse fim estabelecido pelo relator (CPC, art. 491), como se dá no caso da ação rescisória.

Reconvenção e compensação, contudo, não se confundem: enquanto esta é figura de direito material e o seu valor está limitado ao do crédito do empregado, aquela é instituto genuinamente processual (CLT, art. 767) e o seu limite pode ir muito além do montante acaso reconhecido em prol do autor-reconvindo.

Cumpre-nos indagar, a esta altura, se é admissível reconvenção em ação rescisória; esse assunto, embora de grande importância jurídica e prática, não mereceu, até esta parte, a devida atenção da doutrina processual trabalhista.

Em princípio, nada impede que o réu reconvenha ao autor, em sede de rescisória. O requisito fundamental, a ser observado para esse efeito, é o de que a matéria que dá conteúdo à reconvenção pudesse ser, isoladamente, objeto de ação rescisória. Não se requer, portanto, a simples identidade de procedimentos: na espécie, é imprescindível também uma identidade de eficácia teleológica. Demais, a reconvenção, para ser aceita, deverá fundar-se em uma das causas enunciadas pelos incisos I a IX do art. 485 do CPC.

Digamos, *e.g.*, que o empregado pretenda desconstituir a sentença no ponto em que lhe negou o direito à pretendida indenização por tempo de serviço e o réu lhe reconvenha, com o objetivo de rescindir o pronunciamento jurisdicional em sua base, vale dizer, na parte em que reconheceu a existência de relação de emprego entre as partes. A reconvenção, na hipótese, poderia calcar-se em ofensa à coisa julgada, desde que sentença anterior à rescindenda houvesse declarado inexistente qualquer vínculo empregatício entre os mesmos litigantes.

Caso a reconvenção permita o julgamento antecipado da lide (como no exemplo que trouxemos) será recomendável que, invertendo a ordem natural, ela seja julgada com anterioridade à ação principal, desde que apta a prejudicar o julgamento desta. Sob outro aspecto, a circunstância de a reconvenção necessitar de provas orais e a ação principal, não, ao contrário do que se possa imaginar não inibe, só por isso, a admissibilidade daquela, devendo, para tanto, o relator ordenar a suspensão do processo, quanto à ação do reconvindo, e dar curso à reconvenção, delegando ao juízo de primeiro grau competência para a prática dos necessários atos instrutórios (CPC, art. 492), após o que submeterá ambas as ações a julgamento, pelo Tribunal.

Em linhas gerais, apresentada a reconvenção, caberá ao relator determinar a intimação do reconvindo, para respondê-la no prazo de quinze dias. É possível que o legislador haja falado em intimação, e não em citação, por entender que já estando o reconvindo em juízo, como autor, seria correto apenas dar-lhe ciência da (re)ação do réu; apesar dessas razões de ordem prática, entendemos que o ato deveria ser de citação, pois, como afirmamos, a reconvenção é ação do réu e, por isso, o reconvinte deveria ser citado para oferecer a resposta que desejasse. Como de intimação se trata (conforme a lei), poderá ser feita na pessoa do advogado do reconvinte, porquanto o poder para recebê-la é inerente à cláusula *ad iudicia* (CPC, art. 38); para a citação tornar-se-ia indispensável a presença de poderes expressos do advogado, destinados a essa finalidade (*ibidem*).

No geral, a falta de resposta do reconvindo o torna, além de revel, confesso quanto à matéria de fato. Esse efeito, porém, não se verifica, obrigatoriamente, no plano da ação rescisória, pois como pudemos advertir em linhas anteriores, sendo o respeito à coisa julgada assegurado pela Constituição Federal (art. 5º, XXXVI), é razoável que os efeitos da *ficta confessio* não possuam, diante dessa garantia, a eficácia que, de ordinário, se fazem providos. Isto equivale a dizer que a despeito da omissão do reconvindo poderá o relator exigir que o reconvinte produza as provas necessárias para demonstrar a veracidade dos fatos que fundamentam a sua pretensão de ver desconstituída a sentença. É prudente lembrar que a rescisória constitui uma espécie de ação extraordinária, pois a sua admissibilidade está subordinada — de maneira rígida — à verificação dos casos apontados pela norma legal (CPC, art. 485). Extraordinário haverá de ser, *ipso facto*, o tratamento a dar-se, diante dela, às conseqüências processuais pertinentes à confissão presumida.

Ainda que a ação e a reconvenção estejam no mesmo processo e submetidos a um só procedimento (e a uma única sentença), há entre elas uma autonomia onto-teleológica, pois se o autor (reconvindo) desistir da ação, ou existir algum motivo legal que lha imponha a extinção, isso não afetará a reconvenção, que poderá prosseguir regularmente e vice-versa (CPC, art. 317).

Seria cabível, todavia, reconvenção de reconvenção — inclusive em ação rescisória? O atual estatuto processual civil, a exemplo do anterior, omitiu-se a respeito do assunto. No passado, algumas objeções foram feitas à possibilidade de o reconvindo, por sua vez, reconvir: a) o autor deveria ter, na inicial, cumulado todas as ações que possuía em face do réu, não sendo concebível que possa suprir a sua negligência no momento em que a parte contrária lhe reconvém; b) tolerar reconvenção de reconvenção seria tornar o processo confuso e ainda mais intricado do que já é; c) somente o réu poderia reconvir, pois o Código dispunha (e o atual também) que essa espécie de resposta deveria ser formulada na oportunidade da contestação. Esses argumentos, porém, eram contraditados pelos seguintes: a) o autor não poderia imaginar que o réu iria reconvir-lhe e o seu interesse poderia manifestar-se exatamente em virtude da reconvenção apresentada por este; b) as ações entre só duas pessoas são em número finito e pronto se esgotam; a exigência de conexão entre a ação e a reconvenção, além disso, surge como fator limitativo de maior eficácia; c) a impugnação da reconvenção é contestação.

Pelo que nos cabe opinar, julgamos ser admissível no sistema do processo civil vigente em nosso País (logo, por igual no processo do trabalho) a reconvenção de reconvenção, muito embora isso possa causar certas conseqüências tumultuárias do processo e do procedimento. O que nos leva a admitir essa possibilidade não é apenas o fato de, no texto do CPC de 1973, o autor ser intimado para contestar a reconvenção (art. 316) — e quem pode contestar pode reconvir —, mas também o de que ele, ao ingressar em juízo diante do réu, não podia supor que este viesse a reconvir-lhe. O interesse do autor reconvindo em reconvir ao réu poderia nascer, precisamente, da matéria ou dos fatos alegados na reconvenção deste, de tal maneira que seria injusto cercear-lhe o direito de reagir juridicamente à surpresa provocada pela reconvenção.

A reconvenção de reconvenção pode ser aceita, inclusive, no campo da ação rescisória, desde que se ponha à frente a regra fundamental de que a reconvenção — tanto a do réu quanto a do autor —, se ajuizada fosse sob a forma de ação comum, teria eficácia para rescindir o julgado.

Derradeiramente, diga-se que a ação, a reconvenção do réu e a eventual reconvenção do autor deverão ser apreciadas pela mesma sentença, em decorrência da unidade procedimental a que se encontram subordinadas (CPC, art. 318).

Capítulo IV

PRODUÇÃO DE PROVAS

Ônus da prova

A preocupação doutrinária em estabelecer um critério justo e preciso para a partição do ônus da prova entre os litigantes remonta a épocas priscas.

Na antigüidade, *Aulus Gellius* ("Noctes Atticae", Livro XIV, Cap. 488), inspirando-se no filósofo *Favorinus* (que, por sua vez, se baseava nos ensinamentos de Catão), afirmava que se as provas produzidas não fossem convincentes dever-se-ia decidir a favor da parte mais proba; na hipótese de ambas possuírem a mesma reputação, a decisão deveria propender em benefício do réu.

Foi no Direito Romano que se enunciou a regra "semper *onus probandi* ei incumbit qui dicit", também expressa sob a forma "semper necessitas probandi incumbit illi qui agit" (o ônus da prova incumbe a quem diz ou age). Assim se entendia porque quem por primeiro ingressava em juízo era o autor; conseqüentemente, como era ele quem afirmava, o encargo da prova lhe era atribuído ("actori incumbit *onus probandi*"). Segundo esse princípio, o ônus da prova não se transferia ao réu mesmo que este negasse os fatos alegados pelo autor ("ei incumbit probatio qui dicit, non negat": Paulus, Digesto, Livro XXII, Tít. III, "De probationibus et praesumptionibus", frag. n. 2).

Essa construção doutrinária, todavia, era imperfeita porque, em determinados casos, a alegação feita pelo réu continha um fato capaz de modificar, impedir ou extinguir o direito do autor. Reconheceu-se, então, que a resposta daquele, muitas vezes, poderia trazer também uma afirmação; sendo assim, passou-se a cometer ao réu o encargo da prova sempre que expendesse alegações dessa natureza, erigindo-se, a partir daí, a regra "reus in excipiendo fit actor", que *Ulpiano* (Digesto, Livro XLIV, Tít. I: "De exceptionibus", frag. n. I) enunciou como "reus in exceptione actor est".

Esclareça-se que a exceptione referida nos textos de *Ulpiano* correspondia à atual defesa.

Mais tarde, os glosadores, manuseando os textos romanos e apoiados em *Paulo* (Digesto, Livro XXII, Tít. III, frag. n. 2), elaboraram um sistema de distribuição da carga probatória assentado em dois pontos fundamentais: "afirmanti non neganti incumbit probatio" e "negativa non sunt probanda". A contar desse momento, empenhou-se a doutrina, equivocadamente, em colocar em relevo — quando da elaboração de critérios relativos à distribuição desse ônus — a circunstância de a prova ser positiva ou negativa, sustentando ser impossível a segunda. Essa atitude pode ser apontada como a grande característica do Direito medieval, que se infiltrou em parte no Direito português antigo e acabou por repercutir no próprio Código de Processo Civil brasileiro de 1939, cujo art. 209, § 1º, estatuía: "Se o réu, na contestação, negar o fato alegado pelo autor, a *este* incumbirá o ônus da prova" (sublinhamos).

A assertiva, outrora vogante, de que o fato negativo não poderia ser objeto de prova, era, como princípio, inexata, pois é sabido que em algumas hipóteses uma negativa traz, implícita, uma afirmativa: se se diz, *v.g.*, que algo não é alto, de certa maneira se está dizendo que é baixo. O princípio de que a negativa não se prova só pode ser admitido quando se tratar de negativa indefinida, precisamente porque aí a impraticabilidade da prova reside não no elemento negativo e sim na indefinição do conteúdo da alegação.

Acertadamente, a doutrina moderna passou a extrair outra interpretação dos textos romanos — mais consentânea com as novas tendências —, concluindo por estabelecer que o encargo da prova deveria ser atribuído ao autor. Essa regra não era, contudo, absoluta, pois ao réu se cometia tal ônus toda vez que, além de negar a situação jurídica narrada pelo autor, a ele opusesse uma outra, contrária, visto que "reus in exceptione actore est", como afirmava *Ulpiano*. Foi sob essa nova orientação que se elaborou a teoria clássica do encargo da prova, de acordo com a qual "incumbe o ônus da prova àquele das partes que alega a existência ou inexistência de um fato do qual pretenda induzir uma relação de direito"[(261)].

Dentre os autores que contribuíram para a edificação dessa doutrina, se encontram *Lessona, Mattirolo, Ricci, Garsonnet et Bru* e *João Monteiro*, conquanto, ao longo dos anos, novas correntes de pensamento se tenham formado como resultado inevitável da inteligência idiossincrática dos textos romanos, como, p. ex., a liderada por *Bentham, Webber, Hollweg, Fitting, Gianturco* e *Demogue* — apenas para nomear alguns.

Bentham, a seu turno, entendia que a questão relacionada com o *onus probandi* deveria ficar reservada ao exame de cada caso concreto, quer dizer, provaria a parte a quem fosse mais fácil e menos dispendioso o atendimento a esse encargo processual; *Benthmam-Hollweg*

(261) *Moacyr Amaral Santos*, "Primeiras Linhas", p. 305.

por outro lado, entendiam que o ônus da prova incumbiria sempre ao réu, cujo pensamento se estribava no Direito germânico, conforme o qual o autor não litigava em tutela ao seu direito e sim para fazer cessar a injustiça proveniente de atos da parte adversa. De igual teor o pensamento de *Heinrich Beckh* ("Die Beweislast").

Declareuil, de maneira algo peculiar, verberava que todas as teorias concebidas a respeito do tema eram imaginosas, destituídas de fundamentos históricos e destrutíveis pela lógica; daí por que, a seu ver, o princípio assente de que a prova compete sempre ao réu é falso, quer se considere a prova um encargo ou um favor; via de conseqüência, para esse jurista a prova incumbe àquele que é fraco. Comumente, o mais fraco é o que é acusado pelo mais forte, embora em alguns casos possa ocorrer o inverso; diante disso, sendo mais forte o acusador, este — mesmo sendo réu — constrangerá o adversário a provar(262).

Para *Bar* e *Laband* o ônus da prova não deveria ser fixado em leis, mas imposto pelo juiz ao demandante que oferecesse melhores argumentos ou parecesse, à primeira vista, estar com a razão; esse sistema, como se pode constatar, caracterizava-se por uma forte dose de arbítrio do magistrado, que, em determinadas situações, tinha mesmo de prejulgar para injungir o encargo da prova à parte que lhe parecesse estar com a razão(263).

Em *Unger*, o *onus probandi* não deveria ser atribuído, por princípio, a nenhum dos litigantes, porquanto, partindo-se do pressuposto da igualdade entre eles, venceria quem houvesse produzido a melhor prova(264).

João Monteiro proclamava que o encargo probatório recaía sobre a parte que alegasse certos fatos em juízo, para deles deduzir algum direito ou pretensão, embora aceitasse as regras ditadas por *Carlo Lessana*, no sentido de que: a) o ônus não é estabelecido segundo a qualidade do fato probando e sim em consonância com a qualidade jurídica que, na ação, ostenta aquele que o invoca; b) ao autor cabe provar o fundamento da ação, assim como ao réu incumbe o da defesa(265).

Podemos assegurar, todavia, que ressalvadas algumas dissenções doutrinárias de pequena monta a moderna doutrina da participação do ônus subjetivo da prova se concentra em *Chiovenda*, que atribui ao

(262) *Raphael Cirigliano*, "Prova Civil", São Paulo: Revista dos Tribunais, 1981, 2ª ed., p. 38.
(263) *Idem, ibidem.*
(264) *Campos Batalha*, "Tratado de Direito Judiciário do Trabalho", São Paulo: LTr, 1977, p. 489.
(265) *Idem*, p. 490.

autor o encargo de comprovar os fatos constitutivos do seu direito e ao réu, os fatos capazes de modificar, impedir ou extinguir o direito daquele. São do notável jurista italiano estas palavras: "o ônus de afirmar e provar se reparte entre os litigantes, no sentido de que é deixado à iniciativa de cada um deles provar os fatos que deseja sejam considerados pelo juiz, isto é, os fatos que tenham interesse sejam por este tidos como verdadeiros"[(266)].

Para *Chiovenda* os fatos constitutivos são os que dão vida a uma vontade concreta da lei e à expectativa de um bem por parte de determinada pessoa; os extintivos são, opostamente, os que fazem cessar a vontade concreta da lei e a conseqüente expectativa de um bem; os impeditivos se relacionam com a falta de uma dessas circunstâncias que devem concorrer com os fatos constitutivos a fim de que estes produzam os efeitos que lhes são inerentes e normais.

Perfilhando o entendimento de *Chiovenda*, de quem fora discípulo, *Enrico Tullio Liebman* assevera que "L'attore deve provare i fatti costitutivi, che sono il fondamento della sua domanda; tocca poi al convenuto provare i fatti impeditivi, estintivi o modificativi che possono giustificare il rigetto della domanda dell'attore"[(267)], destacando ainda que a posição do réu ("concenuto") é muito cômoda, porquanto "non sorge a suo carico nessun onere, finchè l'attore non abbia provato il fatto costitutivi ('actore non probante, reus absolvitur'); soltanto se il fatto costitutivi sia provato, soergerà per lui la necessità di contrapporgli un'eccezione e di provare i fatti impeditivi, estintivi o modificativi su cui si fonda ('reus in excipiendo fit actor')[(268)].

Carnelutti classificou os fatos a respeito dos quais se deveriam estabelecer as regras do *onus probandi* em constitutivos, extintivos, convalidativos e invalidativos (impeditivos). Esse grande pensador, na verdade, realizou uma diferenciação básica entre fatos principais e fatos secundários, havendo introduzido na primeira categoria os constitutivos e os extintivos (que são antitéticos) e na segunda os impeditivos e os modificativos. Dita classificação, porém, não satisfez a *Carnelutti*, para quem a solução deveria ser buscada no estudo da relação entre a situação inicial e a situação jurídica final, dado que entre ambas pode existir uma relação de compatibilidade ou de incompatibilidade; sendo assim, o efeito jurídico do fato está em permitir que a situação jurídica inicial seja mantida, ou impor seja eliminada. Segue-se, que o fato extintivo é na realidade um fato constitutivo, relativamente à nova situação jurídica criada pelo réu, a despeito de a sua eficácia extintiva referir-se à situação jurídica inicial, a que deu causa o autor.

(266) *Moacyr Amaral Santos*, ob. cit., p. 306.
(267) "Sistema di Diritto Processuale Civile", Padova: Cedam, 1936.
(268) *Idem, ibidem.*

Nem sempre, entretanto, a nova situação jurídica exclui a anterior, limitando-se a retirar-lhe ou a acrescentar-lhe alguma coisa, do mesmo modo como pode acontecer de ambas as situações serem autônomas ou complementares. Ciente disso, *Carnelutti* conclui que o fato impeditivo (por ele também denominado de invalidativo) constitui a espécie negativa do fato complementar, cuja espécie positiva seria o fato convalidativo.

Segundo *Porras López*, a doutrina moderna concernente ao ônus da prova pode ser condensada nestes princípios: "a) La carga de la prueba es una obligación[269], un derecho y un deber[270], en la ciencia procesal moderna; b) Debe provar, el que esté en aptitud de hacerlo, independientemente de que sea el actor o el demandado[271]; c) Para la distribución de la carga de la prueba debe atenderse no tanto a la situación de los contendientes, sino a la finalidad del proceso, ya que quien ofrezca mejores pruebas, obtendrá una sentencia favorable; d) Las pruebas se dirigen al juez, a fin de que éste resuelva los juicios 'secundum allegata et probata'[272]".

No plano do direito processual civil brasileiro, a investigação a propósito das teorias pertinentes à distribuição do ônus da prova perde o interesse prático, vez que o Código, confessadamente, adotou a que atribui ao autor o encargo de provar os fatos constitutivos do seu direito e ao réu os fatos modificativos, impeditivos ou extintivos desse direito (art. 333, I e II); por outros termos, o estatuto processual civil de 1973 consagrou a doutrina de *Chiovenda*, no que tange à partição, entre os litigantes, da carga probatória.

O importante a deixar-se assinalado, à guisa de advertência, é que a regra inscrita no art. 333 do CPC vigente não deve incidir, em caráter supletivo, no processo do trabalho, na medida em que a CLT não é omissa acerca do assunto: bem ou mal, há nela, a disciplinar o problema do *onus probandi*, o art. 818. Desatentos a isso, muitos intérpretes têm invocado o mencionado preceito do processo civil para aplicá-lo ao do trabalho. Como diria *Hamlet*, isso configura um daqueles hábitos cuja quebra honra mais do que a observância. Em obra específica sobre a prova, pudemos expor os motivos de nossa divergência em relação àqueles que, deixando-se impressionar pela dicção didática do art. 333 do CPC, acabam por violentar o art. 769, da CLT[273].

---

(269) "Derecho Procesal del Trabajo", México: Cajica, p. 251.

(270) Em rigor, inexiste uma obrigação legal de provar; o que há, somente, é um ônus. Quando a parte deixa de desincumbir-se desse ônus não se pode falar em sanção e sim em meras conseqüências, como, e.g., a inadmissibilidade do fato alegado.

(271) V. nota *supra*.

(272) Princípio que deve incidir, a fundo, no processo do trabalho

(273) "A Prova no Processo do Trabalho", São Paulo: LTr, 5ª ed., 1989, pp. 79/85.

A produção de provas na ação rescisória

É elementar que, *mutatis mutandis,* o *onus probandi* também está presente na ação rescisória. No que toca ao autor, p. ex., é indispensável que junte à inicial prova (documental) do trânsito em julgado da sentença rescindenda, sob pena de indeferimento liminar daquela peça, caso o despacho do relator, mandando suprir a falta, não seja atendido (TST, Súmula n. 299)[(274)].

De modo geral, sempre que os fatos narrados pelas partes dependerem de prova, o relator delegará a competência ao juízo de primeiro grau perante o qual deva ser produzida, fixando-lhe prazo que variará de quarenta e cinco a noventa dias para a devolução dos autos (CPC, art. 492)[(275)].

Essa delegação de competência não pode, contudo, dizer respeito à prova documental, porquanto esta, como expressa o art. 396 do CPC, deve ser produzida pelo autor, na inicial, e pelo réu, quando da formulação de sua resposta. Nem é despiciendo insistir em que mesmo deixando o réu de oferecer resposta, a sua revelia não conduzirá, necessariamente, à *ficta confessio* (CLT, art. 844, *caput*; CPC, art. 319), em virtude da coisa julgada material. Daí decorre que o relator poderá determinar que o autor produza a prova indispensável à demonstração dos fatos alegados na peça inaugural.

O *thema probandum* não está circunscrito ao *iudicium rescindens*, alcançando, por igual, o *rescissorium*, desde que haja necessidade da atuação deste.

Ainda sobre a delegação de competência, a que se refere o art. 492 do CPC, devemos dizer que ela se destina, estritamente, à realização dos atos instrutórios do procedimento, não sendo lícito ao juízo delegado, usurpando a competência do tribunal, proferir julgamento quanto à rescisória. É certo, porém, que no exercício desses poderes que lhe foram delegados o juízo de primeiro grau terá, em muitos casos, de resolver determinadas questões ou incidentes que se lhe antolharem, como os pertinentes à contradita de testemunhas, à escusa ou

---

(274) Verifica-se, pois, que os casos de indeferimento da inicial não são apenas os mencionados nos arts. 295 e 490, II, do CPC e que por outro lado, a orientação jurisprudencial compendiada pela Súmula n. 107 do TST está em plena harmonia com o art. 283 do CPC.

(275) Dispunha o CPC de 1939: "Se os fatos em que se fundar a petição inicial, ou a contestação, dependerem de prova testemunhal ou de exames periciais, o relator delegará a competência para dirigir as provas ao Juiz de direito do termo ou comarca onde residirem as testemunhas ou onde se encontrar a coisa, objeto do exame, devendo o processo ser devolvido no prazo marcado, salvo caso de força maior" (art. 801, § 3º).

recusa do perito e à impugnação do laudo etc. No sistema do processo do trabalho, tais resoluções do juízo não são impugnáveis por agravo de instrumento, ao contrário, portanto, do que se dá no plano do processo civil (CPC, art. 522), embora seja admissível, em algumas situações, o mandado de segurança e até mesmo a correição parcial.

Caso o relator entenda que a instrução efetuada pelo juízo delegado tenha sido insuficiente, poderá fazer retornar os autos a este, a fim de que colete outras provas ou repita, com maior profundidade, as anteriormente produzidas.

De qualquer modo, a delegação de competência ao órgão de primeiro grau deve ser feita mediante carta de ordem, a ser extraída com observância dos requisitos previstos no art. 202 do CPC e para as quais serão trasladadas as peças indispensáveis para o cumprimento da determinação. Os autos da ação rescisória permanecerão no tribunal, sendo a eles juntada a carta de ordem, depois de cumprida.

Estabelece o art. 203, do CPC, que "Em todas as cartas declarará o juízo o prazo dentro do qual deverão ser cumpridas". Essa norma legal não vem sendo respeitada no caso de precatória, provavelmente, porque o juízo deprecante se sinta algo constrangido em fixar prazo para que o deprecado cumpra a carta, considerando-se que se trata de dois juízos do mesmo grau. Quanto à carta de ordem, entretanto, não se justifica esse suposto constrangimento, porquanto, aqui, a relação que se estabelece entre os juízos não é horizontalmente linear, e, sim, verticalmente hierárquica. A expressão legal (CPC, art. 201) "carta de ordem", aliás, é extremamente elucidativa.

Nada obsta a que, havendo condições, a prova seja produzida no próprio tribunal, como se dá em algumas Regiões, onde se dotaram os órgãos de segundo grau de serviços de perícias grafotécnicas.

Colhida a prova, exaure-se a função do juízo delegado, de primeiro grau. Sendo assim, não lhe caberá formular, depois disso, propostas conciliatórias (em regra inexigíveis na ação rescisória) ou abrir oportunidade para que as partes aduzam razões finais (estas admissíveis): fazê-lo seria, no primeiro caso, inovar arbitrariamente o procedimento; no segundo, usurpar a competência do relator.

Capítulo V

RAZÕES FINAIS

Comentário

Estabelece o art. 493 do CPC que "Concluída a instrução, será aberta vista, sucessivamente, ao autor e ao réu, pelo prazo de dez (10) dias, para razões finais. Em seguida, os autos subirão ao relator, procedendo-se ao julgamento...".

Disposição semelhante era encontrada no digesto processual civil de 1939: "Devolvidos, permanecerão os autos na Secretaria do Tribunal durante dez (10) dias, para oferecimento de razões; findo o prazo, serão conclusos, respectivamente, ao relator e ao revisor para estudo e designação de dia para julgamento..." (art. 801, § 4º).

Nas Varas do Trabalho, as razões finais são aduzidas oralmente, dispondo, cada parte, de dez minutos para isso (CLT, art. 850, *caput*, primeira parte). Em se tratando de ação rescisória, todavia, como a competência originária é dos tribunais, essas razões são apresentadas por escrito, mesmo no processo do trabalho. Como registro histórico, é interessante dizer que o anteprojeto do Código de Processo Civil previa o prazo de vinte dias para o oferecimento de razões finais (art. 542). Essa disposição, contudo, não prevaleceu, como patenteia o art. 493, do Código em vigor.

No geral, as razões finais têm sido utilizadas pelas partes com a finalidade de reiterarem os argumentos expendidos na inicial e na contestação, ou em outras petições que hajam apresentado; havendo, todavia, o relator ou o juízo delegado praticado determinado ato que possa configurar uma restrição ao direito de defesa da parte, deverá o interessado argüir, nas razões finais, a nulidade do processo, sob pena de preclusão temporal. Rege a espécie o princípio doutrinário da convalidação, corporificado nos arts. 795, *caput*, da CLT, e 245, *caput*, do CPC. Segue-se, que se a causa nulificante do processo não foi denunciada nessa oportunidade do procedimento, não mais poderá a parte argüi-la em grau de recurso.

O prazo para a prestação de razões finais é sucessivo, como esclarece a norma legal, iniciando-se pelo autor; havendo litisconsórcio e possuindo os seus integrantes advogados distintos, ser-lhes-á contado em dobro o prazo para aduzirem referidas razões (CPC, art. 191). Não concordamos com a OJ n. 310, da SDI-I, do TST, segundo a qual a norma do art. 191, do CPC, é incompatível com o processo do trabalho. O argumento dessa Orientação funda-se no princípio da celeridade, que informa o referido processo. *Data venia*, levando-se em conta o tempo médio da tramitação de um processo de ação rescisória, soa a hipocrisia alegar-se que a simples duplicação do prazo de dez dias, para o oferecimento de razões finais, conspiraria contra o princípio da celeridade. O que se deve colocar à frente, na análise desse tema, é a necessidade de o prazo ser dúplice, sob pena de grave transgressão à garantia constitucional da ampla defesa, porquanto, possuindo os litisconsortes advogados diversos, terão dificuldade de elaborar as razões finais no decêndio, considerando-se que, em muitos casos, será difícil, por inúmeros motivos, proceder-se à divisão do prazo (simples) entre eles. Ademais, o litisconsórcio, quando passivo, é estabelecido por iniciativa do autor, não sendo, no mínimo, justo, que os réus sofram restrições em seus direitos por ato praticado pelo adversário. Cumpre-nos advertir, enfim, que, embora o princípio da celeridade seja essencial ao processo do trabalho, ele não pode ser sobreposto a determinadas garantias constitucionais do processo, como, em especial, a da ampla defesa. É curioso observar, a propósito, que a mesma SDI, que afasta a aplicação do art. 191, do CPC, no processo do trabalho, não hesita em mandar ouvir a parte contrária, quando os embargos de declaração puderem ter efeito modificativo (OJ n. 142), como se também nisso não houvesse a alegada escoriação do princípio da celeridade. Nem se pretenda justificar a OJ n. 142 com o argumento de que o contraditório seria uma garantia constitucional, pois se sabe que há o contraditório imediato e o contraditório diferido (adiado, delongado), sendo certo que, no caso dos embargos de declaração, o contraditório deve ser do tipo diferido, que se concretizará com o recurso que vier a ser interposto da decisão embargada, integrada pela declaratória. Não percamos a oportunidade de deixar registrada a nossa opinião de que a tese civilista da necessidade de contraditório prévio, no caso dos embargos declaratórios, quando trasladada para o terreno peculiar do processo do trabalho, conduz à violação do art. 897-A, da CLT, que fixa os prazos para o julgamento desses embargos: na primeira audiência (Vara) ou na primeira sessão (Tribunal) subseqüente à apresentação dos referidos declaratórios.

Diz o art. 493 do CPC, como vimos, que concluída a instrução será aberto o prazo de dez dias, para as razões finais; diante disso, é inevitável indagar: nos casos em que não houver instrução, ditas razões são dispensáveis? Certamente que não. A referência legal ao encerramento da instrução teve em mira, exclusivamente, fixar o instante em que, no procedimento, as razões finais deveriam ser apresentadas. Inexiste qualquer relação de causa e efeito entre a fase de instrução e essas razões. Seria até mesmo irônico pensar que se a parte pretendesse produzir provas em audiência e nisso fosse impedida pelo juiz (relator ou delegado), vedada estaria a possibilidade de oferecer razões finais, porquanto teria inexistido instrução... Razões finais destinadas, exatamente, a argüir a nulidade do processo, em virtude daquele ato judicial...

Conforme seja a nulidade alegada nas razões finais, poderá o relator fazer incidir o princípio doutrinal da proteção, mandando suprir a falta ou repetir o ato, contanto que a nulidade não tenha sido argüida por quem lhe deu causa (CLT, art. 796, *a* e b; CPC, arts. 243 e 249, § 1º).

Estatui, ainda, o art. 493 do atual diploma processual civil que, decorrido o prazo das razões finais (com ou sem elas), os autos deverão ser remetidos ao relator, para submeter o feito a julgamento pelo Tribunal. Cabe aqui, porém, um reparo: antes da remessa dos autos ao relator, torna-se indispensável a manifestação do órgão do Ministério Público, como fiscal da lei, na medida em que há o interesse público vinculado à coisa julgada, que se visa a desconstituir pela via rescisória (CPC, art. 82, III). O parecer do Ministério Público será dispensável apenas nas hipóteses em que estiver atuando como parte, pois o art. 487 do CPC lhe confere legitimidade para propor a ação rescisória (inc. III).

Na sistemática do processo civil, devolvidos os autos pelo relator, a secretaria do tribunal expedirá cópias autenticadas do relatório e as distribuirá entre os juízes que compuserem o órgão competente para o julgamento (CPC, art. 553), após o que os autos irão ao relator, que aporá o seu "visto" e pedirá dia para o julgamento (CPC, art. 551, § 2º). No âmbito dos Tribunais do Trabalho, contudo, firmou-se a praxe de permitir que o relatório seja realizado oralmente, na sessão de julgamento, dispensando-se, desse modo, a forma escrita. Uma outra nota peculiar da Justiça do Trabalho é que, em regra, o revisor não solicita dia para o julgamento, cujo emprazamento fica a cargo da secretaria.

Capítulo VI

ACÓRDÃO RESCISÓRIO

Comentário

Após a apresentação da defesa, da produção das provas, das razões finais, do parecer do Ministério Público, chega o momento de ser proferido o acórdão, na ação rescisória.

Dispõe o art. 458, do CPC, que a sentença conterá: a) o relatório, compreendendo o nome dos litigantes, a suma do pedido do autor e da resposta do réu, assim como o registro das principais ocorrências havidas no curso do processo; b) os fundamentos, em que o juiz analisará as questões de fato e de direito; c) o dispositivo, onde serão resolvidas, pelo juiz, as questões que as partes lhe submeterem.

Esses requisitos constam do art. 832 da CLT que, em linguagem menos técnica, exige que a decisão contenha o nome das partes, o resumo do pedido e da defesa (relatório), a apreciação das provas e os fundamentos da decisão (motivação) e a conclusão (dispositivo).

Como o julgamento das ações rescisórias é da competência originária dos tribunais, isso significa que esse ato se traduz em acórdão (CPC, art. 163).

Os requisitos legais para a validade formal do acórdão são os mesmo exigidos com relação à sentença, pelo art. 458, do CPC. Façamos uma breve análise desses requisitos.

a) Relatório

Relatar significa, lexicamente, narrar, descrever determinados acontecimentos. Daí o substantivo *relatório* que, na terminologia jurídica, traduz a primeira parte da estrutura das sentenças e dos acórdãos, na qual deverá o juiz fazer um resumo dos principais sucessos do processo, aí incluídos não apenas os fatos alegados pelas partes, os argumentos jurídicos apresentados, as provas produzidas, as razões finais, o parecer do Ministério Público, mas os eventuais incidentes verificados, tomado aqui o vocábulo incidentes em sentido amplo.

O estatuto processual civil de 1939 dizia que o relatório deveria mencionar "o nome das partes, o pedido, a defesa e o resumo dos respectivos fundamentos" (art. 280, parágrafo único).

O motivo pelo qual os textos processuais exigem que a sentença e o acórdão contenham um relatório não é de ordem, apenas, jurídica, senão que política, pois é por meio desse resumo dos mais expressivos acontecimentos do processo que o tribunal demonstrará às partes que compulsou, minuciosamente, os autos, antes de proferir a decisão; que proferiu, enfim, o acórdão, com pleno conhecimento dos fatos principais da causa. Na vigência do CPC de 1939, a doutrina do período vinha entendendo que a falta do relatório não fazia nula a sentença, ao argumento de que isso não acarretava nenhum prejuízo às partes. Essa opinião doutrinal, entretanto, foi atropelada pelo atual diploma de processo civil, cujo art. 458, como vimos, declara ser o relatório requisito (ou elemento) *essencial* da sentença e do acórdão. O adjetivo *essencial* não constava do art. 280 do digesto de 1939.

Em que pese ao fato de o relatório figurar como elemento essencial para a validade da sentença e do acórdão, no sistema do CPC em vigor, e de conhecermos as razões históricas pelas quais os textos legais exigem a presença desse capítulo, entendemos que, de *lege ferenda*, as sentenças e os acórdãos poderiam prescindir dessa síntese retrospectiva dos principais acontecimentos do processo, sem qualquer prejuízo para a qualidade da entrega da prestação jurisdicional e dos interesses das partes. Justifiquemo-nos.

As experiências da vida prática estão a demonstrar, sobejamente, que o relatório foi, ao longo do tempo, se transformando em uma parte algo burlesca das sentenças e dos acórdãos, sendo essa a face que apresenta na atualidade. Realmente, o que se vê, hoje, é o relatório ser: a) extremamente lacônico, resumindo-se a uma referência superficial a alguns fatos da causa, ou b) extremamente prolixo e maçante. No primeiro caso, não raro, o relatório é elaborado pelo próprio juiz, que, preocupado com o volume de serviços e com a pletora de ações e recursos, e com o pouco tempo de que dispõe para dar vazão a tudo isso, no prazo legal, acaba por mutilar o relatório; quando não, adota um relatório-padrão, a ser utilizado na generalidade dos casos, e que, por isso mesmo, é redigido em termos vagos e subjetivamente inespecíficos. No segundo caso, o juiz, pelos motivos já expostos, comete a um funcionário (assessor ou não) o encargo de confeccionar o relatório. A conseqüência é que, para agradar ao juiz ou por desconhecer a regra de brevidade que preside a elaboração dessa parte da sentença ou do acórdão, o funcionário faz um relatório longo, absurdamente detalhado, no qual, muitas vezes, são reproduzidos, quase que por inteiro, a inicial, a resposta do réu, o depoimento das partes, a inquirição das testemunhas, o laudo pericial e o mais...

É óbvio que tanto a falta quanto o excesso comprometem a razão de ser do relatório como elemento essencial da sentença e do acórdão de mérito, desprestigiando-os, por assim dizer. *In medio stat virtus* (a virtude está no meio), já advertia *Horácio*. Não é, todavia, por estarmos impressionados com essas faltas ou com esses excessos que estamos a preconizar o banimento, por lei futura, do relatório como parte imprescindível para a validade formal da sentença e do acórdão. O que nos leva a formular essa sugestão é o fato de considerarmos o relatório um capítulo inútil, se levarmos em conta a razão pela qual passou a ser exigido pelos sistemas processuais. Ora, se o escopo da lei é fazer com que o juiz, pelo relatório, demonstre às partes — e, de certa forma, à sociedade — haver manuseado os autos e, desse modo, haver mantido contato com os elementos de que se valerá para formar o seu convencimento jurídico a respeito dos fatos da causa, essa demonstração poderá ser feita na própria fundamentação, esta, sim, parte essencial da sentença e do acórdão.

Com efeito, ainda que se venha, *de lege ferenda*, a dispensar o relatório (como ocorreu no procedimento sumaríssimo: CLT, art. 852-I, *caput*), o relator poderá demonstrar, na motivação do acórdão, que compulsou os autos, pois aí fará, necessária e naturalmente, referência aos fatos narrados pelas partes ou por terceiros, aos argumentos jurídicos por todos eles expendidos, às provas produzidas, aos incidentes verificados, às razões finais, ao parecer do Ministério Público etc. De nada adianta, por exemplo, para o Direito e para os litigantes, o acórdão conter um relatório longo, maçudo, e a fundamentação ser frágil, lacunosa e inconsistente.

Até que nossa sugestão se torne realidade, em termos de procedimento ordinário, o que de concreto se tem é a exigência legal de que o acórdão contenha relatório, sob pena de ser atacado pela via rescisória, com fundamento no art. 485, V, do CPC. Com vistas a isso, só nos cabe aconselhar que se elaborem relatórios sucintos, sem que essa brevidade constitua pretexto para omissões ou atrofias deliberadas dos fatos principais do litígio. Sendo assim, será bastante que o relator aluda, resumidamente, aos fatos narrados pelo autor e aos pedidos formulados, ao valor dado à causa, à resposta do réu (que poderá ser mais de uma), às provas produzidas, aos eventuais incidentes, às razões finais, ao parecer do Ministério Público — sem ingressar no exame do conteúdo desses atos, pois essa investigação interna constituirá objeto da segunda parte do acórdão, a fundamentação. Relatórios extensos, longe de realçarem os principais fatos da lide, só contribuem para ocultá-los dentre tantos outros, irrelevantes ou impertinentes.

Por outro lado, embora os juízes costumem destacar, no acórdão, as três partes essenciais (relatório, fundamentação e dispositivo), cuja praxe deve ser estimulada, pela sua utilidade prática e pelo seu caráter didático, não há imposição legal quanto a isso. O que se requer é que essas partes se apresentem em uma ordem lógica, de tal modo que o relatório preceda à fundamentação, e esta, ao dispositivo. Quebrar essa ordem será tumultuar a estrutura formal e lógica do acórdão.

Nada impede, ainda, que o relatório (para cogitarmos, por enquanto, somente dele) esteja implícito na fundamentação, sem ser, portanto, identificado por um título específico; o que importa é que, lendo-se a fundamentação, saiba-se em que ponto ele se encontra.

Alguns juízes, aliás, ainda não perceberam o vício tautológico em que soem incorrer, quando, após destacarem o relatório e efetuá-lo, concluem-no, dizendo: "Este é o relatório. Passo a decidir". Ora, a frase "este é o relatório" só se justifica quando este não se encontra especificado no texto do acórdão. Abandone-se, por isso, essa praxe viciosa, que vem de um tempo distante.

Até esta parte, estivemos com a atenção fixada nos acórdãos de mérito. O que dissemos, com relação a eles, em tema de relatório, também se aplica aos acórdãos que ponham fim ao processo sem julgamento da lide (CPC, art. 165). Quanto a estes, em se tratando de competência originária do tribunal (ação rescisória, mandado de segurança, ação coletiva, ação cautelar etc.), o relatório será semelhante ao de uma sentença, com a particularidade de que, em alguns casos, deverá aludir ao parecer exarado pelo Ministério Público. Sendo o relatório concernente a acórdão proferido em grau de recurso, conterá, também, os elementos exigidos pelo art. 458 do CPC e referirá o parecer do Ministério Público do Trabalho.

b) Fundamentação

Sentença ou acórdão sem fundamentação é ato de pura arbitrariedade judicial. Como alerta *Franco Lancelloti*, não é suficiente que o juiz faça justiça: é necessário que demonstre como fez justiça, para, dessa maneira, satisfazer a um imperativo dos regimes democráticos.

Dentre os elementos essenciais da sentença e do acórdão, a motivação é a única que possui assento constitucional. Estabelece, efetivamente, o inc. IX do art. 93 da Suprema Carta Política do País, a exigência de que sejam "fundamentadas todas as decisões, sob pena de nulidade". Até onde sabemos, a propósito, foi esta a primeira vez que o constituinte brasileiro se preocupou não apenas com um requisito de validade formal da sentença ou do acórdão, mas também, em cominar de nulo o ato decisório que não atenda a essa exigência.

A necessidade de fundamentação das sentenças estava expressa nas próprias Ordenações reinóis portuguesas, como revelam as Filipinas: "E para as partes saberem se lhes convém apelar ou agravar das sentenças definitivas, ou vir com embargos a elas, e os juízes da mor alçada entenderem melhor os fundamentos, por que os juízes inferiores se movem a condenar, ou absolver, mandamos que todos nossos desembargadores, e quaisquer outros julgadores, ora sejam letrados, ora não o sejam, declarem especificadamente em suas sentenças definitivas, assim na primeira instância, como no caso de apelação ou agravo, ou revista, as causas, em que se fundaram a condenar, ou absolver, ou a confirmar ou revogar" (Livro 3º, tít. LXVI, n. 7).

Já não vigora, felizmente, nos modernos sistemas processuais, o princípio do livre convencimento, que se difundiu à sombra do lema da liberdade, adotado pela Revolução Francesa, conforme o qual o juiz poderia decidir "segundo sua consciência e sua íntima convicção", cuja cláusula, em decorrência da ousada amplitude da discricionariedade que atribuía ao juiz, permitia, até mesmo, o julgamento contra a prova dos autos. Hoje, o magistrado tem ampla liberdade na formação do seu convencimento jurídico acerca dos fatos da causa, desde que o faça com base na prova existente nos autos. Este é o princípio a que a doutrina tem denominado de "persuasão racional", e que preferimos chamar de "livre convencimento motivado", pois nessa expressão se encontram aglutinadas as duas regras pelas quais o juiz deve orientar-se com vistas à formação de sua convicção jurídica: liberdade + provas. É a esse princípio que se refere o art. 131 do CPC, ao declarar que o juiz apreciará livremente as provas, atendendo aos fatos e circunstâncias dos autos, ainda que não alegados pelas partes, devendo, contudo, indicar, na sentença ou no acórdão, os motivos que lhe formaram o convencimento.

Para usarmos uma ilustração de *Couture*, poderíamos dizer que, atualmente, a liberdade do juiz, no campo da formação de seu convencimento jurídico sobre os fatos narrados pelos litigantes, é comparável à de um prisioneiro: pode ir aonde quiser, contanto que seja no interior da cela. A cela, na metáfora, são as provas dos autos. Na fundamentação, o juiz apreciará e resolverá todas as matérias e questões, de fato e de direito, que digam respeito à causa, aí compreendidas as que tenham sido alegadas pelas partes e aquelas que possa conhecer por sua iniciativa.

Dessa forma, segundo uma ordem lógica, ele resolverá, por exemplo, questões pertinentes a preliminares (inexistência ou nulidade de citação, incompetência absoluta, inépcia da inicial, perempção, litispendência, coisa julgada, conexão, incapacidade de parte, defeito de representação, carência da ação etc.), caso, é elementar, não as tenha apreciado anteriormente. Os que atuam na Justiça do Trabalho sabem que os juízes, quase sempre, se reservam para examinar ditas preliminares no próprio acórdão de fundo, o que não deixa de configurar erro de procedimento, pois elas, em princípio, devem ser resolvidas antes dessa fase. Algumas dessas preliminares, *e. g.*, quando acolhidas no momento oportuno, impedem a citação (incompetência absoluta, inépcia da petição inicial, carência da ação etc.) ou a preparação da sentença de mérito (litispendência, coisa julgada, conexão, perempção etc.), o que corresponde a asseverar: evitam o dispêndio inútil de atividade pública (jurisdicional) e privada (das partes).

São freqüentes as situações em que a parte alega mais de uma preliminar, hipótese em que o relator ou o tribunal deverá estabelecer uma ordem lógica de apreciação, sob pena de graves faltas contra a técnica. Se, digamos, o réu alega a incompetência do juízo e a inépcia da inicial, é evidente que o juízo deverá apreciar, por primeiro, a incompetência, até para poder dizer, depois, se for o caso, se a inicial é apta ou inepta. Seria desarrazoado supor que o juízo, sem decidir sobre a sua competência, pudesse apreciar a alegação de inépcia, fosse para acatá-la ou rejeitá-la.

Havendo, a um só tempo, argüição de suspeição de um juiz e de incompetência relativa do juízo (embora essas matérias não constituam preliminar, mas espécie de resposta do réu), deverá ser examinada, primeiramente, a exceção de suspeição, vez que a existência de juiz imparcial figura como pressuposto de constituição válida da relação processual. Seria desassisado imaginar, por exemplo, que o relator, a quem se considera suspeito, devesse, antes, se pronunciar sobre a incompetência relativa, ou seja, sem que houvesse sido examinada a causa da suspeição.

É curioso observar, aliás, o fenômeno que ocorre com as matérias que constituem, tipicamente, objeto de preliminares, em primeiro grau (CPC, art. 301), quando são renovadas ou ventiladas em recurso. Lembremos que, no terreno da ação rescisória, os tribunais funcionam como órgãos de primeiro grau. Pois bem. Digamos que o réu alegue, na contestação à ação rescisória, a ilegitimidade do autor. No plano do tribunal regional, em que a ação foi proposta, essa matéria deve, efetivamente, ser suscitada como preliminar do mérito, conforme dispõe o art. 301, X, do CPC (carência da ação). No recurso (de revista) que o réu vier a interpor do acórdão, que rechaçou a referida preliminar, esta não deverá ser tratada como tal, e, sim, como mérito do recurso (logo, em sentido estrito), em contraposição ao mérito da causa (sentido amplo). Expliquemo-nos. Se o acórdão repeliu a preliminar mencionada e acolheu o pedido do autor, condenado o réu a pagar-lhe, digamos, determinada indenização, e este recorre desses dois capítulos da decisão, aquela preliminar, no recurso, perde essa característica e se converte em mérito estrito, assim entendido o mérito do recurso, que não se confunde com o mérito da causa, ou da demanda, aqui representado pela indenização. Para que sejam mais bem compreendidas as nossas razões, modifiquemos, em parte, a situação imaginada, e consideremos que o acórdão rejeite não só a preliminar de carência da ação, como os próprios pedidos formulados pelo autor (mérito da demanda). Nesta hipótese, o réu, ainda que vencedor quanto ao mérito da causa (indenização), terá, sem sombra de dúvida, interesse (tomado o vocábulo em seu significado rigorosamente processual) em recorrer, adesivamente, do acórdão, para ver declarada a falta de legitimidade do autor. Neste caso, a propósito, o recurso do réu, conquanto adesivo, deverá ser apreciado em primeiro lugar, pois se o tribunal pronunciar a carência da ação, ficará prejudicado o exame do recurso do autor. Pois bem. O recurso adesivo do réu terá, aí, como único objeto (ou conteúdo), a alegação de carência da ação; logo, se fôssemos tratar essa matéria como preliminar, ficaríamos em dificuldade de justificar a existência de uma preliminar que não antecede a nenhuma outra matéria submetida pela parte a reexame pelo tribunal. Seria, afinal, uma preliminar do quê? Para o réu, como afirmamos, o único motivo que o levou a recorrer do acórdão, que lhe foi favorável quanto ao mérito, repousa no interesse de ver declarada, pelo órgão *ad quem,* a falta de legitimidade *ad causam* do autor. A obtenção de um provimento jurisdicional declaratório da carência da ação constitui, portanto, a única matéria contida no recurso do réu; sendo assim, ela traduz, na verdade, o que temos denominado de mérito estrito, ou de "mérito do recurso", que nada tem a ver como o mérito da causa, este, em regra, vinculado ao direito material, ao passo que aquele se liga, em princípio, ao direito processual.

Tentando resumir a nossa opinião acerca do tema, podemos dizer que, de modo geral, as preliminares previstas no art. 301 do CPC se transformam em mérito estrito ou "mérito do recurso" quando renovadas perante o tribunal ou aí suscitadas pela primeira vez, em grau de recurso. O mesmo afirmamos quanto às conhecidas alegações de "cerceamento de defesa", que tenham sido repelidas pelo acórdão emitido pelo tribunal *a quo*. A nosso ver, devem ser tratadas como preliminares dos recursos, apenas, as argüições que se relacionem com os pressupostos de admissibilidade, sejam subjetivos ou objetivos, excluídas, quanto àqueles, as condições da ação, especialmente, a legitimidade *ad causam* e o interesse de agir, que bem ficarão se apreciadas como mérito estrito. Destarte, devem ser tratadas: a) como preliminares, as assertivas de intempestividade, de deserção, de irrecorribilidade do ato etc., corresponde a afirmar tudo aquilo que tiver como objeto a inadmissibilidade do recurso; b) como mérito estrito, ou mérito do recurso, as matérias descritas no art. 301 do CPC, sem prejuízo de outras, que se amoldem a essa regra; c) como mérito da causa, ou da demanda, as questões que se vinculem ao direito material, ou seja, à *res in iudicio deducta*.

Inexistindo preliminares a serem examinadas, ou tendo sido rejeitadas, incumbirá ao tribunal cuidar das prejudiciais de mérito, acaso levantadas. Dentre essas prejudiciais, a mais comum, na ação rescisória, é a de decadência. Esta matéria pode, inclusive, ser examinada *ex officio* (Código Civil, art. 210) — ao contrário, portanto, do que se passa com a prescrição, que não pode ser pronunciada por iniciativa do juiz, quando for o caso de direitos patrimoniais disponíveis (CPC, art. 219, § 5º).

Superadas as preliminares e as prejudiciais, só aí estará o órgão jurisdicional autorizado a ingressar no exame do mérito, oportunidade em que apreciará as matérias que configurem o fundo da demanda.

Na fundamentação, ao tribunal incumbirá apreciar todas as questões que lhe foram submetidas pelas partes, assim como aquelas que possa conhecer *ex officio*. Não concordamos com a opinião doutrinal de que não há necessidade de serem examinadas todas as questões. Esse parecer, de que estamos a dissentir, talvez fosse sustentável na vigência do CPC de 1939, cujo art. 280, *caput*, se limitava a ressaltar que a sentença (ou o acórdão) deveria conter "os fundamentos de fato e de direito" (inc. II). O art. 458 do Código atual, bem ao contrário, adverte que, na motivação, ao juiz caberá analisar, fundadamente, as questões de fato e de direito (inc. II). Analisar não significa ignorar, passar ao largo, senão que apreciar, formular juízo de valor. Com isso, estamos afirmando que o tribunal não atenderá a essa exigência legal se fizer simples alusão às questões de fato e de direito, suscitadas pelos litigantes, sem, contudo, apreciá-las.

Se o órgão jurisdicional — se por inadvertência ou de maneira deliberada é algo que não vem ao caso investigar — saltar uma dessas questões, haverá omissão, que, por isso, ensejará o oferecimento de embargos declaratórios, a fim de que o juízo complemente (adequadamente) a entrega da prestação jurisdicional, sob pena de nulidade processual, por negativa dessa prestação. Não estamos, com estas considerações, a insinuar que o tribunal esteja obrigado a analisar, inclusive, as questões de nonada, ou seja, irrelevantes para a solução do litígio, ou que não têm pertinência com a lide. Mesmo assim, ele deve dizer dessa irrelevância ou dessa impertinência, sob pena de ser compelido a fazê-lo por força de embargos de declaração.

A Súmula n. 297 do TST exige que a matéria a ser ventilada em sede de recurso de revista seja prequestionada perante o juízo emissor do acórdão impugnado, sob pena de preclusão. Ao afirmar que esse prequestionamento deva ser empreendido por meio de embargos declaratórios, a Súmula, de um lado, rendeu homenagem no art. 458, II, do CPC, embora, de outro, tenha dado causa a uma verdadeira maré-montante de embargos de declaração, alguns deles opostos com intuito procrastinatório. Embargos outros, todavia, apresentados com a finalidade de prequestionar o tema, acabam sendo equivocadamente interpretados como procrastinatórios, motivando, com isso, a aplicação de multa pecuniária ao embargante. Bem faria o TST se adotasse Súmula de conteúdo semelhante à de n. 98, do STJ, assim redigida: "Embargos de declaração manifestados com notório propósito de prequestionamento não têm caráter protelatório". A Súmula n. 297 do TST reproduz, com pequenas nuanças de literalidade, a Súmula n. 356 do STF, que versa sobre recurso extraordinário.

Tem-se afirmado que a exigência de fundamentação das sentenças e dos acórdãos visa a permitir que a parte vencida possa conhecer as razões jurídicas pelas quais o juízo não acolheu as suas pretensões, e, com isso, recorrer ao tribunal, com objetivo de modificar o pronunciamento desfavorável. Não negamos que a motivação da sentença ou do acórdão possa prender-se, em princípio, a essa finalidade, pois a parte, tendo ciência das razões de decidir, poderá argumentar, perante o órgão de reexame, por exemplo, que o acórdao apreciou de maneira equivocada os fatos, seja admitindo fatos inexistentes ou negando a existência de fatos demonstrados nos autos; valorou mal a prova; interpretou erroneamente as normas jurídicas incidentes etc. Se considerarmos, entretanto, a presença de sentenças irrecorríveis, em nosso meio (Lei n. 5.584/70, art. 2º, § 4º), veremos que o argumento exposto não é de todo perfeito, pois, neste caso, a impossibilidade legal de impugnação a essas sentenças poderia conduzir à conclusão de que não precisam ser fundamentadas.

Em rigor, atualmente, a exigência de serem motivados os pronunciamentos jurisdicionais (máxime os dotados de aptidão para dar fim ao processo) deriva menos da necessidade de permitir-se que as partes possam impugnar as decisões, do que de um mandamento constitucional inflexível (CF art. 93, IX). Ou, quem sabe, deva ser dito que essa imposição constitucional se destina, justamente, a assegurar o direito dos litigantes, quanto a conhecerem as razões jurídicas pelas quais o juiz ou o tribunal solucionou o conflito de interesses de modo desfavorável a um deles, ou, mesmo, a ambos.

Por um motivo ou por outro, o fato é que as sentenças e os acórdãos devem ser juridicamente fundamentados, sob pena de nulidade.

Na raiz dessa exigência está a preocupação política de nosso constituinte de evitar que os indivíduos e as coletividades sejam compelidos a submeter-se a provimentos jurisdicionais produzidos pela vontade ocasionalmente arbitrária dos magistrados. Se o Estado detém, por motivos historicamente justificáveis, o monopólio da jurisdição, impedindo, assim, a autotutela de direitos, é absolutamente indispensável que o juiz, ao compor a lide, apresente às partes as razões jurídicas que influíram na formação do seu convencimento acerca dos fatos da causa. Parece-nos apropriado concluir, portanto, que o Estado está obrigado a prestar a tutela jurisdicional não somente de maneira rápida, mas, também, e acima de tudo, fundamentada.

A obrigação de fundamentar a sentença estava, já, nas Ordenações reinóis portuguesas, como revelam as Filipinas (Livro 3º, título LXVI, n. 7), que impunham ao juiz multa de vinte cruzados, caso descumprisse essa exigência. Dada a recalcitrância dos magistrados, no que tange ao acatamento dessa regra, a mencionada multa foi, mais tarde, elevada ao triplo, por Alvará de 16 de setembro de 1814. É bem verdade que essa Ordenação não declarava nula a sentença que deixasse de conter fundamentação, cujo fato era reconhecido pela doutrina do período. De qualquer forma, a obrigação de o juiz motivar as suas decisões, imposta pelas Ordenações, representou um redentor rompimento com o direito comum, então vigente, que não formulava nenhuma exigência dessa ordem.

A cláusula constitucional que exige a fundamentação de todas as decisões judiciais não significa, necessariamente, que o juiz ou o tribunal deva indicar as normas legais em que se baseou para formar a sua convicção, e, sim, que o seu convencimento está de acordo com o direito vigente à época dos fatos. Os juízes e os tribunais, todavia, zelosos em seu ofício, costumam referir os textos legais em que se apoiaram para decidir, cuja praxe, por ser altamente salutar, deve ser estimulada. Uma ponderação, apenas: como a Justiça do Trabalho é, à evidência, especializada, pois só lhe compete dirimir lides envolvendo trabalhadores e empregadores (para nos ocuparmos com a regra geral), é natural que os juízes, assim como os advogados que nela militam, conheçam, até com certa profundidade, as normas materiais e processuais que devam ser manipuladas para efeito de solução dos conflitos. Sendo assim, ao se pronunciarem sobre matérias ou questões rotineiras, ou seja, sobre aquelas que estão, habitualmente, presentes nas petições iniciais e nas respostas dos réus, podem os juízes acolher ou rejeitar os pedidos que as tenham como objeto, sem indicação da norma legal incidente. A indicação do dispositivo legal será recomendável, porém, quando a sua aplicação prática for escassa; sua vigência for muito recente; não pertencer ao direito material ou ao processual, ambos do trabalho (norma forânea); disser respeito a atividades ou profissões específicas etc.

A sentença e o acórdão, em suma, devem ser fundamentados, ainda que de maneira concisa. Reconhecemos, no entanto, que, em muitas situações, os pronunciamentos jurisdicionais se situam em uma linha muito tênue, em uma zona cinzenta, que separa a fundamentação sucinta da falta de fundamentação. Aqui, não poderá haver meio-termo: ou se diz que há fundamentação, ou se reconhece que ela inexiste e, em conseqüência, dá-se ao julgado a sorte que merecer.

De resto, devemos advertir que pouco importam os motivos pelos quais o juiz ou o tribunal haja deixado de fundamentar a sentença ou o acórdão: a ausência desse requisito essencial fará nulo o pronunciamento jurisdicional, objetivamente considerado, por ser produto da vontade arbitrária do julgador.

c) Dispositivo

A terceira e última parte da estrutura da sentença ou do acórdão é o dispositivo (ou *decisum*), onde, segundo o inc. III do art. 458 do CPC, "o juiz resolverá as questões que as partes lhe submeterem".

Essa dicção legal, contudo, como já denunciamos, é imperfeita, pois no dispositivo o juiz não resolve nenhuma questão, mas, apenas, proclama o resultado da apreciação dessas questões, realizada na fundamentação.

Ao declarar que a sentença ou o acórdão acolherá, no todo ou em parte, os pedidos formulados pelo autor, o art. 459, *caput,* do CPC está levando em conta dois fatos: a) que a sentença ou o acórdão haja ingressado no exame do mérito; b) que esse acolhimento ou essa rejeição sejam pronunciados, conclusivamente, no dispositivo. Isso conduz à ilação lógica de que: a) se a sentença (ou o acórdão) não apreciou o mérito, nenhum pedido haverá para ser acolhido ou rejeitado; b) o dispositivo declarará a extinção do processo, sem julgamento da *res in iudicio deducta*, sendo o autor condenado ao pagamento das custas, se for o caso.

O art. 458, do CPC, aliás, presta homenagem à precisão terminológica, ao aludir à *rejeição* ou ao *acolhimento* do pedido. A despeito disso, segue firme a equivocada tradição forense, consistente em fazer uso de expressões, como: "julgar procedente o pedido", "julgar improcedente o pedido", "julgar procedente a ação" e similares. Os pedidos, em rigor, são *acolhidos* ou *rejeitados* — seja no todo ou em parte.

A importância do dispositivo da sentença ou do acórdão está em que, por meio dele, dirá o juiz ou o tribunal se condena o réu ou se o absolve (*vel condemnatione vel absolutione contingit*, conforme o Digesto). Demais, dentre as partes da sentença ou do acórdão o dispositivo é o único, em princípio, que se submete aos efeitos da coisa julgada material. Declara, realmente, o art. 469 do CPC não fazerem coisa julgada: a) a motivação, ainda que importante para determinar o alcance da parte dispositiva da sentença (I); b) a verdade dos fatos, estabelecida como fundamento da sentença (II); c) a apreciação de questão prejudicial, decidida incidentalmente (III), esclarecendo o art. 470, do mesmo Código, que somente fará *res iudicata* a resolução de questão prejudicial se concorrerem estes três requisitos: 1) a parte o requerer; 2) o juízo for competente em razão da matéria; e 3) constituir pressuposto necessário para o julgamento da lide.

A particularidade de passar em julgado, unicamente, o dispositivo faz com que, na prática, o autor possa voltar a juízo com um pedido que, conquanto houvesse sido formulado em ação anterior, não integrou a parte conclusiva da sentença ou do acórdão, que resolveu aquela lide.

O dispositivo deve ser uma conseqüência lógica do que se apreciou na fundamentação, uma conclusão congruente, enfim, com os argumentos lá expendidos pelo juiz ou pelo tribunal. Se este diz, na motivação, que ficou demonstrada a violação a literal disposição de lei, denunciada pelo autor, mas, no dispositivo, rejeita o pedido de desconstituição da coisa julgada, é evidente que há, nisso, uma incoerência, uma contradição intransponível, que ensejará o uso de embargos declaratórios, para escoimar esse vício do acórdão.

É no dispositivo da sentença ou do acórdão que o juiz proclamará o resultado do julgamento, acolhendo ou rejeitando os pedidos do autor, ou declarando extinto o processo sem julgamento do mérito, conforme seja a hipótese. Conforme advertimos há pouco, construções como: "julgar procedente (ou improcedente) a ação", "julgar procedentes os pedidos", embora estejam no gosto de muitos magistrados, devem ser evitadas, por traduzirem falta contra a técnica, a lógica e os princípios, mormente a primeira delas. Se o órgão jurisdicional chegou a examinar o mérito, não pode dizer que a ação, como direito público subjetivo, foi "improcedente". Os pedidos, mesmo que rejeitados, não deixam de ser "procedentes", pois têm uma origem, procedem (vêm) de algum lugar.

Como estamos a discorrer sobre ação rescisória, é conveniente observar que, na parte dispositiva do acórdão, o tribunal deverá proclamar o resultado do julgamento, tanto no tocante ao *iudicium rescindens* (rescisório), quanto ao *rescissorium* (novo julgamento da lide), sempre que for o caso, sob conseqüência de revelar-se omisso e, diante disso, ensejar o oferecimento de embargos declaratórios pelo interessado.

Dissemos, no Capítulo XIV, da Primeira Parte deste livro, constituir dever do autor cumular os pedidos de rescisão e de novo julgamento, sempre que for o caso, e que se houver a formulação, apenas, do primeiro, deverá o relator determinar que a falta seja suprida, sob pena de indeferimento da inicial. Reiteramos, agora, esse ponto de vista. Desejamos, apenas, acrescentar a nótula de que se o tribunal, após rescindir a sentença ou o acórdão, julgar (novamente) a lide (*iudicium rescissorium*), sem que esse julgamento tenha sido requerido pelo autor, incorrerá em pronunciamenteo *extra petita*, rendendo, com isso, ensejo a que o acórdão seja declarado nulo, na parte em que excedeu aos limites do pedido (CPC, arts. 128 e 460). Essa nulidade poderá ser declarada em sede de recurso ou de ação rescisória, neste último caso, com fulcro no art. 485, inciso V, do CPC.

BIBLIOGRAFIA

AGUIAR, João Carlos Pestana de. "Comentários ao Código de Processo Civil", São Paulo: Revista dos Tribunais, 1977.

ALTAVILA, Jayme de. "Origem dos Direitos dos Povos", São Paulo: Melhoramentos, 1963.

ALVIM, Arruda. "Curso de Direito Processual Civil", São Paulo: Revista dos Tribunais, vol. I, 1971.

__________. "Manual de Direito Processual Civil", São Paulo: Revista dos Tribunais, vol. I, 1979.

AMERICANO, Jorge. "Estudo Teórico e Prático da Ação Rescisória dos Julgados no Direito Brasileiro", São Paulo: Saraiva, 3ª ed., 1936.

__________. "Comentários ao Código de Processo Civil", Rio de Janeiro: Livraria Acadêmica, 1942.

ARAGÃO, Egas Moniz de. "Comentários ao Código de Processo Civil", Rio de Janeiro: Forense, vol. II, 1974.

BARBI, Celso Agrícola. "Comentários ao Código de Processo Civil", vol. I, Rio de Janeiro: Forense, 1981.

BARBOSA MOREIRA, José Carlos. "Comentários ao Código de Processo Civil", Rio de Janeiro: Forense, 2ª ed., 1976.

BATALHA, Wilson de Souza Campos. "Tratado de Direito Judiciário do Trabalho", São Paulo: LTr, 1977.

BEVILÁCQUA, Clóvis. " Código Civil", vol. II, 6ª ed., 1943.

BUTERA, Antonio. "La Rivocazione delle Sentenze Civile", Torino: Torinense, 1936.

CALAMANDREI, Piero. "La Cassazione Civile", Roma: Fratelli Bocca, 1920, vol. I.

CAMPOS, Antonio Macedo de. "Ação Rescisória de Sentença", São Paulo: Sugestões Literárias, 1976.

CARNELUTTI, Francesco. "Sistema de Derecho Procesal Civil". Trad. de Alcalá-Zamora e Sentís Melendo. Buenos Aires: Utea, 1944.

__________. "Studi di Diritto Processuale", Padova: Cedam, 1939.

__________. "Istituzioni del Processo Civile Italiano", vol. I.

CARVALHO DE MENDONÇA, Manuel Inácio. "Da Ação Rescisória das Sentenças e Julgados", Rio de Janeiro: Freitas Bastos, 2ª ed., 1940.

CASTRO, Amílcar de. "Comentários ao Código de Processo Civil", vol. X, São Paulo: Revista dos Tribunais, 2ª ed., 1976.

CERQUEIRA, Gustavo L. P. de. "Trânsito em Julgado e Ação Rescisória", conf. no VII Encontro de Juízes do Trabalho da 5ª Região, Salvador, 17.11.76.

CHIOVENDA, Giuseppe. "Instituciones de Derecho Procesal Civil", Buenos Aires, vol. I, 1941.

__________. "Principii di Diritto Processuale Civile", vol. I, Nápoles: Casa Edit. Dott Eugenio Jovene, 1965.

CINTRA, GRINOVER e DINAMARCO. "Teoria Geral do Processo", São Paulo: Revista dos Tribunais, 6ª ed., 1986.

CIRIGLIANO, Raphael. "Prova Civil", São Paulo: Revista dos Tribunais, 2ª ed., 1979.

COQUEIJO COSTA, Carlos T. "Ação Rescisória", São Paulo: LTr, 3ª ed., 1984.

COUTURE, Eduardo. "Fundamentos del Derecho Procesal Civil", Buenos Aires: Aniceto López, 1942.

DE PLÁCIDO E SILVA. "Vocabulário Jurídico", Rio de Janeiro: Forense, vol. III, 1967.

DINAMARCO, Cândido Rangel. "Fundamentos do Processo Civil Moderno", São Paulo: Revista dos Tribunais, 1986.

__________. "Litisconsórcio", São Paulo: Revista dos Tribunais, 1974.

FARIA, Bento de. "Código Penal Brasileiro", Rio de Janeiro: Record, vol. VII, 1959.

GIUDICIANDREA, Nicola. "La Impugnazioni Civile", Milão: Giuffrè, vol. II, 1952.

GOLDSCHMIDT, James. "Derecho Procesal Civil", Madrid: Labor, 1936.

__________. "Teoría General del Proceso", Madrid: Labor, 1936.

HUNGRIA, Nélson. "Comentários ao Código Penal", Rio de Janeiro: Forense, vol. IX, 1958.

LACERDA, Galeno. "Comentários ao Código de Processo Civil", Rio de Janeiro: Forense, 2ª ed., 1981.

LIEBMAN, Enrico Tullio. "Manuale de Diritto Processuale Civile", Milano: Giuffrè, 1973, 3ª ed.

__________. "L'azione nella teoria del processo civile", *Problemi del Processo Civile*, Nápoles: Morano, 1942.

__________. "Sistema di Diritto Processuale Civile", Padova: Cedam, 1936.

LIMA, Alcides de Mendonça. "Ação Rescisória", *in* "Jurisprudência Trabalhista Brasileira", Curitiba: Juruá, 1982, vol. 4.

__________. "Comentários ao Código de Processo Civil", Rio de Janeiro: Forense, vol. VI, 1974.

LOPES DA COSTA. "Direito Processual Civil", Rio de Janeiro: José Konfino, 1946.

LÓPEZ, Porras. "Derecho Procesal del Trabajo", México: Cajica.

MARQUES, José Frederico. "Instituições de Direito Processual Civil", Rio de Janeiro: Forense, 3ª ed., 1958.

__________. "Manual de Direito Processual Civil", São Paulo: Saraiva, 4ª ed., 1981.

MARTINS, Pedro Batista. "Comentários ao Código de Processo Civil de 1939", Rio de Janeiro, 1940, vol. II.

MAXIMILIANO, Carlos. "Hermenêutica e Aplicação do Direito", Rio de Janeiro: Freitas Bastos, 6ª ed., 347-F.

MENDES, João. "Direito Judiciário Brasileiro".

MILLAR, Wyness. "Los Principios Formativos del Proceso Civil".

MONTEIRO, João. "Programa do Curso de Processo Civil", 3ª ed.

NEVES, Celso. "Coisa Julgada Civil", São Paulo: Revista dos Tribunais, 1971.

OLIVEIRA, Antônio Cláudio Mariz de. "Embargos do Devedor", São Paulo: José Bushatsky, 1977.

PASSOS, Calmon de. "Comentários ao Código de Processo Civil", Rio de Janeiro: Forense, vol. III, 3ª ed., 1979.

PAULA BATISTA. "Compêndio de Teoria e Prática do Processo Civil Comparado com o Comercial".

PEREIRA E SOUZA. "Primeiras Linhas sobre o Processo Civil", Lisboa, 1963.

PIMENTA BUENO. "Apontamentos sobre as formalidades do processo civil", 3ª ed.

PIMENTEL, Wellington Moreira. "Comentários ao Código de Processo Civil", São Paulo: Revista dos Tribunais, vol. III, 1979.

PONTES DE MIRANDA. "Tratado da Ação Rescisória", 5ª ed., Rio de Janeiro: Forense, 1976.

__________. "Comentários à Constituição Federal de 1937", Rio de Janeiro: Irmãos Pongetti, tomo III, 1938.

__________. "Comentários ao CPC", Rio de Janeiro: Forense, 2ª ed., 1958.

REIS, Alberto dos. "Código de Processo Civil Anotado", Coimbra: Coimbra, 1952.

RIZZI, Sérgio. "Ação Rescisória", São Paulo: Revista dos Tribunais, 1979.

SANTOS, Ernane Fidélis dos. "Introdução ao Direito Processual Civil", Rio de Janeiro: Forense, 1978.

SANTOS, Moacyr Amaral. "Primeiras Linhas de Direito Processual Civil", São Paulo: Saraiva, 1978.

SANTOS, Ulderico Pires dos. "Teoria e Prática da Ação Rescisória", Rio de Janeiro: Forense, 1978.

SILVA, José Afonso da. " Do Recurso Extraordinário no Direito Processual Civil brasileiro", São Paulo: Revista dos Tribunais, 1963.

TEIXEIRA FILHO, Manoel Antonio. "Comentários às Súmulas Processuais do TST", São Paulo: LTr, 1981.

__________. "As Ações Cautelares no Processo do Trabalho", São Paulo: LTr, 2ª ed., 1989.

__________. "Execução no Processo do Trabalho", São Paulo: LTr, 1989.

__________. "A Prova no Processo do Trabalho", São Paulo: LTr, 5ª ed., 1989.

__________. "Sistema dos Recursos Trabalhistas", São Paulo: LTr, 3ª ed., 1989.

TENÓRIO, Oscar. "Lei de Introdução ao Código Civil Brasileiro", Rio de Janeiro: Jacinto, 1944.

THEODORO JÚNIOR, Humberto. "Processo de Execução", São Paulo: Univ. de Direito, 1975.

TORNAGHI, Hélio. "Comentários ao Código de Processo Civil", São Paulo: Revista dos Tribunais, 1976.

VIDIGAL, Luís Eulálio de Bueno. "Da Ação Rescisória dos Julgados", São Paulo: Saraiva, 1948.

__________ . "Comentários ao Código de Processo Civil", Rio de Janeiro: Forense, 1976.

ÍNDICE ALFABÉTICO E REMISSIVO

D

E

F

H

I

M

N

P

R

S

V

Produção Gráfica, Editoração Eletrônica e Revisão: **WTJ**
Capa: **ELIANA C. COSTA**
Impressão: **BOOK**